Sommaire

Cet ouvrage, périodiquement révisé, tient compte des conditions du tourisme connues au moment de sa rédaction.

Certains renseignements perdent de leur actualité en raison de l'évolution incessante des aménagements et des variations du coût de la vie.

Nos lecteurs sauront le comprendre.

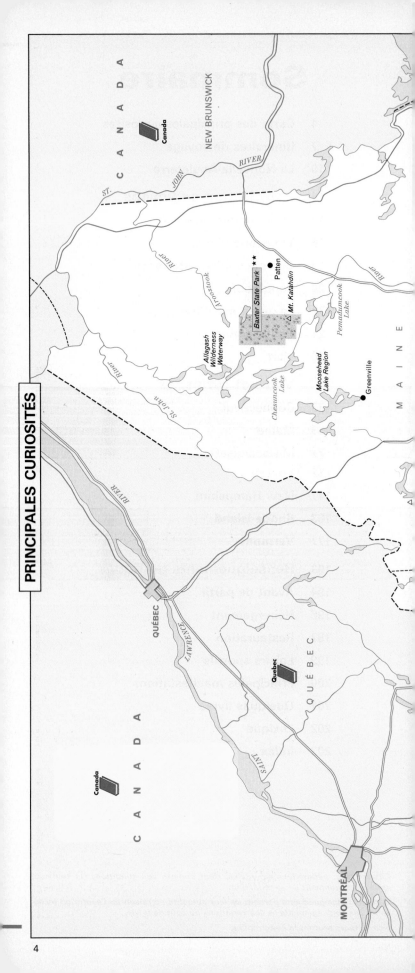

PRINCIPALES CURIOSITÉS

ITINÉRAIRES DE VISITE

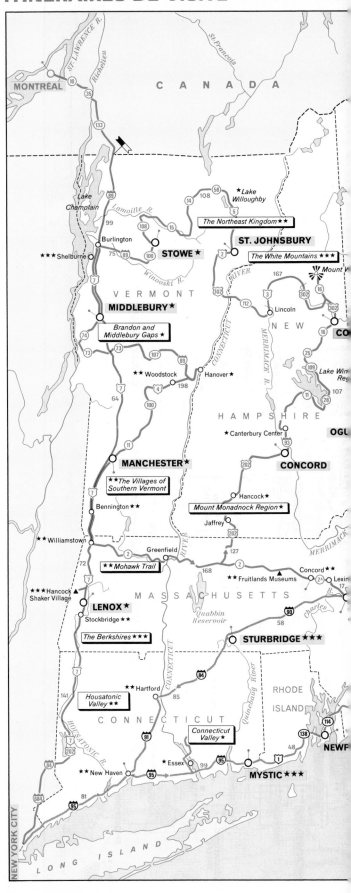

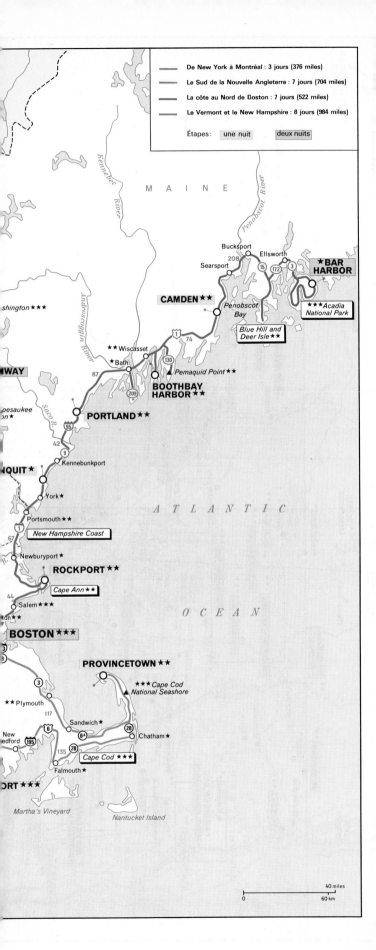

De New York à Montréal : 3 jours (376 miles)

Le Sud de la Nouvelle Angleterre : 7 jours (704 miles)

La côte au Nord de Boston : 7 jours (522 miles)

Le Vermont et le New Hampshire : 8 jours (984 miles)

Étapes : une nuit   deux nuits

M A I N E

Kennebec River

Penobscot River

Bucksport
Ellsworth
208
Searsport
15 172 3
★ **BAR HARBOR**

CAMDEN ★★
Penobscot Bay
★★★*Acadia National Park*

Andmscoggin River

shington ★★★

Blue Hill and Deer Isle ★★

1
74

★★ Wiscasset
★ Bath
130
▲ Pemaquid Point ★★

87

WAY

209
BOOTHBAY HARBOR ★★

pesaukee on ★

Saco R.

PORTLAND ★★
95

42
9
Kennebunkport

NQUIT ★

York ★

A T L A N T I C

Portsmouth ★★
1
67
New Hampshire Coast

Newburyport ★

ROCKPORT ★★

44
Cape Ann ★★

Salem ★★★
O C E A N
on ★★

BOSTON ★★★
3)
3)

PROVINCETOWN ★★

3
★★★*Cape Cod National Seashore*
▲

★★ Plymouth
117
Sandwich ★
New edford
6
6A
28 Chatham ★
195
28
135 *Cape Cod ★★★*
Falmouth ★
RT ★★★

Martha's Vineyard
Nantucket Island

40 miles
0   60 km

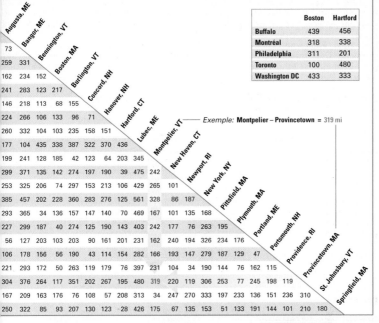

	Boston	Hartford
Buffalo	439	456
Montréal	318	338
Philadelphia	311	201
Toronto	100	480
Washington DC	433	333

Augusta, ME
Bangor, ME
Bennington, VT
Boston, MA
Burlington, VT
Concord, NH
Hanover, NH
Hartford, CT
Lubec, ME
Montpelier, VT
New Haven, CT
Newport, RI
New York, NY
Pittsfield, MA
Plymouth, MA
Portland, ME
Portsmouth, NH
Providence, RI
Provincetown, MA
St. Johnsbury, VT
Springfield, MA

73
259 331
162 234 152
241 283 123 217
146 218 113 68 155
224 266 106 133 96 71
260 332 104 103 235 158 151
177 104 435 338 387 322 370 436
199 241 128 185 42 123 64 203 345
299 371 135 142 274 197 190 39 475 242
253 325 206 74 297 153 213 106 429 265 101
385 457 202 228 360 283 276 125 561 328 86 187
293 365 34 136 157 147 140 70 469 167 101 135 168
227 299 187 40 274 125 190 143 403 242 177 76 263 195
56 127 203 103 203 90 161 201 231 162 240 194 326 234 176
106 178 156 56 190 43 114 154 282 166 193 147 279 187 129 47
221 293 172 50 263 119 179 76 397 231 104 34 190 144 76 162 115
304 376 264 117 351 202 267 195 480 319 220 119 306 253 77 245 198 119
167 209 163 176 76 108 57 208 313 34 247 270 333 197 233 136 151 236 310
250 322 85 93 207 130 123 28 426 175 67 135 153 51 133 191 144 101 210 180

Exemple: **Montpelier – Provincetown = 319 mi**

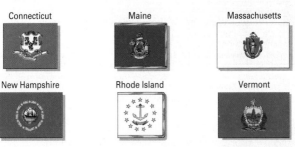

Connecticut   Maine   Massachusetts

New Hampshire   Rhode Island   Vermont

LA NOUVELLE-ANGLETERRE

Baptisée en 1614 par le capitaine John Smith, la Nouvelle-Angleterre comprend les six États du Nord-Est des États-Unis : le Connecticut, le Rhode Island, le Massachusetts, le Vermont, le New Hampshire et le Maine. Elle a pour capitale Boston. D'une superficie égale au tiers de celle de la France, elle représente seulement 1/45e de celle des États-Unis (Alaska non compris), mais son importance historique, culturelle et économique dans cet immense pays est considérable. C'est ici que naquit l'Indépendance des États-Unis, que se forgea une culture américaine, que se développa l'un des meilleurs systèmes éducatifs du monde et que l'économie américaine prit en grande partie son essor.

Cette région se divise en deux parties distinctes : les trois États du Sud peuplés et industrialisés comprenant de grandes villes : Boston, Providence, Worcester, Springfield, Hartford, New Haven, et les États du Nord essentiellement ruraux.

Une région pleine de charme – La Nouvelle-Angleterre n'est pas spectaculaire ou dépaysante comme peuvent l'être certaines autres parties des États-Unis, mais elle captive par son charme, ses paysages, sa douceur de vivre, ses traditions, son histoire, son architecture et la qualité de ses manifestations culturelles (festivals de théâtre, de musique, musées...).

Les paysages – La sérénité des grandes étendues vallonnées, couvertes de forêts, aux creux desquelles se nichent des petits villages blancs, la variété des routes campagnardes longeant des rivières à truites, de la côte découpée où s'abritent des villages de pêcheurs de homards, en font une merveilleuse région où se promener. Les longues plages de sable et les pentes montagneuses aménagées en pistes de ski ajoutent un attrait sportif.

les plus spectaculaires

Montagne	Bord de mer
Baxter State Park★★	Parc national d'Acadia★★★
Berkshires★★★	Blue Hill et Deer Isle★★
White Mountains★★★	Cobscook Bay★
Nord du Vermont★★	Cape Cod National Seashore★★★

Les villages – Ils sont l'âme même de la Nouvelle-Angleterre et un des éléments déterminants de son charme. Ils apparaissent au détour d'une route, ensemble de maisons blanches surmontées par la flèche de leur église.
Autour du **green** ou **common**, espace vert communautaire, s'élèvent l'église (church ou meetinghouse), la mairie (town hall), l'épicerie (country store) et l'auberge (inn ou tavern). Un peu à l'écart le cimetière (cemetery ou burying ground) dresse dans l'herbe ses stèles d'ardoises gravées.

Quelques villages typiques

Essex★ (Conn.)	Center Sandwich★ (N.H.)
Litchfield★★ (Conn.)	Newfane★ (Vermont)
Stonington★ (Maine)	Craftsbury Common (Vermont)
York★ (Maine)	Peacham★ (Vermont)
Stockbridge★★ (Mass.)	Woodstock★★ (Vermont)

Les villes – Elles se sont surtout développées sur la côte, tournées vers la mer et le reste du monde, d'où la richesse de l'architecture et des décorations des maisons tout particulièrement dans les villes de :

Wiscasset★★ (Maine)	Salem★★★ (Mass.)
Nantucket★★★ (Mass.)	Newport★★★ (R.I.)
Newburyport★ (Mass.)	Portsmouth★★ (N.H.)
Plymouth★★ (Mass.)	

Un grand mouvement de rénovation a redonné vie aux anciens quartiers. Des boutiques, des artisans, des restaurants s'y sont installés et aujourd'hui on a vraiment plaisir à flâner, à dîner dans les quartiers suivants :

Old Port Exchange★★ (Portland)	Market Square★ (Newburyport)
Faneuil Hall Market★★★ (Boston)	Bowen's Wharf★ (Newport)

Les musées – Ils sont très variés dans leur conception et leur contenu. Nous citons ci-dessous ceux qu'il faut absolument voir.

Beaux-Arts	Marine
Wadsworth Atheneum★★ (Hartford)	Mystic Seaport★★★ (Mystic)
Yale Art Gallery★★ (New Haven)	Maine Maritime Museum★★ (Bath)
Isabella Stewart Gardner Museum★★★ (Boston)	Penobscot Marine Museum★ (Searsport)
	Whaling Museum★ (Nantucket)
Museum of Fine Arts★★★ (Boston)	Whaling Museum★★ (New Bedford)
Clark Institute★★★ (Williamstown)	Peabody Museum★★ (Salem)
Rhode Island School of Design★★ Providence)	

Les villages reconstitués – Œuvres de nostalgiques du « bon vieux temps », ces réalisations muséographiques sont remarquables par leur présentation, par le soin porté à la reconstitution ou à la restauration des bâtiments et à leur décoration, et par la richesse des collections d'objets traditionnels ou régionaux qu'ils présentent.

Historic Deerfield★★ (Mass.)	Old Sturbridge Village★★★
Hancock Shaker Village★★★	Strawbery Banke★★ (Portsmouth)
Plimoth Plantation★★ (Plymouth)	Shelburne Museum★★★

Introduction

« New and Correct Map of the United States of North America » par Abel Buell, 1784

PHYSIONOMIE DU PAYS

Des paysages vallonnés, des montagnes élevées au Nord et à l'Ouest, une côte rocheuse et découpée au Nord, plate et bordée de plages au Sud, ainsi pourrait être esquissée la physionomie de la Nouvelle-Angleterre.
Ajoutons-y l'omniprésence de la forêt et les nombreuses marques laissées par l'érosion glaciaire.

LA FORMATION DE LA NOUVELLE-ANGLETERRE

Le socle primitif formé de gneiss fut recouvert de mers dans lesquelles s'accumulèrent des couches sédimentaires. A l'ère primaire, les roches se soulevèrent, se plissèrent le long du bouclier canadien, formant des montagnes qui étaient alors probablement aussi élevées que les Rocheuses ou l'Himalaya de nos jours. Les grès et les calcaires se cristallisèrent sous l'effet de la chaleur, formant des schistes et du marbre.
Au cours des ères géologiques suivantes, l'érosion aplanit ces montagnes jusqu'à leur donner la forme d'une vaste pénéplaine qui connut plusieurs surrections. Cette région prit alors l'aspect d'un plateau entrecoupé par des rivières. C'est ce relief, plus tard modelé et raboté par les glaciers, que l'on peut contempler aujourd'hui.

L'action des glaciers – Quatre glaciations se succédèrent durant l'ère quaternaire ; la dernière prit fin il y a quelque 10 000 ans. Les glaciers, descendus du Canada, s'étendaient jusqu'à Long Island, et marquèrent de leur empreinte toute la partie Nord-Est des Appalaches et l'ensemble de la Nouvelle-Angleterre.
Rappelons comment se sont formés ces glaciers. A la suite d'un très fort refroidissement du climat, les chutes de neige importantes, ne fondant plus, s'accumulèrent et finirent par se tasser en glace. Quand cette glace atteignit une épaisseur de 50 à 60 m, les couches inférieures ne supportant plus une telle pression se mirent à glisser vers le Sud-Est, érodant, polissant, rabotant les roches qui se trouvaient sur leur passage.
Les glaciers n'ont pas vraiment changé l'altitude des sommets, mais ils sont attaqués aux versants et aux fonds de vallées, mettant à nu le granit et les autres roches dures qu'ils ont polis, striés avec les matériaux abrasifs qu'ils transportaient. Ils ont creusé les vallées, formant ces « auges » en U que l'on appelle ici des « notches ». Ils ont déplacé de nombreux éléments comme ces énormes blocs erratiques que l'on rencontre fréquemment en Nouvelle-Angleterre. Ils ont creusé des trous, barré des vallées où se sont logés les lacs qui parsèment cette région.
Près de la côte, ils ont déposé des débris argileux très fins qui forment aujourd'hui des petites collines ovales (drumlins) de 1 à 2 km de long, aux formes adoucies, comme Bunker Hill et World's End, près de Boston. Enfin ces glaciers se terminaient en de larges moraines où s'accumulaient une bonne partie des débris amassés en chemin. Ces moraines immergées forment aujourd'hui Cape Cod, les îles de Nantucket, Martha's Vineyard, Block Island et Long Island.

LES GRANDS TRAITS DU RELIEF

Les Appalaches – L'armature de la Nouvelle-Angleterre est formée par le Nord-Est de la chaîne des Appalaches qui s'étend sur 3 000 km, du Maine en Géorgie. Ici, elle se divise en plusieurs massifs et chaînons.
Les **White Mountains**, au Nord du New Hampshire et à l'Ouest du Maine, sont les montagnes les plus élevées de cette région avec le sommet du Mt Washington qui atteint 2 061 m et fait partie de l'ensemble appelé Presidential Range. Leurs formes arrondies aux sommets dénudés sont disposées de façon désordonnée ; elles sont entrecoupées de profondes vallées glaciaires : les notches.
Les **Green Mountains** dans le Vermont forment un axe longitudinal Nord-Sud. Elles sont constituées de roches métamorphiques précambriennes très anciennes, dont le fameux marbre du Vermont. C'est dans cette chaîne que l'on trouve les principales stations de ski à l'Est des États-Unis.
Les **Berkshires** dans le Massachusetts ont la même origine ; elles doivent à leur altitude plus faible leur surnom de Berkshire Hills (hills : collines).
Les **Taconics**, chaînon situé à la limite de l'État de New York, sont constituées de schistes et dessinent une ligne bien droite parsemée de sommets distincts dont Mt Equinox et Mt Greylock.
Les **Monadnocks**, vestiges de reliefs anciens formés de roches très dures, constituent des sommets isolés disséminés dans la région. Le Mt Monadnock dans le New Hampshire, exemple type de ce genre de relief, a donné dans le langage des géographes son nom à toute forme de relief similaire. Les Mt Katahdin et Mt Blue dans le Maine, les Mt Sunapee, Cardigan et Kearsage dans le New Hampshire et le Mt Wasuchetts dans le Massachusetts sont d'autres exemples de ce type de relief.

La vallée du Connecticut – La Nouvelle-Angleterre est divisée en deux par un grand axe Nord-Sud parcouru par le fleuve Connecticut. Cette vallée résulte d'une faille par laquelle jaillit à plusieurs reprises le basalte qui forme les hauteurs de part et d'autre de la vallée dans le Massachusetts (Mt Sugarloaf, Mt Holyoke...) et au Nord de New Haven. Cette vallée doit à son passé géologique sa richesse en fossiles et tout particulièrement en empreintes de dinosaures.

La côte – Au Nord, la côte très découpée dessine une suite de péninsules et de baies toutes orientées Nord-Ouest Sud-Est. Les embouchures des fleuves forment des sortes de rias et parfois des fjords. La fonte des eaux consécutive à la fin de la dernière grande glaciation éleva de façon sensible le niveau des océans et par voie de conséquence inonda les vallées glaciaires en donnant naissance aux vastes baies et à la multitude d'îles qui bordent la côte du Maine. Au Sud de Portland, la plaine côtière est plus large

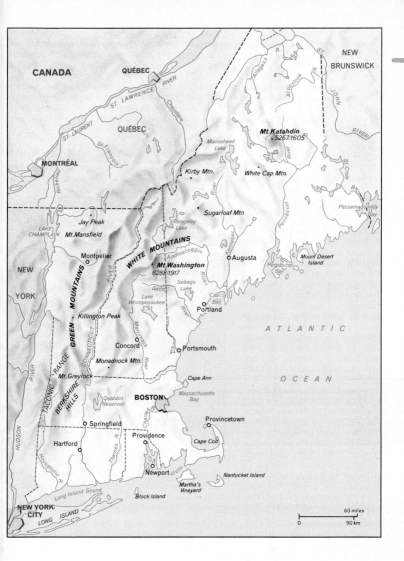

et l'absence de relief donne une côte régulière bordée de grandes plages de sable. Les embouchures des fleuves, les lagunes sont occupées par de grands marais appelés « Salt Marshes », riches en herbes et algues diverses et fréquentés par des oiseaux. Plus au Sud, Cape Cod et les îles ont vu s'accumuler sur les moraines glaciaires d'énormes épaisseurs de sable qui donnent son aspect si original au « Cape ».

CLIMAT

En Nouvelle-Angleterre s'affrontent les influences froides et sèches de la zone sub-polaire et celles humides et chaudes du Sud-Est. Aussi le climat varie-t-il du très froid pendant l'hiver au très chaud en été. Les précipitations importantes (plus de 1,25 m par an) favorisent le développement d'un épais manteau de forêts.
— L'**hiver** s'accompagne souvent de chutes de neige abondantes.
— Le **printemps,** aux températures très variables, ne dure que quelques semaines.
— L'**été,** humide et chaud, se caractérise par l'alternance d'une atmosphère souvent brumeuse et d'un temps clair à la suite des chutes de pluie.
— Pendant l'**automne,** la saison reine, les journées sont ensoleillées et les nuits connaissent le gel. A une période froide, fin septembre-début octobre, peut succéder un redoux bienfaisant : le fameux **été indien.**
Les moyennes de température varient selon les zones : sur la côte Sud à New Haven on relève une moyenne de - 1 °C en janvier et + 22 °C en juillet et dans le Nord du Vermont - 10 °C en janvier et + 20 °C en juillet.
Le Mt Washington, bien que peu élevé, connaît un climat tout à fait exceptionnel avec les vents les plus violents du monde (des vitesses de 369 km/h ont été enregistrées) et des températures polaires.

Table de conversion des unités de mesure

1 mile	= 1,609 km	1 acre	= 0,4047 ha
1 foot (pied)	= 0,3048 m	1 square mile	= 2,59 km²
1 inch (pouce)	= 2,54 cm	1 gallon	= 3,785 l
1 yard	= 0,914 m	1 pound (livre)	= 0,453 kg

VÉGÉTATION

Le manteau forestier couvrant 80 % de la superficie de la Nouvelle-Angleterre en fait une région séduisante par sa verdure en été et plus encore par ses feuillages flamboyants en automne. Ces forêts se composent le plus souvent de feuillus et de conifères mélangés.

Les feuillus les plus communs sont les bouleaux, les hêtres, les noyers d'Amérique et les érables sucriers ou rouges. Parmi les conifères, le pin blanc pousse bien dans le Sud tandis qu'au Nord les vastes forêts de tsugas (ou « pruches »), d'épicéas (ou épinettes) et de sapins baumiers sont exploitées pour l'industrie papetière.

Les feuillages d'automne – En automne les « foliages » sont tellement surprenants qu'ils en deviennent une curiosité vers laquelle accourent les visiteurs de toute l'Amérique, voire d'Europe. Des services de renseignements dans le New Hampshire et le Vermont peuvent, par téléphone, indiquer les régions où les feuillages sont « at the peak » (à point). Extraordinaires et inoubliables feuillages d'automne qui semblent embraser la forêt par leur mélange de jaune vif (bouleaux, peupliers, ginkgos), d'orange (érables jaunes, noyers, sorbiers) et de rouge éclatant (érables rouges, chênes écarlates, sassafras et cornouillers), se détachant sur le fond vert foncé des sapins, des épicéas et le vert encore tendre des prairies.

La vivacité des couleurs est frappante, surtout celles des érables si nombreux dans cette région. Elle est due au climat pendant l'été indien qui se traduit par de belles journées ensoleillées auxquelles succèdent des nuits froides qui connaissent le gel. Ce

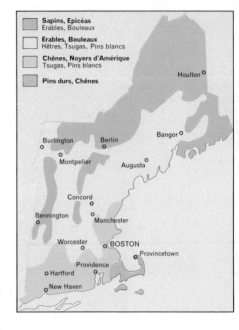

phénomène provoque une forte réaction des tanins, contenus dans les feuilles, qui se libèrent alors. Les feuillages commencent à changer de couleur vers la mi-septembre dans les États du Nord et cela dure jusqu'à la mi-octobre, mais la plus belle période correspond en général aux deux semaines à cheval sur ces deux mois.

Les érables sucriers – Partout présent dans le Vermont et le New Hampshire, l'érable sucrier a la faculté de s'adapter à un climat très froid et à un sol rocailleux. Splendide à l'automne avec son feuillage rouge, il est très apprécié en d'autres saisons pour sa sève sucrée qui donne un fameux sirop. A la fin de l'hiver, des entailles sont pratiquées dans son tronc où l'on enfonce un petit tuyau en métal auquel est accroché un seau. Dès le dégel, la sève s'écoule et les exploitants récoltent chaque jour le contenu des seaux pour l'apporter dans la cabane à sucre (sugarhouse) où la sève portée à ébullition se transforme en sirop ou sucre *(voir p. 25)*. 30 gallons de sève permettent de produire 1 gallon de sirop. Aujourd'hui, dans les exploitations modernes, les arbres sont raccordés directement à la cabane à sucre par des tuyaux en plastique.

Les lagunes et les tourbières – A son origine glaciaire, le sol doit d'être souvent marécageux. Le long des côtes s'observent de vastes lagunes, où poussent de hautes herbes jaunes et des joncs, sortes de no man's land entre la terre ferme et la mer. Les fondrières en terrain sablonneux sont utilisées pour la culture d'une sorte d'airelle appelée canneberge *(p. 111)*. Dans les montagnes, les étangs donnent naissance à des tourbières, milieu acide et humide, où évoluent une flore et une faune particulières. Les étangs se couvrent de sphaignes, mousse des marais, formant un épais matelas spongieux sur lequel poussent le thé du Labrador, les daphnés et quelques plantes carnivores. L'acidité empêchant une décomposition rapide permet aux matières mortes de s'accumuler et de se transformer en tourbe. Les arbres gagnent alors du terrain et les étangs finissent par disparaître.

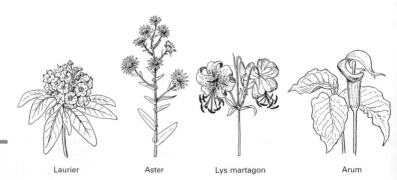

Laurier   Aster   Lys martagon   Arum

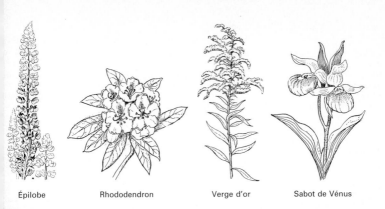

Épilobe   Rhododendron   Verge d'or   Sabot de Vénus

Les fleurs sauvages – Dès le mois de mai, la neige ayant disparu, les fleurs éclosent : superbes **rhododendrons** aux couleurs éclatantes et bosquets de **lauriers**. Puis se succèdent tout au long de l'été les différentes tonalités. Les bords de route deviennent orangés avec la floraison des **lys martagon,** jaunes avec les grands panaches des **verges d'or,** roses avec les **épilobes** élancés, violets grâce à la multitude d'**asters...**
Mille autres fleurs plus connues parsèment les champs : marguerites, boutons d'or, dandelions, coquelicots. Dans les sous-bois humides, on rencontre les gracieux **sabots de Vénus**, petites orchidées blanches et roses et les curieux **arums** au pétale recourbé appelés « jack in the pulpit » car ils évoquent un homme en chaire.

LA FAUNE

La Nouvelle-Angleterre n'abrite pas une faune très originale, cependant certaines espèces animales y sont particulièrement bien représentées.

Dans les bois – Les **chevreuils** (white tailed deers) au
pelage fauve et à la queue blanche constituent l'espèce la
plus répandue. Ils voisinent avec les **ours noirs** (black
bears) et les **élans** (mooses) ou orignaux du Canada. Ces
derniers dressent parfois au milieu d'un chemin leur
grande carcasse de la taille d'un cheval prolongée par
une tête massive surmontée de bois disposés en
éventail. Les **castors** (beavers) s'activent autour des
étangs, abattant des troncs d'arbre qu'ils taillent en bi-
seau avec leurs dents. Ils se nourrissent d'écorces et
construisent sur les cours d'eau des barrages de
branches où ils installent leurs huttes. Ces barrages
élèvent suffisamment le niveau de l'eau pour qu'en hiver
l'accès de leurs huttes soit en eau libre sous la glace. Ils
provoquent aussi des inondations fatales à la survie des
arbres.
Parmi les autres habitants de la forêt on compte les
ratons-laveurs (racoons) à la belle fourrure striée, les **porcs-
épics** (porcupines) aux longs piquants, les **mouffettes**
(skunks) à la fourrure noir et blanc qui se défendent en
lançant à plusieurs mètres de distance un liquide infect,

Chevreuil

From photo by P. Knaut. Jr.

et les **écureuils roux** (red squirrels) peu farouches. Les petits frères de ces derniers, les
tamias ou « suisses » (chipmunks), sont d'adorables boules de fourrure rayée dont
l'image fut rendue célèbre par les dessins de Walt Disney.
La plupart de ces animaux, ne sortant de leurs abris que la nuit, sont bien difficiles à
observer.

Sur la côte – Plus grands que les mouettes européennes, les **goélands** (sea gulls) sont
partout présents, vivant en colonies, l'œil aux aguets à la recherche de quelque nourriture sur les bateaux, dans les bassins ou sur les quais des ports. Les **cormorans** noirs
(cormorans), plus sauvages, vivent plutôt sur les rochers au large qu'ils partagent avec
les **phoques** (seals).
Les lagunes le long de la côte, terre d'élection pour de nombreuses espèces d'oiseaux,
migrateurs et sédentaires, constituent d'importantes réserves facilitant la nidification
des oiseaux, leur recherche de nourriture et... pour l'homme, leur observation. Elles
accueillent régulièrement les **oies sauvages** (geese) du Canada au cours de leur migration.

Vous aimez la nature

Respectez la pureté des sources,
*   la propreté des rivières, des forêts, des montagnes...*
Laissez les emplacements nets de toute trace de passage.

VIE ÉCONOMIQUE

La vie économique en Nouvelle-Angleterre a connu une évolution parallèle à celle de la « vieille » Angleterre.

Après une période de vie agricole intense, puis une grande prospérité maritime, une industrialisation très importante s'est développée à la fin du 19e s.

Plus récemment, cette région a vu son économie péricliter, souffrant du vieillissement de ses équipements et des migrations des industries vers le Sud. Elle a dû se renouveler, trouver de nouvelles activités et rechercher d'autres débouchés.

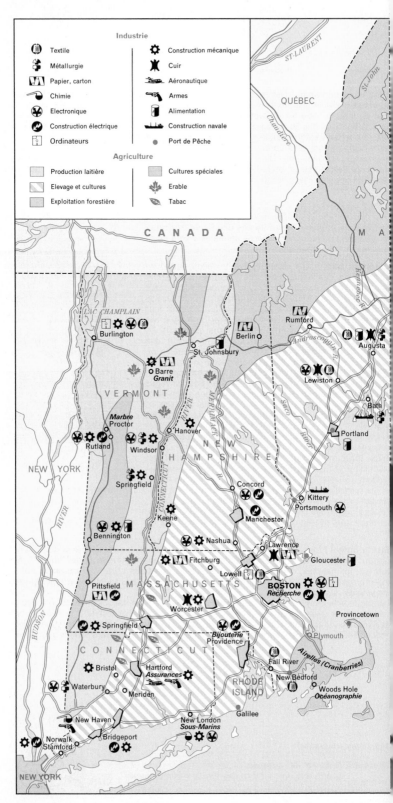

L'AGRICULTURE

Dès le début de la colonisation, les arrivants défrichèrent avec courage cette région boisée, mettant à nu des terres peu fertiles d'où il leur fallut extraire des multitudes de pierres, utilisées pour édifier les murs de séparation entre les propriétés. Une agriculture se développa qui atteignit son apogée entre 1830 et 1880, occupant alors plus de 60 % de la superficie de la Nouvelle-Angleterre.

Puis, avec la conquête des plaines fertiles au Sud des Grands Lacs, on vit de nombreux fermiers émigrer, quittant leurs pauvres terres qui furent peu à peu reconquises par les arbres. Aujourd'hui plus de 83 % de la superficie de la Nouvelle-Angleterre est couverte par les forêts (90 % dans le Maine et 80 % dans le New Hampshire). Cependant cette région a conservé quelques spécialisations agricoles.

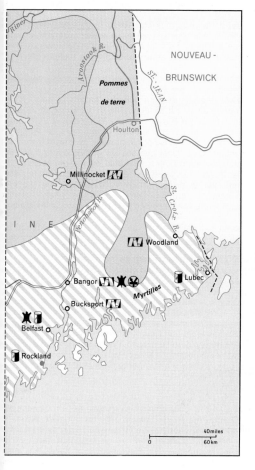

L'élevage laitier et les volailles – La Nouvelle-Angleterre fait partie de la Dairy Belt, zone qui fournit en laitages les grandes métropoles de la côte Est des États-Unis. L'industrie laitière est surtout prospère dans le Vermont. On peut y voir de grosses fermes avec leurs granges, leurs étables rouges et leurs silos en aluminium qui abritent le fourrage. Cet État produit en outre des fromages similaires au gruyère et à l'emmenthal.

L'**aviculture** est très répandue. Le Massachusetts s'est spécialisé dans la production des œufs ; le Connecticut et le Rhode Island dans celle des poulets, l'espèce « Rhode Island Red » est d'ailleurs réputée. Le Vermont fait l'élevage des dindes très recherchées au moment des fêtes traditionnelles de Thanksgiving. Les bâtiments d'élevage sont de véritables usines chauffées, éclairées, contrôlées mécaniquement.

Les cultures spéciales – Dans la vallée du Connecticut, dont les terrains volcaniques sont plus fertiles, s'est développée la **culture du tabac** sous abri. Protégées par des écrans légers, puis séchées dans des hangars allongés, les feuilles fermes obtenues sont utilisées pour rouler les cigares.

Les **cultures fruitières** se pratiquent dans toute la Nouvelle-Angleterre : des vergers de pommiers, de poiriers, de pêchers s'étendent autour du lac Champlain, sur les versants ensoleillés du New Hampshire, dans le Rhode Island, le long des vallées du Connecticut et de Nashua. Deux cultures font la notoriété de cette région : les blueberries, grosses myrtilles dont 90 % de la production américaine est assurée par le Maine, et les **cranberries**, canneberges, sortes d'airelles utilisées en gelée, en jus, en sauce, cultivées dans la région de Cape Cod et de Plymouth (voir Cranberry World à Plymouth). A l'automne des étalages improvisés, le long des routes, se couvrent de **citrouilles**, de **courges** (squashes) aux formes biscornues, d'épis de **maïs** multicolores (indian corn).

Les forêts – En dépit de leur extension en Nouvelle-Angleterre, les forêts composées de feuillus et de conifères ne constituent pas une très large richesse économique en raison de leur exploitation défectueuse ou de la protection dont elles sont l'objet comme forêts nationales. Dans le Maine, cependant, la plupart appartiennent à de grandes compagnies forestières. L'exploitation est surtout orientée vers la production de la pâte à papier et du papier de luxe. Les grandes usines papetières se trouvent dans le Maine : Millinocket, Bucksport, Woodland, Rumford... et dans le New Hampshire : Berlin. La production souvent artisanale du **sirop d'érable** dans le Vermont et le New Hamsphire est une source importante de revenus.

Les outlets

En Nouvelle-Angleterre, surtout dans les trois États du Nord : Maine, New Hamsphire et Vermont, de nombreux magasins s'intitulent factory outlets. Ils pratiquent des ventes directement du grossiste ou de l'usine aux clients, offrant leurs produits (chaussures, vêtements) à des prix exceptionnels.

LA PÊCHE

Les côtes de la Nouvelle-Angleterre sont bordées de hauts-fonds, bancs de sable ou résidus de moraines glaciaires, extrêmement poissonneux. Avant la colonisation, des bateaux de pêche venus d'Europe les fréquentaient déjà. La pêche devint rapidement une ressource si importante pour les colons que les pêcheurs étaient exemptés de service militaire et que la morue fut choisie comme symbole du Massachusetts.

Aujourd'hui les ports de **Boston** (spécialisé dans la morue), de **Gloucester** (crevettes, merlans), de **New Bedford** (coquilles Saint-Jacques) et de **Portsmouth** (morue, carrelet, homard) ont encore une activité importante. Les grands chalutiers, basés dans ces ports, effectuent des campagnes d'une douzaine de jours d'où ils rapportent de la morue, du haddock et des harengs. Cette pêche hauturière alimente surtout de grandes conserveries.

Dans l'ensemble du revenu annuel de la pêche aux États-Unis, la part de la Nouvelle-Angleterre représente environ 17 %. Dans le Maine, la pêche au homard est pratiquée de façon artisanale par des milliers de pêcheurs qui vont chaque jour poser leurs casiers. Ces homards sont vendus et dégustés sur place, ou expédiés dans le reste du pays.

L'INDUSTRIE

Au 19e s., la Nouvelle-Angleterre comptait au nombre des plus grands centres industriels du monde grâce à trois atouts majeurs : la disponibilité de capitaux importants produits par le commerce maritime, l'esprit d'entreprise des « Yankees » et une immigration massive qui offrait une main-d'œuvre courageuse. Le manque de matières premières et de ressources minières était compensé par le nombre de chutes d'eau qui permettaient d'actionner les machines. C'est ainsi que sur les grands cours d'eau se construisirent des villes manufacturières importantes, les **« Mill Towns »**, qui se spécialisèrent dans l'industrie textile, le travail du cuir dans le Massachusetts et le New Hampshire, et les industries de précision comme l'horlogerie, les armes à feu dans le Connecticut, les machines-outils dans le Vermont. Certaines de ces villes : Lowell, Lawrence, Fall River dans le Massachusetts, Manchester dans le New Hampshire, étaient très prospères.

Au 20e s. de nombreuses industries ont émigré vers le Sud. La Nouvelle-Angleterre garde cependant une industrie lainière importante (60 % des USA). La fabrication des chaussures constitue une grande spécialité du Maine et du New Hampshire. La plupart des industries textiles ont été remplacées par des fabriques d'outillage.

La Nouvelle-Angleterre a connu une renaissance économique après la Seconde Guerre mondiale lorsque furent prises de nouvelles orientations industrielles faisant appel à une technologie de pointe et au haut niveau de connaissance des chercheurs et des savants de cette région. On a assisté alors au développement de l'électronique, appliquée à la fabrication du matériel de précision utilisé pour la conquête de l'espace, ainsi qu'à l'élaboration des ordinateurs. Ces industries se sont installées autour de Boston, surtout en bordure de la route 128, dans le Sud du New Hampshire, et à Hartford qui est spécialisé dans la fabrication des moteurs d'avion (Lockeed, Pratt and Witney). La région de Boston, connue universellement par la place qu'y occupe la recherche médicale, s'est tout naturellement orientée vers la production d'instruments médicaux et de prothèses.

LES ASSURANCES

Les assurances prirent leur essor au 19e s. pour couvrir les risques nés du développement du commerce maritime. Chaque départ de bateau était un coup de poker, il pouvait revenir transportant une cargaison synonyme de fortune ou couler avec tous les espoirs mis en lui. Elles se développèrent d'abord dans les ports puis s'étendirent à l'intérieur du pays. Hartford devint la capitale des assurances aux États-Unis avec 40 sièges de grandes compagnies ; à Boston les bâtiments occupés par les compagnies John Hancock et Prudential manifestent leur importance par la hauteur de leurs tours, les plus élevées de la ville.

L'ENSEIGNEMENT

L'existence des universités privées fait de l'éducation une réalité économique aux États-Unis. Elle est, par exemple, la première source de revenus du Massachusetts. Les universités sont gérées comme des entreprises, et leurs présidents sont tout autant des hommes d'affaires que des administrateurs. Certaines comme le Massachusetts Institute of Technology doivent à leur rôle capital dans le domaine de la recherche la place qu'elles occupent dans le monde économique.

Pour plus de détails sur le fonctionnement de l'éducation voir le chapitre Population.

Le système administratif aux États-Unis

Le niveau fédéral – Les décisions concernant la politique étrangère, la défense nationale, la justice, l'assistance publique et les grands projets du style réseau autoroutier sont prises par le gouvernement fédéral. Le pouvoir législatif est représenté par deux chambres (des représentants et le Sénat) et le pouvoir exécutif est confié à un Président, élu pour 4 ans, à ses 12 ministres (secretaries).

Le niveau de l'État – Chaque État possède sa propre constitution, ses propres lois et a le pouvoir d'un État européen pour les affaires intérieures. L'exécutif est représenté par un gouverneur et le législatif par deux chambres qui siègent dans la « State House ».

Le niveau local – Les villes possèdent des pouvoirs exceptionnels surtout en Nouvelle-Angleterre où les pionniers s'étaient organisés en « towns » qui se gouvernaient elles-mêmes. Les grandes villes comme Boston, Providence et Hartford sont des « cities ». Leur maire, élu au suffrage universel, dispose de pouvoirs décisifs : il dirige la police, la politique sociale, l'urbanisme.

QUELQUES FAITS HISTORIQUES

(en italique : quelques jalons chronologiques)

Découverte et explorations de la Nouvelle-Angleterre

1000	Quelques Vikings menés par **Éric le Rouge** débarquent sur ces côtes.
1492	*Découverte de l'Amérique par Christophe Colomb.*
1497	**John Cabot** découvre cette partie de l'Amérique du Nord et fait un rapport de son voyage.
1515	*Début du règne de François Ier en France.*
1524	**Giovanni de Verrazano,** envoyé par François Ier, explore la côte de Nouvelle-Angleterre pour le compte de la France et baptise le Rhode Island.
1525	**Estevan Gomez,** au cours d'un voyage pour le compte de l'Espagne, donne leurs noms aux baies de Saco et Casco dans le Maine.
1602	**Bartholomew Gosnold** baptise Cape Cod, Elizabeth Islands et Martha's Vineyard.
1604	Les Français **Samuel de Champlain** et **Pierre de Gua, sieur de Monts,** fondateurs de l'Acadie, passent l'hiver dans l'île Ste-Croix et explorent la côte du Maine. Ils baptisent l'île de Mont Desert et le lac Champlain.
1605	Le capitaine **George Weymouth** ramène cinq Indiens du Maine en Angleterre.
1607	*Création de la Virginie.*
	Sir Popham finance une expédition pour essayer d'établir une colonie sur la côte du Maine.
1608	*Premier établissement à Québec.*
1610	*Assassinat d'Henry IV en France.*
1613	Les jésuites installent une mission sur l'île du Mont Desert.
1614	Le capitaine **John Smith,** voyageant pour le compte du roi d'Angleterre, rapporte un livre qui s'intitule « A description of New England ». C'est la première fois que le terme Nouvelle-Angleterre est employé.
	Adrian Block, un Hollandais, donne son nom à Block Island.

La colonisation

1620	Arrivée des pères-pèlerins du **Mayflower** et fondation de la colonie de **Plymouth.**
1623	Installation de la Compagnie de la Baie du Massachusetts entre les rivières Merrimack et Charles. Création de **Salem** et **Gloucester.**
1626	Achat de Manhattan par Peter Minuit.
1630	Fondation de **Boston,** par les puritains menés par **John Winthrop.**
1635	**Thomas Hooker** s'installe dans la vallée du Connecticut et fonde Windsor, Hartford et Werthersfield.
1636	Création de **Harvard College.**
	Roger Williams fuit l'intolérance des puritains du Massachusetts et fonde Providence (Rhode Island).
1638	**Ann Hutchinson** fuyant aussi l'intolérance des Bostoniens fonde Portsmouth puis Newport (Rhode Island).
1643	*Début du règne de Louis XIV en France.*
1662	Une Charte Royale réunit les villes du Connecticut.
1666	Établissement de Fort St Anne dans Isle la Motte.
1679	Le New Hampshire devient une province royale.
1691	Le Massachusetts est déclaré province royale et comprend le Maine.
1713	*Le traité d'Utrecht cède Terre-Neuve et l'Acadie à la France.*
1763	*Traité de Paris : le Canada est cédé à l'Angleterre.*

L'Indépendance

1770	Massacre de Boston.
1772	Le gouvernement anglais décide de soustraire le gouverneur et les juges au contrôle populaire en assurant leur traitement.
1773	Boston Tea Party.
1774	Fermeture du port de Boston et premier Congrès continental.
1775	Le 19 avril : bataille de Lexington.
1775-1783	**Guerre d'Indépendance** connue sous le nom de American Revolution.
1776	Le 4 juillet, la **Déclaration d'Indépendance** rédigée par Thomas Jefferson et signée par John Hancock et Samuel Adams, est lue aux soldats de Washington.
1778	La France reconnaît l'Indépendance américaine.
1780	Arrivée du corps expéditionnaire français à Newport conduit par le comte de Rochambeau.
1783	Traité de Paris : les Anglais reconnaissent l'Indépendance des États-Unis.
1789	George Washington devient président.
	Révolution française.
	Constitution du Vermont (État indépendant).
1791	Le Vermont devient le 14e État.
1812	Guerre avec l'Angleterre, elle se termine par le traité de Gand en 1814.
1815	*Waterloo. Fin du règne de Napoléon en France.*
1820	Le Maine devient un État.

Jusqu'à nos jours

1851	Parution de *la Case de l'oncle Tom* par Harriet Beecher Stowe.
1861-1865	**Guerre de Sécession** (lutte anti-esclavagiste en Nouvelle-Angleterre).
1865	Assassinat de Lincoln.
1921	Procès **Sacco** et **Vanzetti** à Boston.
1929	Dépression : la crise économique.
1933	Élection du président Franklin Delano Roosevelt et mise en œuvre d'une série de réformes appelées le New Deal.
1944	Conférence de **Bretton Woods** dans le New Hampshire.
1954	Nautilus, 1er sous-marin atomique, lancé de la base de Groton (Connecticut).
1960	John F. Kennedy est élu président (assassiné en 1963).
1973	Fin de la guerre du Vietnam.
1976	Bicentenaire des États-Unis.

POPULATION

La population de la Nouvelle-Angleterre s'élève à 13 millions d'habitants ; 10 millions vivent dans les trois États du Sud qui comprennent les agglomérations de Boston, Providence, Hartford, New Haven, Worcester et Springfield. Cette population fut constituée par différentes vagues d'immigration d'où la variété des traditions et des religions.

LE PEUPLEMENT

Les Indiens – Ils furent les premiers habitants de cette région et il en reste encore quelques milliers, pour la plupart intégrés à la population. Ils appartenaient au **groupe algonquin**, vivaient dans les bois, chassaient, venaient pêcher le long de la côte en été, cultivaient le maïs et habitaient des wigwams, huttes constituées par des pieux soutenant des écorces de bouleau. Avant l'arrivée des colons, beaucoup avaient disparu dans les guerres intertribales et au cours de la peste de 1617. Les noms des diverses tribus sont restés attachés à des sites et sont ainsi devenus familiers.

Dans le Maine, on trouvait les **Abenakis** qui émigrèrent au Québec ainsi que les **Malecites** et les **Micmacs**. Quelques descendants des **Passamaquoddys** et des **Penobscots** vivent encore dans les camps de Pleasant Point et Old Town.

Dans le New Hampshire, la confédération **Penacook** comptait 16 tribus. Dans le Massachusetts, la confédération du même nom vivait dans la baie de Boston. A Cape Cod et Martha's Vineyard subsistent quelques descendants des **Wampanoags** et des **Massipees**. Ces derniers organisent encore un pow wow (fête tribale) chaque année. Les Indiens des Berkshires, les **Mohicans**, ont émigré dans le Wisconsin à l'arrivée des colons.

Dans le Connecticut, les **Pequots** voisinaient avec les **Mohegans** et les **Uncas**.

Le groupe le plus important de Nouvelle-Angleterre était les **Narragansetts** du Rhode Island. Ils furent en partie décimés par les guerres avec les Anglais dont la fameuse guerre du Roi Philippe. De nos jours, quelques descendants d'Indiens essayent de recouvrer les terres qui appartenaient à leurs ancêtres à Cape Cod et dans le Maine.

Les Yankees – Ce terme, imaginé par des Hollandais, désigne les descendants des Anglo-Saxons arrivés avant l'Indépendance. Ils constituent en grande partie la souche de la population rurale de la Nouvelle-Angleterre ainsi que la « haute société » de Boston et de quelques autres grandes villes. On les appelle aussi les **W.A.S.P.** (White Anglo Saxon Protestants). Leur esprit d'indépendance, leur ténacité, leur volonté, leur rigueur héritée de leurs ancêtres puritains, leur puissance de travail sont reconnus ; aujourd'hui encore, ils dominent la banque, le monde des affaires et la propriété foncière.

Les Irlandais – Des Irlandais arrivèrent en très grand nombre au milieu du 19e s., fuyant la famine de la pomme de terre pour travailler dans les usines. Leurs descendants sont encore nombreux à Boston et dans les grandes villes industrielles. Actuellement, ils constituent un groupe bien équilibré ayant des représentants dans les professions libérales, juridiques et surtout dans la politique. Ils composent une bonne part du corps législatif du Massachusetts. L'un des exemples les plus fameux de la part active qu'ils prennent à la vie politique est la famille Kennedy.

Les Italiens – L'immigration italienne ne commença qu'après 1870. Elle était le fait de pauvres gens qui venaient en général de l'Italie du Sud. Les « Italiens » d'aujourd'hui ont gardé conscience de leur origine, et se signalent par leur exubérance, leur sens de la fête, leur esprit de famille, leurs traditions religieuses. Regroupés par quartier, comme celui de North End à Boston, ils continuent à parler leur langue, à manger pizzas et spaghetti... Ils travaillent dans la construction, le commerce ou la restauration.

Les Canadiens français – Les « Francos » vinrent se faire embaucher en grand nombre à la fin du 19e s. dans les usines du New Hampshire et du Maine. Issus de familles rurales, très nombreuses, ils étaient obligés de partir « aux États » car leurs terres ne suffisaient pas à les nourrir tous. Aussi rencontre-t-on nombre de noms français dans cette région.

Les Portugais – Ils sont nombreux dans les ports de Gloucester, Provincetown et Quincy. Leur émigration remonte aux premiers temps de la colonisation alors qu'ils venaient du Portugal ou des Açores pour pêcher au large de Terre-Neuve et de la Nouvelle-Angleterre. Ils ont conservé leurs traditions culinaires et religieuses, entre autres les bénédictions des flottes qui se pratiquent le long de la côte du Massachusetts.

Les autres – Le Maine connut une immigration de **Suédois**, de **Russes**. A Boston, les **Chinois** se sont regroupés dans leur « Chinatown ». Watertown dans la banlieue est devenue une petite communauté **arménienne**.

Les **Noirs**, peu représentés en Nouvelle-Angleterre, vivent dans les grandes villes.

RELIGIONS

Le seul nom de Nouvelle-Angleterre évoque les puritains et leur société théocratique, les chasses aux sorcières, la société W.A.S.P. et ses traditions... et pourtant, les statistiques annoncent une réalité différente : 75 % de New Englanders qui ont une religion sont **catholiques**. Ce phénomène s'explique par la proportion importante de la population de souches irlandaise, portugaise et canadienne. La plupart des paroisses se trouvent dans les villes.

Dans les villages, les sectes protestantes sont bien représentées et très diverses. **Les congrégationnalistes,** issus des puritains et des séparatistes de Plymouth forment le groupe le plus important. Leur Église fonctionne par congrégations indépendantes ayant chacune sa propre ligne de conduite. Depuis 1957, ils font partie de la United Church of Christ.

Les **unitariens** et les **méthodistes,** venus aux États-Unis pour fuir les persécutions dont ils faisaient l'objet en Angleterre, s'adaptèrent bien au style de vie américain par leur libéralisme et leur sens pratique.

Les **baptistes,** qui eurent à pâtir des persécutions des puritains, créèrent le Rhode Island puis eurent beaucoup de succès dans le Sud des États-Unis.

Les **épiscopaliens,** fidèles à l'Église traditionnelle d'Angleterre, sont encore nombreux. Diverses sectes virent le jour ici-même, comme la **Christian Science Church** de Mary Baker Eddy *(voir p. 95)* et les communautés **shakers** *(voir p. 119).*

Les **juifs,** qui trouvèrent une grande tolérance dans le Rhode Island dès le 17e s., y sont encore assez nombreux mais vivent surtout dans la région de Boston.

ÉDUCATION

L'éducation fut l'un des premiers soucis des puritains quand ils s'installèrent en Nouvelle-Angleterre : il fallait savoir lire pour consulter la Bible. Dès 1642, une loi dans le Massachusetts déclarait que toute ville comprenant plus de 50 familles devait avoir son école et son maître. L'enseignement secondaire et supérieur était surtout orienté vers l'éducation religieuse et théologique et en 1636 Harvard fut fondé dans l'intention de former des pasteurs. La Nouvelle-Angleterre doit à cette tradition son rôle primordial dans le domaine de l'éducation aux États-Unis.

Le système d'éducation américain – Il est fondé sur la liberté des élèves et le respect de leur personnalité, mais il comporte un cycle d'études bien défini.

Après l'école élémentaire les élèves entrent dans une **High School** ou dans des écoles privées, inspirées du système anglais, appelées **prep schools** ou **academies.** Ils en sortent vers 17 ans pour entrer au **College** où les études durent 4 ans et sont sanctionnées par le **BA** (Bachelor of Arts) ou le **BS** (Bachelor of Sciences). Les étudiants sont alors **graduate** et peuvent entrer à l'université. La plupart des grandes universités, comme Harvard, sont composées de collèges pour « undergraduates » et de spécialisations pour les « graduates ». Une fois à l'**université,** l'étudiant se spécialise et entre dans une école (équivalent de nos facultés) : pour les affaires (Business School), le droit (Law School), la médecine (Medical School)... Là il peut passer son **Master Degree** puis un doctorat, suprême consécration : il deviendra alors Philosophiae Doctor : **Ph. D.**

Les campus – Les campus des collèges et université forment de véritables villes avec leurs nombreux bâtiments dispersés dans la verdure sur un très vaste espace. Ils comprennent les bâtiments pour l'enseignement, des résidences pour les étudiants qui pour la plupart logent sur place, des bibliothèques, des musées, un complexe sportif, des magasins dont le rituel « co-op » (coopérative), des restaurants, des théâtres... Chaque établissement s'administre et se gère lui-même comme une entreprise. Les études sont fort chères, aussi la plupart des étudiants travaillent-ils durant l'été pour financer en partie leur année universitaire. Les universités d'État, payantes elles aussi, sont cependant moins chères.

Les collèges et universités en Nouvelle-Angleterre – La **Ivy League** (Ligue du Lierre) fut surnommée ainsi car elle rassemble les plus vieilles universités américaines aux bâtiments de brique recouverts de lierre. Elle comprend 8 universités dont 4 en Nouvelle-Angleterre : Harvard (Cambridge), Yale (New Haven), Dartmouth (Hanover) et Brown (Providence) ; les autres étant Columbia (New York), Princeton (New Jersey), Cornell (dans l'État de New York) et Pennsylvania (Philadelphie).

Parmi les autres universités célèbres figurent le Massachusetts Institute of Technology (MIT), Boston University, la Massachusetts University à Amherst, Clark University à Worcester, Brandeis à Waltham. Certains collèges pour femmes sont particulièrement réputés : Wellesley, Smith, Radcliffe et Mt Holyoke.

GUIDES MICHELIN

Les guides Rouges (hôtels et restaurants) :
Benelux – Deutschland – España Portugal – main cities Europe – France – Great Britain and Ireland – Italia – Suisse.

Les guides Verts (paysages, monuments, routes touristiques) :
Allemagne – Autriche – Belgique Grand-Duché de Luxembourg – Canada – Espagne – France – Grande-Bretagne – Grèce – Hollande – Irlande – Italie – Londres – Maroc – New York – Nouvelle-Angleterre – Paris – Portugal – Le Ouébec – Rome – Suisse

... et la collection des guides régionaux sur la France.

LE PASSÉ MARITIME

C'est par la mer que la Nouvelle-Angleterre fut colonisée et c'est dans la mer et sur la mer qu'elle trouva ses grandes sources de richesses. L'importance de la vie maritime dans cette région se manifeste par le nombre de ports qui jalonnent la côte ; leur patrimoine historique et architectural témoigne de leur prospérité au 19ᵉ s. Chaque partie de la côte avait sa spécialisation : le Sud (Connecticut et Sud-Est du Massachusetts) s'était orienté vers la pêche à la baleine. La côte Nord du Massachusetts et le New Hampshire s'étaient lancés dans le commerce avec l'Extrême-Orient (China Trade), ainsi que dans la construction navale. La côte du Maine abritait dans chacune de ses baies un chantier naval exploitant les ressources forestières de l'arrière-pays. A ces activités s'ajoutaient la pêche à la morue et au homard qui fut très active dès l'arrivée des colons et des commerces étrangers comme celui de la glace.

Quelques grands musées évoquent ce passé ; les plus intéressants étant les Whaling Museums de New Bedford, Mystic Seaport et Sharon pour la pêche à la baleine ; le Peabody Museum de Salem pour le commerce avec l'Extrême-Orient ; le Maine Maritime Museum à Bath dans le Maine pour la construction navale.

LA PÊCHE A LA BALEINE

Le lard de baleine fondu donne une huile qui fut le combustible le plus utilisé pour l'éclairage au 19ᵉ s.

Les grandes villes européennes et américaines étaient éclairées à l'huile de baleine et les ports de Nantucket et New Bedford, immortalisés par le « Moby Dick » de Melville, étaient aussi célèbres à l'époque que les émirats du Golfe Persique aujourd'hui. La pêche à la baleine était une grande aventure.

Les cétacés – De tout temps, l'homme fut fasciné par ces animaux à la limite du fabuleux : par leur taille comparable à celle d'aucun autre être vivant (une baleine bleue pèse le poids de 36 éléphants et peut mesurer plus de 30 m) ; par leur état de mammifère vivant comme des poissons, et par la richesse qu'ils représentent car tout est exploitable dans une baleine : sa graisse, qui fondue, donne de l'huile combustible ou des lubrifiants, sa viande, ses fanons qui servaient à faire des « baleines » de corset, de parapluies, des boîtes... c'était le plastique de l'époque. Les cétacés se divisent en deux grandes familles : les **baleines à fanons** qui se nourrissent de plancton filtré par leurs fanons (la baleine bleue, la baleine blanche, le rorqual) et les **cétacés à dents,** dont le cachalot et le narval, qui se nourrissent de poissons. Le **cachalot** est particulièrement recherché car il possède dans la tête une poche d'huile extrêmement fine et précieuse : le spermacéti (d'où son nom en anglais : spermwhale). D'autre part les restes des poissons qu'il ingurgite forment parfois dans l'intestin une boule surnommée « ambre gris », très recherchée pour les parfums et qui vaut son pesant d'or. Autre qualité du cachalot : il flotte une fois mort et est donc plus facile à chasser. Le **narval** fut longtemps considéré comme un animal fabuleux à cause de sa dent qui se développe en une longue corne torsadée qui inspira le mythe de la licorne.

La pêche à la baleine en Nouvelle-Angleterre – Les Indiens pêchaient déjà les petites baleines à partir de la côte. Les premiers colons suivirent leur exemple et installèrent des tours de guêt dans les villages.

Dès la fin du 17ᵉ s. des bateaux spéciaux furent construits et la pêche au grand large commença.

Au 18ᵉ s., un habitant du Nantucket découvrit le cachalot. Dès lors, la pêche à la baleine devint une véritable industrie car les cachalots se trouvant dans les eaux chaudes et lointaines, il fallut armer des bateaux importants. Cette activité atteignit son âge d'or entre 1820 et 1860. En 1843 on comptait 88 baleiniers à Nantucket et, en 1857, 339 à New Bedford. Les ports de New London, Provincetown, Fairhaven, Mystic, Stonington, Edgartown possédaient aussi des flottes importantes. Dans ces ports, où régnait une activité incessante, on pouvait voir des chantiers navals construisant les bateaux, des fabriques traitant la graisse et le blanc de baleine pour en faire des chandelles, des baleinières débarquant leurs barils, les fanons mis à sécher dans de grands champs... La population était très cosmopolite : les marins provenaient de tous les horizons, ramassés au hasard des escales. Les baleinières parcouraient les océans du Groenland au Pacifique Nord, des Açores au Brésil, de Polynésie au Japon. Le voyage durait 4 ou 5 ans, parfois plus. Certains capitaines emmenaient leur femme et leurs enfants. Ils ne revenaient que quand les barils étaient pleins, or, on pouvait naviguer des semaines, parfois des mois, sans apercevoir une baleine.

Le déclin de cette activité fut provoqué par la découverte du pétrole en Pennsylvanie qui, moins cher et moins dangereux à exploiter, remplaça la graisse de baleine. Après 1870 les baleiniers devinrent rarissimes et 100 ans plus tard la pêche à la baleine fut interdite aux États-Unis.

L'aventure des baleiniers au 19ᵉ s. – La vie sur les baleiniers était extrêmement dure. Ce fut celle de nombreux « New Englanders » tentés par l'aventure et les bénéfices considérables qu'elle faisait miroiter.

Les baleiniers étaient des 2 ou 3 mâts aux bonnes qualités nautiques comportant un équipage d'une dizaine de personnes dont le capitaine, deux officiers et 4 ou 5 harponneurs. Sur le pont se trouvaient les baleinières, barques de 9 m de long qui étaient mises à l'eau dès que le guetteur avait poussé le cri que tous attendaient avec anxiété : « Elle souffle. » C'est à ce souffle d'air chaud chargé d'humidité, haut de plusieurs mètres, que projette la baleine quand elle remonte des profondeurs, que l'on décèle sa présence.

A bord de chaque baleinière montait un harponneur, un officier, les rameurs, et les frêles embarcations s'élançaient vers le cétacé. Puis le harponneur lançait son harpon, visant l'emplacement derrière l'œil. La bête frappée, excitée par la douleur, risquait alors d'écraser la baleinière avec sa queue ou de la renverser. Dès qu'elle avait été touchée, elle se mettait à fuir, entraînant avec elle dans une course folle l'embarcation et ses occupants, remorquée par la corde du harpon. Cette course pouvait durer une heure jusqu'à l'épuisement de la victime qui se signalait par le « souffle » rosi, puis complètement rouge de sang. C'était la fin.

La baleine morte était alors attachée sur les flancs du navire avec des chaînes et le dépeçage commençait. Les marins sur des échafaudages de fortune découpaient la graisse en grands lambeaux qui étaient soulevés par des crochets puis déposés sur le pont. La graisse était aussitôt mise à fondre dans les fourneaux au centre du pont et l'huile obtenue stockée dans des barils. Sur le pont régnait une puanteur terrible. La graisse s'infiltrait partout et il était difficile de circuler. Dès que tout était terminé, le nettoyage commençait et la vie à bord reprenait paisiblement, les marins s'occupaient à sculpter les dents de cachalot *(voir scrimshaw p. 31)* en attendant le prochain cri du guetteur.

Barils d'huile de baleine sur les quais de New Bedford au 19ᵉ s.

LE COMMERCE MARITIME

Le commerce avec l'Europe, les Antilles, l'Afrique (pour les esclaves) avait commencé dès le 18e s. mais c'est au lendemain de l'Indépendance que les ports de Boston, Salem, Portsmouth, Newport et Providence prirent leur réel essor grâce au commerce avec l'Extrême-Orient (China Trade).

Le China Trade – En 1785, un bateau, le « Grand Turc », quitta Salem pour aller explorer les possibilités commerciales avec l'Extrême-Orient. Ce fut un triomphe et très vite d'autres navires furent expédiés de tous les ports, affrétés par des armateurs qui amassèrent ainsi des fortunes colossales.

Les bateaux suivaient des parcours tortueux avant d'arriver à destination, car il fallait trouver en chemin les denrées à troquer contre les produits chinois. Au début ils passaient le Cap Horn, remontaient la côte du Pacifique jusqu'au Nord pour embarquer les fourrures de loutre de mer, puis faisaient escale aux îles Sandwich pour le bois de santal avant d'aller s'aventurer dans les îles de Polynésie et Mélanésie pour ramasser des bêches-de-mer ou holothuries, coquillages qui faisaient les délices des Chinois. C'est ainsi que les marins de Nouvelle-Angleterre furent des explorateurs et des ethnologues avant l'heure, comme en témoignent les superbes collections du Peabody Museum à Salem. Plus tard, l'opium devint la monnaie d'échange la plus courante bien qu'illicite ; les navires faisaient alors voile vers l'Est, avec des escales en Turquie ou en Inde pour embarquer la précieuse denrée. En Chine, ils s'arrêtaient à Canton. A 15 km de la ville un ancrage était prévu pour les étrangers qui avant le traité de 1842 n'avaient pas droit de cité. Ils y restaient parfois des mois – période nécessaire pour contracter les divers échanges commerciaux – et ne repartaient pas avant d'avoir constitué leur stock de soies, de laques, de peintures, de porcelaines (appelées chinaware en anglais) et surtout de thé.

D'autres escales en cours de route permettaient de rapporter les épices de Makassar, le poivre de Sumatra, le sucre et le café de Java, le moka de la mer Rouge, la gomme arabique de Muscat, le coton de Bombay, l'ivoire de Zanzibar...

Un commerce original : la glace – Au 19e s. se développa un commerce assez inattendu : le transport de la glace et sa vente dans le Sud des États-Unis, aux Antilles et même parfois en Asie.

Pendant l'hiver, quand les rivières du Maine étaient gelées, près des estuaires s'organisaient de véritables petites usines appelées « Ice Works ». La glace était découpée à l'aide de grandes lames, puis stockée dans les chambres froides jusqu'au printemps. Au moment du dégel, des bateaux spécialement conçus avec une double coque pour la conservation de la glace venaient s'ancrer près de ces « Ice Works » et chargeaient la glace.

Ce commerce fut très prospère jusqu'à l'invention du réfrigérateur.

LA CONSTRUCTION NAVALE

Dès qu'ils furent installés le long de la côte, les colons ouvrirent de petits chantiers navals où ils construisirent des sloops et des ketches pour la pêche. Puis, à partir de 1750, quand les relations avec l'Angleterre se dégradèrent, ils se lancèrent dans la contrebande et mirent au point des bateaux assez rapides pour échapper aux navires anglais. C'étaient les goélettes (schooners) très caractéristiques avec leurs deux ou trois mâts inclinés vers l'arrière et leurs voiles auriques qui firent rapidement l'admiration des Européens.

Ces goélettes furent armées en course pendant la guerre d'Indépendance et s'attaquèrent à la flotte anglaise. On les appelait des **« privateers »** car c'étaient des bateaux privés. Les colons n'eurent pas de flotte nationale avant la construction de leurs premières frégates, du type USS Constitution *(voir à Boston, Charleston)*, en 1797. Les goélettes connurent une très belle carrière : on en utilisait encore à la fin de la Deuxième Guerre mondiale pour le transport de marchandises et pour la pêche hauturière.

L'ère des clippers – Entre 1820 et 1860, la marine à voile atteignit son apogée avec l'apparition des **« clippers »** construits à Boston et à Bath. Ces bateaux aux coques allongées, très voilés, firent l'admiration du monde entier pour leur vélocité. Leur nom venait d'un surnom donné à des chevaux très rapides. Ils parcoururent tous les océans à l'époque du commerce avec l'Extrême-Orient puis lors de la ruée vers l'or en Californie. Le public se passionnait pour les exploits que lui rapportaient les journaux et l'on pouvait alors voir de grandes affiches publicitaires annonçant moins de 100 jours pour aller de Boston à San Francisco par le Cap Horn.

Certains clippers, que l'on appelait « packet », servaient aussi aux passages transatlantiques ; les **Packet Lines**, lignes régulières entre l'Amérique et l'Europe, apparurent dès 1820. Ce fut l'origine du mot paquebot (Packet Boat).

A la fin du 19e s. l'invention des coques en acier permit la construction de géants de 5, 6 et même 7 mâts. Puis la vapeur triompha avec les ferries, véritables palaces flottants, qui longeaient la côte. Les chantiers navals les plus célèbres pour leur production en Nouvelle-Angleterre se trouvaient à Boston et à Bath (Maine).

Affiche publicitaire
pour un voyage en clipper

GASTRONOMIE

Pour les renseignements pratiques sur les restaurants voir en fin de guide.

La cuisine locale servie dans les auberges villageoises ou les restaurants de bord de mer compte parmi les attraits de la Nouvelle-Angleterre. Les traditions culinaires y sont originales, liées à l'histoire de la région : les pionniers débarquant sur ce continent durent adapter leurs recettes ancestrales aux produits inconnus qu'ils y découvrirent : le maïs sauvage (*indian corn*), les courges (*squashes*) aux formes étranges, les citrouilles (*pumpkins*), les haricots (*beans*), les airelles (*cranberries*), le sirop d'érable, et une multitude de poissons et de fruits de mer.

Les poissons – Servis en général sous forme de filet ils sont grillés (*broiled*) ou frits (*fried*). Les plus courants sont le carrelet (*flounder*), le flétan (halibut), le bar (bass), les harengs (*herrings*), le haddock (*églefin*), le lieu et le merlan (*whiting*), l'espadon (*sword fish*), la sole (*sole*) et la morue (*cod*).

Les homards (lobsters) – Grande spécialité des côtes du Nord du Massachusetts et du Maine, ils se dégustent ébouillantés, avec du beurre fondu, sur les tables de pique-nique le long des quais. Dans les restaurants, la préparation, parfois plus élaborée, s'accompagne d'une sauce newburg.

Les fruits de mer – Les palourdes appelées clams (ou quahogs ou steamers selon la variété et la grosseur), les petites coquilles Saint-Jacques ou *scallops*, les moules (*mussels*), se trouvent partout le long de la côte.
En été on les déguste sur la plage, au bord des routes, préparées en beignets accompagnés de mayonnaise. Les clams sont délicieuses en soupe : la New England clam chowder, grande spécialité régionale, se prépare avec du lait, des pommes de terre et des oignons.
Le **« clambake »**, préparation originale héritée des Indiens, se prépare sur les plages. Un grand feu est allumé. Sur les braises obtenues sont disposées des pierres qui deviennent brûlantes, puis un tapis d'algues où reposent les clams que l'on recouvre d'une autre couche d'algues. Cuisant dans leur jus, les palourdes gardent ainsi toute leur saveur. Ce procédé est aussi utilisé pour les homards.
Dans les restaurants, les clams et les coquilles Saint-Jacques sont parfois présentées sautées (broiled), en marinade, ou à la portugaise avec de l'ail.

Les viandes et les volailles – Le « stew », sorte de pot au feu avec des pommes de terre, des carottes et du chou, les Boston baked Beans, haricots préparés avec du porc salé et de la mélasse, sont la base de la bonne cuisine familiale.
La dinde farcie servie avec de la sauce aux canneberges (stuffed turkey with cranberry sauce), le plat traditionnel de Thanksgiving, est souvent aux menus des restaurants.

Les pains (breads) – Dans ce pays, royaume des sandwiches, des toasts, des hamburgers et des hot-dogs, le pain est roi sous les formes les plus variées. Fabriqué industriellement, il n'a pas grand intérêt, mais pétri et cuit à la maison, il est tout autre. Dans les auberges, une petite corbeille est posée sur la table recouverte d'une serviette protégeant des petits pains briochés (rolls), du pain de seigle noir (pumpernickel), du pain au sésame, aux raisins, au son, des pains sucrés, épicés, qui ressemblent à des gâteaux.

Les desserts – La Boston cream pie, gâteau fourré à la crème anglaise et glacé au chocolat, et l'Indian Pudding, sorte de flan à la farine de maïs, à la mélasse et au lait, sont les desserts propres à cette région... mais les menus offrent une grande variété d'autres gourmandises.

Le sirop d'érable (maple syrup) – Sur chaque table en Nouvelle-Angleterre trône une bouteille remplie d'un beau liquide brun doré, le fameux sirop d'érable, indispensable accompagnement des pancakes au petit déjeuner. Cette production locale se vend sous différents labels (grades) selon la qualité et le parfum : fancy, le meilleur, puis grade A, grade B, et unclassed. Extrêmement parfumé, le sirop d'érable accommode merveilleusement les glaces, les puddings ou les « sausages » du petit déjeuner. Il est aussi utilisé en cuisine pour confectionner des gâteaux comme la tarte au sucre d'érable.
Selon le degré de cuisson, la sève de l'érable se transforme, en sucre, ou en bonbons, spécialités des États du Nord.

Participez à notre effort permanent de mise à jour.

Adressez-nous vos remarques et vos suggestions :
Cartes et Guides Michelin
46 avenue de Breteuil
75324 PARIS CEDEX 07

L'ART

ARCHITECTURE

De la simple maison coloniale en planches aux hautes tours ultra-modernes, l'architecture en Nouvelle-Angleterre reflète l'histoire d'un peuple de pionniers dont l'un des premiers soucis fut de se construire des demeures solides et confortables.

Les styles de maisons du 17e s. au 19e s.

Style colonial (1600-1700) – Maisons en bois, inspirées de l'architecture médiévale en Angleterre. Autour d'une importante cheminée centrale en briques sont disposées 4 pièces sur 2 étages.
Les parois intérieures et planchers sont en larges planches. La façade est percée de petites fenêtres à carreaux en pointe de diamant. Le toit en bois descend parfois jusqu'au sol à l'arrière des maisons, leur donnant la forme d'une boîte à sel d'où leur surnom de « salt box ».
Mobilier : élisabéthain et jacobéen.

Style georgien (1700-1800) – Son nom lui vient des trois George qui se succédèrent sur le trône d'Angleterre.

Construits en bois ou en briques, les bâtiments se caractérisent par leur symétrie.
Les décorations sont inspirées du style palladien en vogue en Europe et les façades s'ornent de colonnes, de fenêtres vénitiennes et souvent d'un péristyle.
Le toit haut, en dos d'âne, avec des fenêtres mansardées, est parfois surmonté d'une balustrade.
A l'intérieur, les murs sont recouverts de boiseries toutes simples et de papier peints.
Mobilier : William and Mary, Queen Anne, Chippendale.
Architecte célèbre : Peter Harrison à Newport et à Boston.

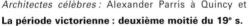

Style fédéral (1780-1820) – Ce style spécifiquement américain se développa après l'Indépendance.
Les grandes demeures carrées de 3 étages sont construites en bois ou en briques. La façade est très simple avec pour seul élément décoratif les encadrements de porte et les porches dont l'avancée est soutenue par des colonnes. Le toit est pratiquement entouré, souvent bordé dans les ports d'une balustrade appelée « widow walk » (promenade des veuves) car de là les femmes de marins guettaient le retour des bateaux.
A l'intérieur : pièces carrées, ovales, octogonales, décorées de frises en stuc ou en bois représentant rosettes, gerbes de blé...
Mobilier : Sheraton, Chippendale, Hepplewhite.
Architectes célèbres : Samuel McIntire à Salem, Charles Bulfinch à Boston.

Style néo-classique – (Greek revival) (1820-1860) – Correspondant à une période d'expansion économique et à l'idéalisation de la démocratie, l'architecture s'inspire alors des temples grecs. Les maisons s'ornent de frontons soutenus par des colonnes majestueuses.

Les plafonds sont très hauts, les fenêtres forment de vastes ouvertures. On peut en voir de beaux exemples dans les ports baleiniers qui étaient particulièrement prospères à cette époque.
Cependant ce style, plus populaire dans le Sud des États-Unis, fut surtout utilisé pour les bâtiments publics construits en granit et en marbre comme les capitoles (parlements) de Providence, de Montpelier, de Concord.
Mobilier : Empire, Sheraton, Hepplewhite.
Architectes célèbres : Alexander Parris à Quincy et Asher Benjamin à Boston.

La période victorienne : deuxième moitié du 19e s.

L'architecture de cette époque se caractérise par un éclectisme s'inspirant des styles médiévaux et Renaissance.
Le **néo-gothique** (Gothic revival) fut employé pour les bâtiments publics comme le capitole de Hartford aussi bien que pour de simples cottages. Ses décorations tarabiscotées avec profusion de clochetons, de pignons, de bois sculpté, l'ont fait surnommer « gingerbread style » (en pain d'épice).
Le **néo-roman** (Romanesque) eut pour maître incontesté l'architecte **Henry H. Richardson** dont le chef-d'œuvre est Trinity Church à Boston. Son style en pierres polychromes décoré d'arches fut utilisé pour de nombreux bâtiments publics.
La **Renaissance italienne** (Italianate) inspira des maisons et des châteaux (les Breakers à Newport) et des bâtiments comme la bibliothèque de Boston. La firme **Mac Kim, Mead and White** réalisa de nombreux ouvrages dans ce style puis se spécialisa dans le style « shingle ». Les shingles sont des tavaillons de bois qui couvrent complètement les maisons de Cape Cod et des îles.

La période contemporaine

L'architecture moderne est représentée par des œuvres de Eero Saarinen, de Alvar Aalto, de Walter Gropius (Cambridge), de Paul Rudolph, de Philipp Johnson, de Louis Kahn (New Haven) et de I.M. Pei (Boston).

MOBILIER

Les premiers colons apportèrent leurs meubles d'Angleterre, puis des ébénistes locaux se mirent à en confectionner, imitant les meubles anglais avec quelques variantes dans les motifs.

Dans l'ensemble, les Américains suivirent les modes européennes, surtout les styles anglais qui étaient vulgarisés dans des manuels d'ébénisterie.

Les styles

Jacobéen – 17e s. Encore médiéval d'inspiration, ce mobilier en chêne, très massif, est représenté surtout par des coffres, des fauteuils, des tables, des coffrets à bible, dont les parties planes sont sculptées de motifs géométriques ou floraux stylisés comme le tournesol.

William and Mary – 1690-1720. Ce style fut en vogue sous le règne de Guillaume (William) d'Orange et de sa femme Mary. Il subit l'influence du baroque flamand et des styles orientaux. Ce mobilier est raffiné et confortable avec des chaises cannées à haut dossier, aux barreaux tournés, et des secrétaires souvent décorés d'imitations de laques chinoises.

Queen Anne – 1720-1750. Les courbes apparaissent avec un tout autre traitement du bois. Le noyer, l'érable, le merisier remplacent le chêne. Les pieds de biche ainsi que les décorations en forme de coquille, d'urne, de feuille d'acanthe, rendent les meubles très gracieux. Les chaises présentent un dossier en forme de vase et les commodes à double corps (highboy et tallboy) font leur apparition.

Chippendale – 1750-1785. C'est l'ébéniste **Thomas Chippendale** qui lança, dans son manuel d'ébénisterie, ce style inspiré du rococo et de l'art chinois. Les meubles, en acajou, reposent sur des pieds se terminant par des griffes enserrant une boule (claw and ball) à l'image des bronzes chinois. Ce style fut mis à l'honneur par quelques ébénistes de Boston et de Newport : les **Townsend** et les **Goddard**. Ils utilisaient beaucoup les coquilles et les urnes avec des flammes comme motifs décoratifs.

Le style fédéral – 1785-1815. Inspiré par les styles anglais **Adam**, **Sheraton** et **Hepplewhite**, ils se définit par des lignes droites et légères, des pieds très fins agrémentés de décorations délicates : marqueterie, guirlandes de feuilles, fleurs, plumes, dossiers en forme de lyre... Le style Hepplewhite se signale par l'utilisation du bois de rose et les dossiers en éventail ou écusson. Sheraton préconise l'emploi de l'acajou. Le style fédéral utilise souvent comme décoration l'aigle, symbole de la nouvelle indépendance des États-Unis, surtout sur les fameux miroirs ronds et convexes appelés « miroirs de sorcière ».

Le style Empire – 1815-1840. Importé d'Europe, ce style massif est inspiré de l'antiquité grecque et égyptienne. Bronzes, dorures, satins côtoient les têtes de sphynx et les aigles.

Le style victorien – 1840 à la fin du 19e s. S'inspirant de tous les styles : gothique, élisabéthain, baroque, Louis XIV, rococo... la période victorienne a donné des meubles lourds et sombres surchargés de décorations très complexes, de tourelles, de pandeloques... Le satin capitonné recouvre les fameuses ottomanes empruntées aux intérieurs orientaux.

Quelques meubles typiquement américains – La **« Windsor chair »** peut symboliser le meuble du pionnier. Arrondi, avec ses barreaux fins, ce fauteuil, qui donna naissance au rocking chair, est devenu le meuble le plus typiquement américain.

Les meubles **shakers** sont pratiques et admirables dans leur sobriété. Les chaises se reconnaissent à leur siège en copeaux de bois ou textiles tressés.

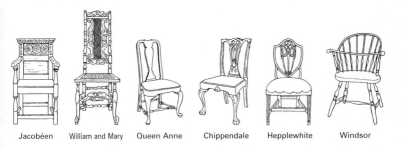

Jacobéen   William and Mary   Queen Anne   Chippendale   Hepplewhite   Windsor

Les horloges

Quelques horlogers se signalèrent en apportant un soin extrême non seulement au mécanisme mais aussi à la décoration des caisses. Les grandes horloges appelées « Grand father clocks » donnaient l'heure, le jour, l'année, la lunaison. Les fabricants les plus célèbres furent **Clagget** (Newport), et les frères **Willard** dans le Massachusetts. L'un d'eux, Aaron, inventa le **Banjo clock** (cartel en forme de banjo). Le 19e s. connut la vogue des pendules du Connecticut *(voir à Bristol)*.

LA PEINTURE

Au début de la colonisation, dans la seconde moitié du 17ᵉ s., la peinture se développa sous sa forme la plus utilitaire : les portraits et les enseignes. Des peintres itinérants, artistes improvisés, allaient de village en village et proposaient leurs talents. Souvent, ils ne dessinaient sur place que le visage et exécutaient le corps une fois rentrés chez eux. Ces portraits réalistes et naïfs sont pleins de charme, le plus célèbre est celui de Mrs. Freak and Baby Mary au musée de Worcester.

Mrs Elizabeth Freake and Baby Mary

Développement de la peinture au 18ᵉ s.
L'arrivée du peintre écossais **John Smibert** (1688-1751) en 1729 ouvrit l'ère des peintres professionnels. Il monta un atelier à Boston où il formait des élèves, leur enseignant la technique et l'art du portrait tel qu'on le pratiquait alors en Europe. Son « groupe des Bermudes » servit de modèle à plusieurs de ses disciples américains dont **Robert Feke** et surtout **John Singleton Copley** (1738-1815), le premier grand portraitiste américain, dont les œuvres reflètent encore une société guindée, mais sont néanmoins très expressives. **Ralph Earl** (1751-1801), malgré ses sept années passées en Angleterre, garda un style plus colonial et naïf témoignant de ses origines campagnardes. Ses modèles conservent une attitude rigide.
Gilbert Stuart (1755-1828) fut le peintre le plus populaire de son époque grâce à ses portraits de George Washington dont le fameux portrait de l'Atheneum (au musée des Beaux-Arts de Boston). En réalité, il exécuta trois portraits de George Washington qu'il recopia ensuite à des centaines d'exemplaires.
Ses portraits, souvent de simples ébauches, sont remarquables par le rendu de l'expression et par les jeux de lumière.
A la fin du 18ᵉ s., de nombreux Américains allaient étudier dans l'atelier londonien de **Benjamin West** (1738-1820), un compatriote né à Springfield qui était devenu un des maîtres du néo-classicisme après un séjour à Rome. Ce fut le cas de **Samuel B. Morse** (1791-1872) qui fut portraitiste avant d'être l'inventeur du télégraphe électrique, puis de l'alphabet qui porte son nom. C'est aussi sous l'égide de B. West que **John Trumbull** (1756-1843), fils d'un gouverneur du Connecticut, peignit ses tableaux historiques représentant les grands épisodes de l'Indépendance des États-Unis : la bataille de Bunker Hill, la Déclaration d'Indépendance (Yale Art Gallery - New Haven). Ses toiles, de petites dimensions mais chargées d'histoire, témoignent d'un sens dramatique et d'une grande habileté dans la composition des groupes. Plus tard, il exécuta plusieurs des fresques de la rotonde du Capitole à Washington.

Le 19ᵉ siècle et les paysagistes – Après l'Indépendance, les États-Unis connurent une période d'expansion commerciale et territoriale qui se traduisit par l'introduction du paysage dans la peinture.
Dans les années 1820, les peintres de l'**École de l'Hudson** lancèrent un genre nouveau avec leurs tableaux représentant des paysages grandioses traités dans un style romantique, comme ceux de **Thomas Cole** et **Albert Bierstadt**. En Nouvelle-Angleterre, ils furent inspirés par les White Mountains et la vallée du Connecticut.
A la même époque **Fitz Hugh Lane** (1804-1865), qui vivait à Gloucester, devint l'illustrateur fidèle de la vie mouvementée des ports. Ses tableaux pleins de délicatesse et de lumière évoquent admirablement la grande époque des clippers.
James Whisler (1834-1903), bien qu'originaire de Boston, se fit surtout connaître à Londres pour ses représentations de la Tamise.
Winslow Homer (1836-1910) fut le grand maître du mouvement naturaliste. Peintre de la nature et de scènes champêtres, il fut aussi un admirable aquarelliste et un illustrateur célèbre pour ses reportages sur la guerre civile. Il passa la fin de sa vie à Prout's Neck dans le Maine où il exécuta des tableaux très colorés exprimant la puissance de la mer dans un style proche de celui des impressionnistes.
John Singer Sargent (1856-1925), né à Florence, eut une carrière totalement différente. Peintre mondain jouissant d'une renommée internationale, il passa sa vie entre les États-Unis, Londres et Paris, exécutant des portraits pleins de grâce et d'élégance des gens de la haute société.

Le 20ᵉ siècle – Trois peintres de style très différent ont représenté les orientations et les recherches picturales en Nouvelle-Angleterre ces dernières années.
Grand'ma Moses (1860-1961) se mit à peindre à 75 ans les scènes champêtres de son enfance. Ses tableaux naïfs, très colorés, sont de merveilleuses évocations de la campagne de Nouvelle-Angleterre. On y reconnaît tous les éléments qui en composent les paysages : petites maisons blanches, ponts couverts, clochers pointus...
Norman Rockwell (1894-1978) fut illustrateur de magazines avant d'être peintre. Dans son style qualifié d'hyperréaliste, il fut le chroniqueur de l'« American Way of Life » à travers des scènes quotidiennes ou de grands épisodes politiques. Il vécut à Stockbridge où un musée lui est consacré présentant quelques-unes de ses œuvres principales.
Andrew Wyeth, né en 1917, est actuellement l'un des peintres les plus cotés aux États-Unis. Il passe tous ses étés dans le Maine où il exécute des tableaux d'un réalisme extrêmement minutieux et pourtant baignant dans une atmosphère étrange... comme le montre son œuvre la plus fameuse *Christina's World*. Certaines de ses œuvres sont exposées dans le William Farnworth Museum à Rockland.

Pour trouver la description d'une ville ou d'une curiosité isolée, consultez l'index.

LA SCULPTURE

Aux 17ᵉ et 18ᵉ s., la sculpture se limitait à des réalisations populaires et utilitaires : enseignes, figures de proue, girouettes.

Au milieu du 19ᵉ s., **John Rogers** (1829-1904) se lance dans la confection de petites sculptures en terre cuite représentant des scènes de la vie quotidienne comme *Les joueurs d'échecs à la ferme*. Ses 80 groupes reproduits à plus de 80 000 exemplaires connurent un immense succès et sont souvent exposés dans des musées régionaux. Leur caractère anecdotique en fait de charmants témoignages de la vie à cette époque.

Augustus Saint-Gaudens (1848-1907) et **Daniel Chester French** (1850-1931) eurent de tout autres carrières. Ils partirent étudier aux Beaux-Arts à Paris puis à Rome, apprenant la sculpture classique dans toute sa grandeur et sa majesté. Revenus aux États-Unis, ils devinrent sculpteurs officiels et réalisèrent des œuvres monumentales. Saint-Gaudens introduisit des éléments originaux dans ses œuvres. Bien que monumentales, ses statues montrent un soin du détail qui les rend réalistes comme celle de Admiral Farragut à Madison Square (New York). Il aimait aussi exécuter des bas-reliefs comme le Shaw Memorial à Boston. Daniel Chester French *(voir à Stockbridge, Chesterwood)*, plus classique dans ses réalisations, exécuta le Lincoln Memorial à Washington et l'Alma Mater à Columbia University (New York).

Quelques livres sur les États-Unis et la Nouvelle-Angleterre : p. 201.

LA LITTÉRATURE

C'est en Nouvelle-Angleterre que se développa une littérature américaine. Les premiers écrivains furent les puritains cultivés qui débarquèrent sur ce sol plein d'idées pour la création d'une société nouvelle basée sur les notions de bien et de mal. Dans leurs écrits il est souvent question de péché, de pilori, de pendaison... même si leur but premier est d'évoquer la Nouvelle Sion et les péripéties qui y conduisent comme dans les récits de **William Bradford** (venu sur le Mayflower) ou de **John Winthrop** (fondateur de Boston).

Le 18ᵉ s. fut représenté par **Benjamin Franklin** (1706-1790). Ce diplomate fit de nombreux séjours en France où il rencontra les philosophes. Lui-même laissa de nombreux écrits philosophiques et une autobiographie.

Le 19ᵉ siècle : transcendantalisme et symbolisme – Le 19ᵉ s. vit l'éclosion de genres nouveaux plus littéraires. **Edgar Allan Poe** (1809-1849), Bostonien à l'imagination étrange, est considéré comme le père du roman policier. La traduction de ses *Histoires extraordinaires* par Baudelaire le fit connaître très tôt en France.

Le transcendantalisme – Développée à Concord et à Boston par **Ralph Waldo Emerson** (1803-1882), cette philosophie de caractère nettement individualiste réunit de nombreux jeunes écrivains qui rejetaient leur passé puritain, refusaient l'idée du mal, et n'avaient que mépris pour toute tradition et autorité. Le discours d'Emerson *Appel aux étudiants américains* eut un tel retentissement qu'il fut surnommé « la Déclaration d'Indépendance intellectuelle de l'Amérique ».

L'un de ses disciples, **Henry David Thoreau** (1817-1862), grand utopiste, apôtre du retour à la nature, vécut deux ans dans une cabane au bord d'un étang et rapporte son expérience dans son livre *Walden ou la vie dans les bois*. Le philosophe **Bronson Alcott**, autre transcendantaliste, ouvrit une école de philosophie à Concord. Sa fille **Louisa May Alcott** raconta son enfance à Concord avec ses trois sœurs dans un roman devenu célèbre : *Les Quatre Filles du docteur March (Little Women)*.

Les symbolistes – Intéressé par le transcendantalisme, **Nathaniel Hawthorne** (1804-1864) participa à l'expérience de vie communautaire tentée à Brook Farm. Il était cependant trop marqué par son éducation puritaine à Salem pour en partager tout à fait les idées et il se lança dans des récits d'aventures chargés de symboles comme *La lettre écarlate* et *La maison aux sept pignons (House of Seven Gables)*. Autre symboliste, ami de Hawthorne, **Herman Melville** (1819-1891) raconta sa vie aventureuse sur les baleiniers dans son chef-d'œuvre *Moby Dick* au style emphatique, plein de métaphores.

Deux autres écrivains furent extrêmement populaires. **Harriet Beecher Stowe** (1811-1896) connut un succès foudroyant dès la parution de *La Case de l'oncle Tom*, roman antiesclavagiste qui fut l'un des détonateurs de la guerre de Sécession. Bien qu'ayant toujours vécu en Nouvelle-Angleterre, elle décrit de façon poignante la vie des esclaves noirs dans les plantations du Sud.

Mark Twain (1835-1910), de son vrai nom Samuel Clemens, était originaire du Sud mais vécut longtemps à Hartford, où il écrivit *Huckleberry Finn* et *Tom Sawyer*, récits d'aventures décrivant la vie sur le Mississippi.

Les poètes – **Henry Wadsworth Longfellow** (1807-1882), un professeur de Harvard, s'inspira de sa connaissance très étendue des poètes grecs, latins et français pour écrire de longs poèmes narratifs très mélodramatiques comme *L'histoire d'Évangeline*. Son contemporain, **John Greenleaf Whittier** (1807-1892), écrivait dans un style plus moralisateur.

Emily Dickinson (1830-1886) vivait seule à Amherst, vêtue de blanc en signe de deuil, et l'on ne découvrit ses poèmes imprégnés de sensibilité qu'après sa mort.

Robert Frost (1874-1963), poète de la nature, s'était retiré dans une petite ferme du New Hampshire où il composa des poèmes empreints de fraîcheur et de simplicité.

Plus récemment, **E.E. Cummings** (1894-1962) né à Cambridge Mass., est l'auteur de poèmes qui se distinguent par l'utilisation insolite de la typographie et de la ponctuation. Parmi les écrivains de Nouvelle-Angleterre dont l'influence s'est fait sentir sur la poésie moderne : **Sylvia Plath** (1932-1963), que le mal de vivre qui imprègne son œuvre a poussée au suicide, et **Robert Lowell** (1917-1977) dont les vers de jeunesse se font l'écho des traditions historiques et morales de sa région natale.

Au 20ᵉ s., de nombreux écrivains se sont installés en Nouvelle-Angleterre, comme Rudyard Kipling, Pearl Buck, Edith Wharton, Norman Mailer et plus récemment Soljénitsyne et Marguerite Yourcenar.

Les musées présentés sous forme de villages reconstitués comme Shelburne, Old Sturbridge Village, Mystic Seaport, ainsi que les sociétés et maisons historiques, possèdent des collections spectaculaires d'objets issus de l'art populaire.

Dans la société rurale de Nouvelle-Angleterre, qui vivait en autarcie éloignée de la terre mère, se sont développées des formes d'artisanat répondant aux conditions de vie dans cette région au climat souvent rude. Chaque paysan devait réaliser lui-même ou faire confectionner par un artisan les ustensiles de la maison, les outils, les tissages, les girouettes, les pierres tombales. Ces objets étaient imprégnés de la naïveté et du charme du travail effectué par un « amateur » qui y met tout son cœur.

Certains de ces artisanats sont tellement particuliers à ce pays que l'on ne peut traduire leur nom : c'est le cas des quilts et du scrimshaw.

Les quilts – Quilt est le nom donné à ces couettes décorées de motifs géométriques ou floraux qui sont l'une des réalisations artisanales les plus réussies des États-Unis.

Au 18e s., les femmes de pionniers rassemblaient des petits bouts de tissus inutilisés, les découpaient puis les cousaient ensemble. Ce travail s'appelle le **patchwork** (patch : morceau). Elles obtenaient ainsi des motifs composés de tissus de toutes sortes. Ce dessus était doublé et entre les deux épaisseurs était glissée une couche de laine, ce qui donnait un couvre-lit extrêmement chaud, indispensable dans ce pays aux hivers rudes. Afin de bien maintenir en place les diverses épaisseurs, des surpiqûres dessinant des motifs souvent très élaborés étaient effectuées sur toute la surface. C'est ce que l'on appelle le **« quilting »**. Cette méthode était aussi utilisée pour une autre technique de décoration du dessus : **« l'appliqué »**, dans laquelle les motifs sont découpés dans plusieurs tissus puis cousus sur un fond uni, ce qui permet de ravissants effets de décoration.

Les quilts eurent un rôle social important dans les villages. Ils offraient l'occasion de se réunir. Plusieurs femmes se groupaient pour réaliser un « weeding quilt » (quilt de mariage que l'on donnait en cadeau) ou un « freedom quilt » que l'on offrait aux jeunes gens pour leur majorité. Les modèles se passaient souvent de mère en fille comme des recettes secrètes *(superbe collection de quilts à Shelburne).*

Les peintures au pochoir (stencils) – Ce procédé de décoration que l'on peut voir dans de nombreuses maisons s'est répandu dès l'époque coloniale. Le système du pochoir permet de reproduire un motif sur n'importe quel matériau. Il a surtout été utilisé pour la décoration des murs, remplaçant ainsi les papiers peints trop coûteux. Un motif représentant des fleurs, des feuilles, des corbeilles de fruits, est reproduit de façon répétitive. Cette technique était aussi employée pour les meubles, les corbeilles, les plateaux. La fabrique **Hitchcock** à Riverton dans le Connecticut s'est spécialisée dans les meubles décorés au pochoir : chaises, commodes.

Pochoir

Les girouettes (weathervanes) – Dans ce pays où le temps change sans cesse, où les vents violents soufflent sur la côte, leur rôle est essentiel. Tout bâtiment un tant soit peu élevé s'orne d'une girouette sculptée dans le bois ou découpée dans des plaques de cuivre ou de fer. Perchées sur un clocher d'église, elles ont la forme d'un coq ou d'un poisson, symboles chrétiens. Dans les ports, elles représentent des voiliers, des sirènes, des baleines, des serpents de mer. Dans les pays ruraux, les granges sont surmontées par un bœuf, un cheval, un mouton. Un des thèmes favoris était un Indien tirant avec son arc. *Belle collection de girouettes à Shelburne.*

La plus connue en Nouvelle-Angleterre est la girouette de Faneuil Hall qui représente une sauterelle *(voir à Boston).*

Un autre type de girouette fait aujourd'hui la joie des amateurs d'art populaire, ce sont les « whirligigs », petits bonshommes en bois ayant des hélices pour bras.

Les enseignes (Signs) – Chaque magasin, chaque taverne ou auberge se signalait par une enseigne sculptée dans le bois ou découpée dans du métal. Cette mode a d'ailleurs persisté et l'on peut voir aujourd'hui de très belles enseignes faites selon mêmes procédés *(illustration, voir à Portland).*

Les plus originales étaient celles des bureaux de tabac qui représentaient en général un Indien en pied, **Cigar Store Indian,** pour rappeler que le tabac est originaire d'Amérique. Souvent hautes de plus de 2 m, ces silhouettes montées sur un socle à roulettes étaient surmontées d'une coiffe en feuilles de tabac que l'on prend souvent pour des plumes *(illustration, voir à Shelburne).*

Les bâtiments publics et les demeures privées après l'Indépendance étaient décorés d'un **aigle doré,** symbole de liberté. Ce devint une autre spécialité des sculpteurs d'enseignes qui réalisaient aussi les **figures de proue** des baleiniers ou des clippers représentant en général des femmes au corps majestueux dressé face au large *(collections à Mystic, au Peabody Museum de Salem, à New Bedford et à Shelburne).*

Figure de Proue

Le scrimshaw – Il n'y a pas de traduction pour ce mot qui désigne l'art de graver et de sculpter l'ivoire des dents de cachalot, des défenses de morse et les os de baleine. Cet art est probablement le plus original de la Nouvelle-Angleterre bien qu'il ait été souvent exécuté à l'autre bout du monde.

Déjà pratiqué par les Esquimaux, le scrimshaw s'est développé au 19e s. durant la grande période de la chasse au cachalot. Pour s'occuper, entre deux prises, les marins essayaient leurs talents d'artistes improvisés sur les dents, les défenses ou les fanons. Les dents de cachalot étaient mises à sécher puis grattées, polies avec de la peau de requin. Les marins dessinaient alors un motif : des

From photo, New Bedford Whaling Museum

Scrimshaw sur une dent de cachalot

scènes de pêche à la baleine, leur bateau, ou des personnages copiés sur les magazines de mode. Ils les gravaient ensuite avec leur canif puis les coloriaient avec de l'encre ou du jus de tabac. Les plus expérimentés réalisaient des roulettes à pâtisserie, des dévidoirs à laine, des maquettes de bateau...
Superbes collections à Mystic, New Bedford, Nantucket.

Les verres (Glasses) – De nombreuses fabriques de verre se sont développées en Nouvelle-Angleterre à la fin du siècle dernier. Les plus célèbres se trouvaient dans le Massachusetts à Cambridge, New Bedford et Sandwich. Leur production était assez hétéroclite, mais elle a donné lieu à des réalisations originales et décoratives comme quelques-unes des styles décrits ci-dessous que l'on peut admirer dans les musées de Sandwich, New Bedford (Glass Museum), de Bennington, de Shelburne, de Old Sturbridge Village (Glass Exhibit).
Burmese Glass (New Bedford) : verre opaque de couleur jaune et rose réalisé entre 1885 et 1895.
Peachblow : même technique mais rose.
Lava Glass Vase (New Bedford) : verre dont la fabrication comprend du cobalt, du métal et de la lave.
Amberina (Sandwich) : verre transparent, couleur ambre, dont les bords se terminent avec des dégradés de rouge obtenus grâce à un peu d'or pur.
Pomona (Cambridge) : verre transparent décoré de parties dépolies obtenues avec de l'acide. Permet des décorations très fines.
Les verres pressés de Sandwich : les plus populaires. Réalisés de façon presque industrielle dans des moules, au milieu du 19e s., ces verres étaient relativement bon marché. Ils étaient décorés de motifs imitant la dentelle ou représentant des bateaux, des personnages célèbres, des aigles...
On peut voir certaines fabriques de verre fonctionner encore aujourd'hui.
Les verres, souvent présentés en pleine lumière devant les fenêtres « à guillotine », ornent de nombreuses maisons anciennes.

Les appeaux (Decoys) – Ce sont des imitations d'oiseaux utilisées pour la chasse. Croyant voir leurs congénères nager tranquillement loin de tout danger, les canards, les oies, les poules d'eau viennent se poser sur l'eau d'un étang et deviennent ainsi une proie aisée pour les chasseurs.
Les Indiens, les premiers à avoir eu cette idée, confectionnaient de vagues reproductions d'oiseaux en boue et herbes séchées. Les colons, séduits par ce système, se mirent à leur tour à sculpter des oiseaux en bois de pin ou de cèdre. Certains, plus talentueux que d'autres, essayèrent d'imiter le plus fidèlement possible les oiseaux qui vivaient dans leurs contrées. Ainsi les appeaux devinrent-ils une forme d'art.
De nos jours on peut encore rencontrer le long des routes de Nouvelle-Angleterre (à Cape Cod, dans le Maine) de véritables artistes sculpteurs d'oiseaux, les birdcarvers.
(Superbe collection à Shelburne : plus de 2 000 appeaux).

Les pierres tombales (Gravestones) – Les puritains, qui laissaient peu de place à l'art durant leur vie, réalisèrent des pierres tombales en ardoise sculptée qui se dressent de guingois dans l'herbe des vieux cimetières entourés de grilles de fer forgé. Les motifs qui les décorent sont souvent empreints de naïveté et riches de symbolisme.
Au 17e s. les sujets étaient des cœurs, des têtes de mort avec des ailes représentant la résurrection de l'âme, des sabliers, symboles de l'écoulement du temps.
Au 18e s., les portraits devinrent réalistes et l'on représentait les traits du défunt.
Au 19e s., le mouvement romantique se manifesta dans la sculpture funéraire par la représentation d'urnes, de saules pleureurs, de pleureuses...
Les plus émouvants et les plus beaux de ces anciens cimetières se trouvent à Lexington, à Salem, à Newburyport, à Boston, à New London et dans de nombreux petits villages.

Pierres tombales à Lexington

Ce guide décrit des curiosités choisies parmi les sites et les monuments les plus intéressants de Nouvelle-Angleterre.

Connecticut

Mystic Seaport

Connecticut

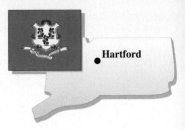

Superficie : 12 968 km²
Population : 3 287 116 h.
Capitale : Hartford
Surnom : Constitution State
Fleur emblème : laurier

● Hartford

Ce rectangle de 160 km sur 80 porte le nom du fleuve qui le traverse en son milieu, nom indien qui signifie « Au bord de la longue rivière ».

Le Sud-Ouest du Connecticut fait fonction pour New York de banlieue résidentielle élégante : le comté de Fairfield, qui comprend Greenwich, New Canaan, Ridgefield, est connu comme celui où les habitants ont le plus haut niveau de vie des États-Unis. Sur la côte se succèdent les grandes villes industrielles : Stamford, Bridgeport, Stratford, New Haven. Physionomie qui se retrouve dans la région de Hartford.

Le reste de l'État est extrêmement rural. Dans des paysages vallonnés et verdoyants, les petits villages ont gardé tout leur charme colonial. Les deux tiers de l'État sont couverts par la forêt souvent aménagée en parcs (State Parks). Au mois de juin, elle s'illumine avec la floraison des lauriers, la fleur emblème, que l'on trouve partout en vastes buissons.

Le long du Long Island Sound, vaste bras de mer protégé par Long Island, les plages étendues se succèdent entre les anciens ports baleiniers (New London, Mystic, Stonington...).

Constitution State – Ce surnom rappelle l'histoire du Connecticut. Les premiers pionniers arrivèrent du Massachusetts en 1632 par voie fluviale et créèrent Hartford, Windsor et Wethersfield. Ces trois villes furent réunies par une sorte de constitution : « The fundamental orders of Connecticut » si bien étudiée que l'on s'en servit au moment de rédiger la constitution des États-Unis.

Économie – Le connecticut fut un pays de novateurs ingénieux, de constructeurs, de mécaniciens. De grands progrès en horlogerie s'accomplirent ici, et au 19ᵉ s. chaque famille américaine s'était procurée – dit-on – une horloge du Connecticut. Les armes aussi y furent perfectionnées : le fameux colt 45 et la carabine Winchester qui jouèrent un rôle primordial dans la conquête de l'Ouest étaient fabriqués dans cet État. Aujourd'hui les moteurs d'avion, les sous-marins, l'équipement électrique, les industries chimiques ont pris la relève.

Dans les campagnes domine l'élevage laitier qui alimente les grandes métropoles voisines. Le tabac est toujours cultivé dans les vallées du Connecticut et de Farmington sous des abris de toile blanche.

Loisirs – La côte offre de nombreuses possibilités de détente : longues plages (souvent privées), petits ports de plaisance. Les eaux calmes du Long Island Sound sont appréciées des pêcheurs.

Les nombreuses rivières du Connecticut se prêtent bien à la pêche à la truite, surtout la Housatonic.

La chasse est aussi pratiquée : chevreuils, faisans et petit gibier.

Le ski est à l'honneur en hiver, surtout le ski de fond. Parmi les stations de ski, toutes modestes, la plus connue est Mohawk Mountain.

BRIDGEPORT
141 686 h.

Cette ville industrielle, traversée par l'autoroute 95, doit en partie sa notoriété au célèbre **Phineas T Barnum**, le roi du cirque au 19e s., fondateur de « the greatest show on earth » (le plus grand spectacle du monde). Ce yankee, plein de dynamisme, avait le génie de la publicité. Il créa le Musée américain à New York où l'on se bousculait pour voir la nourrice de George Washington supposée avoir 161 ans, une sirène ramenée des Fidji, corps de singe cousu à une queue de poisson, et autres mystifications bien montées. L'un de ses plus grands succès fut le général Tom Pouce, nain de 63 cm que Barnum déguisait en Napoléon. Plus tard, il monta le plus grand cirque du monde avec ses 3 pistes, sa parade d'éléphants dont le fameux Jumbo, et partit en tournée à travers l'Amérique et l'Europe. Il exerça aussi son génie dans ses fonctions de maire de Bridgeport, y développant l'industrie et créant de toutes pièces un quartier « East Bridgeport » sous forme de lotissement.

Barnum Museum – *820 Main Street. Visite tous les jours en juillet et août. Fermé le lundi, le reste de l'année. $ 5.* ⴲ ☎ *203/331-9881.*
Dans ce bâtiment de style néo-roman voulu par Barnum sont rassemblés de nombreux souvenirs rattachés à sa vie et à ses spectacles : les costumes et objets ayant appartenu à Tom Pouce, un village alpin en miniature animé par le jeu de 22 000 pièces reliées par des mouvements d'horlogerie, un cirque composé de milliers de petits animaux et personnages sculptés dans le bois.

Ferry de Bridgeport à Port Jefferson, Long Island – *Départ de Bridgeport Harbor. Service toute l'année. Durée du trajet : 1 h 10. $ 30.* ⵊ ☎ *203/367-3043.*

BRISTOL
60 640 h.

18 miles à l'Ouest de Hartford.

La région de Bristol devint le grand centre de l'horlogerie américaine au 19e s. Les villes avoisinantes furent d'ailleurs baptisées d'après les noms de grands horlogers : Terryville (d'après Eli Terry), Thomaston (d'après Seth Thomas). Aujourd'hui Bristol vit des industries de précision et d'une implantation de General Motors.

★★American Clock and Watch Museum – *100 Maple Street. Visite de mars à novembre de 10 h à 17 h. Fermé Thanksgiving Day. $ 3.* ⴲ ☎ *203/583-6070.*
Ce musée possède une magnifique collection d'horloges, de pendules et de montres, mettant l'accent sur la production du Connecticut. C'est à Bristol qu'eut lieu la véritable révolution de l'horlogerie, grâce à certaines découvertes qui permirent une production presque industrielle mettant les horloges à portée de toutes les bourses. La première invention importante fut l'utilisation de mécanismes en métal pour remplacer ceux en bois ; plus tard, Eli Terry découvrit un système qui permit de diminuer la taille des pendules. Celles-ci purent alors être vendues par des colporteurs qui circulaient à travers les États à l'Est du Mississippi. En 1860, Bristol produisait plus de 200 000 horloges par an.
Les différentes pièces du musée, installé dans une maison du 19e s., présentent de nombreux exemples de ces horloges rectangulaires qui étaient devenues un élément classique de l'ameublement américain. La décoration des caisses varie selon les époques et les modes : peintures sur verre, dessins au pochoir, clochetons d'inspiration gothique (fin du 19e s.). A côté des horloges de grande série sont présentées des pièces de collection comme les « banjo clocks » de Simon Willard (*voir à Grafton p. 146*). Un spectacle audiovisuel raconte l'histoire de l'horlogerie du sablier à nos jours. Dans l'annexe sont réunies des pièces de toutes origines. On peut y voir des astrolabes, des pendules en forme de personnages dont les yeux suivent la minuterie, des montres, des horloges « de grand-père ».

★ CONNECTICUT VALLEY

Large, calme, bordé de collines boisées, le Connecticut à son embouchure s'étale, se disperse, se prélasse dans des criques abritant des ports de plaisance. Au détour d'un méandre, on découvre des petits villages qui ont gardé tout leur charme d'antan ou la silhouette du château de Gillette dominant la vallée du haut de sa colline.

DE L'AUTOROUTE 95 (sortie Old Saybrook) À MOODUS

20 miles – environ 4 h

> *Quitter l'autoroute 95 à Old Saybrook (sortie 69) et prendre la route 9 – Sortir à la sortie 3 et suivre la direction d'Essex.*

★Essex – Fondé en 1645, Essex se développa dès 1720 comme un centre de construction navale. C'est ici que fut construit le premier navire de guerre américain, baptisé *Oliver Cromwell.*
Aujourd'hui Essex attire un élégant tourisme de yatchmen grâce à son port de plaisance. Sa grand-rue est bordée de maisons coloniales et fédérales abritant des boutiques, des galeries d'art, des magasins d'antiquités... et la fameuse auberge **Griswold Inn** en activité depuis 1776. A l'intérieur, on peut voir une belle collection de gravures, de marines et de meubles anciens.
Un ancien entrepôt, à Steamboat Dock, abrite le **Connecticut River Museum** (*visite toute l'année. Fermé le lundi. $ 3.* ⴲ ☎ *203/767-8269*). Le musée présente des objets relatifs à la navigation, en particulier une maquette de l'*Oliver Cromwell*, ainsi qu'une reproduction du sous-marin américain, conçu pour une seule personne, *The Turtle*, qui fut en activité pendant la guerre d'Indépendance.

Valley Railroad – *Essex Depot. Promenades en train d'Essex à Deep River, puis croisières jusqu'à East Haddam (durée totale 2 h 30, train seul 55 mn), tous les jours de mi-juin à Labor Day ; du mercredi au dimanche de Labor Day à fin octobre et les mercredi, samedi et dimanche de début mai à mi-juin. Renseignements : ☎ 203/767-0103. Prix train et croisière : $ 14 ; train seulement $ 8.50.*

Un train touristique à vapeur de la fin du 19ᵉ s. mène jusqu'à Deep River. De là, on peut prendre la croisière jusqu'à East Haddam.

D'Essex prendre la route 9, jusqu'à la sortie 6, puis prendre la route 148.

Chester-Hadlyme Ferry – *5 mn de traversée d'avril à nov. ; $ 2 pour la voiture et son conducteur, $ 0.50 par passager supplémentaire.*

En traversant le Connecticut, on a une très belle vue sur le château de Gillette.

De l'autre côté du fleuve, tourner presque aussitôt à gauche en suivant la signalisation pour Gillette Castle.

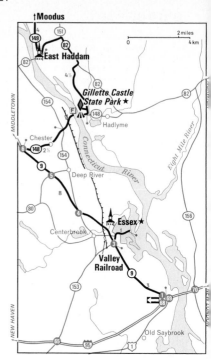

★**Gillette Castle State Park** – *Visite de Memorial Day à Columbus Day ; les week-ends seulement le reste de l'année. $ 4. ☎ 203/526-2336.*
L'étrange silhouette de ce château juché au sommet de sa colline évoque les châteaux de la vallée du Rhin, revus par Gaudi.
William Gillette, un acteur de théâtre, fit construire cette demeure en 1919. Il dessina lui-même les lourds murs de granit et conçut la décoration des 24 pièces avec leurs boiseries de chêne. Mille petits gadgets témoignent de son ingéniosité.
Devenue parc d'État en 1943, cette propriété merveilleusement située offre de nombreuses promenades et de très belles **vues**★ sur la vallée du Connecticut.

A la sortie du parc, tourner à gauche vers la route 82, puis la prendre à gauche.

East Haddam – Cette petite ville aux belles maisons anciennes s'enorgueillit de posséder une des petites écoles rouges où enseigna Nathan Hale et surtout le fameux **Goodspeed Opera**, bâtisse blanche de style victorien, symbole de la vie de plaisir du 19ᵉ s. Construit par un armateur, William Goodspeed, cet opéra fut célèbre à l'époque où les bateaux à vapeur remontaient nombreux le Connecticut. Aujourd'hui des représentations théâtrales venant de Broadway sont données d'avril à décembre. *Pour réservation :* ☎ *203/873-8668.*
Des ferries relient Haddam à Long Island de juin à septembre à 9 h tous les jours sauf le lundi, en avril et septembre le dimanche seulement (durée : 3 h). $ 15. ☎ ✗ *Camelot Cruises.* ☎ *203/345-4507.*

Prendre la route 149 qui longe le fleuve et procure de belles vues.

Moodus – Sur le green, la **Amasa Day House** (1816) dresse sa belle façade. A l'intérieur, meubles de la même époque et planchers peints au pochoir *(visite guidée – 1/2 h – de Memorial Day à Labor Day du mercredi au dimanche ; de Labor Day à mi-octobre, le samedi et le dimanche seulement. Fermé les jours fériés. $ 2.* ☎ *203/ 873-8144.*

★ # FARMINGTON

20 608 h.

10 miles à l'Ouest de Hartford.

Avec ses rues bordées de belles demeures des 18ᵉ et 19ᵉ s., ce centre artisanal est devenu une banlieue élégante de Hartford. Sur Main Street se dressent les bâtiments d'une des institutions privées de jeunes filles parmi les plus distinguées des États-Unis : Miss Porter's School.

★**Hill-Stead Museum** – *Accès au musée par la route 4, Farmington Avenue et Mountain Road. Suivre les signes. Visite guidée (1 h) du mercredi au dimanche. Fermé les jours fériés et du 15 janvier au 15 février. Entrée : $ 6.* ☎ *203/677-9064.*
Alfred Atmore Pope, un « self made man » devenu milliardaire, fit construire cette demeure en 1900 par l'architecte **Stanford White**, auteur de plusieurs « mansions » de Newport. Pope s'intéressa vivement aux impressionnistes et acheta de nombreuses œuvres que l'on admire aujourd'hui à l'intérieur de cette grande maison devenue musée. Présentée parmi de très beaux meubles et de nombreux objets d'art euro-

péens ou orientaux, cette collection est bien mise en valeur. On remarque en particulier des tableaux de Monet (les *Meules de foin*), de Degas (deux pastels : le *Tub* et *les Jockeys*), de Manet, de Whistler, de Mary Cassatt.

Stanley-Whitman House – *37 High Street. Visite guidée (3/4 h) de mai à octobre du mercredi au dimanche ; le reste de l'année, le dimanche seulement. Fermé la plupart des jours fériés. $ 3.* ♿ ☎ *203/677-9222.*
Cette maison du 17e s. est un bel exemple d'architecture coloniale inspirée des styles élisabéthain et jacobéen. À l'intérieur, beaux meubles et objets de la même époque.

GRANBY 9 369 h.

16 miles au Nord de Hartford.

Granby est un centre d'exploitation du tabac dans la vallée de Farmington. Autour du village s'étendent des champs parsemés de hangars en bois qui servent au séchage. Le tabac pousse sous les abris en tissu léger ; il est surtout utilisé en feuilles pour l'enroulement des cigares.

★**Old New-Gate Prison and Copper Mine** – *4 miles par la route 20 Est puis la Newgate Road à gauche. Visite de mi-mai à fin octobre du mercredi au dimanche. $ 3.* ☎ *203/653-3563. Semelles antidérapantes recommandées.* Du cuivre, découvert ici au début du 18e s., fut exploité jusqu'en 1773 puis l'extraction devint trop difficile pour être rentable. La mine fut alors transformée en prison en 1776 et garda cette fonction jusqu'en 1827. Les détenus étaient enfermés dans les tunnels et les salles souterraines, et leur nourriture déposée dans des trappes.
La visite de cette mine permet d'imaginer les conditions de vie des prisonniers.

GROTON 9 837 h.

Situé à l'Est de New London, sur la rive gauche de la Thames River, Groton est le grand centre de la flotte sous-marine américaine sur la côte Atlantique.
La ville est dominée par un obélisque, **Groton Monument**, dédié aux patriotes morts dans **Fort Griswold** pendant la bataille de 1781 entre Anglais et Américains.

L'embouchure de la Thames – Ce havre exceptionnel est le théâtre d'un va-et-vient incessant de sous-marins, de voiliers, de remorqueurs. Sur ses berges sont construits, réparés les sous-marins nucléaires et formés leurs équipages. La Thames est en juin le cadre d'une régate où s'affrontent les étudiants de Harvard et ceux de Yale.

Nautilus Memorial – *Amarré à un môle adjacent à la Submarine Base. Prendre l'autoroute 95, sortie 87 jusqu'à la route 12 Nord, puis suivre la signalisation. Visite tous les jours de mi-avril à mi-octobre, le reste de l'année fermé le mardi. Fermé la première semaine de mai et les deux premières semaines de décembre.* ♿ ☎ *203/449-3174.*
Lancé en 1954, le USS Nautilus fut le premier sous-marin de l'ère nucléaire ; il établit des records de vitesse, de distance et de durée sous l'eau. En 1958, il fut le premier sous-marin à passer sous le pôle Nord. Désarmé en 1980, ce bâtiment de 97,5 m constitue la principale attraction d'un ensemble comprenant également un musée et une bibliothèque. Dans le sous-marin on visite, entre autres, la salle des torpilles et la salle de contrôle. Le musée présente l'histoire de la navigation sous-marine, celle du Nautilus et la vie à bord d'un sous-marin.

GUILFORD 19 848 h.

14 miles à l'Est de New Haven

En 1639, un pasteur de Londres, Henry Whitfield, débarqua à cet endroit avec 25 familles, acheta les terres aux Indiens et créa Guilford. Très vite le village s'agrandit grâce à la pêche et surtout à sa situation de relais sur la route de Boston.
Son green entouré de maisons des 18e et 19e s. forme un bel ensemble.

Henry Whitfield State Museum – *Old Whitfield Street. Visite du mercredi au dimanche. Fermé Thanksgiving Day et du 15 décembre au 15 janvier. $ 3.* ♿ ☎ *203/453-2457.*
Ce fut la première maison construire à Guilford en 1639. Elle servait à la fois d'église, de lieu de réunion, d'hôtel et de logement pour le pasteur et sa nombreuse famille. Restaurée, cette maison se présente aujourd'hui comme au 17e s. avec ses grandes cheminées et ses meubles anglais et américains de la période coloniale.

Hyland House – *84 Boston Street. Visite guidée (3/4 h) de juin à Labor Day du mardi au samedi ; de Labor Day à Columbus Day, fermé le week-end. $ 2.* ☎ *203/453-9477.*
« Boîte à sel » typique du 17e s. *(voir l'introduction, chapitre l'Art).* Cette maison abrite de très beaux meubles prêtés par le Metropolitan Museum de New York.

Thomas Griswold House – *171 Boston St. Visite guidée (3/4 h) de mi-juin à mi-septembre du mardi au dimanche, de mi-septembre à Columbus Day le week-end seulement. $ 1.* ☎ *203/453-3176.*
Cette maison, de type « boîte à sel », soigneusement restaurée, a été habitée de 1774 à 1958 par cinq générations de la même famille. Elle a conservé la solide porte à double battant construite en prévision d'attaques d'indiens. Deux cheminées ont retrouvé leurs dimensions d'origine. Le mobilier est des 18e et 19e s. ; remarquer en particulier deux beaux cabinets d'angle « Guilford ».

★★ HARTFORD

Hartford, la capitale du Connecticut, est aussi connue comme celle des assurances aux États-Unis. Elle s'enorgueillit en outre d'être le lieu de naissance du célèbre revolver Colt, le grand « héros » de la conquête de l'Ouest. L'usine Colt se reconnaît à son dôme bleu couvert d'étoiles qui semble inspiré d'une miniature persane. Centre industriel spécialisé dans la fabrication des moteurs d'avion (Pratt and Whitney, United Aircraft Corporation), Hartford produit aussi des armes et des machines à écrire.

La ville a été l'objet de nombreuses rénovations : le centre insalubre a fait place au complexe de Constitution Plaza, au Civic Center, au centre commercial « The Richardson » dans le Cheney Building (1877) et au One Corporate Center.

De Good Hope à la colonie du Connecticut – Le site du Hartford tenta toujours les pionniers : les Hollandais y fondèrent un comptoir de fourrures dès 1633, Fort Good Hope. En 1635 arrivèrent des colons de la baie du Massachusetts qui baptisèrent leur nouveau village Hartford. 3 ans plus tard, en se groupant avec les villages de Wethersfield et Windsor, ils formèrent la colonie de Hartford qui devint plus tard la colonie du Connecticut. C'est à cette occasion que furent rédigés les « Fundamental Orders », considérés par certains comme la première constitution du monde.

The Charter Oak – L'indépendance de la colonie de Hartford avait été confirmée par une charte royale en 1662 qui accordait de nombreuses libertés aux colons. En 1687, le gouverneur Sir Edmond Andros demanda la restitution de la charte. L'entrevue avec les colons eut lieu dans une taverne. Au moment où la charte allait être rendue, les lumières s'éteignirent et la charte disparut, emportée par des colons qui allèrent la cacher dans le tronc creux d'un chêne qui devint célèbre sous le nom de « Charter Oak ». Quand il mourut, de si nombreux objets furent faits de son bois que Mark Twain ironisait : « Cet arbre avait assez de bois pour construire une route en planches de Hartford à Salt Lake City ».

La capitale des assurances – Dès la fin du 18ᵉ s., les armateurs de Hartford s'associèrent pour créer une sorte d'assurance en cas de naufrages. Quand l'activité maritime fut sur son déclin, l'idée d'assurance fut étendue aux incendies.

En 1835, un grand incendie éclata à New York détruisant plus de 600 bâtiments. Les assurances de New York, dans l'incapacité de rembourser leurs clients, durent se déclarer en faillite. Le président de la Hartford Fire Company (fondée en 1810) se rendit alors à New York en traîneau et annonça à ses clients que la compagnie couvrirait toutes les pertes. Cette aventure conféra une solide réputation aux assurances de Hartford qui devaient de nouveau se signaler à l'occasion d'autres grands incendies et au moment du tremblement de terre de San Francisco.

★★MARK TWAIN HOUSE

Visite guidée (1 h) de juin à Columbus Day de 9 h 30 (12 h le dimanche) à 16 h ; le reste de l'année fermé le lundi. $ 6.50 ; billet combiné avec Harriet Beecher Stowe House $ 10. 🅿 🖪 ☎ *203/525-9317.*

La maison de Mark Twain, devenue un mémorial, appartenait à une communauté littéraire de Nook Farm, qui s'était organisée à la fin du 19ᵉ s.

Les écrivains et journalistes qui en étaient membres habitaient les demeures victoriennes édifiées à cet endroit, le long de Park River. De cet ensemble, on a conservé les maisons des deux écrivains les plus illustres : Mark Twain et Harriet Beecher Stowe (auteur de *la Case de l'oncle Tom*). Mark Twain (1835-1910), de son vrai nom Samuel Clemens, fit construire cette

Mark Twain House

maison en 1874 en s'inspirant des bateaux à aubes du Mississippi et y vécut 17 ans. Il y rédigea ses romans les plus célèbres dont **les Aventures d'Huckleberry Finn** et **les Aventures de Tom Sawyer.**

En 1881, il confia la décoration intérieure à la célèbre Maison Tiffany à qui l'on doit les papiers peints au pochoir sur les murs, les vitraux, les lampes gravées, les meubles victoriens qui donnent un cachet cossu et confortable à cette demeure où il aimait tant recevoir.

Mark Twain était un personnage hors du commun qui fumait 20 cigares par jour, et se passionnait pour les inventions nouvelles. Il se vantait d'être le premier écrivain à avoir remis à son éditeur un texte dactylographié. Il avait acheté une des premières machines à écrire. Il eut le premier téléphone personnel à Hartford (dans le hall).

Au sous-sol, une exposition de photos et quelques objets évoquent sa vie, entre autres la fameuse imprimerie qui le ruina et l'obligea à quitter cette maison en 1891.

Harriet Beecher Stowe House – *Demeure voisine de Mark Twain House (visite aux mêmes heures). Entrée : $ 5 ou billet combiné avec la maison de Mark Twain : $ 10.* Harriet Beecher Stowe vécut dans ce cottage victorien de 1873 à sa mort en 1896. La façade tarabiscotée est décorée dans le style Gingerbread (Pain d'épice).

L'intérieur assez chargé, typique des maisons victoriennes, contient de nombreux souvenirs liés à la vie de l'écrivain.

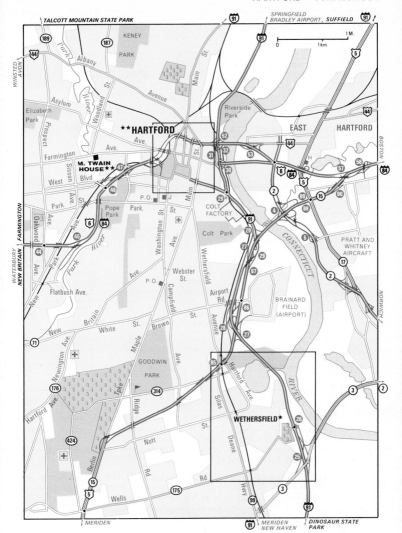

LE CENTRE *visite : 4 h*

Laisser la voiture au parking de Hartford Civic Center.

City Place – Conçue par l'agence Skidmore, Owings & Merrill qui est également responsable de plusieurs gratte-ciel de New York, cette tour de 39 étages est la construction la plus élevée de l'État du Connecticut. Sa façade de granit et de verre s'harmonise bien avec le quartier alentour. Dans l'atrium sont organisés toute l'année expositions et concerts. Un passage pour piétons relie City Place au Hartford Civic Center et à la zone commerçante.

Hartford Civic Center – Terminé en 1975, cet ensemble à la fois lieu de réunion, de travail, d'hébergement, de loisirs et centre commercial correspond à la conception urbaine des années 70 aux États-Unis, en réaction à ce qui s'était passé dans les deux décennies précédentes. Dans les années 50, les habitants ont fui les centres des grandes villes et les commerces ont suivi...

Résultat : les centres des villes virent régresser leur activité. Pour remédier à cette situation, les autorités de Hartford décidèrent la construction de cette grande structure moderne en béton (d'une superficie de 9 300 m² au sol, sur 2 étages) abritant une grande salle de spectacles et de sports de 14 500 places, des restaurants, des boutiques, un hôtel, des salles de réunion et un parking de 4 000 places. Dès son ouverture, ce centre connut un grand succès.

En face à droite, sur Church Street, se dresse le long bâtiment du théâtre où se produit la **Hartford Stage Company.**

★**Old State House** – *800 Main Street. Visite du lundi au samedi. Fermé les jours fériés. Le Visitors Center donne des informations, et propose des cartes et des dépliants sur le Connecticut.* Dessinée par Charles Bulfinch, l'ancienne State House du Connecticut est un élégant exemple du style fédéral avec ses escaliers gracieux, ses arches et ses balustrades. Au 1er étage, se trouvent les anciennes salles des chambres législatives qui contiennent de beaux meubles.

★**Constitution Plaza** – Ce complexe, achevé dans les années 60, comprend des boutiques, des tours de bureaux, un hôtel, des studios de télévision et surtout le remarquable immeuble de **Phœnix Mutual Life Insurance** surnommé en raison de sa forme « le bateau ». L'esplanade est animée chaque année de fin novembre au 1er janvier par le festival de la lumière.

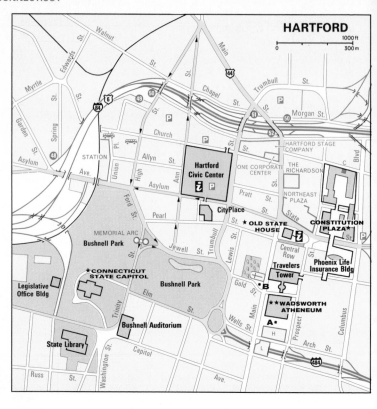

Travelers Tower – *Visite guidée (20 mn) en semaine de mai à mi-octobre.* ☎ *203/277-2431.* La première transaction de la Travelers eut lieu en 1864. Elle assura un banquier pour ses déplacements à pied entre son domicile et son travail pour une prime de 2 cents. Du haut de cet immeuble (Observation Deck) s'offre une très belle **vue**★★ d'ensemble sur Hartford et ses environs.

★★**Wadsworth Atheneum** – *600 Main Street. Visite de 11 h à 17 h. Fermé lundi et jours fériés. $ 3.* ♿ ✗ ☎ *203/247-9111. Restaurant et Snack Bar. Le musée est en cours de réaménagement et certaines œuvres ont pu être déplacées.* En 1842 Daniel Wadsworth fonda une bibliothèque et une galerie d'art qui furent baptisées Wadsworth Atheneum. Le bâtiment de style néo-gothique fut bâti à cet effet. Puis de nombreux ajouts furent effectués au fur et à mesure de donations d'autres grands industriels : Colt (1907), Pierpont Morgan (1910), Avery (1934), Goodwin (1969)...

Ce musée, à l'esprit novateur, fut le premier à installer un théâtre dans ses murs puis une galerie d'esthétique pour les aveugles et une galerie expérimentale. Il forme un curieux mélange de muséographie à l'ancienne et de conceptions modernes.

Au **rez-de-chaussée** les galeries modernes Matrix, Austin, Avery et Lions Gallery of Senses (pour les aveugles) sont réservées à des expositions temporaires en général très intéressantes. Dans la Avery Court, une sculpture de Pietro Francavilla (16e s.) représente Vénus.

Autour du **Morgan Great Hall** où sont présentées quelques peintures américaines, des petites salles annexes abritent les collections d'art grec, romain, médiéval.

Dans la Huntington Gallery sont rassemblées des œuvres de peintres français du 19e s. : Monet *(Plage à Trouville)*, Renoir *(Monet peignant dans son jardin à Argenteuil)*, Toulouse-Lautrec *(Jane Avril sortant du Moulin Rouge)*, Degas, Manet, Ingres, Delacroix *(Femmes turques au bain)* et Cézanne.

Au **1er étage**, on peut admirer, parmi les peintures des 17e et 18e s., les œuvres de maîtres italiens, espagnols, français, hollandais, *Extase de saint François* du Caravage, *Saint Serapion* de Zurbarán, *Le Jeune Homme* de Rembrandt, *Les femmes bavardant* de Goya... ainsi que des tableaux de Van Dyck, Poussin.

L'aile Morgan abrite une vaste collection de porcelaines de Meissen.

Au **2e étage**, une vaste salle sert de cadre à des peintures et des sculptures d'artistes contemporains : Andy Warhol, Adolf Gottlieb, Willem de Kooning, Frank Stella.

L'aile Avery *(aux 1er et 2e étages)* est consacrée à **l'art américain** de 1600 à 1930. On remarque les toiles de Thomas Cole, un membre de l'école de l'Hudson, le Portrait de Mrs. Seymour Fort par Copley, le Portrait de Oliver Elsworth et sa femme par Ralph Earl et des œuvres de John Singer Sargent. Les galeries A 201 et A 203 présentent de superbes meubles américains de la période coloniale, provenant de la collection **Wallace Nutting**. Nutting (1861-1941) avait réuni des meubles du 17e s. pour servir de modèles à ceux qu'il faisait reproduire dans sa fabrique.

À l'**extérieur** du musée se trouvent deux œuvres qui soulevèrent de nombreuses protestations de la part des habitants de Hartford. La première, un grand stabile rouge de **Calder** : le **stegosaurus** (**A**), s'élève sur la terrasse du musée. La seconde, une œuvre du sculpteur Carl André, consiste en 36 rochers « nature » (**B**) disposés de façon géométrique sur un espace triangulaire au coin de Main et Gold Streets. Cette création représentative du mouvement Minimal Art coûta à la ville la somme de $ 87 000.

★**Connecticut State Capitol** – 1879. L'œuvre de l'architecte Richard Upjohn, au sommet de Capitol Hill, a été surnommé « Le Taj Mahal Gothique, le kaléidoscope de tous les styles architecturaux ». Cette réalisation néo-gothique, débauche de tourelles, de frises, de sculptures, de vitraux, semble sortie d'une illustration fantastique. L'intérieur *(ouvert au public d'avril à octobre du lundi au samedi, le reste de l'année du lundi au vendredi.* P ♿ ✗ ☎ *203/240-0222)* n'est pas moins chargé. Le marbre voisine avec les fresques, les balcons, les loggias qui surplombent de grands halls. Dans le hall central, une énorme statue représente le génie du Connecticut. On peut visiter les salles du Sénat et de la Chambre des députés. Autour du Capitole s'étend le **Bushnell Park**. En face le **Bushnell Auditorium** sert de cadre à des concerts et des opéras.

State Library – *Visite du lundi à vendredi. Fermé la plupart des jours fériés.* ♿ ✗. Ce bâtiment néo-classique abrite la bibliothèque et un musée présentant des collections liées à l'histoire du Connecticut. La fameuse charte de 1662 y est exposée dans un cadre fait avec le bois du Charter Oak. Une très belle collection de revolvers Colt provient de la fabrique créée par Sam Colt en 1847. Elle voisine avec de nombreuses horloges, autre production importante du Connecticut.

EXCURSIONS

★**Wethersfield** – *4 miles au Sud par l'autoroute 91.* Voir à ce nom.

★**Farmington** – *10 miles à l'Ouest par l'autoroute 84.* Voir à ce nom.

Talcott Mountain State Park – *8 miles au Nord-Ouest par la route 185.* De la **tour d'Heublein**, que l'on atteint à pied *(1 h 1/2 AR)* belle **vue**★ sur la vallée de Farmington et ses hangars à tabac, sur Hartford, par temps clair sur Long Island Sound...

★**Dinosaur State Park** – *10 miles au Sud de Hartford par l'autoroute 91, sortie 23. Tourner à gauche au feu. Ouvert tous les jours (Centre d'exposition fermé le lundi). $ 2.* ☎ *203/529-8423.* Ce parc permet d'observer des empreintes de dinosaures. Des maquettes grandeur nature représentent un dilophosaurus et un coelophysis, les dinosaures qui étaient les plus nombreux dans la vallée du Connecticut.

New England Air Museum – *Bradley International Airport à Windsor Locks. 14 miles au Nord-Est d'Hartford par l'autoroute 91, puis par la route 20, puis la route 75. Visite tous les jours. Fermé à Thanksgiving Day et le jour de Noël. $ 6.* ♿ ☎ *203/623-3305.* Une trentaine d'avions retracent l'histoire de l'aviation. Parmi les plus anciens, le Blériot XI de 1909 fut l'un des premiers à être fabriqué en série. Les appareils militaires sont très bien représentés : le Spitfire Mk XIV utilisé pendant la Seconde Guerre mondiale, le Douglas Skyhawk et le Thunderchief, avions à réaction, et le Vough Crusader, premier avion de combat américain à dépasser les 1 600 km/h. Parmi les hélicoptères, remarquer le Sikorsky Seabat utilisé pour les secours dans l'Antarctique.

Suffield – *18 miles au Nord d'Hartford par l'autoroute 91, puis la route 20 à l'Ouest et la route 75 au Nord.*
Le long de la rue principale s'élèvent de nombreuses maisons anciennes ainsi que les bâtiments en brique de Suffield Academy, célèbre école privée.

Hatheway House – *(55 South Main Street – visite guidée (40 mn) en juillet et août du mercredi au dimanche ; de mi-mai à juin et de septembre à mi-octobre, le mercredi, le samedi et le dimanche ; le premier week-end de décembre. $ 2.* ☎ *203/668-0055)*, maison du 18e s., joliment meublée, possède des papiers peints français du 18e s.

★★ HOUSATONIC VALLEY

Le Nord-Ouest du Connecticut est une région de collines boisées, les Taconics et les Berkshires, traversées par la vallée de la Housatonic. C'est une remarquable région naturelle sillonnée de sentiers de randonnée dont l'Appalachian Trail. Ici ni ville, ni autoroute, ni centre commercial mais des villages coloniaux, des stations de ski, des parcs, des petites routes tranquilles passant sous des ponts couverts.
Sa beauté et sa proximité de New York en font une région très recherchée par les amateurs d'auberges campagnardes, de résidences secondaires ou de camping. Beaucoup d'artistes s'y sont installés.
Cette région a connu une certaine prospérité au 18e s. quand on y découvrit du minerai de fer. Des forges s'ouvrirent alors dans les villages. On peut voir des restes de fourneaux ou les ruines d'un hameau sur des terrains regagnés par la forêt.

DE BULLS BRIDGE À WEST CORNWALL

19 miles – environ 3 h

Cet itinéraire suit en grande partie la route 7, l'un des grands axes New York-Montréal.
A **Bulls Bridge** (quelques maisons dispersées) *3 miles au Nord de Gaylordsville, prendre une petite route à gauche : Bulls Bridge Road.* Cette route passe sur un pont couvert surplombant la Housatonic qui se fraye un chemin parmi les chaos de rochers.

Après un second pont, prendre la route à droite : Schaghticoke Road.

Schaghticoke Road – Cette petite route pittoresque longe la rivière Housatonic et traverse la réserve indienne Schaghticoke. On ne voit pas ses occupants mais on passe le long d'un vieux cimetière indien dans lequel une pierre tombale porte cette inscription « Eunice Mauwee – a Christian Indian Princess – 1756-1860 ».
La route longe les bâtiments de **Kent School**, l'une des écoles privées pour garçons les plus prestigieuses de Nouvelle-Angleterre. *On débouche sur la route 341.*

Macedonia Brook State Park – *Prendre la route 341 vers l'Ouest pendant 1 mile puis tourner à droite en suivant les panneaux pour le parc. Ouvert tous les jours de mi-avril à septembre.* ᵴ ⚠ *(il est recommandé de réserver)* ☎ 203/927-3238.

Avec son torrent tumultueux et ses sombres forêts escaladant les collines, ce parc offre de nombreuses possibilités de promenade et de pêche. On y trouve plusieurs sentiers balisés dont un tronçon de l'Appalachian Trail.

Faire demi-tour, franchir la Housatonic et gagner Kent.

Kent – Ce petit village, très typique de la Nouvelle-Angleterre, est animé par la présence d'artistes, d'artisans, de restaurants.

Poursuivre vers le Nord par la route 7.

Sloane-Stanley Museum –
Visite de mi-mai à fin octobre du mercredi au dimanche. $ 3. ᵴ ☎ 203/927-3849. Situé à côté des ruines d'un ancien haut fourneau, ce musée abrite une importante collection d'outils et d'instruments agricoles, utilisés depuis la colonisation de l'Amérique, qui fut réunie par l'écrivain-peintre Eric Sloane. Une petite maison du 17ᵉ s. a aussi été reconstituée.

Kent Falls State Park – *Ouvert tous les jours de mi-avril à Columbus Day.* ᵴ ⚠ *(il est recommandé de réserver)* ☎ 203/927-3238. De la route 7, on peut voir les cascades. Il est agréable de s'arrêter pour emprunter le sentier *(1/2 h à pied AR)* à droite des chutes.

La route 7 traverse le petit village de **Cornwall Bridge** dont la « country store » bien approvisionnée est appréciée des marcheurs qui parcourent l'Appalachian Trail.

Housatonic Meadows State Park – *Sur la route 7. Ouvert tous les jours de mi-avril à Columbus Day.* ᵴ ⚠ (il est recommandé de réserver) ☎ 203/927-3238.

Pine Knob Loop Trail – *2 h à pied AR à partir du parking à gauche de la route. Suivre les signes bleus*. Ce sentier, assez accidenté, mène au sommet qui offre de belles vues.

De la route 7, tourner à droite dans la route 128.

★**West Cornwall** – Ce village est célèbre pour son pont couvert construit en 1864. C'est une étape très agréable, on y trouve des petits restaurants et des boutiques. A la sortie à gauche, on peut voir la cabane qui servait au péage.

★★ LITCHFIELD

1 378 h.

Litchfield surprend par ses majestueuses avenues et la taille de ses demeures. Sa richesse date du 18ᵉ s., époque où elle devint un centre commerçant important et une ville étape sur la route Hartford-Albany. Au 19ᵉ s., Litchfield resta à l'écart des réalisations de l'ère industrielle... ce qui lui vaut, aujourd'hui, d'être considérée comme l'un des plus beaux ensembles architecturaux du 18ᵉ s. aux États-Unis. Litchfield s'enorgueillit d'avoir vu naître Harriet Beecher Stowe et Ethan Allen.

Green – Les quatre principales rues de Litchfield forment une croix dont le centre est le green dominé par le clocher de son église, l'une des visions les plus célèbres de Nouvelle-Angleterre. Le long des North et South Streets, on peut admirer de superbes demeures. La **Congregational Meetinghouse** abrite des expositions sur la vie à Litchfield aux 17ᵉ et 18ᵉ s. *(d'avril à octobre du mardi au dimanche. $ 2.* ᵴ ☎ 203/567-4501).

Tapping Reeve House and Law School – *Visite guidée (1/2 h) du 15 mai au 15 octobre, du mardi au dimanche. $ 2.* ᵴ ☎ 203/567-4501.
C'est la maison du juge Tapping Reeve qui fonda à Litchfield la première école de droit en Amérique, en 1775. On visite la petite salle où il donna ses premiers cours.

★**White Memorial Foundation** – *Route 202 – 2 miles au Sud-Ouest de Litchfield. Ouvert tous les jours.* ☎ 203/567-0857.
Cette réserve naturelle de 1 600 ha est la plus importante du Connecticut et offre des paysages, des types de végétation très variés. On peut se procurer au **White Memorial Conservation Center** une carte montrant ses différents sentiers.

★★ MYSTIC

2 618 h.

Située à l'embouchure de la Mystic River, la petite ville de Mystic fut dès le 17e s. un important chantier naval. Après la guerre de 1812, le port s'agrandit et ses bateaux participèrent au commerce avec l'Extrême-Orient. Dans les années 1850 commença la construction des grands clippers qui firent la gloire de la marine américaine. A la même époque, la pêche à la baleine s'était développée sur cette côte et 18 baleiniers figuraient à l'inscription maritime de Mystic. Au 20e s., les chantiers navals se convertirent à la construction de yachts de plaisance puis pendant la Seconde Guerre mondiale à celle de petits bâtiments pour la Marine nationale.

Aujourd'hui Mystic est avant tout le site de Mystic Seaport (7 ha), l'une des principales attractions touristiques de la Nouvelle-Angleterre.

★★★ MYSTIC SEAPORT *visite : une journée*

C'est une remarquable reconstitution d'un port du 19e s. comprenant un chantier naval en activité, un village animé par les services indispensables à la vie d'un port, et des bâtiments d'exposition rassemblant de superbes collections d'objets et d'instruments liés à la vie maritime. Trois habitants de Mystic furent à l'origine de ce projet qu'ils émirent dès 1929. Au début un ancien bâtiment rénové contenait quelques collections d'objets. Aujourd'hui, Mystic Seaport compte plus de 60 bâtiments.

Accès : *de l'autoroute 95, prendre la route 27 vers le Sud.*

Visite : *de 9 h à 20 h de fin juin à août ; de 9 h à 17 h d'avril à fin juin et de septembre à fin octobre ; de 9 h à 16 h de janvier à mars et de fin octobre à décembre. Certaines parties du musée sont fermées pour Thanksgiving Day et le jour de l'An. Fermé à Noël. Entrée : $ 14.50. A l'intérieur du musée : restaurant, cafétéria, toilettes.*

Un plan du musée est distribué à l'entrée ainsi que le programme quotidien des activités : expositions, projections de films, animation des ateliers, démonstrations de voile, spectacles de musique... Commencer la visite par le **Planetarium** où sont présentés des films relatifs au musée, dont d'extraordinaires documentaires tournés au cours des dernières pêches à la baleine au début du siècle. D'autre part un bateau à vapeur de 1908, le **Sabino,** offre des excursions sur la Mystic River en été *(durée 1/2 h ; tous les jours de mai à octobre. $ 3. Excursion d'1 h 1/2 en soirée. ₺).*

Le village et les quais – Le cœur du musée est le village reconstitué. Le long des quais et des petites rues adjacentes sont rassemblés les divers commerces, services et artisanats que l'on trouvait dans un port du 19e s. : la banque, l'imprimerie, la taverne, les ateliers du fabricant de voile, du tisserand, du forgeron, du tonnelier, le long bâtiment où étaient fabriqués les kilomètres de cordages indispensables à chaque bateau, le magasin des fournitures pour les navires (Ship Chandler), etc. Sur le **green,** les enfants aimeront tout particulièrement le « Children's Museum » qui reproduit la cabine du capitaine d'un baleinier dont une partie était réservée à ses enfants. Certains capitaines embarquaient en effet leur famille pour des voyages de plusieurs années. Le long des quais sont amarrés deux superbes voiliers.

★★ Le Charles W. Morgan – Seul survivant de la flotte baleinière du 19e s., il a été classé Monument historique. Construit en 1841, il effectua 37 voyages à travers le monde au cours de ses 80 années de service. Certains durèrent 4 ans. A son bord, on voit sur le pont les énormes marmites où l'on faisait fondre la graisse des baleines.

Le Joseph Conrad – Construit à Copenhague en 1882 comme bateau-école, il fut racheté par un Anglais en 1934 pour faire le tour du monde puis servit de bateau d'entraînement pour l'armée avant de devenir la propriété de Mystic Seaport où il a retrouvé sa fonction initiale.

Henry B. du Pont Preservation Shipyard – Dans ce chantier naval reconstitué grâce au don accordé en 1970 par Henry B. du Pont, sont restaurés et réparés des bateaux de toutes tailles. On peut observer à partir de galeries le travail des artisans exécuté selon les méthodes traditionnelles.

Fisheries Exhibit – Un diorama représente le port de Mystic en 1853. Sur le quai en face est amarré le **Dunton,** un bateau de pêche de Gloucester représentatif des goélettes qui effectuaient les grandes pêches au flétan et à la morue sur les bancs poissonneux de George Banks dans les années 1920-1930).

★★ Stillman Building – Baptisé du nom de l'un des fondateurs, il abrite de superbes collections de figures de proue, d'enseignes, de maquettes de bateaux, d'instruments nautiques, de Scrimshaw *(voir l'introduction : les Arts populaires).*

Le baleinier Charles W. Morgan

AUTRE CURIOSITÉ

★★**Mystic Marinelife Aquarium** – *Coogan Blvd. Visite de 9 h à 16 h 30. $ 8.50.* &
☎ *203/536-3323.* Plus de 2 000 espèces de la faune aquatique d'Amérique du Nord
sont présentées par thème avec de nombreuses explications sur leurs adaptations,
leurs habitudes, leur localisation. Des îles où sont reconstitués des habitats naturels
(côte de Nouvelle-Angleterre, de Californie...) abritent les phoques et les otaries.
Toutes les heures sont données des représentations avec des dauphins et des otaries.

EXCURSION

★**Stonington** – *4 miles à l'Est par la route 1 puis la route 1A.* De son passé de port et
de chantier naval au 19ᵉ s., Stonington a conservé de très belles maisons le long de
ses rues ombragées. C'est un des plus beaux villages de la côte de Connecticut,
animé par son port de pêche. Dans son vieux **phare** en pierre (*7 Water Street – visite
en juillet et août, tous les jours ; en main, juin, septembre et octobre du mardi au
dimanche. $ 2.* ☎ *203/535-1440*) sont rassemblés de nombreux objets et souvenirs
évoquant le passé glorieux de Stonington. Du haut du phare, on peut voir Fisher's
Island, une île privée, ainsi que trois États.

★★ NEW HAVEN   130 474 h.

Vu de l'autoroute 95, New Haven présente un paysage d'usines et de grandes tours
dont l'étrange building de **Knight of Columbus** (AX **A**), curieuse structure moderne en
briques conçue par l'architecte Kevin Roche. Il faut gagner le **green**, les bâtiments de
l'Université de Yale et les quartiers résidentiels qui l'entourent pour découvrir un
tout autre visage de cette ville dominée par des barrières de basalte rouge sur
lesquelles ont été aménagés les parcs de **West Rock** et d'**East Rock**.

La colonie de New Haven – A l'origine New Haven fut une colonie indépendante.
En 1638, un groupe de puritains anglais menés par le Révérend John Davenport de
Londres avaient acheté des terres aux Indiens et fondé une république théocratique.
Bientôt d'autres communautés se créèrent tout autour et se réunirent à la colonie de
New Haven. Les débuts de cette colonie isolée furent difficiles. Les déboires poli-
tiques et économiques se multiplièrent et finalement elle fut absorbée en 1662 par la
colonie du Connecticut à qui la Couronne d'Angleterre venait d'accorder une charte.

Le développement industriel – Au 18ᵉ s., New Haven connut une prospérité
maritime grâce à son port en eau profonde. Au 19ᵉ s., les industries s'y installèrent
en grand nombre. Les immigrés arrivaient par milliers pour travailler dans les fila-
tures, les horlogeries et les fabriques d'armes à feu (Winchester). Un de ces fabricants d'armes, Eli Whitney, fut le précurseur du travail à la chaîne : il avait découvert
qu'en faisant confectionner par chaque ouvrier une pièce spéciale, la production était
plus importante. Ces dernières années New Haven a été l'objet d'une très importante
rénovation menée par Edward Logue qui dirigea plus tard celle de Boston.

Un centre culturel – La présence de l'Université de Yale fait de New Haven un
centre culturel très important riche en musées, en bibliothèques, en exemples
d'architecture (voir Yale) et en spectacles. Ses théâtres sont renommés et présentent
souvent en avant-première des spectacles de Broadway :
– **Long Wharf Theater** (AX T¹), installé dans un ancien entrepôt, offre un cadre original
pour des pièces très variées. ☎ *203/787-4282.*
– **Shubert Performing Arts Center** (CZ T²) a souvent à son programme les avant-
premières de Broadway. ☎ *203/624-1825.*
– **Palace Performing Arts Center** (CZ T⁵) offre des concerts classiques et populaires.
☎ *203/789-2120.*
– **Yale Repertory Theater** (CZ T³) présente des premières de jeunes écrivains ou des
classiques. ☎ *203/432-1234.*
– **New Haven Symphony Orchestra**, l'un des meilleurs orchestres des USA, se produit
dans Woolsey Hall (DZ **K**). ☎ *203/432-4157.*
Des concerts sont aussi donnés dans le cadre de **Yale School of Music** (DZ T⁴).

★★★**YALE UNIVERSITY** *visite : 1 journée – laisser la voiture près du green.*

Cette université fait partie de la « Ivy League » *(voir p. 21)* ; elle est considérée
comme l'un des sanctuaires de la connaissance aux États-Unis. Depuis 1789, 10 %
du corps diplomatique américain est recruté parmi ses anciens élèves.
A l'origine, c'était un collège fondé en 1701 par dix prêtres préoccupés de donner un
bon établissement scolaire à la colonie du Connecticut. En 1716, cette « collegiale
school » s'installa sur le green de New Haven et reçut deux ans plus tard le nom d'un
riche donateur, Elihu Yale. En 1887, Yale devint une université et quelques années
plus tard s'ouvrit aux femmes.
L'Université de Yale compte 10 600 étudiants, un corps enseignant de 4 000 personnes, ce qui avec le personnel administratif représente plus de 25 000 personnes.
Les étudiants sont répartis dans 12 collèges qui possèdent chacun leur bibliothèque,
leurs dortoirs, leurs réfectoires, leurs équipements sportifs.

Architecture – Yale présente un échantillonnage très divers d'architecture traditionnelle et moderne datant de la fin du 19ᵉ s. et du 20ᵉ s. L'ensemble est dominé par
le **néo-gothique Tudor** avec ses hautes tours et ses bâtiments ouvragés qui ressemblent à des cathédrales. Ce style fut inspiré par l'Université de Cambridge en Angleterre
dont les bâtiments datent du 16ᵉ s. Le style **georgien** est bien représenté mais moins
apparent dans les rues. Pour le découvrir, il faut pénétrer dans les cours intérieures
où de gracieux bâtiments s'élèvent autour de pelouses.

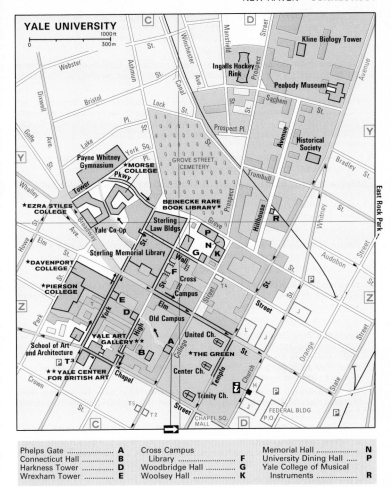

YALE UNIVERSITY

Phelps Gate	**A**	Cross Campus		Memorial Hall	**N**
Connecticut Hall	**B**	Library	**F**	University Dining Hall	**P**
Harkness Tower	**D**	Woodbridge Hall	**G**	Yale College of Musical	
Wrexham Tower	**E**	Woolsey Hall	**K**	Instruments	**R**

A partir de 1950, Yale fit appel aux plus grands architectes modernes pour la construction des nouveaux bâtiments. C'est ainsi que l'on trouve des œuvres de **Louis Kahn** (Yale Art Gallery – Yale Center for British Art), de **Paul Rudolph** (École d'architecture), de **Eero Saarinen** (colleges Ezra Stiles et Morse, Yale Co-op et la patinoire), de **Philip Johnson** (Kline Biology Tower) et de **Gordon Bunshaft** (Beinecke Rare Book Library).

Le tour de l'université *plan ci-dessus*

Partir de **Phelps Gate** (**A**) dans College Street et passer sous son arche.

The Old Campus – C'est le site original du collège. Sur le « yard » se trouve le plus ancien bâtiment de Yale : **Connecticut Hall** (**B**) construit en 1752. Les autres bâtiments autour sont les logements des « freshmen » (étudiants de première année). De l'autre côté du yard, on arrive face à **Harkness Tower** (**D**), une tour néo-gothique (1920) décorée de fresques représentant les plus célèbres élèves de Yale.

> *Tourner à gauche dans High Street (on passe sous une arche) puis à droite dans Chapel Street.*

From photo, Yale University, Office of Public Information

Harkness Tower

La **Yale Art Gallery★★**, première œuvre de Louis Kahn, fait face à sa dernière réalisation, le **Yale Center for British Art★★**, deux conceptions architecturales de musée extrêmement intéressantes *(les collections de ces musées sont décrites plus loin.)*

Tourner à droite dans York Street.

La **School of Art and Architecture,** œuvre de l'architecte, Paul Rudolph, semble avoir 9 étages alors qu'elle en comprend en réalité 36. Il faut pénétrer à l'intérieur pour s'en rendre compte.

★Pierson et **Davenport Colleges** – Derrière leurs façades néo-gothiques se cachent d'élégants bâtiments georgiens. Pénétrer à l'intérieur de leur cour pour en admirer la grâce et s'imprégner de l'atmosphère de ces communautés collégiales. En face se trouve la **Wrexham Tower** (**E**) reproduisant le clocher d'une église du pays de Galles où Elihu Yale est inhumé.

Traverser Elm Street. Sur la droite s'élève la **Sterling Memorial Library.** *Au n° 306 de York Street, tourner à gauche dans un étroit passage ombragé.*

★Morse et **Ezra Stiles Colleges** – Eero Saarinen s'est inspiré des petites villes italiennes aux ruelles tortueuses jalonnées d'escaliers et de placettes pour réaliser cet ensemble fort réussi. A côté se trouve une autre réalisation de Saarinen : **Yale Co-op,** le magasin de l'université.

Prendre Tower Parkway.

Payne Whitney Gymnasium – Ce bâtiment gothique ressemble plus à une cathédrale qu'à un gymnase. Il abrite un grand nombre d'équipements sportifs.

Tourner à droite dans York Street puis à gauche dans Wall Street.

Sterling Law Buildings – Les étudiants en droit vivent dans ces bâtiments inspirés des écoles de droit anglaises du 16ᵉ au 18ᵉ s. Remarquer les sculptures représentant des voleurs et des policiers au-dessus des fenêtres.

Traverser High Street.

★Beinecke Rare Book and Manuscript Library – Cette bibliothèque, dessinée par l'architecte Gordon Bunshaft, évoque une boîte à bijoux posée sur quatre billes en acier. Les murs sont formés de plaques de marbre translucide épais de 3 cm, encastrées dans du granit. Elle abrite de nombreux livres rares et des manuscrits exposés par roulement.

En face s'élèvent les bâtiments massifs de **Woodbridge Hall** (**G**), **Woolsey Hall** (**K**), **Memorial Hall** (**N**), **University Dining Hall** (**P**), construits en 1901 pour le bicentenaire de Yale.

Retourner au coin de Wall et High Streets et tourner à gauche dans Wall Street.

Sterling Memorial Library – Cette bibliothèque, la plus importante de Yale, ressemble à une cathédrale avec ses voûtes, ses vitraux, ses fresques. En face se trouve une autre bibliothèque, souterraine : **Cross Campus Library** (**F**).

Les musées

★★Yale University Art Gallery (CZ) – *1111 Chapel Street. Visite de 10 h à 17 h en semaine, de 14 h à 17 h le dimanche. Fermé le lundi et les jours fériés ainsi qu'au mois d'août.* ☎ *203/432-0600).*

La première galerie d'art de Yale fut créée en 1832 pour abriter les œuvres du peintre John Trumbull. En 1928 fut construit un bâtiment inspiré d'un palais roman italien, mais il se révéla vite insuffisant et en 1953 l'architecte Louis Kahn lui ajouta la partie moderne. Dans celle-ci, les murs sans apprêt, les lumières provenant du plafond à caissons triangulaires mettent en valeur les très belles collections offertes, pour la plupart, par d'anciens élèves.

Au **sous-sol** sont réunies les collections de l'Antiquité dont certaines découvertes provenant des fouilles de Dura Europos en Syrie ; remarquer le sanctuaire de Mithra et le magnifique ensemble de vases grecs, égyptiens et étrusques.

Au **premier étage,** la collection de peintures du 19ᵉ s. comprend de nombreuses œuvres impressionnistes ainsi que des tableaux de Van Gogh *(Café de nuit),* de Manet *(Jeune Femme étendue dans un costume espagnol),* de Millet, Courbet, Corot, Degas, Cézanne, Vuillard, Matisse.

La collection d'**art africain** compte de très beaux objets d'Afrique occidentale, masques et sièges de cérémonie, statues... Au même étage, sont exposées de nombreuses œuvres du 20ᵉ s. qui furent données à ce musée sous le nom de **Collection de la Société Anonyme** et qui comprennent des tableaux de Marcel Duchamp, Joseph Stella *(Brooklyn Bridge),* Picasso, Mondrian, Kandinsky, Brancusi, Klee. Dans la salle Ordway sont présentées par roulement des peintures du 20ᵉ s. provenant du legs de Katharine Ordway comprenant des œuvres de Picasso *(Coquillages sur un piano, Femme assise),* de Renoir *(Montagne Ste-Victoire),* Pollock *(n° 4),* Rothko *(n° 3, 1967),* De Kooning, ainsi qu'une sculpture de Brancusi.

Au **deuxième étage,** à côté de l'exceptionnelle collection de primitifs italiens (13ᵉ-16ᵉ s.) donnée par James Jackson Jarves, on trouve les collections médiévales et les œuvres de peintres flamands dont l'*Assomption de la Vierge* de Rubens et l'*Allégorie de l'Intempérance* de Jérome Bosch.

La **collection américaine** présentée de façon didactique, par période, permet de se familiariser avec les différents styles de meubles, d'argenterie, d'objets décoratifs. La collection de peintures est rassemblée dans une galerie à l'ancienne, dédiée à John Trumbull dont les œuvres servirent de modèle aux fresques du Capitole à Washington. Ses tableaux les plus célèbres sont *La Bataille de Bunker Hill* et *La Déclaration d'Indépendance.* Ils surprennent par leur petite taille. A côté sont représentés les peintres Thomas Eakins, Albert Bierstadt, Copley, Winslow Homer...

Au **troisième étage,** les galeries orientales abritent de superbes exemples de sculptures japonaises et chinoises, du 12ᵉ s. av. J.-C. à nos jours.

★★Yale Center for British Art (CZ) – *1080 Chapel Street. Visite de 10 h à 17 h en semaine, de 12 h à 17 h le dimanche. Fermé lundi et jours fériés.* 🅿 ♿ ✕ ☎ *203/482-2800.*

En 1966, **Paul Mellon** fit don de sa collection de peintures et gravures anglaises à l'Université de Yale dont il était un ancien élève. Cette collection était d'une telle importance en peintures, dessins, gravures et livres rares qu'il fallut construire un bâtiment pour l'abriter. Louis Kahn conçut une architecture basée sur les traditions du 19ᵉ s. : importance de la lumière naturelle, verrières, cour intérieure, tout en utilisant les techniques modernes.

Paul Mellon, dès son enfance, s'était pris d'une grande passion pour l'Angleterre, sa campagne, ses chevaux et sa peinture. Il commença par acheter un tableau de Stubbs puis très vite sa collection s'agrandit. Il s'intéressa surtout aux scènes de chasse, aux paysages, et aux *Conversations pieces*, ces petits tableaux présentant des groupes de façon informelle. Cette collection est surtout riche en œuvres de l'époque la plus prolifique en Angleterre : 1700 à 1850.

Au 1ᵉʳ étage sont présentées des peintures et des sculptures des 19ᵉ et 20ᵉ s.

Le **3ᵉ étage** présente des œuvres de **Gainsborough**, de Hogarth (*The Beggar's Opera*), de Wright of Derby, les Conversations pieces de Zoffary. Certaines salles sont réservées à **Stubbs**, à **Turner** (*Dort or Dortrecht*), à **Constable** (*Hadleigh Castle*), à **Reynolds**...

Au même étage une galerie d'études réunit des œuvres secondaires.

Peabody Museum (DY) – *170 Whitney Avenue. Visite tous les jours, toute l'année. Fermé les jours fériés. $ 3.50, gratuit le lundi et le vendredi de 15 h à 17 h.* 🅿 ♿ ☎ *203/432-5050.*

Musée des sciences de Yale, le Peabody est surtout fameux pour sa collection de dinosaures. On peut y voir le squelette d'un brontosaure de 22 m de long et 5,5 m de haut, un dinosaure à corne, la tête d'un taurosaure, la plus grande tortue géante du monde et une grande fresque représentant les dinosaures dans leur cadre il y a 300 millions d'années.

Dans le Hall of Human Origins, des montages de squelettes, des ordinateurs et des installations vidéo montrent l'évolution de l'homme et des autres primates.

Yale Collection of Musical Instruments (DY R) – *15 Hillhouse Avenue. Visite le mardi, le mercredi et le jeudi. Fermé les jours fériés, pendant les congés universitaires et en août. Droit d'entrée. Concerts donnés sur instruments anciens de la collection.* ♿ ☎ *203/432-0822.*

Plus de 800 instruments, la plupart provenant d'Europe occidentale (du 16ᵉ au 19ᵉ s.), ont été rassemblés dans cette belle maison.

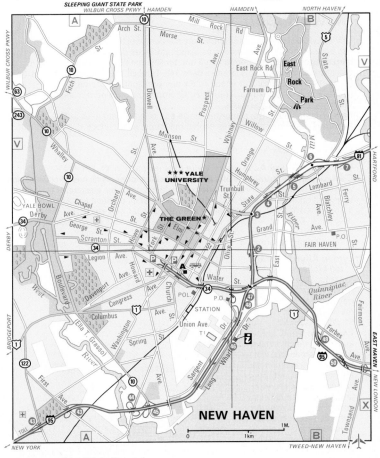

*Dans les **guides Michelin**,*
les cartes et les plans de villes sont orientés le Nord en haut.

AUTRES CURIOSITÉS

★**Green** (DZ) – Dès son origine New Haven fut découpé en 9 carrés, celui du centre étant le green destiné à tous les usages publics : réunions, marchés, pâture pour les troupeaux... Tous les bâtiments publics se trouvaient autour. Aujourd'hui, trois églises, curieusement disposées en ligne, siègent au centre. Elles furent construites au même moment entre 1812 et 1815 et représentent trois cultes différents et trois styles architecturaux. De gauche à droite : **Trinity Church** est représentative du néo-gothique, **Center Church** du style georgien et **United Church** du style fédéral.

Hillhouse Avenue (DY) – La plupart des belles demeures qui bordent cette avenue sont la propriété de l'université.

Ingalls Hockey Rink (DY) – *Prospect Street*, Saarinen s'est inspiré de la forme d'une baleine pour dessiner la patinoire de Yale.

New Haven Colony Historical Society (DY) – *114 Whitney Avenue. Visite toute l'année. Fermé le lundi et les jours fériés. $ 2.* 🅿 ♿ ☎ *203/562-4183.* Cette société historique installée dans une demeure georgienne abrite des collections de meubles et d'objets décoratifs ainsi que des armes mises au point par Eli Whitney.

East Rock Park (BV) – *Suivre Orange Street. Traverser Mill River puis tourner à gauche. Ensuite continuer toujours vers la droite, la route mène au sommet.* Du haut de cette barrière de basalte, **vue**★ étendue sur New Haven, son port et Long Island.

EXCURSIONS

Shore Line Trolley Museum – *5 miles à l'Est dans East Haven, 17 River Street. Visite tous les jours de Memorial Day à Labor Day ; les week-ends seulement en mai, septembre et octobre et de Thanksgiving Day au week-end avant Noël ; le dimanche seulement en avril. $ 5.* 🅿 ♿ ☎ *203/467-6927.*
Plus de 100 tramways ou voitures de métro ayant parcouru les rues de grandes villes américaines et canadiennes entre 1878 et 1940 ont été restaurés. Du musée on peut effectuer des promenades en tramway *(3 miles AR).*

Sleeping Giant State Park – *6 miles au Nord par la route 10 jusqu'à Hamden puis tourner à droite dans Mt Carmel Avenue.* Cette montagne fait partie d'une formation basaltique qui s'étend de New Haven à Hamden et ressemble à un géant couché, d'où son nom. En suivant le sentier **Tower Path** depuis le parking *(1 h 1/2 AR),* on atteint une tour située au sommet d'où l'on a de belles **vues**★★ sur New Haven et sa région.

NEW LONDON
28 540 h.

La vie de New London fut toujours axée sur l'embouchure de la Thames, magnifique site pour un port. Ce fut l'un des principaux refuges des corsaires pendant la guerre d'Indépendance, ce qui donna lieu à une terrible bataille en 1781, qui s'acheva par le massacre des Américains abrités dans **Fort Trumbull** (New London) et **Fort Griswold** (Groton). New London fut ensuite l'un des principaux ports de la côte Est pour la pêche à la baleine. Aujourd'hui avec Groton *(voir à ce nom)* c'est le centre de la flotte sous-marine américaine.
New London peut aussi s'enorgueillir de son rôle éducatif avec la U.S. Coast Guard Academy, l'une des principales écoles militaires, et le collège du Connecticut.

CURIOSITÉS *visite : 4 h*

U.S. Coast Guard Academy – *Visite tous les jours.* ♿ ☎ *203/444-8270.*
C'est ici que sont formés les officiers gardes-côtes, dont les tâches principales sont le sauvetage en mer, la surveillance des côtes, la maintenance des phares et des bouées, la protection de l'environnement marin. Leurs études durent 4 ans. L'école ressemble à une véritable petite ville de brique avec son hôpital, son église, ses restaurants, ses magasins. On peut visiter le musée (**Waesche Hall**) dont les collections rappellent l'histoire du secours en mer ; et les bateaux-écoles : le **Eagle**★, magnifique trois mâts d'origine allemande et le **Vigorous**, bateau qui sert au contrôle des côtes.

★**Lyman Allyn Museum**
– *100 Mohegan Avenue (entrée sur William Street). Visite toute l'année ; fermé le lundi et les jours fériés. $ 3.* ♿ ☎ *203/443-2545.*
Ce musée, créé grâce aux dons de la famille Allyn, possède des collections intéressantes très agréablement présentées. Les peintures et les meubles américains sont bien représentés surtout en ce qui concerne les productions du Connecticut. Au sous-sol : collection de poupées et de maisons miniatures meublées.

The U.S.C.G.C. Eagle

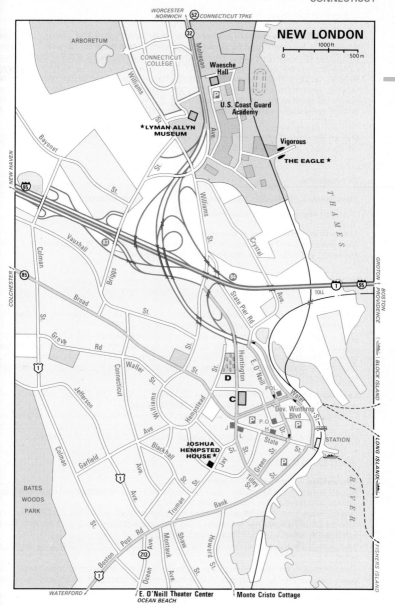

NEW LONGON *(map: NEW LONDON)*

★**Joshua Hempsted House** – *11 Hempstead Street. Visite guidée (3/4 h) du 15 mai au 15 octobre. Fermé le lundi. $ 3.*
Cette maison (1678) est un exemple très intéressant d'architecture coloniale au 17ᵉ s. avec ses murs en bardeaux percés de petites fenêtres aux carreaux en losanges. Les pièces, aux plafonds bas, contiennent de beaux meubles de la période coloniale.

Ye Ancientest Burial Ground (D) – *Huntington Street.*
L'ancien cimetière de New London a beaucoup de charme avec ses vieilles stèles gravées représentant des têtes de morts et des anges naïfs.

Whale Oil Row (C) – *105 à 119 Huntington Street. La chambre de commerce est au nᵒ 105.*
Ces quatre grandes maisons à chapiteaux et à colonnes sont très représentatives du style Greek Revival qu'affectionnèrent les riches armateurs du 19ᵉ s.

Monte Cristo Cottage – *325 Pequot Avenue. Visite guidée (1 h) de mi-avril à mi-décembre. Fermé les week-ends et jours fériés. $ 3.*
Eugene O'Neill passait ses étés dans cette modeste demeure donnant sur la rivière. Il y écrivit deux ouvrages autobiographiques. Un film de 18 mn évoque sa vie et ses séjours ici.

Ferry de New London à Orient Point (Long Island) – *Ferry Street.* Un service de ferry transportant véhicules et passagers permet de rejoindre Long Island par la mer en 1 h 1/2.
Il ne fonctionne pas le 25 décembre. $ 24 de mardi à jeudi, $ 27 de vendredi à lundi.
& ☎ *203/443-5281.*

EXCURSIONS

Eugene O'Neill Memorial Theater – *6 miles au Sud. Quitter New London par Bank Street, puis tourner à gauche dans Ocean Avenue, continuer sur la route 213 (Niles Hill Road) et suivre les signes – Représentations de début juillet à début août – Pour connaître le programme :* ☎ *203/443-5378.*
Baptisé de ce nom en souvenir du grand dramaturge du début du siècle Eugene O'Neill, beau-père de Charlie Chaplin, ce centre a pour but de promouvoir de nouvelles œuvres pour le théâtre américain. Parmi ses activités, citons une réunion annuelle des auteurs de théâtre, l'Institut national du théâtre, et l'Institut national des critiques.

Ocean Beach – *5 miles au Sud sur Ocean Avenue.* Cette plage de 400 m offre de nombreuses possibilités de sports : nage, golf, bateau...

Le téléphone

Un numéro gratuit pour se renseigner en français : (800) 255 30 50.

Tous les numéros ayant pour indicatif 800 sont gratuits.

Les indicatifs des États de Nouvelle-Angleterre :
Connecticut (203) – Maine (207) – Massachusetts Est (617) Ouest (413) – New Hampshire (603) – Rhode Island (401) – Vermont (802)

NORWICH   37 391 h.

Situé au confluent des rivières Shetucket et Quinebaug qui forment la Thames, Norwich fut un centre industriel important aux 18e et 19e s.
Une partie historique autour du green triangulaire groupe un bel ensemble de maisons anciennes. Sur ce green se déroule tous les ans en juin-juillet le **Rose-Arts Festival**. Pendant 8 jours des artistes et des artisans exposent et vendent leurs œuvres, tandis que se succèdent des manifestations de tous genres : tournoi de golf, jeux, concerts...

Leffingwell Inn – *348 Washington St. Visite guidée (1 h 1/2) de mi-mai à mi-octobre, du lundi au dimanche. $ 3.* ☎ *203/889-9440.*
Cette taverne achetée en 1700 par Thomas Leffingwell fut le théâtre de nombreuses réunions politiques pendant la guerre d'Indépendance. Restaurée et transformée en musée, elle abrite de belles collections de meubles, d'étains et d'argenterie.

EXCURSIONS

Uncasville – *5 miles au Sud par la route 32.*
Sur le territoire de Montville, deux noms de villages : Mohegan et Uncasville rappellent la présence des Indiens dans cette région.
Uncas, le sachem des Mohegans, avait fait alliance avec les colons au 17e s., et leur aide lui permit de résister à l'attaque des Narragansetts en 1643, en s'abritant dans **Fort Shantok** devenu aujourd'hui un parc d'État.

Tantaquidgeon Indian Museum – *Visite de mai à octobre ; fermé le lundi.* ♿ ☎ *203/848-9145.*
Ce petit musée familial construit par un descendant des Mohegans, John Tantaquidgeon, rassemble de nombreux objets traditionnels fabriqués et utilisés par cette tribu ainsi que des dons d'autres tribus indiennes.

★ WETHERSFIELD   25 651 h.

Wethersfield, l'un des premiers villages créés dans le Connecticut, est aujourd'hui une agréable banlieue résidentielle de Hartford. Son quartier historique, Old Wethersfield, a gardé beaucoup de caractère et possède encore plus de 150 maisons antérieures à 1850.
Fondé par une bande d'aventuriers en 1634, ce village devint un port important grâce à sa situation sur le Connecticut. Les bateaux remontaient jusqu'à ce point et y déchargeaient leurs marchandises qui étaient stockées dans des entrepôts (il en reste encore un : **Cove Warehouse**), puis distribuées dans l'arrière-pays. En 1700, des crues violentes changèrent le cours du fleuve, ne laissant qu'un méandre mort devenu un lac. Dans les années qui suivirent, le bourg commerçant se transforma en une communauté rurale spécialisée dans la culture de l'oignon rouge.

★★OLD WETHERSFIELD *visite : 3 h*

Main Street – Cette très large rue est bordée de maisons restaurées. Son église **Congregational Meetinghouse** (**A**), fut construite en 1760.

★★Webb – Deane – Stevens Museum – *211 Main Street. Visite guidée (1 h 1/2) de mai à octobre du mardi au dimanche de 10 h à 16 h ; de novembre à avril du vendredi au dimanche aux mêmes heures. Fermé le 1er janvier, Thanksgiving Day et 25 décembre. $ 5.* ☎ *203/529-0612.*
Ces trois maisons voisines forment un ensemble architectural intéressant et permettent de comparer la maison d'un marchand, celle d'un homme politique et celle d'un artisan.

Webb House – 1752. Le général Washington et le comte de Rochambeau se réunirent pendant 4 jours dans cette élégante maison georgienne en mai 1781 pour projeter la campagne de Yorktown qui décida de la défaite anglaise. Ils étaient les hôtes du riche marchand Joseph Webb.

Le salon où se déroulèrent les entretiens et la chambre de Washington sont les principaux centres d'intérêt. On admirera aussi la très belle collection de meubles pour la plupart originaires de la vallée du Connecticut.

Deane House – 1766. Silas Deane fut le premier diplomate américain envoyé à Versailles par le Congrès pour obtenir l'aide des Français. Accusé de trahison, il perdit son audience politique et consacra le reste de sa vie à sa réhabilitation. Sa maison était très luxueuse avec des pièces spacieuses, lumineuses. L'escalier avec sa balustrade sculptée est particulièrement intéressant. Beaux meubles Queen Anne et Chippendale.

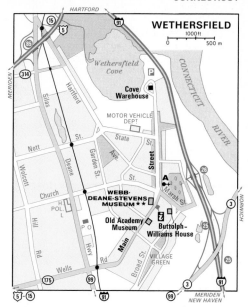

Stevens House – 1788. La maison d'Isaac Stevens, un artisan, est beaucoup plus modeste. Les pièces, petites, sont meublées de façon rustique.

Buttolph-Williams House – *Au coin de Broad et Marsh Streets. Visite guidée (3/4 h) de mi-mai à mi-octobre, du mardi au dimanche. Fermé les jours fériés, sauf le 4 juillet. $ 2. ☎ 203/529-0460.*
Cette maison en bois très simple, de 1692, est typique du style colonial du 17e s. avec sa grande cheminée et ses meubles du Connecticut.

Old Academy Museum – *150 Main Street. Visite le mardi, le mercredi, le jeudi et le samedi. ⏳ ☎ 203/529-7656.*
Ce beau bâtiment (1804) en brique connut divers usages : mairie, bibliothèque, armurerie, école, séminaire. Aujourd'hui, c'est le siège de la Société historique.

Quelques faits historiques

Sous ce chapitre en introduction, le tableau évoque les principaux événements de l'histoire de la Nouvelle-Angleterre.

AUTRES LOCALITÉS INTÉRESSANTES

COVENTRY – 20 miles à l'Est de Hartford. C'est le village natal de Nathan Hale, héros de la guerre d'Indépendance. A 21 ans, il se fit engager dans les troupes anglaises afin de pouvoir espionner pour le compte des « Américains ». Découvert, il fut pendu par les Anglais après avoir déclaré « je regrette de n'avoir qu'une vie à donner pour ma patrie ».

NEW CANAAN – 22 miles à l'Ouest de Bridgeport. Dans cette banlieue élégante de New York des artistes créèrent au début du siècle la **Silvermine Guild of Artists** *(Silvermine Road)*, ensemble d'ateliers et de galeries. Chaque année s'y déroule l'Exposition de peinture et de sculpture de Nouvelle-Angleterre.

RIDGEFIELD – 28 miles au Nord-Ouest de Bridgeport. Située à 1 h de Manhattan, Ridgefield est déjà bien caractéristique de la Nouvelle-Angleterre avec ses maisons anciennes le long de Main Street. Au 258, le **Aldrich Museum of Contemporary Art** *(visite du mardi au dimanche. $ 3. ⏳ ☎ 203/438-4519)* présente régulièrement des expositions d'Art moderne.

RIVERTON – 27 miles au Nord-Ouest de Hartford. Ce charmant village situé au bord d'une rivière est célèbre aux États-Unis pour sa fabrique de chaises décorées au pochoir **« Hitchcock Chair Factory »** créée en 1826. On peut les voir réaliser à travers les vitres de la salle d'exposition. *Fermé le dimanche de Pâques, Thanksgiving Day et le 25 décembre. ⏳ ☎ 203/738-0141.*

WOODSTOCK – 47 miles au Nord-Est de Hartford. Situé au Nord-Est du Connecticut, dans une région très rurale, le village de Woodstock s'étend autour d'un large green. On peut y voir **Roseland Cottage** (1846), maison rose tarabiscotée qui est l'un des meilleurs exemples du style néo-gothique en Nouvelle-Angleterre.

Maine

Le phare de Portland Head, Cape Elizabeth

Maine

Superficie : 80 082 km²
Population : 1 227 928 h.
Capitale : Augusta
Surnom : Pine Tree State (l'État du pin)
Fleur emblème : pomme de pin

La superficie du Maine est égale à celle des cinq autres États de Nouvelle-Angleterre réunis. Son nom lui vient de la province française qui avait été propriété des rois d'Angleterre. On l'appelle aussi **Downeast** à cause des vents qui poussent les bateaux vers l'Est. Quand on évoque le Maine, on pense d'abord à ses 5 600 km de côtes extrêmement découpées (à vol d'oiseau, il n'y a que 365 km entre Kittery au Sud et Calais au Nord). Ce pays fut modelé par les glaciers : ils ont laissé des traces bien nettes orientées Nord-Ouest Sud-Est, façonnant des péninsules et des caps, prolongés par des îles orientées selon la même direction. Les pins, si nombreux qu'ils ont donné leur surnom à l'État, s'avancent jusqu'au bord extrême des côtes, s'étendent en forêts qui couvrent 83 % du Maine, escaladent les White Mountains à l'Ouest et le Mt Katahdin au centre, ne s'interrompant que pour cerner une multitude de lacs.

Histoire – La côte du Maine fut une des premières explorées par les Vikings vers l'an mil, puis par les pêcheurs européens attirés par les bancs de Terre-Neuve ou de Georges. En 1604, Pierre du Gua, sieur de Monts, et Samuel de Champlain s'installèrent dans une petite île à l'embouchure de la rivière St-Croix d'où ils partirent fonder l'Acadie. Les Anglais accostèrent plus tard. Sir Popham établit une modeste colonie en 1607, puis en 1635 le roi d'Angleterre donna cette région à Sir **Ferdinando Gorges** qu'il fit « Lord of New England ». A partir de ce moment la côte fut le théâtre de luttes permanentes entre les Français venant du Nord et les Anglais. En 1677 la colonie du Massachusetts acheta le Maine aux héritiers de Gorges et le garda sous sa juridiction jusqu'en 1820. La frontière du Nord, extrêmement mouvante, ne fut vraiment déterminée qu'en 1842 par le traité de Webster et Ashburton entre les États-Unis et l'Angleterre. Le Maine était indépendant depuis 22 ans.

Économie – La richesse du Maine s'édifia sur la construction navale favorisée par les forêts à proximité de la côte où puisèrent les charpentiers de la marine royale. Tous les pins de plus de 60 cm de diamètre étaient propriété de la Couronne, destinés à devenir des mâts. Au 19ᵉ s. les chantiers navals de Searsport, Bath et Wiscasset construisirent de superbes 4, 5 et 6 mâts. Aujourd'hui la forêt est toujours la grande pourvoyeuse et les usines papetières sont disséminées dans le Nord : Millinocket, Rumford, Bucksport, Woodland. On trouve aussi quelques industries textiles et des fabriques de chaussures...
L'autre grande activité du Maine est la pêche, surtout celle du homard, image de marque de l'État (75 % des homards pêchés aux USA proviennent du Maine). Toute la côte est bordée de petits ports avec leurs casiers en bois, leurs bateaux de pêche, et les milliers de bouées multicolores qui sur la mer signalent les emplacements des casiers. Au Nord à Rockland, Lubec et Prospect Harbor fonctionnent des sardineries. Dans le domaine agricole, l'aviculture est très importante. Le Maine est surtout fier de ses énormes pommes de terre du Comté d'Aroostook et de ses myrtilles (95 % de la production des USA).

Loisirs – Les parcs d'État offrent des sites de camping extrêmement agréables perdus en pleine nature.
Dans cet État la mer, les montagnes et les lacs sont le domaine des sports les plus divers : le plus fameux est la navigation de plaisance le long de la côte, particulièrement à bord des voiliers anciens utilisés comme bateau-charter appelés Windjammers (Boothbay Harbor et Camden). Le ski se pratique dans quarante stations, la plupart très modestes. La plus connue est **Sugarloaf**. Les canoéistes bénéficient des nombreux lacs et de la superbe voie d'eau de **Allagash Wilderness Waterway** *(p. 68)*. Sur les rivières Kennebec et Penobscot on peut aussi faire des descentes de rapides en radeau (raft trips : *voir à Greenville p. 68*).

La pêche et la chasse – On peut pêcher, dans ses rivières, le saumon de l'Atlantique ou se faire déposer sur les lacs du Nord de l'État à la recherche des truites. La chasse aux cerfs, aux canards, aux oies sauvages, aux faisans est pratiquée à certaines saisons. *Pour tous renseignements écrire à Maine Fish and Wildlife dept. 284 State St. Augusta 04333.*

★★★ ACADIA National Park

Le seul parc national de Nouvelle-Angleterre s'étend en grande partie sur **Mount Desert Island**. Il comprend aussi **Schoodic Peninsula** de l'autre côté de Frenchman Bay et la petite île de **Isle au Haut**.

Mount Desert Island mesure 26 km sur 19 ; elle est presque coupée en deux parties par le fjord de **Somes Sound**. Cette île offre la physionomie d'une petite région de montagne, avec ses sommets, ses forêts et ses lacs d'eau douce, qui aurait été déposée dans l'océan. Les conifères poussent jusque sur les gros rochers de granit rose battus par les vagues, conférant à sa côte une atmosphère très particulière.

La flore et la faune y sont particulièrement riches car l'île se trouve au contact des zones tempérée et subarctique. Beaucoup d'oiseaux viennent s'y réfugier pendant l'hiver.

L'île du Mont Désert – C'était le territoire d'été des Indiens Abnakis et Passama-quoddys. En septembre 1604 **Samuel de Champlain** et le **sieur de Monts** – fondateur de l'Acadie – accostèrent dans la baie qui s'appelle depuis Frenchman Bay (la baie du Français). Surpris par le paysage, Champlain en fit la description suivante : « sept ou huit montagnes dont les sommets sont pour la plupart nus, je l'appelle l'Isle des Monts Déserts ».

Neuf ans plus tard, un groupe de jésuites français s'y installa mais ils furent bientôt attaqués par les Anglais. Pendant 150 ans, cette île fut le théâtre de conflits incessants entre Français et Anglais. En 1688, le gouverneur du Canada donna l'île du Mont Désert au Français **Antoine de la Mothe Cadillac** qui y resta tout l'été, puis alla fonder, à l'Ouest des Appalaches, la ville de Détroit. A partir de 1760, les Anglais s'installèrent de façon permanente et en 1783, cette île devint américaine après la signature du traité de Versailles qui mit fin à la guerre d'Indépendance et délimita la frontière des États-Unis et du Canada.

Au milieu du 19e s., des artistes découvrirent la beauté de ses paysages, les peignirent, les décrivirent. Leur enthousiasme attira de richissimes touristes qui s'y installèrent et Bar Harbor devint un petit Newport, tandis que les ports de Northeast Harbor et Southwest Harbor se remplissaient de bateaux de plaisance. Ces habitués de Mount Desert Island furent les premiers à se soucier de protéger son aspect naturel. De nos jours, de nombreux artistes résident dans cette île.

La création du Parc national – En 1916 est créé le Monument national de sieur de Monts qui devient 3 ans plus tard le Parc national La Fayette. En 1929, il prend son nom de Parc national d'Acadia en souvenir de l'Acadie dont Mount Desert Island fit partie pendant plus d'un siècle.

Aujourd'hui le Parc a une superficie de 14 000 ha dont 12 000 dans Mount Desert Island. Plus du tiers fut donné par John D. Rockfeller.

La principale attraction est la Loop Road qui longe la côte et monte au sommet du Mont Cadillac.

Renseignements pratiques – Pour se loger : *des motels sont installés tout le long de la route 3 entre Ellsworth et Bar Harbor ; des hôtels et auberges plus luxueux se trouvent à Southwest Harbor, Northeast Harbor et Bass Harbor. En été, nous conseillons de réserver à l'avance.*

Pour visiter le Parc : *le plus pratique est d'avoir sa propre voiture ou une bicyclette pour les courageux. 160 km de sentiers sont aménagés pour les marcheurs.*
Une compagnie de bus propose des visites organisées du Parc – ☎ *207/288-9899. On peut aussi survoler le Parc dans de petits avions de l'Acadia Air, Inc. (route 3).* ☎ *207/667-5534.*

★★★ LOOP ROAD Circuit au départ du Visitor Center

30 miles – environ 4 h

Cette route circulaire permet de découvrir les différents aspects d'Acadia. Elle longe la côte, traverse la forêt, les montagnes, suit les lacs. Sur 30 miles on a l'occasion de se retrouver dans des paysages de bord de mer et de haute montagne.

Partir du Visitor Center, à droite de la Route 3.

Visitor Center – *Visite de 8 h à 18 h du 15 juin à fin septembre ; de 8 h à 16 h 30 en mai et du 15 octobre à fin novembre.* ☎ *207/288-3338.*
Un film présente le Parc national d'Acadia tandis que les rangers fournissent tout renseignement utile. Des cartes et de nombreux documents sont distribués. Location possible de magnétophones et de cassettes commentant la visite du Parc.
Ce bâtiment moderne fait face à Frenchman Bay.

★★Frenchman Bay Overlook – De ce belvédère on a une très belle vue sur la baie découverte par Champlain ainsi que sur Bar Harbor. Une table d'orientation permet d'identifier les îlots ronds qui la parsèment.

Sieur de Monts Spring – Cet emplacement fut le premier acheté en 1909 avec l'idée de préservation et fut baptisé du nom du compagnon de Champlain. La maison d'origine, Spring House, abrite une exposition consacrée au Parc.
Dans les **wild gardens of Acadia**, les fleurs et les herbes sauvages de la région sont présentées dans leur milieu naturel : forêts, prés, marécages et bords de mer...

Abbe Museum of Stone Age Antiquities – *Visite de mi-mai à mi-octobre. $ 1.50.* ♿ ☎ *207/288-3519.*
Un chemin passant devant la fontaine du sieur de Monts mène à un petit pavillon octogonal à l'allure italienne qui abrite des collections d'objets préhistoriques et des dioramas évoquant la vie des tribus dans Mount Desert Island avant la colonisation.

Revenir sur la Loop Road. Après la route 3 que l'on traverse, on entre dans la partie du parcours appelé Ocean Drive.

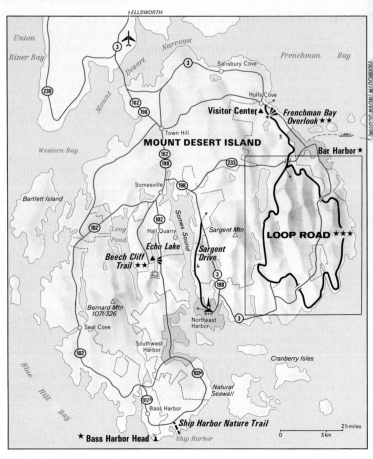

Ocean Drive – Toute cette partie de la Loop Road qui longe la côte est en sens unique. La route passe devant les bâtiments de **Jackson Laboratory**, célèbre pour ses recherches contre le cancer, puis suit la côte tout en longeant Champlain Mountain ; elle offre alors de très belles vues sur la côte si caractéristique d'Acadia avec ses sapins dominant les gros rochers de granit rose.

Sand Beach – C'est l'unique plage d'Acadia sur l'océan. Son sable est formé de minuscules particules de coquillages. On peut s'y baigner si l'on ne craint pas l'eau froide.

A partir de Sand Beach, un sentier longe la route jusqu'à Otter Point et constitue une belle promenade *(2 h à pied AR)*.

★**Thunder Hole** – A marée haute, les vagues qui s'abattent dans cette anfractuosité forment des gerbes impression-nantes dans un bruit de tonnerre, d'où son nom qui signifie « le trou du tonnerre ». Tout autour, les grands rochers plats sont peuplés de multi-tudes de goélands.

★★**Otter Cliffs** – Du haut de ces falaises de 33 m qui tombent à pic sur la mer, très belles **vues**★★ sur la côte.

La route longe ensuite Otter Cove puis arrive à un embranchement ; prendre à droite. La Loop Road suit les bords de Jordan Pond, un beau lac dominé par les falaises de Penobs-

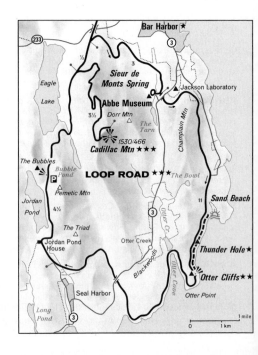

cot Mountain. **A l'extrémité de ce lac on aperçoit the Bubbles,** bloc erratique qui semble en équilibre précaire sur la pente *(arrêt au parking de Bubble Pond)*. Plus au Nord, prendre à droite la route qui mène au sommet du Mont Cadillac. Au cours de la montée, belle vue sur **Eagle Lake,** le plus grand lac du Parc.

★★★**Cadillac Mountain** – Alt. : 466 m. Ce sommet a reçu le nom du Français Antoine de la Mothe Cadillac qui fut le maître de l'île du Mont Désert à la fin du 17ᵉˢ. Un sentier aménagé à travers les rochers plats fissurés qui forment le sommet – à une époque il fut nommé Mont Chauve – permet de découvrir de splendides **vues**★★★ sur la baie de Frenchman et l'ensemble du Parc. Des panneaux évoquent l'histoire de l'île du Mont Désert.

Revenir à la Loop Road puis tourner à droite.

AUTRES CURIOSITÉS DANS MOUNT DESERT ISLAND

Sargent Drive – *Partir de Northeast Harbor.* Cette route longe Somes Sound, une ancienne vallée glaciaire inondée par la mer.

★★**Beech Cliff Trail** – *De Somesville, prendre la route 102 vers le Sud, tourner à droite puis à gauche dans Beech Cliff Road. Parking au bout de la route.*
Ce sentier facile *(1/2 h à pied AR)* mène au sommet de falaises d'où l'on a une très belle **vue**★★ sur l'Echo Lake au pied et Cadillac Mountain de l'autre côté de Somes Sound.

Echo Lake – Sur ce lac dominé par les hautes falaises de Beech Cliff, une plage a été aménagée à l'extrémité Sud (baignade).

★**Bass Harbor Head** – *Au bout de la route 102A.* Le phare de Bass Harbor se dressant au-dessus de gros rochers roses est un des sites les plus photographiés du Parc, surtout au coucher du soleil. Seuls le bruit du ressac et les mugissements des bouées viennent troubler la quiétude de cet endroit isolé.

Ship Harbor Nature Trail – *Sur la route 102A.* Ce sentier *(1 h à pied AR)* traverse une forêt de sapins et d'arbustes au sol tapissé d'airelles, et longe la côte rocheuse.

AUTRES PARTIES DU PARC

★★**Schoodic Peninsula** – Située de l'autre côté de la baie de Frenchman, cette pointe dont 800 ha relèvent du Parc national, est une côte formée de grands rochers plats de granit rose qui s'étendent entre la mer et la forêt de sapins. Une route la longe et mène à la pointe extrême, **Schoodic Head,** d'où l'on découvre une belle vue sur l'île du Mont Désert.

★**Isle au Haut** – Le parc occupe les deux tiers (1 200 ha) de cette petite île qui se trouve au Sud de Stonington. C'est un endroit très agréable pour les amateurs de promenades à pied *(accès voir à Blue Hill).*

AUGUSTA
21 325 h.

La capitale du Maine s'étend le long des rives de la Kennebec. Ce site fut découvert dès 1628 par des pèlerins de Plymouth qui y établirent un comptoir pour la traite des fourrures.
Aujourd'hui les activités administratives y occupent une place prépondérante et un complexe de bâtiments publics domine la rive Ouest de la Kennebec. Ils sont groupés autour de l'imposant capitole ou **« State House »** en marbre surmonté d'un dôme. *Visite toute l'année du lundi au vendredi. Fermé les principaux jours fériés.* ✆ ☎ *207/287-2301.*

Blaine House – *State St. Visite guidée (20 mn), du lundi au vendredi.* ☎ *207/289-2121.* Construite vers 1830 pour un capitaine de Bath, cette maison de style colonial fut la demeure de James G. Blaine (1830-1893), congressman, Secrétaire d'État et candidat à la Présidence en 1884.

Maine State Museum – *State St. Visite tous les jours. Fermé les principaux jours fériés. $ 2.* ☎ *207/287-2301.*
Ce bâtiment moderne abrite la bibliothèque, les archives et le musée de l'état du Maine. Expositions sur l'histoire, l'environnement, la vie des habitants de l'état.

Fort Western Museum – *Cony Street. Visite tous les jours de juin à octobre ; de novembre à mai du lundi au vendredi : $ 3.50.* ✆ ☎ *207/626-2385.*
Ce fort en bois fut construit en 1754 pour protéger les pionniers des attaques des Indiens. Les logements des hommes se visitent, c'est une suite de pièces meublées et décorées d'objets anciens recréant l'atmosphère d'une petite garnison. Les bastions ont été reconstruits.

BANGOR
33 181 h.

Bangor est célèbre pour son aéroport international où de nombreux avions font escale.
Cette ville perdue parmi les forêts et les lacs fut au 19ᵉ s. la capitale mondiale du bois. Les bûcherons, qui passaient des périodes de plusieurs mois dans la forêt, avaient été surnommés les « tigres de Bangor ». La saison terminée, ils venaient à la ville, riches de leur paie toute fraîche, prêts à faire ripaille, après des mois de vie fruste, avec les marins de diverses nationalités qui chargeaient le bois sur les nombreux bateaux ancrés dans le port, sur la Penobscot.

Durant toute cette période, les riches marchands de bois construisaient de vastes demeures, voyageaient, recherchaient les occupations culturelles. Un opéra avait été édifié où passaient de grandes vedettes. On peut encore voir quelques-unes de ces belles maisons.

L'énorme statue de **Paul Bunyan,** le plus célèbre des bûcherons de Bangor, devenu légendaire, rappelle la grande épopée des forestiers.

Aujourd'hui Bangor est le centre commerçant et industriel de cette partie du Maine.

★ BAR HARBOR 4 443 h.

Schémas p. 56.

Situé à la porte du Parc national d'Acadia et lieu d'embarquement pour la Nouvelle-Écosse, Bar Harbor est une des villes de Nouvelle-Angleterre qui voit passer le plus grand nombre de touristes. Elle est composée d'une multitude d'hôtels, de motels, de restaurants et de boutiques. La ville a été presque entièrement reconstruite depuis 1947, date à laquelle un incendie la dévasta, détruisant tous les témoignages de son passé prestigieux.

Bar Harbor fut un petit Newport dans les années 1900. Attirés par la beauté des paysages de Mont Désert, les milliardaires : les Rockefeller, les Astor, les Vanderbilt... se firent construire des « cottages » qui étaient de véritables palais. Plus de 70 de ces demeures disparurent dans l'incendie et rares sont celles qui ont échappé au feu. Les hôtels de l'époque victorienne rivalisaient par leur taille et leur luxe. Chacun se transportait ici l'été à bord des grands ferry-boats qui étaient de véritables palaces flottants. Pendant longtemps les automobiles furent interdites sur l'île et les gens se promenaient dans des voitures à chevaux.

Un ferry, **le Bluenose,** assure la traversée de Bar Harbor à Yarmouth en Nouvelle-Écosse. *Le trajet dure 6 ou 7 h selon la saison. Pour tous renseignements, horaires et prix : Marine Atlantic* ☎ *800/341-7981.*

★ BATH 9 799 h.

Depuis trois siècles et demi, les rives de la Kennebec n'ont cessé de retentir du bruit des chantiers navals. Bath fut l'un des principaux centres de la construction navale aux États-Unis et le 5ᵉ port du pays en 1855. De ses chantiers sortirent de superbes clippers, de fines goélettes qui firent l'orgueil des Américains. C'est ici que furent construits 7 des 12 six mâts qui existèrent dans le monde... et, entre 1860 et 1890, 80 % des grands voiliers étaient construits dans le Maine dont 44 % à Bath. Cette tradition s'est perpétuée avec les **Bath Iron Works.** Ce chantier naval, qui reçut ses premières commandes en 1884, travaille essentiellement pour la Marine nationale, construisant des destroyers, des frégates lance-missiles. On le repère de loin grâce à sa grue haute de 132 m. De sa période de prospérité, Bath a conservé de belles demeures que l'on peut admirer le long de Washington Street.

★★**Maine Maritime Museum** – *Visite toute l'année de 9 h 30 à 17 h. Fermé le 1ᵉʳ janvier, Thanksgiving Day et 25 décembre. $ 6.* ♿ ✕ ☎ *207/443-1316. Pendant l'été trajets en bateau sur la Kennebec River : $ 5.* Consacré à l'histoire de la construction navale dans le Maine et plus particulièrement à Bath, ce musée comprend plusieurs bâtiments dispersés. Sa conception en fait un musée vivant, animé essentiellement par des jeunes passionnés par l'histoire de la voile. Des recherches y sont effectuées en permanence qui se traduisent par des expositions renouvelées régulièrement.

Percy and Small Shipyard – *243 Washington Street.* Ce chantier naval fonctionna de 1894 à 1920. Ici furent construites de nombreuses goélettes dont le 6 mâts Wyoming.

Dans le bâtiment qui servait de scierie et d'atelier pour les charpentiers sont réunis des outils, des photos. Ces souvenirs illustrent l'histoire de ce chantier et les techniques utilisées pour la construction des navires en bois. Il comprend aussi un atelier **« The apprenticeshop »** où l'on peut voir travailler quelques apprentis construisant de petits bateaux en bois au cours de stages organisés par le musée.

Amarrée sur la rive de la Kennebec, la goélette Sherman Zwicker servait à la pêche à la morue sur les grands bancs au large de Terre-Neuve. Ce type de bateau effectuait en général trois voyages par an d'une durée moyenne de deux mois. Les poissons étaient pêchés à partir des petites embarcations ou « dories » que l'on voit sur le pont. On les mettait à l'eau quand un banc de poissons était repéré, puis les pêcheurs jetaient dans la mer leurs longues lignes jalonnées d'hameçons. Une fois chargé sur la goélette, le poisson était entreposé dans l'énorme cale.

Une ancienne voilerie, reconstruite, abrite une exposition : **Lobstering and the Maine Coast,** qui traite de la pêche aux homards sur les côtes du Maine.

Non loin de là se trouve l'embarcadère du bateau Dirigo qui transporte les visiteurs jusqu'à Sewall House. Ce trajet offre une vue intéressante sur le chantier naval de Bath Iron Works.

EXCURSION

★**Popham Beach** – *16 miles au Sud par la route 209.* Situé au bout d'une péninsule, Popham Beach fut le premier établissement anglais dans le Maine à l'époque où George Popham cherchait à coloniser cette région. Cette expérience dut être abandonnée en 1608, au bout d'un an, en raison de la dureté des conditions de vie. Néanmoins, les premiers colons eurent le temps de construire un bateau, le Virginia, qui préfigurait la vocation maritime de cette région.

Un fort en granit, **Fort Popham Memorial,** a été édifié à cet emplacement au moment de la guerre de Sécession. A côté, **Popham Beach State Park** est une très belle plage de sable blanc.

** BAXTER STATE PARK

Au Nord du Maine, autour de son sommet le plus élevé, le Mt Katahdin (1 605 m), s'étend Baxter State Park, un vaste rectangle de 81 000 ha couvert de forêts où s'ébattent des élans, des daims, des ours noirs...

Son nom lui vient de son créateur, Percival Proctor Baxter, qui passa sa vie à réunir les terres de ce parc, les achetant pour les soustraire à l'exploitation des grandes compagnies papetières. Il en fit don aux habitants du Maine à condition que soient respectées certaines de ses volontés, entre autres le fait qu'il soit très peu aménagé : les routes ne sont pas goudronnées, la vitesse est limitée de 15 à 30 miles/h et il n'y a aucune exploitation commerciale : restaurant, hôtel ou magasin. Les campings, très rustiques, sont réservés en priorité aux habitants du Maine. 250 km de sentiers de randonnée ont été aménagés dont l'extrémité Nord de l'Appalachian Trail.

Baxter State Park relève d'une administration indépendante de celle des autres parcs d'État. Son siège est installé à Millinocket.

Mont Katahdin – Point de départ ou d'arrivée de l'Appalachian Trail, qui s'allonge sur 2 000 miles (3 700 km) jusqu'au Sud de la Géorgie, ce mont exalta toujours l'imagination des hommes. Son nom indien veut dire « la plus haute montagne ». C'est un monolithe de granit comportant 4 sommets qui se répartissent autour d'un cirque glaciaire : Great Basin. Le plus haut sommet est Baxter Peak (1 605 m), les autres Hamlin Peak, Pamola Peak et South Peak.

Le mont Katahdin jouait un grand rôle dans la mythologie des Indiens Abnakis et de nombreuses légendes y sont rattachées dont celle de Pamola, l'oiseau des tempêtes, qui avait des ailes et des serres d'aigle, un torse et des bras d'homme, une tête et des bois d'élan. Il siégeait sur le sommet de Katahdin et dès qu'on l'irritait, il déchaînait éclairs et tempêtes de neige.

VISITE *1 journée*

Du 15 mai au 15 octobre, de 8 h 30 à 16 h 30 (le week-end seulement de Memorial Day à Labor Day). Droit de $ 8 par voiture. Une carte est remise aux visiteurs à l'entrée. ⚠ *(Il est nécessaire de réserver)* ☎ *207/723-5140.*

Les trois principales entrées donnent accès à la route qui traverse le parc du Sud au Nord. Quelques cascades sont visibles de cette route : Abols Falls, Slide Dam ; cependant, pour découvrir la plupart des curiosités, il faut descendre de voiture et marcher.

Promenades à pied – *Nous ne donnons ci-dessous que quelques promenades. Pour les amateurs de grandes randonnées, s'adresser aux rangers, ou consulter le livre : « Baxter Park and Katahdin », par Stephan Clark. Les sentiers sont marqués en bleu, en blanc pour l'Appalachian Trail.*

Sandy Stream Pond Trail – *1,4 mile, départ de Roaring Brook Campground (Sud-Est du Park). Suivre les panneaux.*

Ce sentier longe le lac de Sandy Stream. Très belle vue sur Mt Katahdin, Great Basin et Hamlin Peak.

De là peuvent être pris :

Chimney Pond Trail – *3,3 miles (2 h 3/4 de montée).* Le plus utilisé pour aller à Mt Katahdin. Camping à Chimney Pond.

South Turner Mt Trail – *2 miles.* Sentier relativement difficile à travers des blocs de rochers. Du sommet très belle vue sur l'ensemble du Mt Katahdin.

Appalachian Trail – *Sud-Ouest du Park. De Daicy Pond à Big Niagara Falls, suivre les marques blanches.*

A 1 mile, on voit Little Niagara Falls, de belles chutes, et 0,2 mile plus loin Big Niagara Falls.

EXCURSION

Patten – *8 miles, à l'Est de Baxter State Park, par la route 159.* Cette petite communauté agricole est située à la limite du riche comté d'Aroostook, célèbre pour ses pommes de terre et son grand domaine forestier.

Son musée **Lumberman's Museum** évoque la vie des bûcherons à la fin du siècle dernier et au début de celui-ci. Admirés pour leur force et la vie très dure qu'ils menaient, les lumberjacks étaient de véritables héros populaires. On peut voir leurs outils et leurs cabanes reconstituées. *Visite tous les jours en juillet et août, du mardi au dimanche de Memorial Day à fin juin et en septembre, le weed-end seulement d'octobre à Columbus Day. $ 2.50.* ☎ *207/528-2650.*

BETHEL   2 329 h.

Située dans les White Mountains, cette villégiature a gardé tout le charme des villages de Nouvelle-Angleterre avec son large green entouré d'auberges. C'est le siège d'une célèbre école privée, « Gould Academy », et un très agréable lieu de séjour, offrant de nombreuses possibilités d'excursions.

EXCURSIONS

*★**Grafton Notch State Park** – *25 miles au Nord-Ouest de Bethel par la route 26. Ouvert du 15 mai au 15 octobre. $ 1.* ☎ *207/824-2912.* La route emprunte pendant 14 miles une vallée qui a été classée parc d'État. Dominée par le sommet de Old Speck, elle offre des vues sur de beaux paysages et des sites pour les pique-niqueurs.

Screw Auger Falls – Cette série de chutes dégringole de replat en replat à travers des sortes de cheminées qui ont l'air d'avoir été creusées par un énorme tire-bouchon d'où leur nom (screw : visser). C'est en fait l'action des glaciers qui a poli le granit et lui a donné ces formes étranges.

Mother Walker Falls – De ces petites chutes, belle vue sur Old Speck.

★★**Evans Notch** – *16 miles au Sud-Ouest prendre la route 2 vers l'Ouest pendant 10 miles puis tourner à gauche dans la route 113.* Cette route permet de découvrir l'une des plus belles vallées des White Mountains et procure des **vues**★★ superbes sur la Cold River.

Aller jusqu'à **Basin Campground**, un terrain de camping installé au bord d'un ravissant lac glaciaire cerné par les montagnes.

★★ BLUE HILL et DEER ISLE

La péninsule qui s'étend entre la route 3 et le village de Stonington semble avoir été tenue écartée de toute civilisation moderne. Les petits villages, les criques abritant les bateaux des pêcheurs de homards sont dispersés parmi les paysages de forêts et de landes. Le relief accidenté et la côte très découpée offrent à chaque instant de belles échappées sur la baie de Penobscot et l'île du Mont Désert (Parc national d'Acadia). Par beau temps on est saisi par le contraste de la végétation de conifères très verts et le bleu profond de la mer.

CIRCUIT AU DÉPART DE BUCKSPORT *87 miles – 1 journée*

Quitter Bucksport (p. 64) par la route 1 vers le Nord puis tourner dans la route 175 vers le Sud, continuer tout droit dans la 166 puis la 166A.

★**Castine** – *Voir à ce nom.*

Prendre la route 166 puis la 199 jusqu'à la jonction avec la route 175 que l'on prend vers le Sud.

Reversing Falls – A 5 miles au Sud de South Penobscot, une zone de pique-nique est aménagée dans un beau site où l'on peut assister à un curieux phénomène. Cet endroit forme un goulet d'étranglement et à chaque inversion de marée, l'eau s'y précipite avec une telle force qu'elle forme des chutes qui changent de sens selon le flux ou le reflux. On appelle ce phénomène « Reversing Falls » (chutes inversées). C'est du pont sur lequel passe la route 175 qu'on l'observe le mieux.

Après la traversée de North Brooksville et Brooksville, la route s'élève et de **Caterpillar Rest Area** on a une **vue**★★ superbe sur la baie de Penobscot.

> On rejoint ensuite la route 15 et l'on traverse le pont qui mène à Little Deer Isle puis Deer Isle. La route 15 traverse le village de Deer Isle puis atteint Stonington.

★**Stonington** – Ce village de pêcheurs évoque une illustration naïve avec ses petites maisons multicolores disposées le long de la baie et ses centaines de casiers à homards.

Son port très calme ne s'anime qu'à l'arrivée d'un bateau ou à la sortie de la sardinerie, principale source d'activité de la ville.

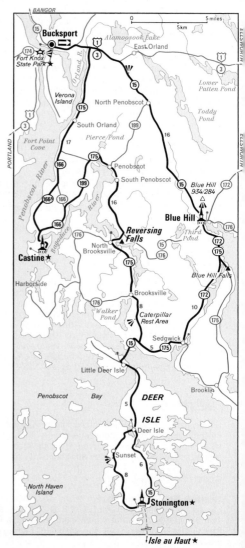

Stonington est célèbre pour son granit qui servit à la construction de nombreux monuments officiels. La plupart des carrières sont désaffectées, mais on aperçoit encore les grands treuils sur les îles en face du port.

C'est de Stonington que partent les bateaux pour Isle-au-Haut.

★**Isle-au-Haut** – *Le bateau postal fait plusieurs aller-retour par jour (sauf les dimanches de mi-septembre au 22 juin et les jours fériés). Durée : 40 mn. $ 9. Isle-au-Haut Co.* ☎ *207/367-5193. En été un bateau spécial est prévu pour les randonneurs. Il s'arrête à Duck Harbor d'où partent les sentiers du Parc national.*

Pour se rendre à Isle-au-Haut, le bateau traverse un dédale de petites îles granitiques couvertes de conifères... Le pilote est extrêmement attentif devant la multitude des bouées signalant l'emplacement des casiers à homards. Il s'arrête au port de Isle-au-Haut où de nombreux bateaux de plaisance sont amarrés. Le bateau de 10 h poursuit jusqu'à Duck Harbor. La seule façon de découvrir l'île est de suivre les sentiers du Parc national (à partir du Duck Harbor) ou de prendre la route circulaire *(14 miles)* à pied.

De Stonington, longer la côte Ouest. On traverse le village de Sunset (belle vue) puis l'on rejoint la route 15. Après le pont on prend la route 175 vers l'Est. Dans Sedgwick tourner dans la route 172. Celle-ci rejoint un peu plus au Nord la route 175.

Juste à droite de cette jonction, au deuxième pont sur la route 175 à Blue Hill Falls, on peut assister au même phénomène de « chutes inversées » (**Reversing Falls**) qu'à North Brooksville.

Revenir sur la route 172 qui mène à Blue-Hill.

Blue Hill – Baptisé ainsi à cause de la colline qui le domine, Blue Hill est un calme village dont la beauté a attiré de nombreux artisans et artistes.

En été une école de musique de chambre accueille de nombreux adeptes et deux concerts sont donnés chaque semaine. *(En juillet et août, le vendredi à 20 h 15, le dimanche à 16 h.)*

Reprendre la route 15 vers le Nord. Elle s'élève, passe au pied de la colline de Blue Hill. Du sommet de cette colline, belle vue sur toute la région.

En redescendant vers la route 3, la route 15 offre des vues étendues sur l'arrière-pays.

★★ BOOTHBAY HARBOR

Boothbay Harbor est situé au bout d'une péninsule où s'enchevêtrent les bras de mer, les criques, les pointes, les îles. Il est difficile de trouver une côte plus découpée et plus propice à la pratique de la voile.

Toute cette région entre les rivières Sheepscot et Damariscotta fut achetée aux Indiens pour 20 peaux de castors.

La pêche au homard est une des principales activités et on compte des centaines de pêcheurs, certains possédant un millier de casiers. Ils font leur « récolte » chaque soir sur leurs bateaux très caractéristiques avec leurs petites voiles arrière.

Boothbay Harbor est devenue une station balnéaire grâce à la voile. Ses rues bordées de magasins et de restaurants débordent d'activités en été. Les hôtels et motels en grand nombre se dispersent le long des caps et criques comme **Ocean Point**. C'est un lieu de séjour offrant de nombreuses activités sportives et culturelles.

En juillet a lieu l'un des grands événements de l'été : **les 3 jours des Windjammers** *(voir Principales manifestations)*. Tous les deux ou trois mâts, qui servent aujourd'hui de bateaux-charters, se réunissent dans la baie de Boothbay Harbor formant une magnifique flottille.

La baie et les îles – De multiples croisières ou promenades sont proposées par des bateaux dans la baie et parmi les îles de Boothbay Harbor. *Durée de 1 h à 3 h. Pour renseignements s'adresser sur Fisherman's Wharf à Goodtime Excursions (Pier 1)* ☎ *207/033-3244.*

Le Balmy Days, Pier 8, Chimney Pier, organise des excursions à Monhegan Island *(voir à ce nom).*

BRUNSWICK

Brunswick est le site du Bowdoin College, dont le campus se trouve au centre de la ville. Les rues qui y mènent surprennent par leur largeur, surtout Maine Street bordée de maisons anciennes.

L'industrie du bois puis l'industrie textile se sont développées assez tôt à Brunswick, grâce aux chutes sur la rivière Androscoggin. Aujourd'hui une station aéronavale y emploie plus de 3 000 personnes.

Bowdoin College – Fondé en 1794, ce collège s'est fait une réputation bien établie de sérieux. Il vit passer des personnages illustres : les écrivains Nathaniel Hawthorne et Wadsworth Longfellow, les explorateurs Robert Peary et MacMillan. Harriet Beecher Stowe y séjourna quand son mari y enseignait et c'est ici qu'elle écrivit *la Case de l'oncle Tom.*

La famille Baudoin qui fonda cette institution était originaire de France ; le nom fut anglicisé en Bowdoin.

★**Museum of Art** – *Visite toute l'année. Fermé lundi et jours fériés.* ♿ ☎ *207/725-3275.* Installé dans le Walker Art Building dont l'architecture est inspirée de bâtiments florentins, ce petit musée est très agréable à visiter. La collection que James Bowdoin avait rapportée d'Europe comprend des dessins de Brueghel, Tintoretto et Rembrandt.

Au sous-sol est rassemblée une belle collection de vases grecs et de statuettes de Tanagra qui voisinent avec les dessins de Winslow Homer.

Au rez-de-chaussée, intéressante collection de peintres américains : John Trumbull, Rembrandt Peale, Fitz Hugh Lane, Mary Cassatt et plusieurs portraits de Gilbert Stuart.

Peary – MacMillan Arctic Museum – *Mêmes conditions de visite que le Museum of Art.* ♿ ⚔ ☎ *207/725-3416.* Dédié à l'Amiral Robert Peary et à Donald MacMillan, les deux grands explorateurs de l'Arctique, ce musée présente l'histoire des expéditions polaires depuis le voyage du Grec Pitheas, puis les divers voyages de Peary qui atteignit le pôle Nord en 1909 et de son disciple MacMillan. On peut voir leurs vêtements et les instruments qu'ils utilisèrent ainsi que des photos évoquant la civilisation des esquimaux du Groenland et du Labrador.

BUCKSPORT   2 989 h.

Schéma p. 60.

La petite ville de Bucksport s'étend le long de l'embouchure de la rivière Penobscot à l'endroit où celle-ci se sépare en deux autour de **Verona Island**. La grand-rue parallèle à la rivière est bordée de magasins. Sa grande attraction est la **Jed Prouty Tavern,** en activité depuis 1798, qui fait fonction d'auberge, de bar, de dancing, de restaurant, de cafétéria. A l'extrémité Nord de Bucksport, une papeterie traite le bois. Sur l'autre rive, la masse imposante de Fort Knox garde l'entrée de la Penobscot.

★**Fort Knox State Park** – *Visite de mai à novembre, tous les jours. $ 1.* ☎ *207/469-7719.*
De nombreux conflits précédèrent la reconnaissance de la frontière entre le Canada et les États-Unis, et 1840 vit même une mobilisation dans le Maine. C'est dans ce climat d'instabilité que fut décidée en 1842, après les discussions entre l'Américain Daniel Webster et l'Anglais Ashburton, la construction du fort, entreprise en 1846. L'ouvrage ne fut ni achevé ni utilisé. Il fut baptisé du nom du général Henry Knox, un des seconds de George Washington pendant la guerre d'Indépendance. Construit avec d'énormes blocs de granit, ce fort, au plan compliqué avec ses contreforts et ses magasins, montre le haut niveau technique auquel était parvenue l'architecture militaire.
Du haut du fort, belle **vue** sur l'embouchure de la Penobscot et sur Bucksport.

★★ CAMDEN   4 022 h.

Bien abrité entre les collines de Camden Hills et la baie de Penobscot, le port de Camden séduit par la beauté de son site. De nombreux voiliers s'y balancent dont les fameux **Windjammers,** ces deux ou trois mâts utilisés aujourd'hui comme bateaux-charters pour les touristes en quête d'aventure maritime. Autour du port, les rues commerçantes pleines d'animation sont très gaies avec leurs boutiques, leurs galeries d'art et leurs lampadaires décorés de fleurs. Le long des rues adjacentes et de la route 1, de magnifiques demeures font de Camden un des endroits les plus sélects de la côte. Derrière la jolie bibliothèque, **Camden Public Library,** un amphithéâtre a été aménagé qui permet d'assister à des représentations théâtrales ayant pour toile de fond le port et les bateaux.

Camden Hills State Park – *Prendre la route 1 au Nord de Camden puis tourner à gauche au panneau indiquant Camden Hills State Park. Ouvert du 15 mai au 15 octobre de 9 h au coucher du soleil. Entrée : $ 1.50 par voiture.* ▲ ☎ *207/236-3109.* Une route mène au sommet de **Mt Battie**, jusqu'à une tour d'observation. De là, **vue★★★** superbe sur la baie de Penobscot et ses multiples îles, et sur le port de Camden.

En revenant au centre de Camden puis en prenant la route 52 on a une autre belle vue sur les collines de Camden tombant à pic sur le lac Megunticook.

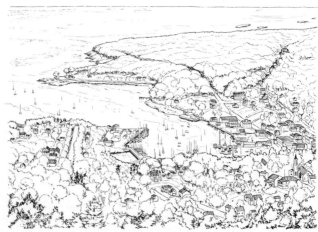

Vue de Camden depuis Mt Battie.

EXCURSION

Rockport – *7 miles au Sud par la route 1*. Ce petit port, cerné de collines où s'éparpillent de belles maisons, a attiré entre autres une école de photographie. Rockport fut connu pour ses fours à chaux dont on peut voir les ruines.
La **Artisan School** (*près de Walker Park*) perpétue les techniques traditionnelles de construction des bateaux de bois. *(Visite du lundi au vendredi. ☎ 207/236-6071).*

Pour tout ce qui fait l'objet d'un texte dans ce guide
(villes, sites, curiosités isolées, rubriques d'histoire ou de géographie, etc.),
reportez-vous à l'index.

★★ CAMPOBELLO Island

Cette île est canadienne : se munir des pièces d'identité nécessaires au passage de la frontière. Il y a 1 h de décalage, il est 1 h plus tôt au Canada. (8 h à Lubec = 9 h à Campobello Island).
Située dans l'embouchure de la baie de Fundy et reliée à Lubec par le Franklin D. Roosevelt Bridge, Campobello Island fait partie du Nouveau-Brunswick mais jouit d'un statut international en raison de son Parc dédié au souvenir de Franklin Roosevelt.

Une île pleine d'attraits – Samuel de Champlain et le sieur de Monts la découvrirent en 1604. Elle fut baptisée en 1767 en l'honneur du gouverneur de Nouvelle-Écosse William Campbell. De Campbell on fit Campo bello, évoquant ainsi la beauté de ses paysages. A la fin du 19e s., quelques riches New-Yorkais et Bostoniens découvrirent à leur tour le charme de Campobello et en firent leur lieu de vacances. Ils séjournaient dans de grands hôtels victoriens ou des « cottages » comme celui des Roosevelt. Les publicités de l'époque ne manquaient pas d'humour : on pouvait lire que « les bains de brouillard sont aussi nécessaires à la santé et aux nerfs que le soleil ». Aujourd'hui, accessible en voiture grâce à son pont, Campobello reçoit de nombreux visiteurs attirés par Campobello International Park ainsi que par ses falaises, ses grandes plages et ses ports de pêche. On peut y voir d'étranges filets de pêche accrochés à des pieux disposés en rond avec une ouverture laissée vers la côte, héritage des Indiens.

Roosevelt Campobello International Park – *Visite de 9 h à 17 h, du samedi avant Memorial Day à mi-octobre. ☎ 506/752-2922.*
Dès 1883, il avait alors 1 an, Franklin D. Roosevelt passa tous ses étés à Campobello, nageant, pêchant, pratiquant la voile. Après son mariage avec Eleanor il continua à venir se reposer loin de ses occupations politiques, de plus en plus prenantes. En 1921, après une chute dans l'eau glaciale de la baie de Fundy, il fut gravement atteint par la poliomyélite. Il ne devait revenir sur l'île que

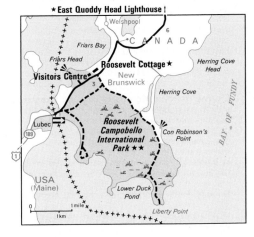

12 ans plus tard alors qu'il venait d'être élu Président des États-Unis. Ce fut un de ses derniers voyages dans son île tant aimée. En 1964 ses enfants firent don de leur propriété qui devint un parc dédié à la mémoire de leur père.

Le pavillon d'accueil (Visitors Center) – Des films présentent Campobello Island et rappellent la vie de Franklin Roosevelt ici.

★**Roosevelt Cottage** – Cette grande maison de 34 pièces, faisant face à Eastport, est meublée simplement. De nombreux souvenirs : lettres, photos, objets évoquent les vacances des Roosevelt à Campobello.

★★**Promenades dans le Parc** – Vaste de 4 hectares, le parc comprend des paysages superbes de forêts, de marais et de bords de mer. Le climat extrêmement humide y favorise une végétation très dense et très caractéristique.
De **Friars Head**, à l'Ouest, on a une belle vue sur Lubec et la côte du Maine. De **Con Robinson's Point** on peut admirer la large baie de **Herring Cove** que prolonge une pointe, **Herring Cove Head**. A **Lower Duck Pond**, une plage de galets longe la côte rocheuse plantée de sapins. Cet endroit est une étape privilégiée des oiseaux migrateurs.

Le tour de l'île – *7,5 miles au départ du Visitors Center.* Suivre la route à l'Ouest de l'île qui longe Friars Bay puis Harbour de Loutre. Ce nom rappelle l'occupation française. A Welshpool, on trouve quelques boutiques et un peu plus au Nord la route se poursuit par un simple chemin.

★**East Quoddy Head Lighthouse** – Ce phare est situé dans un cadre ravissant et offre une belle vue sur Head Harbor Island.

★ CASTINE

Schéma p. 62.

Castine séduit par la beauté tranquille de ses larges rues bordées d'arbres centenaires et de grandes demeures blanches. Le long de sa grand-rue, Main Street,
descendant vers la mer, se succèdent quelques auberges, des boutiques d'art et
d'artisanat. Les bâtiments en brique sont ceux de l'Académie maritime, l'une des
plus célèbres écoles navales des U.S.A.
Chaque année Castine sert de cadre à une régate de voiliers réservée aux barreurs
du troisième âge.
Les forts de St-George et de Madison, et les nombreuses plaques qui jalonnent les
rues, évoquent l'histoire de cette petite ville.

Une histoire mouvementée – Depuis sa fondation en 1629 par les pionniers
anglais, sous le nom de Bagaduce, puis de Fort Pentagoet, Castine a été l'objet,
pendant plus de 200 ans, de luttes incessantes. D'abord anglaise, elle fut prise en
1667 par le **baron de Saint Castin**, un aventurier pyrénéen qui lui donna son nom. Les
Hollandais la reprirent puis de nouveau les Anglais. Pendant plusieurs années
Castine passa ainsi de main en main. Le traité de Paris de 1763 donnant la Nouvelle-
France aux Anglais fixa la situation... pas pour longtemps, car l'Indépendance
américaine fut déclarée 13 ans plus tard. Un second traité signé à Paris en 1783
définit le tracé de la frontière entre les États-Unis et le Canada sur la rivière Ste-Croix
et Castine devint alors américaine.

Maine Maritime Academy – Établie en 1941, cette Académie forme en 4 ans des
officiers pour la Marine marchande, des réservistes pour la Marine nationale et des
gardes-côtes. Ses 600 étudiants, en uniforme, sont soumis à une discipline toute
militaire.
On peut visiter leur bateau-école **« The State of Maine »** *(Visite guidée du lundi au
vendredi en juillet et août ☎ 207/326-4311)*, un ancien navire de guerre qui a servi
au transport des troupes pendant la Deuxième Guerre mondiale et a été réutilisé
pendant la guerre de Corée, la crise de Cuba et la guerre du Viêt-nam.

★ COBSCOOK BAY

S'ouvrant sur la baie de Passamaquoddy, la baie de Cobscook forme de larges
échancrures à l'intérieur des terres. Son entrée semble gardée par les villes de
Lubec et Eastport. Par mer ces deux ports ne sont séparés que de 3 miles mais, par
terre, il faut parcourir plus de 40 miles pour les relier. Leur proximité avec le Canada
en fit des repaires de contrebandiers pendant la guerre d'Indépendance et en 1812
durant la guerre commerciale avec l'Angleterre. Les bateaux quittaient Lubec et
Eastport pour la France ou l'Espagne et battaient tous les records de vitesse puisque
trois jours plus tard ils étaient de retour avec leur cargaison de mélasse, de rhum, de
sucre, de farine et de tissus. En réalité, ils s'étaient rendus au Canada où ces denrées
étaient moins chères. Les tavernes de Eastport et Lubec servaient d'entrepôts.

L'usine marémotrice de la baie de Passamaquoddy – Cobscook est un nom
indien qui signifie les « marées bouillonnantes ». Nous sommes dans le pays des
grandes marées qui atteignent souvent plus de 10 m d'amplitude avec des courants
de plus de 70 km/h. Devant tant d'énergie disponible naquit dès 1919 l'idée d'une
usine marémotrice. Un ingénieur, Dexter Cooper, avait établi un projet consistant à
barrer toutes les issues de la baie de Cobscook de manière à renforcer le courant de
la marée qui passerait par l'usine située entre Quoddy et Eastport. En 1935, les
travaux furent entrepris. On construisit le village de Quoddy pour abriter les ingénieurs et les ouvriers, des digues furent commencées entre Pleasant Point et l'île de
Quoddy. Faute de crédits, ce projet fut abandonné.

DE LUBEC À ST CROIX ISLAND NATIONAL MONU-
MENT *64 miles – environ 1/2 journée*

Lubec – Ce port de pêche connut une certaine prospérité grâce à la contrebande et
devint très actif dans les années 1900 avec l'ouverture de nombreuses sardineries.
Aujourd'hui la plupart d'entre elles ont fermé leurs portes.
De nombreux touristes passent par Lubec pour se rendre dans Campobello Island
(voir à ce nom) qui est reliée par le Franklin Roosevelt Bridge.

★**Quoddy Head State Park** – *6 miles au Sud de Lubec. Tourner à gauche en venant de
Lubec.* Ce parc *(ouvert du juin au 15 octobre $ 1.* ☎ *207/733-0911)* comprend le
phare de Quoddy Head, le point le plus oriental des États-Unis. De cet endroit belle
vue sur l'île de Grand Manan (Nouveau-Brunswick).
Une très belle **promenade à pied** *(1 h 1/4 AR à partir du parking à droite du phare)* offre
des vues superbes sur les hautes falaises de granit couvertes de sapins.
*Quitter Lubec par la route 189. La route s'élève (belle vue sur la baie de Passama-
quoddy et le port) puis traverse le village de Whiting. Là, prendre la route 1 vers le
Nord.*

Cobscook Bay State Park – *Ouvert du 15 mai au 30 octobre ; $ 1.50 par voiture.*
⚠ ☎ *207/726-4412.* Ce parc d'État abrite un camping situé dans un cadre superbe
au fond de la baie de Cobscook. Les sapins enracinés dans la côte rocheuse
dominent cette baie parsemée de petites îles. Un **sentier** de 2 km à partir du parking
de l'entrée permet d'en avoir de belles vues.

*Reprendre la route 1 vers le Nord. A West Pembroke, prendre une petite route à
droite, en face de la route 214 et de là suivre les panneaux pour les Reversing
Falls.*

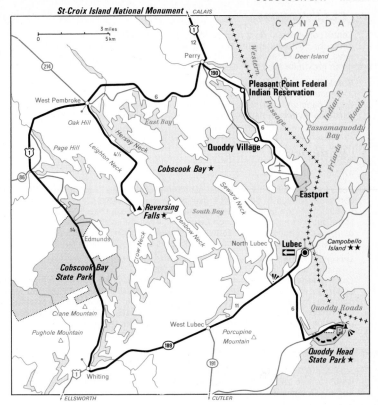

St-Croix Island National Monument

★Reversing Falls – C'est un merveilleux emplacement pour pique-niquer... et un des meilleurs endroits pour admirer la beauté de la baie de Cobscook avec ses multiples criques et îles recouvertes de conifères. A chaque inversion de marée, on peut assister à un phénomène exceptionnel : le courant est si fort que, à certains endroits, l'eau bouillonne et forme des chutes.

Revenir à la route 1, traverser Perry et prendre, à droite, la route 190.

Pleasant Point Federal Indian Reservation – Ce village d'apparence banale est une réserve indienne. Ses habitants, des Indiens Passamaquoddy, se gouvernent eux-mêmes et ont droit à être représentés par un des leurs au Sénat du Maine. Bien que catholiques, ils organisent de temps à autre des fêtes tribales à l'occasion desquelles ils revêtent leurs costumes traditionnels. Ils vivent essentiellement de la pêche où ils excellent et l'on peut voir leurs étranges filets ronds.

Entre Pleasant Point et Quoddy, la route 190 passe sur une des digues construites pour le projet de l'usine marémotrice.

Quoddy Village – Les bâtiments furent construits en 1935 pour abriter ingénieurs et ouvriers, puis abandonnés.

Eastport – Située à la pointe extrême orientale des États-Unis, **Eastport** est bâtie sur une île à l'entrée des baies de Cobscook et Passamaquoddy. En raison de l'amplitude exceptionnelle des marais, les quais sont construits sur de très hauts pilotis qui apparaissent à marée basse.

Entre 1875 et 1920, de nombreuses sardineries animaient la ville ainsi qu'une usine spécialisée dans la fabrication d'huile nacrée obtenue à partir des écailles de sardines. Cette huile était utilisée dans la confection des perles artificielles et du vernis à ongles. Aujourd'hui l'industrie textile et l'aquaculture sont les principales activités. Une opération de réaménagement a rendu à Eastport son rôle de port en eau profonde.

Revenir à la route 1 et à Perry la prendre à droite.

St Croix Island National Monument – L'île et les berges à l'embouchure de la rivière Ste-Croix sont spectaculaires avec leurs côtes de granit rouge. C'est ici qu'en 1604 Pierre de Gua, sieur de Monts, et **Samuel de Champlain** *(voir à Acadia)* s'installèrent avec leurs 75 hommes pour créer un premier comptoir en Acadie. Ils avaient si peu de connaissances sur cette région qu'ils avaient apporté avec eux du bois pour construire des maisons. Ils édifièrent donc quelques bâtiments et passèrent l'hiver avant d'émigrer au printemps suivant vers la Nouvelle-Écosse.

Plus tard, en souvenir de leur séjour, on fit passer la frontière du Canada et des États-Unis par la rivière Ste-Croix.

En fin de volume figurent d'indispensables renseignements pratiques :
– Organismes habilités à fournir toutes informations ;
– Manifestations touristiques.

ELLSWORTH 5 975 h.

Centre commerçant de la région, Ellsworth est une petite ville animée qui comprend quelques beaux bâtiments comme son curieux hôtel de ville d'inspiration scandinave. En été, elle devient l'un des endroits les plus touristiques du Maine en raison de sa proximité avec le Parc national d'Acadia.

Black Mansion – *West Main Street. Visite guidée (3/4 h) du lundi au samedi de mai à mi-octobre. $ 5.* ☎ *207/667-8671.*
Située dans un beau parc, cette maison de brique est très représentative de l'élégance du style georgien. A l'intérieur, son escalier est particulièrement gracieux.

FREEPORT 6 905 h.

17 miles au Nord-Est de Portland.

Cette localité de la côte du Maine est connue dans toute l'Amérique du Nord pour son fameux magasin de sport **L.L. Bean** qui pratique la vente sur catalogue. Ce grand magasin, où l'on peut acheter tout article de pêche, de chasse, de camping ou de sport, fut créé en 1912 par Leon Leonwood Bean qui avait inventé des chaussures pour les chasseurs, moitié caoutchouc moitié cuir, devenues très vite extrêmement populaires. Son magasin est ouvert 365 jours par an, 24 heures sur 24.

Desert of Maine – *De l'autoroute 95, prendre Desert Road. Visite guidée (1/2 h) du 10 mai au 15 octobre. $ 4.75.* [1] ♿ ☎ *207/865-6962.*
Cette grande étendue de sable, insolite dans ce paysage de forêt, commença à apparaître en 1797, quand un fermier déboisa une partie de sa propriété pour y faire paître ses troupeaux. La nappe de sable s'étendit au fur et à mesure que se détruisait le sol superficiel ; elle finit par ensevelir la ferme. Ce sable laissé par la dernière glaciation provient de diverses roches rabotées par l'érosion et ses grains aux couleurs très variées sont utilisés pour créer des objets décoratifs.

★**Wolfe's Neck Woods State Park** – *5 miles de Freeport. De la route 1, tourner à droite dans Bow Street, puis encore à droite dans Wolfe's Neck Road. Ouvert tous les jours. $ 1.50.* ♿ ☎ *207/865-4465.*
Ce beau parc boisé permet d'agréables promenades face à la baie de Casco, avec vue sur Googins Island, réserve d'orfraies dont on peut voir quelques nids.

KENNEBUNK 14 029 h.

Les Kennebunks comprennent le village de Kennebunk, Kennebunkport, Kennebunk Beach, Cape Porpoise, Cape Arundel et la plage de Goose Rocks.
Autrefois, c'était un grand chantier naval ; de cette époque prospère datent de larges rues ombragées par des ormes centenaires et bordées de demeures spacieuses.

Kennebunkport est une station balnéaire très recherchée où de nombreux artistes ont élu domicile. Son église et ses maisons de style fédéral sont particulièrement élégantes.

CURIOSITÉS *visite : 1 h*

Wedding Cake House

Wedding Cake House – *Le long de la route 9A.* On raconte que le capitaine qui habitait cette maison devait se marier quand il fut soudain rappelé en mer. Il décida d'organiser la cérémonie aussitôt, mais il ne restait plus de temps pour confectionner un vrai gâteau de mariage. Pour consoler la jeune mariée, le capitaine et ses amis s'armèrent de scies et décorèrent la maison, fort classique, de manière qu'elle ressemblât à un gâteau.
En réalité cette maison est l'œuvre d'un charpentier de bateau dont le « hobby » était la sculpture sur bois.

Cape Porpoise (cap du Marsouin) – Baptisé ainsi par le capitaine Smith *(voir Quelques faits historiques)*, cet endroit fut l'un des premiers colonisés. Aujourd'hui sa côte découpée abrite un charmant port de pêcheurs qui devient station balnéaire en été.

Goose Rocks Beach – Cette plage abritée est l'une des plus agréables du Maine.

Aux États-Unis, on désigne les heures du matin « ante meridiem » par a. m. et celles de l'après-midi « post meridiem » par p. m.

Exemples : 9 a.m. : 9 h (matin)
*   5 p.m. : 17 h (après-midi)*

KITTERY

9 372 h.

S'étendant le long de l'océan et de l'embouchure de la Piscataqua River en face de Portsmouth, ce beau village côtier vit depuis toujours de la pêche, du tourisme et de la construction navale. La **Portsmouth Naval Base,** spécialisée dans la réparation des sous-marins de la Marine nationale, est la principale activité de Kittery.
La route qui longe la côte est bordée d'élégantes maisons du 18e s. et du 19e s. dont celle de Lady Peperell (1760).

Fort Mc Clary Memorial – *Visite de juin à octobre. $ 1.* De ce petit fort construit au 17e s. pour se protéger des attaques françaises et indiennes, il ne reste qu'un bastion hexagonal entouré d'un parc. C'est un endroit agréable pour pique-niquer face à la mer et à New Castle.

EXCURSION

★**Jonathan Hamilton House** – *9 miles au Nord. Prendre la route 236 vers South Berwick. Après 8 miles, tourner à gauche en face de la jonction avec la route 91. Au bout de la route, à gauche puis à droite dans Vaughan Lane. Visite guidée (3/4 h) le mardi, le jeudi, le samedi et le dimanche du 1er juin au 15 octobre. $ 4. ☎ 603/436-3205.* Construite en 1785, cette demeure est un très bel ensemble d'architecture georgienne. Les bateaux de son propriétaire, le riche marchand Jonathan Hamilton, remontaient la rivière jusqu'ici.
A l'intérieur, de nombreux meubles et souvenirs exotiques évoquent les voyages au long cours d'un commerçant juste après l'indépendance des États-Unis. Remarquer les corniches sculptées, et le curieux papier peint représentant des maisons de Portsmouth et Kittery.

★★ MONHEGAN ISLAND

88 h.

Cette île à 15 km de la côte, longue de 2,5 km sur 1 km, apparaît au loin comme une baleine émergeant de la mer. Composées de granit, ses côtes à certains endroits forment de hautes falaises battues par les flots.
Des marques trouvées dans l'îlot de Manana, en face de Monhegan, permettent de supposer que les Vikings s'arrêtèrent ici. Plus tard elle servit d'étape aux pêcheurs européens : bretons, portugais, espagnols puis anglais. Aujourd'hui son village est un petit port de pêche en hiver (la pêche au homard n'est autorisée que de janvier à juin) tandis qu'en été, quand tous les casiers ont été ramenés à terre, elle devient une colonie d'artistes, et le but d'une excursion d'une journée pour de nombreux touristes. Sa population, qui comprend quelques dizaines d'habitants en hiver, s'élève à plus de 600 en été.
Les voitures ne sont pas autorisées sur l'île mais c'est un vrai paradis pour les marcheurs et les photographes avec ses 27 km de sentiers. L'île ne compte que deux hôtels mais il est possible de loger chez l'habitant.

Accès – *A partir de Port Clyde (au bout de la route 131). Le Laura B, bateau postal, assure un voyage aller-retour par jour du 1er mai au 31 octobre, et 3 voyages par semaine le reste de l'année. La traversée dure 1 h 10 dans chaque sens. N'est pas en service le dimanche du 1er novembre au 30 avril. Prix A.R. : $ 22. ☎ 207/372-8848. A partir de Boothbay Harbor. Le Balmy Days (Pier 8 Chimney Pier) effectue un voyage par jour de début juin à fin septembre. Durée du voyage 1 h 1/2 dans un sens ; temps à Monhegan : 4 h. Prix A.R. : $ 26. ☎ 207/633-2284.*

CURIOSITÉS visite : 4 h

Les principales curiosités de l'île sont les points de vue à atteindre à pied.

Burnt Head – Y aller depuis le village par le sentier n° 4.
De cet endroit très belle **vue★★** sur les hautes falaises de White Head.

★★**White Head** – De Burnt Head suivre le sentier n° 1 longeant la côte de granit gris foncé qui borde la forêt de conifères.
On accède au sommet de White Head (48 m) que survolent des centaines de goélands.

Cathedral Woods – Un sentier traversant un marais, Long Swamp Trail (n° 12), mène au milieu d'une forêt de pins surprenants par leur taille, si près des côtes.

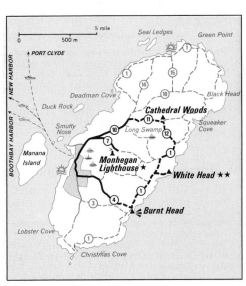

★Phare (Monhegan Lighthouse) – Du haut de la colline où se trouve le phare, on a une très belle vue sur l'ensemble du village et l'îlot de Manana.
Dans la maison du gardien, un musée a été aménagé *(visite du 1er juillet au 15 septembre)*. Ce musée contient de nombreux souvenirs concernant les activités des habitants de Monhegan et l'ermite qui vivait dans l'îlot de Manana (on peut voir son baraquement). Des photos et des illustrations présentent les oiseaux et les plantes de l'île.

Ce guide décrit des curiosités choisies parmi les sites et les monuments les plus intéressants de Nouvelle-Angleterre.

MOOSEHEAD LAKE REGION

Le découpage des côtes, évoquant la tête d'un élan (moose) a donné son nom à ce vaste lac parsemé de centaines de petites îles, dont les 560 km de rives découpées sont cernées par la forêt. On aborde ici le Maine du Nord, le Maine sauvage, celui de la forêt à perte de vue tout juste habitée par quelques bûcherons.

Activités sportives – *Renseignements à la Chambre de Commerce de Greenville.*
Cette région est le royaume des chasseurs et des pêcheurs. Ils se font déposer par des hydravions dans les zones isolées du lac Moosehead ou sur l'un des multiples autres lacs de la région *(sur les rives de certains sont aménagés des camps)*. Les amateurs de canoë fréquentent lacs et rivières et surtout l'Allagash Wilderness Waterway *(voir ci-dessous)*. Des descentes de rapides en radeaux pneumatiques (raft trips), d'une demi-journée à plusieurs jours, sont organisées sur les rivières Kennebec et Penobscot.

Greenville – Située à l'extrémité du Sud du lac Moosehead, Greenville est le siège des grandes compagnies papetières Great Northern et Scott. C'est également le point de départ pour les expéditions de chasse, de pêche, de canoë dans le Nord, aussi y règne-t-il souvent cette atmosphère fébrile qui précède les départs pour l'aventure. On y trouve de nombreux restaurants, motels et boutiques de sport et de souvenirs.

Mt Kineo – De la route 15/6, à Rockwood, on a une belle vue sur ce promontoire qui s'élève au-dessus du lac. Il était vénéré par les Indiens qui venaient s'y approvisionner en silex pour les pointes de leurs flèches.

Allagash Wilderness Waterway – *74 miles au Nord de Greenville*. De Telos Lake à la frontière canadienne, sur 153 km la rivière Allagash et les différents lacs qu'elle alimente forment une superbe voie d'eau réservée aux canoéistes expérimentés. Les rives sont préservées sur 1 mile de part et d'autre et des sites de camping y sont aménagés. (Avant chaque voyage il faut se faire enregistrer auprès des rangers aux portes de Telos, Chamberlain, Umsaskis, Long Lake ou Michaud Farm.)
Pour plus de renseignements : Maine Bureau of Parks and Recreation, State House Station 22, Augusta, Maine 04333. ☎ *207/287-3821.*

★ OGUNQUIT 974 h.

« Un bel endroit au bord de la mer », c'est ce que signifie Ogunquit en langue indienne. Les artistes qui découvrirent ce port de pêche à la fin du siècle dernier partagèrent cette opinion et beaucoup s'y installèrent... attirés par la côte rocheuse et par la superbe plage de sable fin qui s'étend entre les plages de York au Sud et de Wells au Nord.
Aujourd'hui Ogunquit est l'une des stations balnéaires les plus élégantes du Maine. Ses rues sont bordées d'hôtels, de restaurants, de nombreuses galeries d'art dont **Barn Gallery** et **Ogunquit Art Center**. Un petit **musée d'Art** a été installé sur les rochers le long de Shore Road.
En été, le théâtre **Ogunquit Playhouse** présente un spectacle différent chaque semaine.

★Perkins Cove – Dans cette petite crique à l'embouchure de la rivière Josiah sont ancrés de nombreux bateaux de pêche et de plaisance que l'on peut admirer des terrasses des restaurants spécialisés dans la dégustation des fruits de mer et homards. La petite passerelle pour les piétons s'ouvre au passage des bateaux comme un pont-levis.

★Marginal Way – *1,5 km*. Ce chemin longe la côte rocheuse autour d'Ogunquit depuis le centre de la ville à Perkins Cove. Agréable promenade offrant de belles vues sur la mer.

★★ PEMAQUID POINT

Sculptée par les glaciers, cette pointe est particulièrement spectaculaire avec ses rochers de pegmatite, formant de longues traînées noires et blanches, qui s'enfoncent dans la mer.
Au-dessus de ces rochers se dresse la silhouette du phare qui se reflète dans les flaques laissées par les embruns : un site rêvé pour les photographes.
Située au Sud de Damariscotta, cette péninsule fut l'une des premières à être colonisée, avant même le 17e s. si l'on en juge par les nombreux objets découverts dans les fouilles de Colonial Pemaquid. On pense que des pêcheurs anglais y installaient des camps au cours de leurs grandes pêches à partir de l'Europe.

CURIOSITÉS
visite : 2 h

★★Pemaquid Point Ligh-
thouse Park – *Ouvert*
de Memorial Day à Co-
lumbus Day de 9 h à
17 h. $ 1. ☎ *207/677-*
9068.
A cet endroit la côte
est très belle et du
phare on a des vues
surprenantes sur les
rochers.

Fishermen's Museum
– *Visite de Memorial*
Day à Columbus Day. ☎
207/677-2726.
Ce petit musée installé
dans la maison du gar-
dien de phare contient

Le phare de Pemaquid Point

des objets et souvenirs hétéroclites se rattachant à la vie des marins et des
pêcheurs.

Pemaquid Beach – *Du phare prendre la route 130 puis tourner à gauche.* Belle
plage de sable fin, exceptionnelle sur cette côte rocheuse.

★Colonial Pemaquid – Autour de la grosse tour de **Fort William Henry Memorial,**
reconstitution d'un fort qui se trouvait à cet emplacement en 1692, des fouilles
sont effectuées. On a retrouvé des morceaux de poteries, des fondations de maisons, certaines provenant de campements indiens et d'autres datant de la période
coloniale.

EXCURSION

Christmas Cove – *13 miles à l'Ouest. De Colonial Pemaquid prendre la route 130.*
Continuer tout droit à Pemaquid Falls puis tourner à gauche dans la route 129.
Cet endroit formé de caps et d'îles est ravissant avec ses maisons dispersées et ses
bateaux flottant dans chaque crique.
Cette baie fut baptisée par le capitaine John Smith *(voir Quelques faits historiques)*
qui y passa la nuit de Noël 1614 lors de son périple le long de la côte de Nouvelle-
Angleterre.

Participez à notre effort permanent de mise à jour.

Adressez-nous vos remarques et vos suggestions :
Cartes et Guides Michelin
46 avenue de Breteuil
75324 PARIS CEDEX 07

★★ PORTLAND   64 358 h.

Principale ville du Maine, Portland est construite sur une péninsule rectangulaire qui
s'avance dans la baie de Casco, célèbre pour ses 341 îles, surnommées Calendar
Islands.
Après une période de décadence, Portland a connu au cours des années 70 et 80 un
important renouveau économique, urbain et culturel.

Resurgam (je me relèverai) – C'est la devise de Portland, ville qui aurait pu s'appeler
Phoenix car elle n'a cessé de renaître de ses cendres. Depuis le début du 17ᵉ s. – ce
n'était alors qu'un simple poste de traite de fourrures – elle fut la victime des
attaques indiennes, puis la cible des bombardements anglais pendant la guerre
d'Indépendance. Elle renaquit alors sous le nom de Portland (1786) et devint fort
prospère. En 1820, quand le Maine fut déclaré indépendant, elle fut choisie comme
capitale, et le resta jusqu'en 1832.
Dans les années 1850, Portland rivalisait avec Boston pour devenir le port desser-
vant Montréal. Une expérience fut alors tentée : deux bateaux chargés de lettres à
destination de Montréal partirent en même temps d'Angleterre, l'un via Portland,
l'autre via Boston. Des cavaliers attendaient les précieuses missives dans ces ports
pour aller les délivrer à Montréal. La gagnante de cette épopée fut Portland et la voie
de l'Atlantic and St Lawrence Railroad fut alors construite. Le développement des
chemins de fer marqua une nouvelle étape dans la prospérité de la ville. Hélas ! en
1866, le jour de la fête de l'Indépendance, un pétard mit le feu à la ville qui fut
ravagée. Sur ses cendres s'édifièrent alors les nombreuses demeures victoriennes
qui caractérisent l'allure générale de la ville.
Aujourd'hui, Portland est de nouveau en pleine « renaissance » économique grâce
au pipe-line qui relie son port à Montréal, aux nombreuses usines installées aux
abords des raffineries et à l'extension des chantiers navals de Bath à Portland ;
parallèlement, la rénovation de Old Port Exchange a changé l'atmosphère de la ville
et attire de nombreux jeunes.

CURIOSITÉS *visite : 1 journée*

★★Old Port Exchange (DY) – Cet ancien quartier d'entrepôts et de bureaux portuaires était devenu insalubre et devait être détruit en 1970. C'est alors que quelques habitants décidèrent de lui redonner vie et y ouvrirent des magasins et des restaurants. Très vite leur entreprise fut un succès et ils furent imités par de nombreux autres commerçants dynamiques. Old Port Exchange est un magnifique exemple de la renaissance d'un quartier.

On peut flâner le long de **Middle, Exchange** et **Fore Street** en admirant les vitrines, les galeries d'art et d'artisanat ou apprécier les restaurants qui s'y sont installés. L'architecture du 19ᵉ s. est particulièrement intéressante pour la variété des bâtiments et des styles.

Exchange Street : nᵒ 103-107 (A), cet ensemble de bâtiments est inspiré du style italien ; l'immeuble qui fait le coin avec

Une enseigne dans Old Port Exchange

Middle Street (B) a une façade en trompe-l'œil. Quelques fenêtres sont vraies, lesquelles ?

Middle Street : nᵒ 133-141 (D), ce groupe d'immeubles avec son toit à la Mansart copié de l'architecture française abrite la salle des ventes.

Fore Street : nᵒ 373, le restaurant **Seaman's Club** (E) est de style néo-gothique tandis que la **Mariner's Church** (F) (nᵒˢ 366-376) est néo-classique avec son fronton. Enfin, la **Custom House** (nᵒ 312) (DY) à l'imposante façade classique témoigne de la prospérité maritime que connut ce port.

Victoria Mansion – **Morse-Libby House** (CZ) – *Visite guidée (1/2 h) de juin à août du mardi au dimanche. Fermé la plupart des jours fériés. $ 4. ☎ 207/772-4841.* Construite en 1859 par l'architecte Henry Austin, cette maison représentative du début de l'époque victorienne est considérée comme un des sommets du baroque et du rococo aux États-Unis. L'extérieur est inspiré à la fois des architectures grecque et romane avec ses colonnes ioniques, ses frontons, et sa tour copiée d'un campanile italien.

L'intérieur de la maison est étourdissant de dorures, de moulures, de sculptures, de vitraux.

★Tate House (AX) – *1270 Westbrook Street. Visites guidées (durée : 1 h) de juin à Labor Day, du mardi au dimanche, le reste de l'année du vendredi au dimanche. Fermé la plupart des jours fériés. $ 3. ▣ ☎ 207/774-9781.* Située le long de la Fore River, dans le quartier de Stroudwater où l'on peut encore voir quelques maisons coloniales, la Tate House (1755) a été liée à l'un des commerces les plus importants du Maine : celui des mâts.

George Tate, son propriétaire, était l'agent du roi d'Angleterre chargé du transport des pins destinés à devenir les mâts de la Marine Royale. Tous les pins de plus de 60 cm de diamètre étaient systématiquement propriété du roi et marqués d'une large flèche. Ils étaient apportés en traîneau jusqu'à Portland et, de là, embarqués à destination de l'Angleterre.

A l'intérieur de cette simple maison coloniale, on peut voir une de ces marques en forme de flèche ainsi que de belles boiseries rappelant celles que l'on trouvait sur les bateaux.

Wadsworth Longfellow House (CY) – *Visite guidée (3/4 h) de juin à mi-octobre, du mardi au samedi. $ 3. ☎ 207/772-1807.* Cette maison fut construite par le grand-père de l'écrivain Henry Wadsworth Longfellow et c'est là que ce dernier passa son enfance. A l'intérieur : meubles et souvenirs.

★Portland Museum of Art (CZ) – *7 Congress Street. Visite du mardi au dimanche. $ 3.50. ♿ ✕ (en été). ☎ 207/773-2787.* Les collections du musée sont présentées dans deux bâtiments anciens, dont la **Mc Lellan-Sweat House,** bel exemple du style fédéral, et un bâtiment récent en briques et granit, le **Charles Shipman Payson Building,** conçu par un architecte de l'agence I. M. Pei, Henry N. Cobb.

Ce musée est surtout riche en peintures et sculptures américaines, et plus particulièrement en œuvres des 19ᵉ et 20ᵉ s.

De nombreux artistes présentés (Winslow Homer, Andrew Wyeth, Edward Hopper), ont trouvé leur inspiration dans les paysages du Maine.

Portland Observatory (BX) – *Visite en juillet et août du mercredi au dimanche ; de Memorial Day à juin et en septembre et octobre du vendredi au dimanche. $ 1.50. ☎ 207/774-5561.* Du haut de cet observatoire qui servit de tour de guet à la ville, belle vue sur Portland et la baie de Casco.

Les musées américains possèdent en général un magasin (gift shop) et une librairie (book shop) riches en objets et livres d'art, en reproductions de tableaux, en calendriers, en cartes à jouer, en papier à lettres, etc.

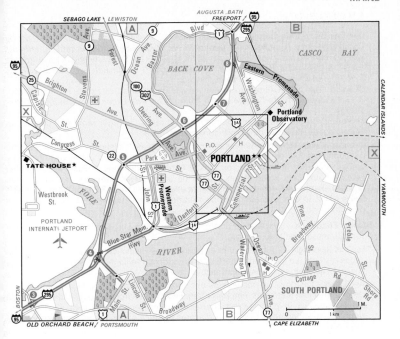

Les hôtels et motels
*se trouvent en général aux croisements des autoroutes à proximité des
grandes villes.*

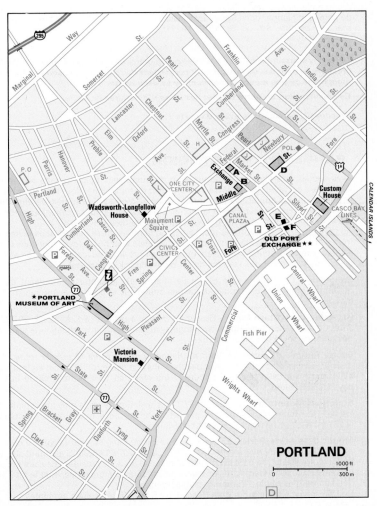

PORTLAND

EXCURSIONS

Les îles de la baie Casco – Casco Bay Lines (DY) – *Les Casco Bay Lines partent du Casco Bay Ferry Terminal, Commercial Street. Pour réservations et renseignements sur les excursions proposées :* ☎ *207/774-7871.* La Bailey Island Cruise *(durée 5 h 3/4 avec arrêt à Bailey Island – départs à 10 h de fin juin à Labor Day. Prix : $ 12.75)* permet de rester sur Bailey Island.
La « U.S. Mail Boat Cruise » assure le service postal et s'arrête dans les îles *(durée : 2 h 3/4 – départs toute l'année à 10 h, 14 h (14 h 45 de Labor Day à mi-juin) – Prix : $ 8.75).*
En sortant du port on voit à droite le départ du pipe-line pour Montréal, puis le **Fort George,** solide structure de granit, construit en 1858.

Calendar Islands – De formes plus ou moins allongées et disposées dans une même direction, ces îles couvertes de sapins donnent l'impression d'être une flotte. Le bateau les longe, et l'on peut voir la côte bordée de maisons de **Peaks Island,** la plus peuplée, puis **Long Island** et ses plages de sable. **Great Chebeague,** la plus grande (4,8 km), compte 400 résidents en hiver et une population de 3 000 personnes en été. **Bailey Island,** la dernière, est reliée au continent par un curieux pont formé de blocs de granit.

★**Cape Elizabeth** – *10 miles au Sud de Portland.* Cape Elisabeth et sa côte rocheuse constituent une belle excursion.

★**Portland Head Light** – Ce fut le premier phare « américain » construit après l'Indépendance en 1790. Le Président George Washington surveilla de loin ses travaux. De ce phare, belle **vue**★ sur la baie de Casco et ses îles.

Two Lights – Les deux phares voisins ont donné son nom à ce petit hameau.
Un peu plus loin a été créé **Two Lights State Park**★, zone aménagée avec des tables de pique-nique. Ici le paysage est dramatique : les rochers allongés et striés ressemblent étrangement à des troncs d'arbres pétrifiés battus perpétuellement par les vagues.

Crescent Beach State Park – Cette plage est une des plus belles du Maine.

Old Orchard Beach – *12 miles au Sud de Portland par les routes 1 et 98.* Plage de prédilection des Québécois, on y entend parler surtout français. Parcs de jeux et boutiques de souvenirs bordent la plage.

Sabago Lake – *20 miles au Nord par la route 302.* Ce vaste lac est l'un des buts de promenade favoris des habitants de Portland qui peuvent se baigner, pêcher, faire du bateau et camper dans **Sebago Lake State Park** qui longe le lac sur 8 km *(ouvert de mai à mi-octobre. $ 2.* ⚠ ☎ *207/693-6231).*

Les pages consacrées à l'art en Nouvelle-Angleterre offrent une vision générale des créations artistiques de la région, et permettent de replacer dans son contexte un monument ou une œuvre au moment de sa découverte.

Ce chapitre peut en outre donner des idées d'itinéraires de visite.

Un conseil : parcourez-le avant de partir !

★ RANGELEY LAKES REGION

Avec ses six lacs s'étalant dans un écrin de montagnes boisées, cette région de villégiature est un véritable havre de verdure et de tranquillité. Pour en goûter toute la beauté, il faut arriver, du Sud, par la route 17 d'où se découvrent de superbes **panoramas**★★★ sur l'ensemble de la région. D'autres belles vues s'offrent aussi de la route 4 entre Oquossoc et Rangeley, et au Nord de Rangeley.
Au printemps, les pêcheurs viennent en grand nombre attirés par des eaux riches en truites et saumons. En été de nombreuses activités sont possibles : baignades dans les lacs, canoë, promenades à pied, golf. L'hiver est aussi devenu une saison active avec l'aménagement des stations de ski de **Saddleback** et **Sugarloaf.**

Rangeley – Cette petite ville pleine de charme est le centre commerçant de la région. Sa grand-rue est bordée de petites boutiques, et d'hôtels ayant vue sur les lacs.

Rangeley Lake State Park – *Ouvert de mi-mai à octobre. $ 1.* ♿ ⚠ ☎ *207/864-3858.* Ce parc s'étend le long du lac Rangeley et comprend un camping, une plage et des embarcadères pour les bateaux.

Eustis Ridge – *26 miles au Nord de Rangeley par la route 16 puis la route 27 à gauche. 3 miles plus loin tourner à gauche dans une petite route.* De cet endroit très belle **vue**★★ sur cette région. La route 27 qui mène au Canada traverse de beaux paysages sauvages.

Sugarloaf Mountain – *Sur la route 27.* C'est la station de ski la plus importante du Maine. Une remontée mécanique permet d'accéder au sommet de la montagne (1 291 m) d'où se révèlent des **vues**★★ étendues.

★**Mount Blue State Park** – *31 miles au Sud-Est de Rangeley par la route 4 puis la route 142. Ouvert de mai à mi-octobre. $ 2.* ⚠ ☎ *207/693-6231.* S'étendant sur les bords du **lac Webb**★, ce parc est un véritable havre pour les amateurs de calme et de beauté. Le site est superbe : un lac tranquille entouré de montagnes, dont le Mt Blue que l'on peut escalader. Camping, plage aménagée.
Une promenade le long de State Beach Park Road offre des vues agréables.

ROCKLAND

7 972 h.

Traversé par la route 1, Rockland est très fréquenté. C'est le point de départ pour les îles de la baie de Penobscot. Son port dynamique est l'un des principaux centres de distribution du homard dans le monde. De nombreuses sardineries y fonctionnent. Au mois d'août (le 1er week-end) pendant 4 jours a lieu le **Maine Seafoods Festival** où l'on peut déguster toutes les richesses qu'offre la mer à cet endroit.

William A. Farnworth Art Museum – *19 Elm Street. Visite de juin à septembre. Fermé la plupart des jours fériés. $ 3.* ⚐ ☎ *207/596-6457.*
Ce petit musée est surtout intéressant pour sa collection d'aquarelles du peintre Andrew Wyeth *(voir l'introduction : l'Art)* qui a su si bien rendre l'atmosphère du Maine.

EXCURSIONS

Owl's Head – *4 miles au Sud.* Cette pointe est célèbre pour son phare **Owl's Head Lighthouse** situé sur une falaise.

Transportation Museum – *2 miles au Sud sur la route 73 – terrain de Knox County Airport. Visite tous les jours. Fermé le 1er janvier, Thanksgiving Day et le 25 décembre. $ 4.* ⚐ ☎ *207/594-4418.*
Ce musée présente une collection de bicyclettes, d'automobiles et d'avions datant du début du siècle. Certains avions sont des répliques. Tous les appareils sont en état de marche et l'on peut assister le dimanche à des démonstrations à bord des voitures et des avions.

Iles de Vinalhaven et North Haven – *Des ferries desservent ces îles toute l'année. Pour Vinalhaven le trajet dure 1 h 15 et 1 h 10 pour North Haven. Pour tous renseignements : Maine State Ferry Service* ☎ *207/596-2202.*
Le trajet en bateau offre de belles vues sur la baie de Penobscot et ses îles couvertes de sapins.
L'île de Vinalhaven vit surtout de la pêche. Le long de sa côte très découpée, de nombreuses criques abritent les bateaux des pêcheurs de homard. Des carrières de granit abandonnées ont été aménagées en plans d'eau où l'on peut se baigner. Une route mène au Nord de l'île, au bord du « détroit » entre Vinalhaven et North Haven, où sont ancrés de superbes voiliers.
North Haven est moins touristique et plus plat. On y trouve de nombreuses résidences secondaires.

SABBATHDAY LAKE

Ce nom de consonance biblique est celui d'une communauté shaker établie à cet emplacement à la fin du 18e s. et toujours en activité.

Shaker Village – *Sur la route 26 à 8 miles de la sortie 11 de Maine Turnpike. Visite guidée (1 h 15) de Memorial Day à Columbus Day. $ 3.* ☎ *207/926-4597.*
Quelques shakers occupent encore des bâtiments. On remarque la simplicité de l'architecture. Un petit musée a été installé dans la **Meeting House** (le lieu de culte). Des vêtements, des étoffes, des chaises, des herbes séchées et d'autres produits fabriqués par les shakers y sont rassemblés.

EXCURSION

Poland Spring – *3 miles au Nord sur la Route 26.* Au 19e s., Poland Spring fut une station thermale assez fameuse. De l'hôtel situé au sommet de la colline, belles vues sur les montagnes du Sud de l'État.
Les studios d'une chaîne de télévision sont installés à cet endroit ainsi qu'une usine d'embouteillage pour l'eau thermale de Poland Spring.

SEARSPORT

2 603 h.

Installé sur le bord de la baie de Penobscot, Searsport fut l'un des grands centres de la construction navale aux 18e et 19e s. Au milieu du 19e s., plus de 10 % des capitaines au long cours américains provenaient de cette ville dont le nom était connu dans le monde entier. Nom qui lui avait été donné, en 1845, en l'honneur d'un Bostonien fortuné, David Sears, qui y passait l'été.
De l'époque prestigieuse de Searsport, il reste les belles demeures de capitaines qui longent la baie de Penobscot. Plusieurs abritent des magasins d'antiquités.
Searsport a encore aujourd'hui une activité portuaire et exporte entre autres les fameuses pommes de terre du Nord du Maine.

★**Penobscot Marine Museum** – *Route 1. Visite de Memorial Day au 15 octobre. $ 4.* ⚐ ☎ *207/548-2529.*
Ce musée composé de plusieurs bâtiments fait revivre l'époque faste de la grande ère maritime. Une maison de capitaine restaurée, **Fowler-True-Ross House**, permet d'imaginer la vie de ces hommes parmi les meubles et objets rapportés de leurs voyages. On remarquera de nombreux objets orientaux provenant du commerce avec l'Extrême-Orient. Belle collection de vêtements du 19e s. et de robes de mandarins brodées.
Dans une autre maison, **Captain Nickels Colcord-Duncan House**, des marines ont été réunies. Juste à côté, la grange est le cadre d'une exposition sur la pêche dans la baie de Penobscot.

Le **Town Hall,** bâtiment offert par Sears, fait aussi partie du musée et abrite tout ce qui est en rapport avec la construction navale : outils et maquettes de bateaux.

Dans la **Captain Merithew House** sont rassemblés les instruments utilisés pour la navigation : compas, ancres, sextants, baromètres, cartes marines... Noter une très intéressante collection de portraits des capitaines de Searsport depuis 1794. Au premier étage, les maquettes de bateaux sont présentées au-dessous d'aquarelles et de marines tandis que dans la Whaling Room, des œufs d'autruches gravés de scènes de chasse à la baleine ont pour toile de fond une carte du monde.

THOMASTON
2 445 h.

Petit port de plaisance, village agréable aux maisons et églises anciennes, Thomaston abrite en outre une cimenterie importante et la prison du Maine. Cette prison, qui se trouve le long de la route 1, comprend un magasin où sont vendus des objets sculptés dans le bois par les prisonniers.

Montpelier – *Route 1. Visite guidée (3/4 h) du 30 mai à Labor Day. Fermé lundi et mardi. $ 2. ᕙ ☎ 207/596-2253.*

La silhouette de cette vaste demeure de style fédéral, se dressant sur une colline, se voit de loin. C'est la copie de la maison du général Knox, qui fut détruite en 1871 pour laisser passer la voie ferrée. Le général Knox, second de George Washington pendant la guerre d'Indépendance, puis ministre de la Guerre, l'avait fait construire en 1794 pour s'y retirer.

A l'intérieur on admire de beaux meubles, entre autres une bibliothèque qui aurait appartenu à la reine Marie-Antoinette, et de nombreux objets personnels du général Knox.

Attention, il y a étoile et étoile !

Sachez donc ne pas confondre les étoiles :
– des régions touristiques les plus riches et celles de contrées moins favorisées,
– des villes d'art et celles des bourgs pittoresques ou bien situés,
– des grandes villes et celles des stations élégantes,
– des grands monuments (architecture) et celles des musées (collections),
– des ensembles et celles qui valorisent un détail...

★★ WISCASSET
3 339 h.

Avec ses larges rues ombragées, bordées d'élégantes maisons georgiennes, de magasins d'antiquités, de restaurants, Wiscasset coule des jours tranquilles le long de la rivière Sheepscot... se souvenant avec nostalgie de son passé brillant qui fit d'elle au 18e s. le port le plus dynamique au Nord de Boston.

Ses chantiers navals produisaient alors ces superbes clippers qui partaient à travers le monde, chargés de bois et de glace, et s'en revenaient avec des cargaisons diverses ou quelques hôtes illustres. C'est ainsi que **Talleyrand** et le futur **Louis-Philippe** débarquèrent ici. Ils avaient failli être précédés par une autre personnalité. En effet un capitaine Yankee s'était mis en tête de sauver la malheureuse reine **Marie-Antoinette.** Son bateau à quai au Havre avait déjà pris chargement des meubles et objets qui serviraient à décorer la maison qui lui était destinée à Edgecomb, mais au dernier moment la reine fut capturée et le capitaine dut faire voile au plus vite hors des eaux françaises sans avoir le temps de déposer son chargement. On peut ainsi voir à Edgecomb la **« maison de Marie-Antoinette ».**

Aujourd'hui, sur la rivière Sheepscot seules les épaves de **Hesper** et **Luther Little,** deux des dernières grandes goélettes sur la côte atlantique rappellent l'époque où cette rivière était couverte de grands voiliers.

Entre Wiscasset et l'embouchure de la Sheepscot une usine atomique, **Maine Yankee Atomic Power Company,** fonctionne depuis 1972.

CURIOSITÉS *visite : 3 h*

★★**Musical Wonder House** – *18 High Street. Visites guidées de Memorial Day au 15 octobre de 10 h à 17 h. 1 seul étage (1 h). $ 5.50 ; 2 étages (durée 2 h 1/2) sur réservation. ☎ 207/882-7163.*

Installée dans une maison georgienne (1852), cette collection d'instruments de musique mécaniques, d'automates, de boîtes à musique, de phonographes, est exceptionnelle. Elle rappelle l'importance de ce type d'objets au 19e s. Il fallait alors posséder plusieurs de ces disques en métal troués ou de ces rouleaux que l'on plaçait dans l'orgue, le piano mécanique ou ces appareils aux noms barbares comme le polyphon. Certains de ces instruments sont présentés dans de faux meubles. Le plus fameux est la Regina Sublima Drum Table imitant une table Louis XV.

Lincoln County Museum and Old Jail – *Federal Street. Visites guidées (3/4 h) en juillet et août du mardi au dimanche. $ 2. ☎ 207/882-6817.*

Cette prison construite en granit (1809) était considérée comme l'une des plus humaines du pays avec ses cellules relativement grandes et claires.

Nickels-Sortwell House – *Au coin de Main et Federal Streets. Visite guidée (3/4 h) du mercredi au dimanche du 1er juin au 30 septembre. $ 4. ☎ 207/882-6218.* La très belle façade de cette maison (1807) donne sur la grand-rue. Admirer la délicatesse des décorations du porche et des fenêtres qui le surmontent. A l'intérieur, beaux meubles d'époque.

EXCURSION

Fort Edgecomb – *1 mile au Sud-Est. Traverser la rivière sur la route 1 puis tourner à droite. Rouler 0,5 mile en suivant les panneaux. Visite de Memorial Day à Labor Day. $ 1. ☎ 207/287-3821.*
Ce petit fort fut construit pendant la guerre de 1812 pour la défense de Wiscasset. Il est intéressant pour son architecture octogonale.
De cet endroit, belle vue sur l'embouchure de la Sheepscot.

Fort Edgecomb

Pour obtenir une estimation en kilomètres multiplier les miles par 1,6.

En ville, sauf indication contraire, nos itinéraires de visite sont à suivre à pied.

★ YORK

York comprend plusieurs communautés : le vieux village colonial : York Village, le port plaisancier : York Harbor, la station balnéaire et sa plage : York Beach, et le village de Cape Neddick.
Fondée en 1624, cette localité fut successivement Agementicus, un comptoir de fourrure, puis Gorgeana, la capitale du « domaine » de Ferdinando Gorges et enfin York, une petite ville qui prospéra rapidement malgré les guerres indiennes, grâce à son port et à son rôle de capitale de comté. A la fin du 19e s., elle devint un lieu de villégiature recherché par les Bostoniens.

★★COLONIAL YORK *visite : 1/2 journée*

Un billet combiné pour tous les bâtiments ($ 6.00) peut être acheté à Jefferd's Tavern. ὦ ☎ 207/363-4974.
Le village colonial a gardé tout son charme avec ses bâtiments groupés autour du green. D'un côté se trouve l'église de 1747 avec sa girouette en forme de coq, et le Town Hall qui servit longtemps de cour de justice pour le Comté de York. En face se dresse sur une colline la silhouette de la prison Old Gaol, Wilcox Emerson House, le cimetière, l'école et Jefferd's Tavern.

★**Old Gaol Museum** – *Visites guidées (3/4 h) de juin à fin septembre de 10 h à 17 h du mardi au samedi. $ 2.*
Cette prison servit pour toute la province du Maine puis plus tard pour le comté de York. Elle fut commencée en 1720 puis agrandie au fil des années et selon les besoins. Elle comprenait aussi le logement du geôlier et de sa famille. On peut voir les cellules très sombres avec leurs petites ouvertures percées dans les épais murs de pierre.

Emerson-Wilcox House – *Mêmes conditions de visite que Old Gaol Museum.*
Construite en 1740, cette grande maison connut divers usages. Elle servit entre autres de taverne et de bureau de poste. A l'intérieur : meubles d'époques différentes.

★**Vieux cimetière** – Entouré de son muret de pierres, ce cimetière est très pittoresque avec ses pierres tombales de l'époque coloniale. Remarquer particulièrement une tombe formée de deux pierres verticales entre lesquelles est posée une lourde dalle horizontale. C'est la « tombe de la sorcière » (Witch Tomb) ; la dalle est destinée à empêcher le corps de cette sorcière de s'échapper de sa dernière demeure.

Old Schoolhouse – 1745. Petite école caractéristique de celles que l'on trouvait en Nouvelle-Angleterre au 18e s.

★**Jefferd's Tavern** – *Mêmes conditions de visite que pour Old Gaol Museum.*
Cette taverne (1750) se trouvait à Wells et servait d'étape pour ceux qui voulaient seulement se désaltérer ou se nourrir. A l'intérieur, la grande salle où les voyageurs consommaient est très chaleureuse avec ses boiseries et son bar en bois. Les pièces du premier étage étaient réservées aux femmes et aux enfants qui ne se mêlaient pas aux hommes. Dans une des pièces, des peintures murales représentent les bâtiments de York.

Reprendre la voiture et suivre la Lindsay Road qui mène au bord de la rivière York dans un site très reposant.
Autour du Sewall's Bridge, se dressent **John Hancock Warehouse,** puis la baraque d'un pêcheur de homard couverte de bouées, plus **George Marshall Store,** l'ancienne épicerie villageoise transformée en magasin d'artisanat, et enfin la **maison d'Elizabeth Perkins** qui fut une grande protectrice de York.

John Hancock Warehouse – *Mêmes conditions de visite que pour Old Gaol Museum.*
Le fameux signataire de la déclaration d'Indépendance était un commerçant prospère et possédait des entrepôts tout le long de la côte, dont celui-ci admirablement situé, pour effectuer quelques contrebandes au nez des Anglais. Cet entrepôt a été réaménagé tel qu'il pouvait se présenter au 18e s.

AUTRES CURIOSITÉS

York Harbor – Ce petit port de plaisance est extrêmement bien abrité. Les bateaux y pénètrent par un chenal qui accède à ce bassin tranquille, entouré de quelques belles maisons.

En suivant la côte, on arrive à **Long Beach,** grande plage de sable bordée de petites maisons.

***Nubble Light** – *Accès par la route 1A et Nubble Road à droite.* La route mène au bout de Cape Neddick. Du haut de ces falaises, on a une belle vue sur le phare et son île séparée de la terre ferme par une faille et au loin sur les îles de Shoals.

York Beach – Cette station balnéaire, très populaire, borde la plage de Short Sands. Quelques grands hôtels du début du siècle avoisinent les rues bordées de boutiques de souvenirs, de restaurants et de parcs de jeux.

Forfaits spéciaux pour les Européens

Les diverses compagnies de transport proposent des forfaits pour circuler pendant un temps déterminé aux États-Unis. Ce sont : AMERIPASS de Greyhound (bus), USA Rail Pass de AMTRAK (train), et « VISIT U.S.A. » pour l'avion.

Se renseigner auprès des agences de voyages ou aux adresses suivantes :
– Greyhound : 12, rue Castiglione, 75002 Paris. ☎ 42.61.52.01.
– AMTRAK : 19 bis, rue du Mont Thabor, 75001 Paris. ☎ 42.60.39.85.
Attention : ces différents forfaits doivent être achetés en Europe.

AUTRES LOCALITÉS INTÉRESSANTES

COLUMBIA FALLS – 64 miles à l'Est de Bangor. Ce fut l'un des multiples chantiers navals qui jalonnaient la côte du Maine apportant la prospérité à ses habitants. De cette époque date la ravissante **Ruggles House** (1818), petite maison de style fédéral remarquable pour ses décorations en bois sculpté. *Visite guidée (3/4 h) du 1er juin au 15 octobre.* ☎ *207/483-4637.*

DAMARISCOTTA – 19 miles au Nord-Est de Bath. S'étendant au bord de la rivière du même nom en face de Newcastle, Damariscotta est une petite ville tranquille, animée par le passage des touristes sur la route 1.

La **Champman Hall House** (1754) fut construite dans le style des maisons de Cape Cod et paraît fort rustique. *Visite guidée (1/2 h) de juin à septembre, du lundi au samedi.*

FARMINGTON – 37 miles au Nord-Ouest d'Augusta. Cette commune agricole est située dans le pays des lacs : Belgrade Lakes au Sud, Rangeley Lakes à l'Ouest, Lake Webb... et des stations de ski : Sugarloaf, Saddleback. Elle en est le centre commerçant.

Au 19e s., Farmington connut son heure de gloire quand une de ses habitants devint la grande Madame Nordica, cantatrice de réputation internationale.

Massachusetts

Beacon Hill, Boston

77

Massachusetts

Superficie : 20 961 km²
Population : 6 016 425 h.
Capitale : Boston
Surnom : Bay State
Fleur emblème : Mayflower
(fleur de laurier)

Boston

Grand rectangle de 320 km sur 160, prolongé par le curieux bras replié de Cape Cod, le Massachusetts s'étend sur toute la largeur de la Nouvelle-Angleterre, et présente tous les types de paysages caractéristiques de cette région : collines boisées des Berkshires, vallée du Connecticut aux rebords de basalte appelée ici Pioneer Valley, côte rocheuse, au Nord de Boston, côte sablonneuse aux longues plages dans le Sud.

Le berceau des États-Unis – Le nom de l'État était à l'origine celui d'une tribu d'Indiens, les Massachusetts, qui vivaient autour de la baie du même nom. Dès 1620, les pères pèlerins du Mayflower créèrent la colonie de Plymouth. 10 ans plus tard arrivèrent les puritains qui fondèrent à leur tour Salem et Boston, réunis pour former la colonie de la baie du Massachusetts. La colonisation prenait corps, la population s'accrut rapidement et la prospérité vint, qui incita les habitants entraînés par des orateurs éloquents : James Otis, Samuel Adams, John Hancock, à réclamer leur indépendance vis-à-vis de l'Angleterre qui les chargeait d'impôts sans leur accorder de droit de représentation. Après de nombreux incidents entre Anglais et colons, les combats de Concord et Lexington, le 19 avril 1775, déclenchèrent la Guerre d'Indépendance qui devait aboutir à la fondation des États-Unis.

Économie – Pendant deux siècles, le Massachusetts vécut des ressources qu'il tirait de la mer : pêche, chasse à la baleine et commerce maritime. Ce fut l'un des maîtres des océans. Partant de Boston, Salem, Newburyport, Marblehead, les goélettes et les clippers bouclaient le tour du monde et revenaient chargés des richesses de Chine, d'Inde ou des îles du Pacifique. Quand le commerce maritime déclina, les capitaux furent investis dans l'industrie favorisée par le nombre des cours d'eau qui procuraient l'énergie et l'abondance de la main-d'œuvre qui affluait d'Europe. Le Massachusetts devint alors le premier producteur mondial de textile et de cuir manufacturé avec le développement des « mill towns », petites villes industrielles, aux vastes bâtiments en brique, situées dans les Berkshires, dans la vallée de la Merrimack et sur la côte Sud. Ces industries ont émigré vers le Sud au début du 20ᵉ s., remplacées par l'électronique, les machines-outils, la bijouterie, la confection, la papeterie et les équipements électriques. Aujourd'hui les sources de revenu les plus importantes de l'État proviennent de ses cerveaux. L'éducation d'abord, représentée par les plus fameuses institutions des États-Unis, puis la recherche grâce à laquelle se sont développées des industries faisant appel à un très haut niveau de technologie : l'électronique et l'informatique. Cette orientation fut favorisée dans les années 50 par la décision du gouvernement fédéral de faire de cet État le centre de la recherche nucléaire et spatiale.

L'agriculture est représentée essentiellement par des cultures spécialisées : le tabac dans la vallée du Connecticut et les canneberges (cranberries), dans la région de Cape Cod, dont le Massachusetts est le premier producteur.

Loisirs – Cet État « intellectuel » est riche en loisirs culturels : à Boston naturellement mais aussi dans le reste de l'État. En été, tout le long de la côte, des théâtres offrent des spectacles de qualité ; des concerts sont organisés en maints endroits comme Castle Hill à Ipswich et Hammond Castle à Gloucester. La manifestation la plus fameuse est le Tanglewood Music Festival. Cape Cod et les îles de Nantucket et Martha's Vineyard sont des sites de prédilection pour vacanciers à la recherche de belles plages ou pratiquant la navigation de plaisance. La côte au Nord de Boston a aussi beaucoup de charme avec les petits ports de Marblehead (grand centre de yachting), Manchester, Rockport, et ses très belles plages : Crane's Beach, Plum Island. A partir de plusieurs ports (Provincetown, Boston, Gloucester) des excursions en bateau d'une journée permettent d'observer des baleines (ne pas oublier ses jumelles). Pour les randonneurs, les Berkshires sont sillonnées de nombreux sentiers dont l'Appalachian Trail.

En hiver des petites stations de ski : Butternut Basin (Great Barrington), Brodie Mountain (Pittsfield) offrent leurs pentes aux amateurs de ski alpin, tandis que les skieurs de fond peuvent se promener à peu près partout.

★★★ THE BERKSHIRES

A l'extrême Ouest du Massachusetts s'étend une vallée drainée par la Housatonic et bordée par les collines boisées des Berkshires et des Taconics. C'est la région des Berkshires, curieux mélange de douceur de vivre, fort prisée par les New-Yorkais ou les Bostoniens en week-end, et de petites villes industrielles : les « mill towns » du 19e s.

UN PEU D'HISTOIRE

Les Mohicans – Faisant partie du groupe algonquin, les Mohicans vivaient le long du fleuve Hudson et venaient chasser dans la vallée de la Housatonic, « l'endroit derrière les montagnes ». Puis éloignés par les guerres, réduits à quelques centaines, ils se retirèrent dans ces collines plus abritées. Leur tranquillité fut de courte durée. A partir de 1720, les colons dépassant la « fronteer », ou limite de colonisation, que représentait la vallée du Connecticut, s'avancèrent jusqu'à ces régions. Ils s'empressèrent de s'installer et de christianiser les indigènes tout en s'emparant de leurs terres. Seul Stockbridge fut laissé aux Mohicans, appelés désormais « Stockbridge Indians ».

D'autres Indiens vivaient un peu plus au Nord, les **Mohawks.** Ces Iroquois, alliés des Anglais, étaient les ennemis jurés des Mohicans et des Français. L'un des trajets que suivaient les pionniers pendant la colonisation empruntait un ancien sentier indien, le « Mohawk Trail », qui rejoignait les Grands Lacs.

De l'agriculture à l'industrie – Les premiers colons commencèrent par défricher la région. Coupés de Boston et encore plus de l'Angleterre, ils vivaient en autarcie, ce qui développa chez eux un fort esprit de liberté. Après l'Indépendance, la « fronteer » se déplaça rapidement vers l'Ouest et de nombreux agriculteurs abandonnèrent les Berkshires pour des régions plus fertiles.

On assista alors aux débuts de l'industrialisation. La Nouvelle-Angleterre devint le cadre d'un véritable foisonnement de **« mill towns »** ou petites villes manufacturières. Les richesses en cours d'eau et en bois des Berkshires en firent une région privilégiée. Adams, North Adams, Dalton, Pittsfield, Lee, Great Barrington se couvrirent de bâtiments en briques abritant des papeteries, des industries textiles, des scieries.

Le chemin de fer suivit rapidement, reliant cette vallée au reste de l'État surtout après le creusement du tunnel de Hoosac (1873) qui fut une véritable épopée technique.

Les grandes propriétés – Vers le milieu du 19e s., plusieurs écrivains découvrirent les Berkshires et en firent des descriptions idylliques qui attirèrent de riches New-Yorkais et Bostoniens. Ceux-ci, gagnés à leur tour par le charme de cette région, acquirent de belles propriétés sur les pentes ensoleillées de Lenox, Lee, Stockbridge et Great Barrington. Au début du 20e s., Lenox comptait soixante-quinze de ces domaines dont le célèbre Tanglewood. Les heureux propriétaires en étaient les fabuleux milliardaires qui passaient l'été à Newport, dans leurs imitations de châteaux français ou italiens. Ils gagnaient les Berkshires à la fin de l'été et alors se déployait le faste des bals, pique-niques, tournois de tennis... dignes de Gatsby le Magnifique.

L'établissement de l'impôt sur le revenu et des taxes locales, la crise de 1929 mirent fin à cette époque fastueuse. La plupart de ces grands domaines furent vendus et transformés en écoles, colonies de vacances, maisons de retraite.

VISITE

Nous recommandons de séjourner dans cette région en prenant le temps d'effectuer les excursions décrites ci-dessous et d'assister aux festivals qui s'y déroulent en été.

Le **Tanglewood Music Festival** attire des mélomanes du monde entier. Moins connu, le **South Mountain Concert Festival** présente aussi un excellent programme de musique classique et folklorique.

Le **Jacob's Pillow Dance Festival** fait venir les meilleures troupes de danse. Des pièces de théâtre sont présentées en été dans le **Berkshire Playhouse** (Stockbridge), dans **Williamstown Theater** (Williamstown), et à **The Mount** (Lenox), spécialisé dans le répertoire shakespearien.

En hiver, l'intérêt de cette région est surtout sportif. On y pratique le ski de fond ou le ski de piste dans les petites stations de **Butternut Basin** ou d'**Otis Ridge**.

La carte donnée ici ne couvre que les Berkshires du Sud. La partie Nord de cette région est aussi fort intéressante : voir **Mt Greylock** *(voir à Mohawk Trail)* et **Williamstown.**

Pour tous renseignements sur les festivals et le logement : ☎ 413/443-9186 ou 800/237-5747.

Programme pour une journée – Depuis le Sud, prendre la route 7, s'arrêter à **Stockbridge,** suivre l'itinéraire donné entre Stockbridge et Lenox, visiter le **Hancock Shaker Village,** près de Pittsfield, puis le **Clark Institute** à Williamstown.

★★ Great Barrington et environs

Great Barrington – C'est ici qu'en 1886 **William Stanley** démontra la transmission de l'électricité par courant alternatif. Great Barrington eut ainsi le privilège d'être la première ville du monde à être éclairée à l'électricité. Aujourd'hui c'est le centre commerçant pour les nombreuses résidences secondaires qui l'environnent.

Bartholomew's Cobble – *11 miles au Sud de Great Barrington. Prendre la route 7 vers le Sud puis la route 7 A jusqu'à Ashley Falls, là prendre Rannpo Road puis Weatogue Road. Ouvert de mi-avril à octobre. $ 3.* ☎ *413/229-5600.*
Un sentier *(1/2 h à pied AR)* a été aménagé à travers une rocaille naturelle qui domine la Housatonic.

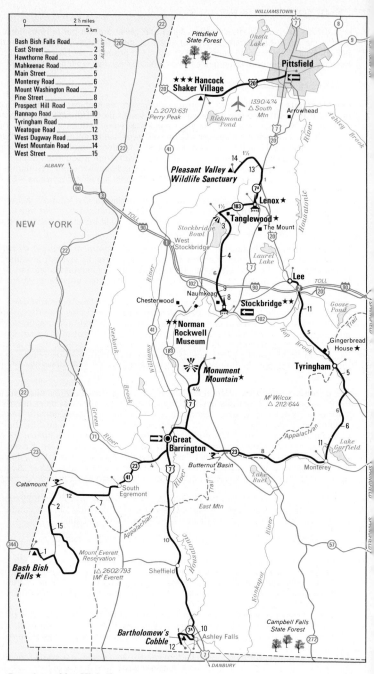

Dans les guides Michelin,
les cartes et les plans de villes sont orientés le Nord en haut.

★**Bash Bish Falls** – *16 miles au Sud-Ouest de Great Barrington. Suivre la route 23/41 Ouest jusqu'à Egremont, puis Mount Washington Road, East Street, West Street et Bash Bish Falls Road. Du parking un sentier abrupt signalé par des triangles bleus et blancs mène aux chutes. En continuant la route pendant 1 mile, on trouve un autre parking, de là un chemin large et plat permet d'accéder plus facilement aux chutes.*

Les chutes de Bash Bish, situées dans un beau cadre de forêts, sont les plus spectaculaires du Massachusetts. Tombant d'une hauteur de 17 m, l'eau se précipite avec fracas dans un bassin naturel.

★**Monument Mountain** – *4,5 miles au Nord de Great Barrington le long de la route 7. Du parking, à gauche de la route 7, deux sentiers mènent au sommet. L'un, assez difficile, prend son départ à droite du parking. Il est balisé par des ronds blancs (compter 3/4 h de montée). Le second, plus facile, commence à 500 m à gauche le long de la route. Là on voit le signe « R to Indian Monument ».*

Du sommet, une crête de 400 m de long, surnommée Squaw Peak en souvenir d'une jeune Indienne qui se jeta de là par chagrin d'amour, on jouit d'un beau **panorama**★ sur les Berkshires à l'Est et les Taconics à l'Ouest.

*Tyringham Valley (de Great Barrington à Lee)

Au départ de Great Barrington, prendre la route 23 jusqu'à Monterey. Là, tourner à gauche dans Tyringham Road qui devient plus loin Monterey Road.

Tyringham – Ce charmant vallon fut occupé par une communauté shaker dépendant de Hancock *(voir à ce nom)*. Son charme attira de nombreux artistes au début du siècle : écrivains, peintres, acteurs, sculpteurs comme Henry Kitson qui

Gingerbread House

fit construire un atelier évoquant une chaumière de conte de fées : la **Gingerbread House**★ (maison en pain d'épice) devenue une galerie d'art, « Tyringham Art Galleries ».

Continuer dans Main Street, puis Tyringham Road. Gagner la route 20.

Lee – En 1857, on y comptait cinq usines. A cette époque, un homme avait acheté une propriété dont personne ne voulait car le sol en était stérile. Peu de temps après, il découvrit que cette stérilité tenait à la présence d'une couche de marbre dans le sous-sol.
Aussitôt des carrières furent ouvertes et le marbre de Lee, devenu célèbre, servit à l'édification de nombreux bâtiments publics.

★★ Stockbridge *voir à ce nom*

★★★ De Stockbridge à Lenox par Tanglewood

Quitter Stockbridge par Pine Street en face de la Red Lion Inn, tourner à gauche dans Prospect Street. On passe devant la belle propriété de **Naumkeag** connue pour ses jardins. Prospect Street devient Mahkeenac Road. Longer le lac, Stockbridge Bowl, et continuer dans Hawthorne Road. A l'endroit où cette route rejoint la 183, on jouit d'une agréable **vue** sur le lac et une partie de la région.

★**Tanglewood** – Au-dessus de Stockbridge Bowl (le lac) s'étend le magnifique domaine de Tanglewood où se déroule chaque été l'un des événements musicaux les plus fameux des États-Unis : le **Tanglewood Music Festival**, auquel assistent plus de 300 000 personnes et où se produisent les orchestres les plus réputés comme le Boston Symphony Orchestra. *Il se déroule en juillet et août. Pour tout renseignement :* ☎ *413/637-1600.*
Ce festival existe depuis 1849 mais Tanglewood ne fut donné à cet organisme qu'en 1936. L'architecte **Eliel Saarinen** construisit alors le grand amphithéâtre couvert. Sur les 80 ha de la propriété, on trouve aussi un petit amphithéâtre pour la musique de chambre et de beaux jardins dessinés de façon à réserver des espaces pour les musiciens désireux de donner des représentations en plein air. De l'extrémité de ces jardins s'offre une **belle vue** sur le **lac de Stockbridge** et sur la réplique de la petite maison de Hawthorne **(Hawthorne Cottage)** où l'auteur demeura en 1850 et 1851 et écrivit « Tanglewood Tales ».

★**Lenox** – Cerné par de grandes propriétés occupées aujourd'hui par des collèges, des colonies de vacances et des maisons de retraite, le centre de Lenox est un ravissant ensemble de boutiques, d'auberges, de restaurants, de galeries d'art.

Pleasant Valley Wildlife Sanctuary – *3 miles au Nord-Ouest de Lenox. Prendre la route 7 vers le Nord et tourner à gauche en face du Quality Inn dans West Dugway Road puis encore à gauche dans West Mountain Road. Ouvert tous les jours de mai à octobre, du mardi au dimanche le reste de l'année. $ 3.* ☎ *413/637-0320.*
Cette réserve, entretenue par la Société Audubon, propose un ensemble de sentiers de nature permettant de découvrir la flore et la faune des collines des Berkshires. Au fond de la vallée, une série de petits étangs s'égrenant en chapelet est occupée par une colonie de castors.

Pittsfield

Pittsfield – Capitale des Berkshires, cette ville dynamique est le centre commerçant de la région. L'usine General Electric emploie une bonne partie de la population active. La vaste **Pittsfield State Forest** à proximité offre de nombreuses possibilités aux amateurs de plein air.

Arrowhead – *780 Holmes Road. De Park Square, prendre East Street vers l'Est puis tourner à droite dans Elm Street et encore à droite dans Holmes Road. Visite guidée (1/2 h) tous les jours de Memorial Day à Labor Day, le lundi et du jeudi au dimanche en septembre et octobre, sur rendez-vous seulement le reste de l'année. $ 4.* ☎ *413/ 443-1793.*
Cette demeure, où Herman Melville vécut de 1850 à 1863, a été restaurée afin de recréer l'atmosphère dans laquelle il écrivit plusieurs ouvrages dont son chef-d'œuvre : *Moby Dick.* Sur la grande cheminée de la cuisine on peut lire l'inscription de Melville « I and My Chimney » (Moi et ma cheminée). De son bureau, vue agréable sur le Mont Greylock.

★★★**Hancock Shaker Village** – *3 miles à l'Ouest de Pittsfield par la route 20. Voir à ce nom.*

★★★ BOSTON

574 283 h.

Boston est une des villes américaines les plus agréables à habiter et à visiter. Située seulement à 330 km de New York, la capitale de la Nouvelle-Angleterre allie une taille raisonnable aux facilités culturelles et économiques qu'offre une très grande ville. Elle bénéficie de la proximité de Cambridge, sorte de Quartier Latin, et de la présence du Common, grand espace vert au cœur de la ville. Sa population est très diverse par ses origines ; avec les 92 autres communes qui composent le Grand Boston, elle s'élève à 4,7 millions d'habitants.

Ses quartiers anciens, aux petites rues tortueuses imprégnées d'histoire, ont le charme des villes européennes, tandis que les hautes tours, construites pendant la grande rénovation des années 60 et plus récemment, rappellent que Boston est aussi une capitale administrative et économique.

Son rôle historique et culturel est primordial. Ce fut le berceau de l'Indépendance, et c'est de nos jours la capitale universitaire des États-Unis, ce qui explique le nombre important de musées, de théâtres, de cinémas, de librairies.

UN PEU D'HISTOIRE

La naissance de Boston – En 1630, sous la direction de **John Winthrop,** un millier de puritains débarquèrent sur cette côte à la recherche d'un emplacement où installer le siège de la Compagnie de la Baie du Massachusetts. Après une tentative à Salem, puis à Charlestown, ils jetèrent leur dévolu sur une petite presqu'île appelée **Shawnut** où vivait un ermite, **William Blackstone.** Celui-ci leur fit bon accueil mais les puritains ne tardèrent pas à s'emparer de ses terres à l'exception de 50 acres. L'ermite revendit alors ce bout de terre, qui devint le Common, et gagna des contrées plus paisibles. Après avoir été baptisée Trimountains en raison de sa topographie, la nouvelle colonie prit le nom de Boston en souvenir de la ville d'Angleterre dont plusieurs puritains étaient originaires. Une société théocratique et intolérante s'organisa sous la houlette du gouverneur John Winthrop. La morale y était extrêmement stricte et un pilori avait été érigé, dont la première victime fut le constructeur qui en avait demandé un prix trop élevé.

Économiquement, Boston ses développa rapidement grâce à son commerce maritime et devint la ville la plus importante des colonies d'Amérique.

Boston et la guerre d'Indépendance – A la fin du 18e s. les colons étaient accablés par les impôts de plus en plus lourds que le parlement anglais leur réclamait sans leur accorder de droits de représentation en contrepartie. Après la proclamation du « droit du timbre » (stamp act), taxation portant sur tout papier officiel, ce furent les droits de douane qui devinrent abusifs. Les armateurs et commerçants bostoniens contournèrent cette prescription en pratiquant la contrebande la plus ouverte avec l'appui de la population. Pendant ce temps des orateurs contestataires (James Otis, Samuel Adams, Josiah Quincy) incitaient le peuple à la révolte. Alarmé par la situation, le gouvernement anglais avait envoyé des troupes en garnison à Boston afin de faire respecter les décisions de Londres. Ces soldats étaient très mal vus des Bostoniens qui devaient les loger et les nourrir. La tension montait de jour en jour et des incidents finirent par éclater.

Le **Massacre de Boston** fut le premier. Le 5 mars 1770, de nombreux Bostoniens, réunis devant la State House pour protester contre la mise à mort d'un jeune barbier qui avait conspué un capitaine anglais, se trouvèrent confrontés à la troupe qui tira. Cinq personnes furent tuées. Samuel Adams se saisit de cet événement pour rallier une bonne partie de la population à sa cause.

La **Boston Tea Party** (la partie de thé), 3 ans plus tard, devait encore aggraver la situation. Le gouvernement anglais avait accordé à la Compagnie des Indes le privilège du commerce du thé avec l'Amérique. Bien que taxé, celui-ci était moins cher que le thé de contrebande. Les Bostoniens flairèrent le piège. Tentés d'acheter ce thé, ils payeraient la taxe. Or ils s'étaient fait un principe de le refuser. Le 16 décembre 1773, à l'issue d'une réunion tenue dans Old South Meeting House, 90 Bostoniens déguisés en Indiens se rendirent au port, se glissèrent sur les bateaux anglais et jetèrent leur cargaison de thé à la mer.

En représailles, les Anglais bombardèrent le port de Boston et le fermèrent. Les hostilités étaient ouvertes. Les troupes de miliciens « minute men » s'organisaient de toutes parts.

La chevauchée de Paul Revere – En avril 1775, le général anglais Gage, ayant appris que les miliciens avaient réuni des armes à Concord, décida une expédition. Mais les « Américains » avertis s'étaient organisés. La nuit où les troupes anglaises se mettraient en route, le sacristain de Old North Church devait signaler à l'aide de lanternes accrochées au clocher le chemin qu'emprunteraient les Anglais. Une lanterne signifiait qu'ils arrivaient par la terre, deux qu'ils traversaient la Charles River.

Ce furent deux lanternes qui donnèrent le signal. Paul Revere, un orfèvre d'origine huguenote, partit aussitôt au grand galop prévenir Samuel Adams et John Hancock, réfugiés à Concord. Cette chevauchée devenue légendaire permit aux miliciens de se préparer à temps à l'attaque anglaise.

Le siège de Boston et Bunker Hill – Après l'escarmouche de Lexington et la bataille de Concord *(voir à Lexington)* qui avaient entamé la guerre d'Indépendance, les Anglais s'étaient retranchés dans Boston tandis que les « Américains » l'assiégeaient. Le 17 juin 1775, les Anglais, prêts à s'installer sur les hauteurs de Bunker Hill, trouvèrent celles-ci occupées par les miliciens. 5 000 soldats anglais bien armés et entraînés furent alors confrontés à 15 000 colons peu organisés. La bataille fut rude. Les colons manquaient de munitions. Le colonel américain Prescott prononça alors une phrase devenue historique « Ne tirez que quand vous verrez l'ennemi dans le blanc des yeux ». Les Anglais finirent par se saisir du retranchement mais au prix de tant de vies que ce succès désastreux valut au général Gage son rappel en Angleterre. Un mois plus tard George Washington prenait le commandement de l'armée continentale.

La victoire de Boston – En mars 1776, les cinquante-neuf canons capturés au fort Ticonderoga *(p. 180)* et traînés à travers la Nouvelle-Angleterre arrivèrent enfin sur les hauteurs de Dorchester Heights. Le 4 mars, Washington commença à préparer le bombardement de Boston.

Devant cette situation, les Anglais acceptèrent un compromis. Le général anglais Howe et ses troupes pouvaient partir sans être inquiétés, emmenant les loyalistes avec lui. En échange, les Américains pouvaient reprendre Boston. Washington et ses troupes y firent une entrée triomphale.

TOPOGRAPHIE ET ARCHITECTURE

Les noms de certains quartiers de Boston comme Back Bay (la baie arrière), South Cove (la crique du Sud), Beacon Hill (la colline du fanal), traduisent l'histoire mouvementée de l'édification de Boston qui fait dire à l'Encyclopedia Britannica : « c'est la ville qui a connu les plus grands bouleversements de main d'homme jamais vus ».

La poire – La presqu'île de Schawnut où s'étaient installés les colons avait la forme d'une poire reliée à la terre par un mince cordon. Les premiers habitants occupaient **North End,** où ils édifièrent Old North Church, et le quartier entre le port et le common. Ils habitaient de petites maisons en bois comme celle de Paul Revere. Les bâtiments publics : la State House, Faneuil Hall se trouvaient près du port, centre de l'activité économique.

A l'assaut des collines et des baies – A la fin du 18e siècle la poire devint trop étroite. Une nouvelle State House s'édifia sur les pentes de **Beacon Hill**

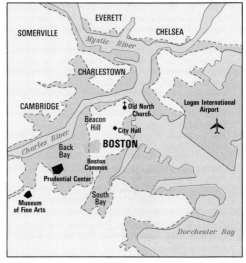

Terrains gagnés sur la mer depuis 1775

et très vite d'autres constructions suivirent. La colline fut alors rabotée pour être plus habitable et la terre enlevée servit à combler **North Cove,** la baie située entre Beacon Hill et Copp's Hill.

En 1883 ce fut le tour de **South Cove** et son territoire comblé fut utilisé pour l'installation des lignes de chemin de fer.

Après 1870, Boston changea complètement de visage avec le remblaiement de **Back Bay.** Depuis 1819 une digue avait été édifiée entre Beacon Hill et Brookline. Prévue pour être recouverte d'usines et de moulins actionnés par la force marémotrice, et de résidences élégantes, elle fut surtout une grave nuisance pour la ville car les eaux stagnaient et se polluaient.

On décida donc de combler Back Bay, entreprise qui dura plusieurs années occupant des milliers d'immigrants. Le nouveau territoire gagné sur la mer fut urbanisé, vendu en lots et se couvrit de maisons victoriennes. Un grand incendie ayant détruit le centre en 1872, il fut décidé de reconstruire les bâtiments dans le nouveau quartier de Back Bay. De nombreuses églises de style néo-gothique ou néo-romain s'élevèrent alors. Le maître incontesté de cette forme d'architecture était **Henry H. Richardson,** auteur de Trinity Church.

Le nouveau Boston – Boston avait connu dans la première moitié du 20e s. une régression démographique et une dégradation urbaine et économique. Devant cette situation les autorités de la ville décidèrent de prendre le problème en main et établirent en 1957 le **Boston Redevelopment Authority** (B.R.A.). Cet organisme, dirigé par **Edward Logue,** réaménagea le quart du territoire de Boston.

On fit appel à l'architecte **Ieoh Ming Pei,** ancien étudiant de l'école d'architecture du Massachusetts Institute of Technology, pour élaborer un plan d'urbanisme. Celui-ci mit son point d'honneur à ne pas toucher aux monuments historiques du centre que le B.R.A. s'appliqua à restaurer et à rénover (Faneuil Hall Market, le Waterfront...).

La clef de voûte du projet de Ieoh Ming Pei fut le nouveau **City Hall** (hôtel de ville), réalisé par de jeunes architectes, avec un espace dégagé devant et, autour, les immeubles modernes de **Government Center.** Cet ensemble choque parfois par le contraste qu'il forme avec le vieux Boston. L'autre grand projet était **Prudential Center,** sa tour et ses magasins.

Le rôle de I. M. Pei fut capital pour l'histoire de Boston dans la décennie 1965-1975, puisque lui-même et ses associés non seulement remanièrent une partie de la ville mais de surcroît furent les dessinateurs des grandes innovations architecturales de Boston : Christian Science Center, John Hancock Tower, John Kennedy Memorial Library et l'aile Ouest du Museum of Fine Arts.

Depuis 1980, une autre partie du vieux Boston, le Dewey Square, a été transformée en quartier financier avec la construction de 2 nouvelles tours : **Federal Reserve Bank of Boston** (FZ) et **One Financial Center** (FZ).

BOSTON AUJOURD'HUI

Économie – Le commerce maritime fut à l'origine de la fortune de Boston depuis sa création. Après une période de marasme économique au début du siècle, on assista à un nouveau développement, dans les années 60. Une partie des 27 km de quais du port s'étalant le long de South Boston, East Boston et Charlestown ont été modernisés par le Massachusetts Port of Authority.

Les financiers et les assureurs qui contrôlent les fortunes yankees ont suivi la même évolution et ont emménagé dans les hautes tours du centre d'affaires et de Back Bay. Au point de vue industriel, une nouvelle ère s'ouvrit avec la construction de la route 128, dans les années 50, et l'installation le long de ce périphérique de quelque 700 firmes spécialisées dans la recherche, l'électronique et l'informatique. Boston est considérée comme la capitale mondiale dans ces domaines, et ses universités, dont Harvard et MIT, sont des pépinières de chercheurs et de savants.

Dans le domaine de la santé, Boston a aussi une place prépondérante. Ses hôpitaux sont de grands centres de recherche, surtout le **Massachusetts General Hospital**, l'un des plus importants du monde.

Un centre culturel – Au 19ᵉ s., Boston avait été surnommée « l'Athènes de l'Amérique ». De nombreux intellectuels et écrivains y vivaient et s'y réunissaient. Ses habitants, férus d'art, voyageaient à la recherche de cultures nouvelles et rapportaient de leur périple des merveilles qui constituèrent le fonds des magnifiques collections du Museum of Fine Arts, du Isabella Stewart Gardner Museum, de l'Athenaeum, des musées de Harvard... Un mécène, H. C. Higginson, créa en 1881 le **Boston Symphony Orchestra**, l'un des meilleurs orchestres du monde, qui se produit toujours dans le **Symphony Hall** en alternance avec le répertoire plus populaire des **Boston Pops**.

En été des concerts en plein air sont donnés le long de la Charles River dans le **Hatch Memorial Shell** (FZ).

Les amateurs d'opéra pourront assister aux représentations de l'**Opera Company of Boston** à l'**Opera House** (FZ T⁴). Les théâtres se trouvent pour la plupart au centre de Boston près de Boylston Station. Le **Colonial Theater** (FZ T), *106 Boylston Street*, le **Shubert Theater** (FZ T¹), *205 Tremont Street*, le **Wilbur Theater** (FZ T²), *Tremont Street*, présentent surtout des comédies musicales. Pour les amateurs de dramatiques il existe la **Charles Playhouse** (FZ T³), *Warrenton Street*, et les nombreux théâtres rattachés aux universités. Dans le domaine de la danse, la **Boston Ballet Company** se produit toute l'année. *Pour les situer voir plan p. 86-87.*

Éducation – Boston fut créée par des puritains cultivés, soucieux d'établir un système d'éducation et dès 1636 Harvard était fondé, premier collège dans les colonies d'Amérique. Depuis, Boston a gardé sa suprématie dans ce domaine et l'on compte dans la ville et ses environs des établissements réputés parmi lesquels : Harvard, Massachusetts Institute of Technology, Radcliffe, Boston University (EZ), New England Conservatory of Music (EZ), Boston College (EZ), Brandeis University, Tufts University (BY) et Wellesley College.

LES TRANSPORTS

Accès à Boston

Par avion – L'aéroport international de Logan (CV) est desservi par les vols nationaux et internationaux ; on peut donc y accéder directement d'Europe.

Entre New York (aéroport de la Guardia) et Boston, une navette (Shuttle) assure un vol par heure – le billet peut se prendre directement à bord.

De l'aéroport un service de limousines *(de $ 5 à $ 10)* transporte les voyageurs jusqu'aux principaux hôtels, la station de métro de Park Street et les gares routières de Greyhound et Trailways. L'aéroport est aussi relié au centre-ville par la ligne bleue du métro (station « Airport »).

Par train – Les trains d'AMTRAK (grandes lignes) arrivent à **South Station** (FZ) ☎ 800/872-7245 ou à **Back Bay Station** (FZ) ☎ 800/872-7245, les trains de banlieue à **North Station** (FY) et **South Station** ☎ (800/722-3200).

Par autocars (buses) – De nombreuses destinations (autres villes de Nouvelle-Angleterre, New York...) sont reliées à Boston par les lignes de cars. **Trailways** (FZ), 555 Atlantic Avenue ☎ 617/426-7838 et **Greyhound** (FZ), 10 St-James Avenue ☎ 617/423-5810.

En voiture – *Voir le plan d'agglomération p. 100-101.*

Dans Boston

La circulation automobile s'avère difficile dans le centre, car de nombreuses rues sont en sens unique et le stationnement est malaisé. Il est donc conseillé de laisser sa voiture dans un parking et d'aller à pied ou d'utiliser les transports publics.

Le métro et les autobus – La « Massachusetts Bay Transportation Authority » **(MBTA)** gère les transports, souterrains et de surface, pour l'agglomération de Boston.

Le métro surnommé le « T » fut construit à partir de 1895 et compte quatre lignes principales : la rouge, la bleue, la verte et l'orange. Les stations se reconnaissent au signe T. Le plan des bus et du métro est vendu dans certaines stations dont Park Street.

La plupart des rames circulent de 5 h 20 à 24 h. Les lignes ont une partie souterraine dans le centre et une partie aérienne en dehors. Le tarif est de 85 cents. Souvent une entrée de station ne dessert qu'une direction : Inbound (vers les stations de Park Street et Government Center) ou Outbound (à partir des stations de Park Street et Government Center).

Le tarif des autobus à l'intérieur de la ville est de 60 cents *(se munir de la somme exacte)*.

Les espaces verts et les sports – Boston possède de nombreux espaces verts où l'on peut pratiquer des sports. **Frederick Law Olmsted,** le concepteur de Central Park à New York, dessina au 19e s. **Fenway Park** (EZ), **Jamaïca Pond** (BX), **The Arborway** (BX), **Franklin Park** (BX). Reliés au Common par Commonwealth Avenue et aux jardins qui bordent la Charles River, ils forment une véritable ceinture verte autour de Boston.

La célèbre équipe de base-ball de Boston, les **Red Sox,** joue sur le stade de Fenway Park.

Le 19 avril, journée historique commémorant la chevauchée de Paul Revere, des centaines de Bostoniens participent au **marathon** qui couvre les 42,2 km traditionnels.

LES BOSTONIENS

Formée par diverses vagues d'immigrants, la population est assez hétéroclite. Le Bostonien type **« the proper Bostonian »** est issu d'une de ces vieilles familles anglo-saxonnes descendant des puritains, formant une caste très fermée sur elle-même comme le prouve la célèbre citation : « La ville où les Lowell ne s'adressent qu'aux Cabot et les Cabot à Dieu. » Il est conservateur, cultivé, raffiné, sportif, a étudié si possible à Harvard, est marié à une femme dynamique, consciente de ses droits.

Ces « proper Bostonians » ne forment qu'une petite minorité de la population. Quelques huguenots **français** les ont rejoints au 17e s. dont Peter Faneuil et Paul Revere. Les **Irlandais** arrivèrent par milliers au 19e s., main-d'œuvre peu chère et travailleuse, que l'on utilisa pour raboter les collines et combler les baies. Ils habitaient des taudis à North End. Leur courage, leur énergie leur permirent de faire fortune, de s'intégrer et ils s'installèrent dans South Boston. Grâce à leur goût pour la politique, de nombreux Irlandais parvinrent à de hautes fonctions à l'exemple des Kennedy et ils constituent aujourd'hui une grande partie des politiciens du Massachusetts.

La vague **italienne** suivit. Les nouveaux arrivants remplacèrent les Irlandais dans les vieilles maisons de North End et transformèrent ce quartier en royaume de la pizza et du spaghetti. L'année y est jalonnée de fêtes de saints célébrées avec le faste italien.

La communauté noire est installée au Sud de la ville à Roxbury (BX) et aux alentours. Avec la minorité latino-américaine qui augmente d'année en année, ces deux communautés représentent un tiers de la population de Boston. Autre élément important de la composition de la population bostonienne, les **étudiants** très nombreux confèrent un caractère très jeune et dynamique à cette ville traditionnelle.

LE SÉJOUR À BOSTON (Renseignements pratiques)

Pour les transports, voir ci-contre.
L'indicatif téléphonique pour Boston et l'Est du Massachusetts est le (617).

Les centres d'information – *Voir leur situation sur le plan p. 86-87.*

Boston Common (FZ) – *Trémont Street.*

Greater Boston Convention and Visitors Bureau (EZ) – *Prudential Plaza West. Ouvert de 8 h 30 à 17 h.* ☎ *536-4100.* Cet organisme diffuse informations et brochures en plusieurs langues sur les hôtels, restaurants, visites, spectacles, etc. Il publie un calendrier des spectacles et manifestations diverses « Week End Events and Package Guide ».

National Park Service Information Centers – Les deux centres d'information du Service des parcs nationaux se trouvent : 15 State Street (FY), *ouvert de 8 h à 17 h (18 h en été).* ☎ *242-5642* ; et Charlestown Navy Yard (FY) *ouvert de 9 h à 17 h.* ☎ *242-5601.*

Réservations pour les spectacles – Le **Bostix Ticket Booth** à Faneuil Hall Market (FY) vend des billets pour le théâtre, les concerts, les ballets, les expositions, etc. Les billets achetés le jour même de la représentation sont à demi-tarif. *Ouvert de 11 h à 18 h (16 h le dimanche).* ☎ *723-5181.*

Les journaux – Le **Boston Globe** est le principal quotidien de Nouvelle-Angleterre (édition spéciale le dimanche et calendrier des spectacles le jeudi). Le **Boston Herald,** un autre quotidien, propose aussi le calendrier des spectacles dans son édition du vendredi. L'hebdomadaire **Boston Phœnix** paraît le vendredi.

Boston le soir – Les quartiers les plus animés sont Back Bay autour de Copley Square, Faneuil Hall Marketplace, North End pour les amateurs de cuisine italienne. Les jeunes préfèrent Harvard Square, dans Cambridge, où l'on trouve des restaurants de toutes nationalités et de nombreux cafés.

Shopping – Boston invite à la flânerie surtout dans les quartiers suivants :

Faneuil Hall Marketplace (FY) : centre très animé avec marché aux fleurs, boutiques de produits alimentaires, d'artisanat, de mode, etc.

Downtown Crossing (FZ) : quartier des grands magasins dont l'axe principal est Washington Street : on y trouve **Jordan Marsh, Filene's** et **Woolworth,** et le centre commercial de **La Fayette Place.**

Copley Place (EZ) : grand centre commercial très moderne avec boutiques et restaurants élégants.

Prudential Center (EZ) : grands magasins chics : **Lord and Taylor** et **Saks Fifth Avenue.**

Newbury (EZ), **Boylston** et **Charles Streets** (FZ) : magasins d'antiquités, galeries d'art et boutiques.

Cambridge *(plan p. 105)* : autour de Harvard Square : nombreuses librairies et magasins pour jeunes.

PROMENADES DANS BOSTON

Il est aisé de parcourir la ville à pied. Les itinéraires décrits ci-dessous permettent de découvrir les différents quartiers et leurs diverses caractéristiques. Ils partent tous du Common, le cœur de la ville.

Le **Freedom Trail** montre les monuments de l'Indépendance éparpillés dans le quartier des affaires ainsi que **North End**, la petite Italie.

Le **Waterfront** avec ses entrepôts aménagés en marché est un merveilleux endroit pour flâner.

Beacon Hill replonge dans l'ambiance du 19e s. avec ses rues ombragées, ainsi que **Back Bay,** quartier plus animé, aux larges avenues bordées de demeures victoriennes et de boutiques élégantes.

La légende p. 2 donne la signification des signes conventionnels employés dans ce guide.

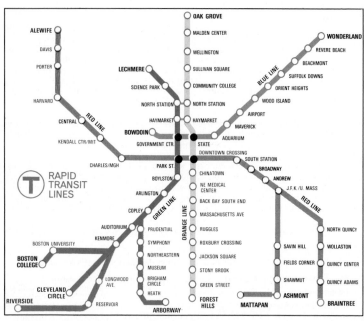

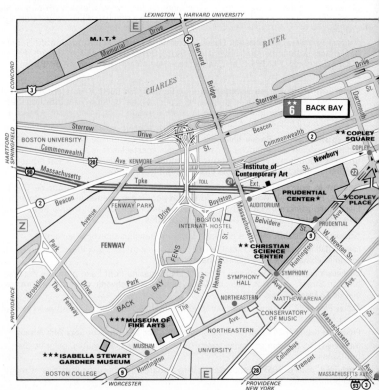

★★① Le Common *visite : 1 h*

Les allées du Common mènent d'un quartier à l'autre. Sa station de métro Park Street est le noyau du réseau métropolitain.

Le Common a pour origine les 50 acres vendus aux Puritains par Blackstone en 1634. Il servait de pâturage aux bêtes, de terrain pour les exercices militaires, de lieu de rassemblement. En 1745, s'y réunirent 300 jeunes filles avec leurs rouets pour promouvoir « la Société pour l'encouragement du travail et de l'économie ». En 1851, une autre femme, Amelia Bloomer, avait lancé une étrange croisade pour inciter ses consœurs à porter des pantalons. Elle fit sensation sur les bancs du Common dans cet accoutrement. Son nom continue à désigner une culotte bouffante.

En été on peut y voir des spectacles, du base-ball... Le long de Boylston Street, le cimetière **Central Burying Ground** (1756) abrite la tombe du peintre Gilbert Stuart.

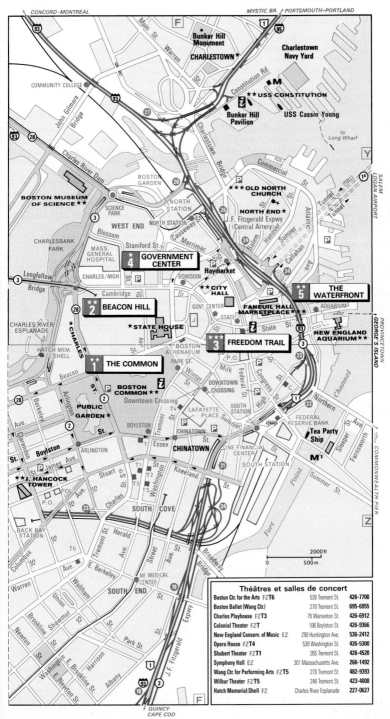

Théâtres et salles de concert		
Boston Ctr. for the Arts FZT6	539 Tremont St.	**426-7700**
Boston Ballet (Wang Ctr.)	270 Tremont St.	**695-6955**
Charles Playhouse FZT3	76 Warrenton St.	**426-6912**
Colonial Theater FZT	106 Boylston St.	**426-9366**
New England Conserv. of Music EZ	290 Huntington Ave.	**536-2412**
Opera House FZT4	539 Washington St.	**426-5300**
Shubert Theater FZT1	265 Tremont St.	**426-4520**
Symphony Hall EZ	301 Massachusetts Ave.	**266-1492**
Wang Ctr. for Performing Arts FZT5	270 Tremont St.	**482-9393**
Wilbur Theater FZT5	246 Tremont St.	**423-4008**
Hatch Memorial Shell FZ	Charles River Esplanade	**227-0627**

*Public Garden – De l'autre côté de Charles Street se trouve le jardin public, pendant de Boston Common. Ce terrain, à l'origine marécage au bord de la Charles River, fut utilisé en 1794 pour des corderies. 30 ans plus tard, Josiah Quincy, maire de Boston, l'acheta pour la ville, puis il devint jardin public en 1859. Un jardin bota-

Le jardin public : les bateaux-cygnes

nique y fut créé ainsi qu'un lac artificiel avec un pont suspendu sous lequel glissent les bateaux porteurs de cygnes, une des visions les plus célèbres de Boston.

** 2 Beacon Hill *visite : 3 h. Départ de la State House – Métro Park Street*

Ce quartier résidentiel, élégant, situé en plein centre de Boston, confère une atmosphère toute provinciale à cette grande ville. Les rues en pente, bordées d'arbres et de belles demeures en briques, éclairées par des lampadaires à gaz, ont un charme suranné et seules les automobiles rappellent le 20ᵉ s.
Construit sur une colline, ce quartier est bien délimité par Beacon Street du côté du Common, Embankment Road le long de la Charles River, Cambridge Street et Bowdoin Street. Son nom lui vient du fanal (beacon) que l'on avait édifié au 17ᵉ s. au sommet de la colline, alors inhabitée, pour alerter la population en cas d'attaque.

L'architecture de Beacon Hill – En 1798, la nouvelle State House fut élevée sur les flancs de Beacon Hill ; aussitôt, cette colline devint la proie de promoteurs immobiliers. Les riches Bostoniens voulaient avoir une demeure dans ce nouveau quartier. Les architectes les plus demandés étaient **Charles Bulfinch,** qui venait de réaliser la State House, et **Asher Benjamin.** Les maisons de style fédéral et néo-classique forment un ensemble homogène le long de Beacon Street, Mount Vernon Street et Charles Street. Leurs façades en brique de quatre ou cinq étages s'ornent de fenêtres saillantes, de balcons de fer forgé, de porches précédés de quelques marches. Derrière les rues principales, les ruelles bordées de petites maisons (Branch Street, Acorn Street, West Cedar Street) étaient habitées par les serviteurs.
Pour ajouter au charme de ce quartier, la plupart des rues ont des noms d'arbres : spruce : sapin ; walnut : noyer ; chestnut : châtaignier ; cedar : cèdre.

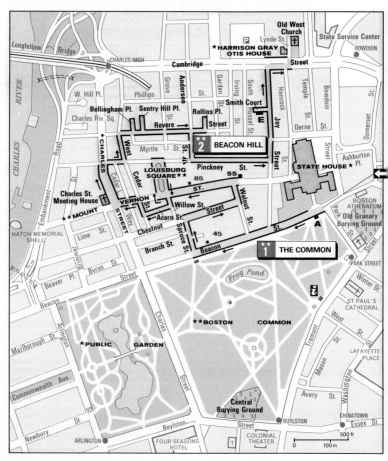

★**State House** – *Visite guidée (3/4 h) du lundi au vendredi. Fermé la plupart des jours fériés.* ♿ ☎ *617/727-3676.*

C'est le siège du gouvernement du Massachusetts. Son dôme doré dominant Beacon Hill s'aperçoit de toutes parts. Ce bâtiment fut construit en 1798 pour remplacer la Old State House devenue trop exiguë. Sa partie centrale fut dessinée par le grand architecte de l'époque, **Charles Bulfinch** ; elle est considérée comme son chef-d'œuvre. Les deux ailes en marbre furent ajoutées à la fin du 19ᵉ s.

Les statues devant la State House représentent deux femmes martyres de l'intolérance des puritains : Anne Hutchinson et Mary Dyer, et deux hommes politiques Daniel Webster et Horace Mann.

A l'intérieur, on pénètre dans le Hall Dorique qui doit son nom à ses colonnes, puis dans le Hall des Drapeaux, qui abrite les drapeaux de la guerre de Sécession.

Au second étage, la Chambre des Représentants, où se réunissent ses 240 membres, est décorée d'une morue en bois sculpté, symbole de l'État : la pêche à la morue fut l'une des principales sources de revenu du Massachusetts. La Chambre du Sénat (40 membres) est située dans la partie ancienne.

En face de la State House, sur Beacon Street, un **bas-relief (A)** en bronze, sculpté par Augustus St-Gaudens, est dédié à la gloire du colonel Shaw et de son régiment, premiers hommes de couleur à s'être engagés dans la guerre de Sécession.

Longer Beacon Street et ses élégantes demeures qui font face au Common. Remarquer le n° **45**, œuvre de Bulfinch.

Dans Spruce Street, on passe devant des ruelles bordées de petites maisons et de jardins : **Spruce Court** et en face **Branch Street** qui était surnommée « la rue des serviteurs ».

Chestnut Street – Cette rue présente un intéressant ensemble architectural montrant les différents styles à la mode entre 1800 et 1830. Le **n° 29 A** est célèbre pour ses vitres devenues mystérieusement violettes sous l'effet du soleil.

★★**Mount Vernon Street** – Bordée d'arbres et de jardins, visibles à travers des grilles en fer forgé, cette large rue, la plus belle de Beacon Hill, compte plusieurs maisons dessinées par Bulfinch.

Au **n° 55**, la **Nichols House** *(Visite guidée (3/4 h) de juin à août du mardi au samedi, de septembre à novembre et de mars à mai le mercredi et le samedi seulement, de décembre à février le samedi seulement. $ 3.* ☎ *617/227-6993)* offre au touriste l'occasion de voir un intérieur de Beacon Hill.

Le **n° 85** fut l'une des premières maisons construites sur la colline par Bulfinch, une des seules à être isolées dans un jardin.

★★**Louisburg Square** – Cette place est l'un des endroits les plus sélects de Boston. Seuls ses riverains ont la jouissance du jardin privé, au centre, protégé par ses barrières de fer forgé. Autour, les rangées de façades de style néo-classique forment un très bel ensemble.

Acorn Street – Avec sa rue pavée de gros galets et ses petites maisons qu'occupaient cochers et serviteurs, cette ruelle est l'envers du décor, un envers qui ne manque cependant pas de charme.

★**Charles Street** – C'est la rue commerçante de Beacon Hill où voisinent antiquaires, galeries d'art, librairies et restaurants.

L'église au coin de Mount Vernon Street, **Charles Street Meeting House,** fut utilisée pour la lutte abolitionniste.

Pinckney Street – Limite entre le Beacon Hill élégant (versant Sud) et le Beacon Hill populaire où vivaient les serviteurs (versant Nord), on peut y observer la différence d'architecture entre les deux versants.

Revere Street – Sur la gauche se succèdent de pittoresques impasses où travaillaient autrefois les artisans : **Bellingham Place, Sentry Hill Place** et **Rollins Place**. Cette dernière a pour fond une façade blanche à colonnes qui n'est qu'un décor... sans maison derrière.

A l'intersection de Anderson Street et Pinckney Street, on jouit d'une très belle **vue** sur Charles River et MIT.

Joy Street – Au 19ᵉ s., dans cette rue descendant le long du versant Nord, s'installa la première communauté noire de Boston, composée en grande partie des serviteurs qui travaillaient sur le versant Sud. Sur la gauche s'ouvre une impasse, **Smith Court**, où subsistent des maisons en bois.

Le grand bâtiment en brique à gauche est l'**African Meeting House** (1806) **(E)**. C'est la plus ancienne église noire existante de Boston ; elle fut un grand centre de la lutte anti-esclavagiste. Le bâtiment restauré sert aujourd'hui de cadre au Museum of Afro American History qui propose des expositions sur la communauté noire *(☎ 742-1854)*.

En bas de Joy Street, on se trouve face à **First Harrison Gray Otis House** et **Old West Church,** de l'autre côté de Cambridge Street.

★**Harrison Gray Otis House** – *Visite guidée (1 h) du mardi au samedi. Fermé la plupart des jours fériés. $ 4.* ☎ *617/227-3956.*

Cette maison fut construite en 1796 avant que Beacon Hill ne devînt zone résidentielle. Elle est l'œuvre des deux hommes qui influencèrent le plus l'architecture de Boston : Bulfinch, l'architecte, et Harrison Gray Otis, le principal promoteur immobilier de Beacon Hill.

Sa visite permet de découvrir le décor dans lequel vivaient les riches Bostoniens de la fin du 18ᵉ s. Le style fédéral et triomphe. Il peut surprendre par la vivacité des couleurs, des papiers peints et des moquettes. La salle à manger du rez-de-chaussée a été reconstituée d'après le tableau *The Dinner Party* de Henry Sargent qui se trouve au Museum of Fine Arts.

★★★③ Le Freedom Trail *visite : 4 h*

Ce « chemin de la liberté » passer par les différents sites et monuments liés à l'histoire de l'Indépendance des États-Unis. Matérialisé au sol par une ligne rouge peinte sur le trottoir, il est très facile à suivre.

*Départ du **Centre d'information** du Common sur Tremont Street. Gagner directement Park Street Church.*

★Park Street Church – *Visite guidée en juillet et août du mardi au samedi.* Le ravissant clocher s'élevant au-dessus du Common abrite un carillon électronique qui égrène plusieurs fois par jour les notes d'hymnes connus. C'est dans cette église, construite en 1809, que William Garrison fit son premier discours anti-esclavagiste.

Old Granary Burying Ground – Ce cimetière occupe l'ancien emplacement d'un grenier à grains (granary), d'où son nom. L'obélisque au centre est dédié aux parents de Benjamin Franklin. La plupart des grands « révolutionnaires » y sont enterrés : Peter Faneuil, Samuel Adams, Paul Revere... ainsi que la fameuse « Mother Goose » (Mère l'Oie) dont les comptines ont bercé de nombreux enfants anglo-saxons.

★King's Chapel – L'édifice en granit fut dessiné par Peter Harrison en 1754. Première église anglicane en Nouvelle-Angleterre, c'était la protégée des rois. Après l'Indépendance, elle perdit quelque temps son titre trop royaliste pour devenir Stone Chapel. Son intérieur géorgien est très élégant.
Le petit cimetière à côté fut pendant plusieurs années le seul de Boston.

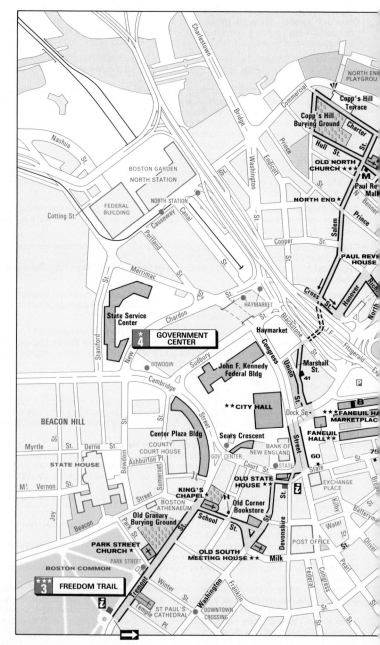

Old City Hall (**H**) – Ce majestueux édifice de granit (1865) est construit à l'emplacement de la première public school d'Amérique (Boston Public Latin School, vers 1630). C'est le plus bel exemple d'architecture publique de style Second Empire de Boston. Les statues de Benjamin Franklin et de Josiah Quincy, président de Harvard, ornent l'esplanade.

Old Corner Bookstore – Construite en 1711, cette maison devint une librairie en 1828. Au 19e s., c'était le lieu de réunion des écrivains Longfellow, Emerson, Hawthorne... Aujourd'hui les locaux servent de centre de distribution pour le journal Boston Globe.

★★**Old South Meeting House** – *Visite d'avril à octobre de 9 h 30 à 17 h 30 ; le reste de l'année de 10 h à 16 h (17 h le week-end), fermé le dimanche. Fermé certains jours fériés. $ 2.50.* ☎ *617/482-6439.*
Les grands orateurs « révolutionnaires » John Adams, James Otis, John Hancock se succédèrent à la chaire de Old South Meeting House pour inciter leurs compatriotes à les suivre et c'est d'ici que partirent les « Indiens » de la **Boston Tea Party** le 16 décembre 1773 *(voir p. 80).* Pendant le siège de Boston, l'église fut utilisée comme école d'équitation.
Après une histoire mouvementée, Old South Meeting House, dont le bâtiment date de 1729, est devenue un **musée** dédié à la guerre d'Indépendance.

★★**Old State House** – *Visite de 9 h 30 à 17 h. Fermé certains jours fériés. $ 2.* ☎ *617/720-3290.* Parmi le dédale de rues et de tours, on découvre soudain ce charmant bâtiment de brique (1713) orné d'un lion et d'une licorne, symboles de la couronne d'Angleterre. Ce sont des copies, les originaux ayant été brûlés au moment de l'Indépendance. Old State House fut construite pour servir de marché et de lieu de réunion.

En 1761 James Otis y prononça sa plaidoirie contre le droit de perquisition. En 1770 se déroula sous ses fenêtres l'épisode du **Massacre de Boston** (une plaque en marque l'endroit). Et le 18 juillet 1776, de son balcon, fut lue pour la première fois en public la **Déclaration d'Indépendance.**

Quelques années plus tard, en 1798, le bâtiment était devenu trop exigu et l'on construisit l'actuelle State House. La Old State House servit alors de magasin, de bureau, de temple maçonnique, de City Hall et en 1881, la ville de Chicago proposa même de la racheter pour l'installer sur les bords du lac Michigan. A l'intérieur, un ravissant escalier en spirale mène aux salles du 1er étage, transformées en un musée évoquant l'histoire de Boston et sa vie maritime.

★★ **Faneuil Hall** – *Visite de 9 h à 17 h. Fermé le 1er janvier, Thanksgiving Day, le 25 décembre et pendant les réunions.* ♿ ☎ *617/565-8535.*
En 1742, un émigré huguenot français, Peter Faneuil, fit don à la ville d'un bâtiment faisant office de marché et de salle de réunion.
En 1806, cet édifice fut agrandi par Charles Bulfinch qui le doubla en largeur et ajouta le deuxième étage. Il ne toucha pas à la fameuse girouette représentant une sauterelle, qui était l'emblème du port. Durant la grande époque maritime, les consuls américains à l'étranger, pour s'assurer qu'un navire venait vraiment de Boston demandaient « Que représente la girouette de Faneuil Hall ? ». Cette sauterelle serait inspirée de celle du Royal Stock Exchange de Londres.
Faneuil Hall fut l'un des « berceaux de la liberté ». La plupart des discours fomentant la révolte des colons contre l'Angleterre furent prononcés ici. Au 19e s., ce fut le centre du mouvement abolitionniste.

Durant le siège de Boston, Faneuil Hall avait été transformé en théâtre par les Britanniques. Un soir, au cours d'une représentation du « Blocus de Boston », un sergent anglais fit irruption sur la scène pour annoncer l'attaque de Bunker Hill. Les spectateurs, pour la plupart des soldats anglais, persuadés que c'était une réplique de la pièce ne s'émurent pas sur-le-champ.

A l'intérieur, un marché se tient au rez-de-chaussée. Au 1er étage, dans la grande salle de réunion, le mur du fond est occupé par le grand tableau de Healey « Daniel Webster parlant devant le Sénat ».

Union Street – A la fin du 18e s., Monsieur d'Orléans, le futur roi de France Louis-Philippe, habita plusieurs mois au premier étage de **Ye Old Union Oyster House** (n° 41 – toujours un restaurant). Il y donnait des cours de français.

Traverser Blackstone Street où se tient le vendredi et le samedi le fameux marché en plein air de **Haymarket**. Ce marché de fruits, légumes, poissons... se déroule dans une atmosphère quasi méditerranéenne, grâce aux vendeurs d'origines italienne et portugaise.

Passer dans le tunnel sous l'autoroute pour poursuivre le Freedom Trail dans le quartier de North End.

★**North End** – Ce quartier isolé du reste de Boston par la voie périphérique est surnommé « la petite Italie ». On y entend plus parler italien qu'anglais. Les pizzerias, les magasins regorgeant de pâtes, de charcuterie, de fromages, de pâtisseries, s'imbriquent parmi les bâtiments historiques. Aux 17e et 18e s., c'était le quartier élégant de Boston comme en témoignent les monuments du Freedom Trail. L'itinéraire passe par les rues commerçantes et animées que sont Hanover et Salem Streets.

★**Paul Revere House** – *Visite tous les jours d'avril à décembre, du mardi au dimanche de janvier à mars. Fermé Noël, jour de l'An et Thanksgiving. $ 2. ☎ 617/523-2338.*

Cette maison en bois, la seule qui subsiste à Boston, était déjà vieille de cent ans quand Paul Revere l'acheta en 1770. C'est d'ici que cet orfèvre, de souche française huguenote, partit pour sa fameuse chevauchée *(voir p. 80)*.

La visite permet de voir l'architecture et l'ameublement d'une maison coloniale.

St-Stephens Church – Des douze églises de Boston dessinées par l'architecte Bulfinch, c'est la seule rescapée. Elle date de 1806.

Paul Revere Mall – La statue équestre de Paul Revere se détache sur la silhouette de Old North Church à l'autre extrémité du Mall. Par un jour ensoleillé on peut y voir les vieux Italiens se rassembler pour des discussions animées.

Paul Revere Mall

★★★**Old North Church** (**ou Christ Church**) – *Visite de 9 h à 17 h. Fermé Thanksgiving Day et le 25 décembre. Offrande. ✆ ☎ 617/523-6676.*

Les Américains ont un attachement tout particulier pour cette église à laquelle Longfellow dédia l'un de ses poèmes les plus fameux évoquant les deux lanternes, accrochées au clocher, qui donnèrent l'alarme à Paul Revere.

Construite en 1723, Old North Church est inspirée des réalisations de Christopher Wren à Londres. Sa flèche fut plusieurs fois démolie par des tempêtes ; l'actuelle date de 1954.

A l'intérieur, tout est blancheur, netteté et lumière.

Les larges baies s'ouvrant sur la verdure, les bancs fermés, la chaire – d'où le Président Ford inaugura le bicentenaire – sont caractéristiques des églises coloniales de Nouvelle-Angleterre. Remarquer l'orgue orné d'anges trompettistes.

Dans un petit musée attenant (**M**) sont présentées des copies des fameuses lanternes.

Copp's Hill Burying Ground – *Ouvert tous les jours.*

De tout temps, les langues des Bostoniens fourchèrent sur son nom, ce qui donnait Corpse Hill... (Corpse = cadavre). De très belles pierres tombales évoquent les grandes familles bostoniennes du 17e s.

De **Copp's Hill Terrace**, belle vue sur Charlestown, l'obélisque de Bunker Hill et les mâts du USS Constitution.

Pour revenir à proximité d'une station de métro prendre Salem Street et repasser sous le tunnel de Blackstone Street.

Cet ouvrage, périodiquement révisé, tient compte des conditions du tourisme connues au moment de sa rédaction.

Certains renseignements perdent de leur actualité en raison de l'évolution incessante des aménagements et des variations du coût de la vie.

Nos lecteurs sauront le comprendre.

★ **4 Government Center** *visite : 1/2 h – Plan p. 90-91*

Ce fut le point focal de la rénovation de Boston. En 10 ans, ce quartier a complètement changé de physionomie. Qui pourrait imaginer en voyant cette place moderne
qu'à cet emplacement en 1960 s'étendait **Scollay Square,** quartier insalubre, mal famé,
délabré, centre des plaisirs nocturnes et des commerces douteux ?
On pouvait y voir fumer une théière géante, enseigne d'un fameux magasin de thé,
qui fut pendant plus d'un siècle la grande distraction des enfants bostoniens.
Aujourd'hui une théière est toujours accrochée à Sears Crescent.

La rénovation – Sur les 24 ha récupérés après la démolition de Scollay Square, une
trentaine de bâtiments destinés à abriter les services administratifs furent élevés.
Une vaste place au pavement de brique, rappelant l'importance de ce matériel dans
l'architecture bostonienne, est encadrée par les bâtiments de l'administration fédérale : les tours-jumelles de **John F. Kennedy Federal Office Building** et le **Center Plaza
Building** qui par sa forme arrondie fait pendant au **Sears Crescent,** seul bâtiment du
19e s. conservé dans cet ensemble. Au Nord-Ouest de cette place le **State Service
Center,** œuvre de l'architecte Paul Rudolph, groupe autour de sa cour polygonale les
services de la Santé et de l'Emploi.

★★ **City Hall** – Situé au centre de la place, l'hôtel de ville est considéré comme une des
grandes réussites architecturales contemporaines. Sa réalisation fit l'objet d'un
concours dont les vainqueurs furent trois jeunes architectes : Kallman, Mc Kinnell et
Knowles.
Sa silhouette en pyramide renversée semble émerger du sol grâce à son socle de
brique ; le jeu des volumes et la découpe du bâtiment rappellent les différentes
fonctions d'un édifice public accessible à tous.

★★ **5 Le Waterfront** *visite : 2 h – Plan p. 90-91*

Durant la prospérité maritime de Boston, les grands voiliers, chargés de leurs
cargaisons exotiques, venaient accoster à ces quais. Ce port changea à plusieurs
reprises de physionomie : il fut comblé, coupé par des artères...
Rénové, le Waterfront est l'un des quartiers les plus agréables de Boston en dépit de
la voie express suspendue qui le traverse. Les entrepôts sur les quais ont été aménagés en appartements luxueux. Des boutiques, des restaurants s'y sont installés. Le
parc Christophe Colomb longe le port de plaisance et le relie à Faneuil Hall Marketplace.

★★★ **Faneuil Hall Marketplace** – Ce centre commerçant est un exemple réussi de rénovation et de réanimation d'un quartier. En quelques années, ce quartier d'entrepôts dé-
saffectés est devenu le grand lieu de rendez-vous des Bostoniens et des touristes attirés
par les restaurants, les terrasses de cafés en plein air, les boutiques d'artisanat, les
magasins d'ameublement et une atmosphère de fête permanente, colorée et vivante.
L'ensemble se compose de trois bâtiments en granit construit en 1825 par l'architecte Alexandre Parris. Celui du centre, **Quincy Market,** a été aménagé en marché. Sur
les côtés, des verrières abritent des charrettes de marchands d'artisanat, de gadgets,
et des cafés. Dans les deux autres bâtiments sont installés les magasins plus
luxueux. Dans **North Market** subsiste un restaurant fort populaire datant d'avant la
rénovation : **Durgin Park (B).**
Du côté du port, un bâtiment moderne en granit, de forme arrondie, le **Marketplace
Center,** abrite des boutiques élégantes.

★ **Commercial Wharf et Lewis Wharf** – Les entrepôts en granit font face aux
bateaux de plaisance amarrés à ces quais.

Long Wharf – De cet embarcadère partent les excursions dans le port *(p. 102).* La
structure en brique très sobre du **Long Wharf Hotel (E)** (dessinée par Cossutta – 1982)
est en harmonie avec les bâtiments traditionnels de Waterfront. A l'intérieur une
fresque de Rufus Porter représente le port de Boston au 19e s.

New England Aquarium – *Central Wharf. Visite du 1er juillet au 10 septembre le
lundi, le mardi et le vendredi de 9 h à 18 h, le samedi et le dimanche de 9 h à 19 h, le
mercredi et le jeudi de 9 h à 20 h. Le reste de l'année du lundi au mercredi et le
vendredi de 9 h à 17 h, le samedi et le dimanche de 9 h à 18 h, le jeudi de 9 h à 20 h.
$ 7.50.* ⚐ ✕ ☎ *617/973-52000.*
Autour d'un réservoir géant en verre, haut de 7 m, s'enroule une rampe qui mène à
différents niveaux. On pénètre dans une semi-pénombre, la lumière provenant
uniquement des 70 aquariums. Deux mille poissons y sont présentés selon leur type
et dans leur environnement naturel. Des panneaux éclairés et illustrés expliquent les
caractéristiques, les habitudes, les adaptations de poissons aussi étranges que
l'anguille électrique qui peut émettre une décharge de 650 volts, les poissons fossiles provenant d'Australie, un homard géant. Dans le réservoir central est reconstitué un fond sous-marin : autour de récifs évoluent des requins, des tortues géantes
et autres gros spécimens.
Cet aquarium offre d'autres attractions : la plongée d'hommes-grenouilles dans le
réservoir, des démonstrations avec des dauphins, des spectacles audiovisuels.

Custom House – Édifice de style néo-classique construit en 1847, il était à l'origine
surmonté d'un dôme qui fut remplacé en 1915 par la tour actuelle de 166 m. C'était
alors le bâtiment le plus élevé de Boston.

Rowe's Wharf – Autrefois ce quai était animé par les allées et venues des cargos,
des paquebots et des bateaux à vapeur. Aujourd'hui il est occupé par un immeuble
moderne de grand standing dont l'entrée, arche monumentale, donne accès à la
Waterfront Plaza.
En face de Rowe's Wharf, de l'autre côté de la voie express suspendue, s'élève la
haute tour cylindrique de **One International Place,** qui fait partie d'un complexe dessiné
par les architectes John Burger et Philip Johnson (1987).

★★ ⑥ Back Bay : Du Public Garden au Christian Science Center *visite : 1/2 journée – Metro Arlington*

Ce quartier de Boston gagné sur la mer *(voir p. 83)* est considéré comme l'une des plus belles réalisations d'urbanisme au 19e s. Suivant un plan très régulier, les rangées de maisons victoriennes de trois ou quatre étages bordent de larges avenues dont le fleuron est Commonwealth Avenue. C'est un quartier résidentiel animé par quelques rues commerçantes, Boylston Street, Newbury Street, fréquentées pour leurs boutiques élégantes et leurs galeries d'art. Plusieurs compagnies d'assurances y ont établi leurs bureaux. Les deux principales,

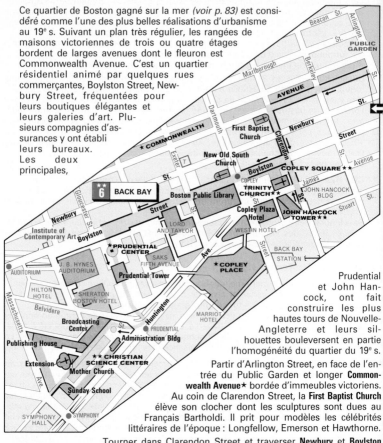

Prudential et John Hancock, ont fait construire les plus hautes tours de Nouvelle-Angleterre et leurs silhouettes bouleversent en partie l'homogénéité du quartier du 19e s.

Partir d'Arlington Street, en face de l'entrée du Public Garden et longer **Commonwealth Avenue**★ bordée d'immeubles victoriens. Au coin de Clarendon Street, la **First Baptist Church** élève son clocher dont les sculptures sont dues au Français Bartholdi. Il prit pour modèles les célébrités littéraires de l'époque : Longfellow, Emerson et Hawthorne.

Tourner dans Clarendon Street et traverser **Newbury** et **Boylston Streets** où l'on voit boutiques et restaurants.

★★**Copley Square** – Cette place très animée offre un curieux échantillonnage de l'architecture bostonienne des 19e et 20e s. La façade néo-Renaissance de la bibliothèque fait face aux silhouettes néo-romane de Trinity Church et néo-gothique de New Old South Church qui se reflètent dans la tour miroir, John Hancock Tower, un des exemples les plus avancés de l'architecture du 20e s. A ses pieds, le **Copley Plaza Hotel** a été dessiné par Hardenburg, architecte qui réalisa le Plaza Hotel de New York. En face s'élève le nouvel ensemble de Copley Place.

★★**Trinity Church** – *Ouvert de 8 h à 18 h. Visites guidées possibles du lundi au samedi.* ♿ ☎ *617/536-0944.*
Édifiée en 1877, cette église néo-romane est l'œuvre maîtresse de l'architecte Henry Hobson Richardson. Celui-ci avait fait ses études aux Beaux-Arts de Paris et avait été très marqué par l'architecture romane. Pour le clocher, il s'est inspiré de l'ancienne cathédrale de Salamanque et pour le porche, de St-Trophime à Arles.
La décoration intérieure fut confiée à John La Farge, autre ancien des Beaux-Arts de Paris, qui réalisa, en collaboration avec d'autres artistes, les fresques et les vitraux. Ceux-ci sont considérés comme des chefs-d'œuvre de cette forme d'art en Amérique.

★★**John Hancock Tower** – I. M. Pei fut le concepteur de cette tour de 60 étages qui élève ses 260 m au-dessus de Boston. Ayant la forme d'un parallélogramme, elle se présente sous des aspects très divers selon l'endroit d'où on l'observe.
De Copley Square, elle apparaît comme une pointe qui s'avance sur la place ; vue sous d'autres angles, c'est un grand plan-miroir où se reflètent le ciel et les bâtiments de Boston.

Observatoire – *Visite tous les jours. Fermé Thanksgiving et Noël. $ 2.75.* 🅿 ♿ ☎ *617/ 247-1977.* Au rez-de-chaussée, on peut voir une très bonne présentation historique et géographique de Boston sous forme de cartes lumineuses.
Au 60e étage, l'observatoire offre des **vues**★★★ superbes sur Boston et sa région. Par temps clair, on peut même voir Mt Monadnock dans le New Hampshire. Des sortes de lunettes sont pointées sur les différents bâtiments de Boston et permettent de les identifier. Un film de 5 minutes montre le Boston actuel tandis qu'une maquette topographique représente la ville en 1775.

Boston Public Library – *Visite du lundi au samedi. Fermé la plupart des jours fériés.* ♿ ☎ *617/536-5400.*
Les architectes **Mac Kim**, **Mead** et **White** se sont inspirés de la bibliothèque Ste-Geneviève à Paris pour la façade de style Renaissance italienne terminée en 1895. Devant les arches de l'entrée, sous les impressionnantes lanternes en fer forgé, siègent les deux statues de Bella Pratt « l'Art » et la « Science ».

L'intérieur présente une débauche de marbres, de mosaïques, de fresques, œuvres de Puvis de Chavannes, de John Singer Sargent et de Edwin Abbey.

L'annexe moderne contiguë, construite en 1973, fut conçue par Philip Johnson qui chercha à créer une certaine unité avec l'ancien bâtiment par l'emploi du matériau et des arches.

★Copley Place – Construit au-dessus d'un échangeur de l'autoroute, ce très vaste immeuble comprend deux luxueux hôtels, des bureaux, une galerie marchande, un grand magasin (Neiman-Marcus), des appartements et un parking de 1 500 places. Des passerelles en verre enjambant Stuart Street et Huntington Avenue le relient au Westin Hotel et à Prudential Center. L'atrium central est agrémenté d'une **sculpture-fontaine★** en granit et travertin, œuvre de Dimitri Hadzi.

Rejoindre Boylston Street jusqu'à Prudential Center. De là on peut voir l'institute of Contemporary Art (voir plus loin : les musées).

★Prudential Center – Cet imposant centre d'affaires, œuvre de Charles Luckman Associates, fut édifié entre 1960 et 1970 à l'emplacement d'un réseau de voies ferrées. Il comprend Prudential Tower (245 m), l'hôtel Sheraton, trois immeubles résidentiels, un auditorium de 5 200 places : John B Hynes Veterans Auditorium, un parking de 3 500 places et des magasins dont deux grandes surfaces « Saks fifth Avenue » et « Lord and Taylor ».

Prudential Tower – *Accès à l'observatoire (Skywalk) tous les jours. $ 2.75.* 🅿 🕭 ☎ *617/236-3318.*

Du 50ᵉ étage de cette tour on a de très belles **vues★★★** sur Boston. A l'Ouest : Brookline et le Fenway ; au Nord : Cambridge et au premier plan Back Bay ; à l'Est : Beacon Hill et le centre d'affaires ; au Sud : South End et le port.

Traverser Prudential Center jusqu'à Huntington Avenue puis tourner à droite.

★★Christian Science Center – Cet harmonieux ensemble architectural se reflétant dans une pièce d'eau centrale symbolise la puissance de la communauté religieuse des Scientistes.

La naissance de la religion scientiste – En 1866, à Concord (New Hampshire) une femme de 44 ans, **Mary Baker Eddy**, tombe malade. Profondément religieuse, elle se plonge dans la lecture de la Bible et lit plus particulièrement les chapitres ayant trait aux guérisons du Christ. Elle guérit. Pour elle c'est une révélation : la matière, le corps ne sont qu'illusion et c'est uniquement par l'esprit que l'on peut guérir. Après neuf ans d'une étude approfondie de la Bible, elle publie la première édition de son « Science and Health » (Science et Santé). En 1879, elle crée une organisation ecclésiastique « The Church of Christ Scientist » et deux ans plus tard fonde un collège métaphysique destiné à former des missionnaires scientistes. La communauté religieuse se développe alors.

Le Christian Science Monitor – Ce journal quotidien créé en 1908 a une telle réputation de sérieux qu'il est entré dans le langage populaire « As the Monitor says... » (comme dit le Monitor) est une référence signifiant « c'est un fait ». Il ignore le sensationnel pour ne s'intéresser qu'aux problèmes de fond. Des correspondants dans le monde entier et un système d'imprimerie à la pointe du progrès en font un des journaux les plus réputés des États-Unis, distribué dans 120 pays.

La religion scientiste aujourd'hui – Aux États-Unis cette congrégation compte environ 2 400 paroisses et associations. Elle touche surtout des gens âgés d'un milieu aisé. Les pratiquants doivent se rendre tous les dimanches au service où leur est fait la lecture de la Bible et des textes de Mary Baker Eddy. Des écoles du dimanche servent à catéchiser les nouveaux disciples.

L'ensemble architectural – L'ancien Christian Science Center, comprenant l'église originelle **(Mother Church)** de 1894, la Mother Church Extension de 1904 et la **Publishing House** de 1933, a été très largement agrandi par l'architecte I. M. Pei en 1972, et se révèle être une belle réussite. Anciens et nouveaux bâtiments : la tour de 26 étages **(Administration Building)** pour les bureaux, la **Colonnade** (contenant des boutiques, des studios de radio et de TV, une bibliothèque) et le bâtiment arrondi de l'école du dimanche **(Sunday School)**, se fondent en un ensemble homogène et équilibré autour de la vaste pièce d'eau.

Visite du mardi au dimanche. 🅿 🕭 ☎ *617/450-3790.*

On entre par l'**Extension**, sorte de basilique de style byzantin et Renaissance. Sous sa coupole reposant sur des arches, cette église peut contenir 3 000 personnes. L'**église originelle** de style néo-roman ne sert plus qu'aux réunions. Elle est décorée de vitraux.

La **Publishing House** *(visite guidée, 1 h, du lundi au vendredi)* abrite les bureaux de la rédaction et l'imprimerie du Christian Science Monitor. Un globe terrestre de 10 m de diamètre réalisé en vitraux, le **Mapparium**, peut être visité *(du mardi au samedi)*.

LES MUSÉES *voir plan p. 86-87*

★★★Isabella Stewart Gardner Museum (EZ) – *280 The Fenway. Métro : prendre la ligne verte direction Arborway et s'arrêter à Ruggles-Museum sur Huntington Avenue. Visite du mardi au dimanche de 11 h à 17 h. Fermé la plupart des jours fériés. $ 6. Visite guidée (1 h) le vendredi à 14 h 30.*

Ce musée est l'un des endroits favoris des Bostoniens qui aiment y flâner et y écouter des concerts *(de septembre à mai le week-end à 13 h 30.* 🕭 ✗ ☎ *617/566-1401.*

Isabella Stewart Gardner (1840-1924), New-Yorkaise devenue Bostonienne par son mariage avec John Lowell Gardner en 1860, devait toute sa vie défrayer la chronique mondaine de la vieille ville puritaine par ses excentricités à la Sarah Bernhardt. On la voyait boire de la bière au lieu de thé, fréquenter des artistes et des écrivains.

Sa passion était de rassembler des œuvres d'art. Elle fit de nombreux voyages en Europe, en rapportant des merveilles, conseillée souvent par le critique d'art Bernhardt Berenson. Puis elle fit édifier ce palais, de style vénitien du 15ᵉ s. pour les présenter. Rien n'a changé depuis sa mort en 1924. De beaux jardins entourent ce palais et la cour intérieure abritée par une verrière donne l'impression d'un éternel été vénitien.

Rez-de-chaussée – Dans le **cloître espagnol**, les murs sont couverts de céramiques mexicaines du 17ᵉ s. qui mettent en valeur le tableau de John Singer Sargent : *El Jaleo.*

La **cour intérieure**, avec son jardin et les balcons de ses fenêtres vénitiennes abondamment fleuries, est un

La cour intérieure de I. S. Gardner Museum

merveilleux havre de paix. Le sol est décoré de superbes mosaïques romaines provenant de la villa Livia.

Dans les **petites galeries** autour de la cour, sont présentées des peintures françaises ou américaines des 19ᵉ et 20ᵉ s. On peut y voir des tableaux de **Degas, Manet** et le premier **Matisse** introduit aux États-Unis : *Terrasse de St-Tropez.*

Premier étage – La **salle des primitifs italiens** abrite près de la fenêtre une œuvre de Fra Angelico : *la Mort et l'Assomption de la Vierge*, un dessus d'autel de Simone Martini : *la Vierge et les Saints,* une très belle miniature par Gentile Bellini : *Portrait d'un artiste turc,* un fragment de fresque de Piero della Francesca (15ᵉ) représentant Hercule.

La **salle de Raphaël** doit son nom à deux œuvres de l'artiste dont le *Portrait du Comte Tommaso Inghirami.* En face, *l'Annonciation,* d'un auteur inconnu, est un bel exemple de la peinture du 15ᵉ s. *La tragédie de Lucrèce* est une œuvre de Botticelli. Dans une salle voisine un tableau de Anders Zorn représente Mrs Gardner dans un palais à Venise. On traverse ensuite un petit salon décoré de boiseries vénitiennes du 18ᵉ s.

La **salle des tapisseries** sert de cadre aux concerts. Deux très belles séries de tapisseries de Bruxelles du 16ᵉ s. racontent l'une la vie d'Abraham, l'autre celle de Cyrus le Grand.

La **salle hollandaise** est particulièrement riche avec un des 36 Vermeer existant dans le monde, *le Concert,* un portrait fameux de Rubens : *Thomas Howard, comte d'Arundel,* et quatre œuvres de Rembrandt dont la seule marine de lui qui soit connue : *Tempête sur la mer de Galilée.*

Deuxième étage – Après la **salle Véronèse**, dont les murs sont recouverts de cuirs repoussés espagnols et vénitiens, on entre dans la **salle du Titien** qui contient un chef-d'œuvre de ce peintre : *l'Enlèvement d'Europe.*

Dans la **longue Galerie**, la sculpture en terre cuite peinte, représentant la *Madone adorant l'enfant,* est considérée comme l'un des plus beaux exemples de la sculpture Renaissance conservés en Amérique. En face un autre tableau de Botticelli : *la Vierge de l'Eucharistie* (1410). Plus loin, à droite, le *Portrait d'une jeune femme* par Paolo Uccello est représentatif de l'art du portrait au milieu du 15ᵉ s. à Florence. A gauche, un très beau dessus d'autel représentant *la Vierge et l'Enfant avec des Saints et des Anges* (1307) est l'œuvre de Giuliano de Rimini. La galerie au fond est occupée par un vitrail du 13ᵉ s.

La **salle gothique** présente le portrait en pied d'Isabella Stewart Gardner peint par son ami John Singer Sargent. A côté un petit tableau, la *Présentation du Christ au temple,* est attribué à Giotto, le maître de l'École Florentine du 14ᵉ s.

***Museum of Fine Arts** (Musée des Beaux-Arts) (EZ) – *465 Huntington Avenue – Métro : prendre la ligne verte direction Arborway et dans la partie aérienne qui suit Huntington Avenue, s'arrêter à Ruggles-Museum.*
Visite de 10 h à 16 h 45 (21 h 45 le mercredi). Fermé lundi, veille de Noël, Noël, jour de l'An, 4 juillet, Tanksgiving. $ 7. 🅿 ⚹ ✗ 🍴 ☎ *617/267-9300.*

Les collections privées de ces riches Bostoniens qui parcouraient le monde au 19ᵉ s. formèrent le fonds du musée des Beaux-Arts, créé en 1876 et installé dans un bâtiment à Copley Square. Au début du 20ᵉ siècle, devant l'extension des collections, on construisit le bâtiment actuel dans le style néo-classique en vogue à l'époque. Il reçut ses premiers visiteurs en 1905.

L'aile Ouest, dessinée par I. M. Pei, a été construite en 1981. Cette structure en granit, s'élevant sur 3 niveaux, englobe une vaste galerie d'exposition, recouverte d'une verrière, ainsi qu'un auditorium, une librairie, une boutique, un restaurant et une cafétéria.

Le musée comprend huit départements : art asiatique, antiquités égyptiennes, antiquités grecques et romaines, arts décoratifs européens, art américain, peintures européennes, estampes, dessins et photographies, textiles.

★★★**Département asiatique** – Chine, Japon, Corée, Inde et art islamique.

Les collections japonaises et chinoises sont exceptionnelles. Dès 1879, Edward Morse, Ernest Fenollosa et Sturgis Bigelow firent de longs séjours au Japon. Ils en rapportèrent des collections d'œuvres d'art dont ils firent don au musée, donations qui constituèrent la base de ce département.

L'art japonais commença à se développer au 6e s. quand la culture chinoise et le bouddhisme parvinrent au Japon via la Corée. La peinture fut l'un de ses moyens d'expression favoris et le Museum of Fine Arts en possède de très beaux exemples datant de différentes époques, du 13e s. : *l'Incendie du palais Sanjo,* au 18e s. : *les Gais Quartiers de Kyoto,* merveilleux témoignages sur la vie, les costumes... Les statues sont remarquables par leur sobriété. Le *Miroku Bosatsu* (12e s.) et le *Sogyo Hachinan* (14e s.), statue en bois puissante dans sa simplicité, sont des représentations d'un Bodhisattva et d'un prêtre bouddhiste.

L'art chinois se signale par une belle collection de céramiques de différentes périodes, dont la collection Hoyt comprenant des céladons coréens. Deux statues sont particulièrement remarquables dans des styles très opposés : un **Bodhisattva** en pierre (6e s.) et la superbe statue en bois polychrome de **Kuan Yin** (12e s.) à la pose nonchalante. Les collections indiennes et islamiques comprennent aussi quelques belles pièces.

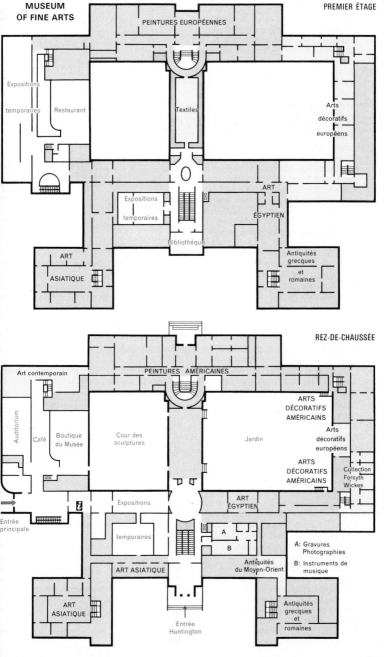

MUSEUM OF FINE ARTS — PREMIER ÉTAGE

PEINTURES EUROPÉENNES

Expositions temporaires — Restaurant — Textiles — Arts décoratifs européens

Expositions temporaires — ART ÉGYPTIEN

Bibliothèque

ART ASIATIQUE — Antiquités grecques et romaines

REZ-DE-CHAUSSÉE

Art contemporain — PEINTURES AMÉRICAINES — ARTS DÉCORATIFS AMÉRICAINS

Auditorium — Café — Boutique du Musée — Cour des sculptures — Jardin — Arts décoratifs européens

ARTS DÉCORATIFS AMÉRICAINS — Collection Forsyth Wickes

Entrée principale — Expositions temporaires — ART ÉGYPTIEN

A — B — A: Gravures Photographies — B: Instruments de musique

ART ASIATIQUE — Antiquités du Moyen-Orient

ART ASIATIQUE — Entrée Huntington — Antiquités grecques et romaines

★★**Département égyptien** – Grâce aux fouilles entreprises par le musée et par l'université de Harvard dès 1905, le musée possède une admirable collection concernant l'**Ancien Empire** (2778-2360 av. J.-C.).

Les sites fouillés comprenaient une des pyramides de Gizeh construite par le pharaon Mykerinos et la reine Chamerernebti de la 4ᵉ dynastie. Les statues de ce couple royal comptent parmi les plus anciennes représentations d'un couple. A côté, le buste du **prince Ankh Haf** est d'un réalisme surprenant.

Une autre expédition à Deir el-Berseh et au Soudan permit de découvrir des œuvres datant de la 12ᵉ dynastie : les très beaux cercueils peints du prince Djehuty-nekht et de son épouse, les statuettes, représentant des porteurs d'offrandes, qui se trouvaient dans le même tombeau et la superbe statue de femme en granit noir que l'on a surnommée **Lady Sennoui.**

★★**Antiquités grecques et romaines** – La collection de pierres, de camées, d'intailles, de pièces de monnaie, fut rassemblée par Warren, conservateur du musée à la fin du 19ᵉ s. C'est à lui que l'on doit la plus grande partie de ce département qui comprend une belle collection de vases grecs du 5ᵉ s. av. J.-C., un bas-relief grec à trois côtés, du 5ᵉ s. av. J.-C., surnommé « le trône de Boston », une ravissante tête d'Aphrodite appelée **« Bartlett Head »** du nom de son donateur, une boucle d'oreille en or représentant un conducteur de char ailé (4ᵉ s. av. J.-C.) qui devait orner une statue de culte, et enfin l'exquise statuette minoenne en ivoire et or, la **Déesse aux serpents,** datant du 16ᵉ s. av. J.-C.

★★**Collection américaine** – L'art américain est représenté essentiellement par des peintures, des meubles et de l'argenterie.

En **peinture** les artistes américains ont pratiqué l'art du portrait dès le 17ᵉ s. comme le montre le portrait naïf de Robert Gibbs.

Le 18ᵉ s. fut dominé par deux grands portraitistes : Gilbert Stuart, dont on peut admirer ici les deux portraits les plus fameux : *George et Martha Washington,* et John Singleton Copley, qui fut le peintre des riches marchands de Boston et de leurs familles. Il exécuta entre autres les portraits de *Samuel Adams* et *Paul Revere.*

Au 19ᵉ s., les peintres sont plus attirés par la représentation de paysages, surtout de scènes maritimes ; la mode est aux voyages, à la découverte des océans avec les œuvres de Fitz Hugh Lane et Abbott Whistler... et les belles scènes plus familières de Winslow Homer : *The Lookout – All's Well.* A la même époque

George Washington

John Singer Sargent et Mary Cassatt, qui ont vécu en Europe, sont assez proches des impressionnistes. Pour la composition de son tableau représentant *les Filles de Boit,* Sargent s'inspira des *Menines* de Vélasquez.

Au 20ᵉ s., et surtout ces dernières décennies, les peintres américains ont souvent été les initiateurs de nouveaux courants ; citons Jackson Pollock (1912-1956), l'un des maîtres de l'Action Painting ; Roy Lichtenstein ; Andy Warhol, représentant de l'Op Art ; ou Franck Stella, adepte du Minimal Art. Des toiles de tous ces peintres sont exposées dans l'aile Ouest ainsi que celles de Georgia O'Keefe et de Morris Louis.

Les **arts décoratifs** sont représentés par de très belles collections de meubles, chefs-d'œuvre d'ébénistes de New York, Philadelphie, Newport et Boston. Un grand nombre provient de la superbe collection du 19ᵉ s. réunie par les Karolik.

L'argenterie, héritage de l'Angleterre, est aussi à l'honneur. On remarque le Liberty Bowl (1768), dédié aux membres de la législature du Massachusetts qui s'étaient soulevés contre la couronne.

Arts décoratifs européens – Ce département comprend de très belles pièces médiévales dans le domaine de la statuaire et des émaux.

Au rez-de-chaussée la **collection Forsyth Wickes** rassemble de ravissants intérieurs français dont un charmant salon Louis XV.

★★**Peintures européennes** – La plupart des écoles européennes du Moyen Age à nos jours sont représentées.

Une chapelle catalane, décorée de fresques du 12ᵉ s., montre un exemple intéressant de peinture romane.

De l'école flamande du 15ᵉ s., on peut admirer le superbe tableau de Roger Van der Weyden : *Saint Luc peignant la Vierge.* A côté de quelques primitifs italiens, on trouve l'un des plus beaux tableaux de Tiepolo : *le Temps dévoilant la Vérité,* magnifique allégorie. L'école espagnole est représentée par Le Greco *(Frère Félix),* Vélasquez, Zurbarán *(Saint François)* et Goya.

Le 19ᵉ s. français est particulièrement à l'honneur. Les Américains se montrèrent précurseurs dans leur appréciation des pré-impressionnistes (Delacroix, Courbet, Corot, Millet), puis des impressionnistes et achetèrent un grand nombre de leurs œuvres alors qu'elles étaient encore dédaignées en France. Une grande partie des tableaux qui se trouvent ici proviennent de collections particulières. On peut ainsi trouver quelques chefs-d'œuvre de Renoir *(le Bal à Bougival),* de Monet *(la Japonaise),* de Degas, de Manet *(Chanteuse de rue* et l'*Exécution de Maximilien),* de Van Gogh *(le Facteur Roulin).* Le tableau le plus célèbre est le *D'où venons-nous ? Que sommes-nous ? Où allons-nous ?,* testament spirituel de Paul Gauguin qui illustre ses interrogations sur la vie et la destinée de l'homme.

Parmi les œuvres de peintres européens modernes et contemporains (exposées dans une galerie au rez-de-chaussée), on reconnaîtra celles de Gris, Kandinsky, Miró, Munch et Picasso *(l'Enlèvement des Sabines).*

★★**Children's Museum** (FZ **M**[1] – *Museum Wharf. Visite de 10 h à 17 h (21 h le vendredi). Fermé le lundi sauf de mi-juin à fin août, le 1er janvier, Thanksgiving Day et le 25 décembre. $ 7 ($ 1 le vendredi de 17 h à 19 h).* ♿ ☎ *617/426-8855.*
Ce musée conçu pour les enfants intéressera aussi les adultes. Il comprend de nombreux jeux, tout en étant très instructif. Les enfants peuvent apprendre à se servir d'un ordinateur, à réaliser une émission de télévision ou à se mettre dans la situation d'un handicapé... Ils sont accueillis dans un wigwam indien et dans une authentique maison japonaise où ils participent à une cérémonie du thé. Le club-house propose des activités pour les adolescents.

★★**Museum of Science** et **Charles Hayden Planetarium** (FY) – *Métro : Science Park. Visite de 9 h à 17 h. Fermé Thanksgiving Day et le 25 décembre. $ 6.50.* 🅿 ♿ ✗ ☎ *617/723-2500.*
Ce vaste musée installé dans un bâtiment moderne, sur un barrage, domine la Charles River. Il fera le bonheur des enfants et celui des adultes qui découvriront les nouveaux aspects de la science et de la technologie.
Des dioramas présentent la faune et la flore de la Nouvelle-Angleterre. La plupart des expositions techniques sont présentées sous forme de jeux. On peut faire fonctionner des ordinateurs, entendre sa voix au téléphone telle qu'elle résonne aux oreilles d'un interlocuteur, observer le mouvement des vagues dans un réservoir... Une tranche de séquoia géant, datant de 2 millénaires, voisine avec les techniques de l'espace. Une « femme transparente » raconte la composition de son corps.
Dans le **Hayden Planetarium**, les programmes présentent à tour de rôle les galaxies.

★**John Fitzgerald Kennedy Library** (CX *plan p. 101) – Columbia Point à Dorchester près de l'Université du Massachusetts – Visite tous les jours. $ 5.* 🅿 ♿ ✗ ☎ *617/929-4500.*
Cette bibliothèque-mémorial dédiée au Président John Kennedy a été réalisée par l'architecte I.M. Pei. Vaste structure de béton et de verre, cernée en partie par la mer, elle s'élance comme une flèche face à la ligne des gratte-ciel de Boston. Des milliers de documents, d'archives, de lettres, de souvenirs, de photos, laissés par le Président Kennedy ou ayant trait à sa personne ont été réunis dans la bibliothèque. La visite commence par un film de 35 mn qui présente la vie et l'œuvre politique de John Kennedy. Dans les salles d'exposition sont réunis des souvenirs se rattachant à sa vie.

Computer Museum (FZ **M**[1]) – *Museum Wharf. Ouvert tous les jours de fin juin à Labor Day. Fermé le lundi le reste de l'année et les jours fériés. $ 7.* ♿ ☎ *617/423-6758.*
Les visiteurs seront impressionnés par l'évolution technologique de l'informatique depuis les années 1950. Le musée retrace l'histoire des machines à calculer, du simple boulier à l'ordinateur le plus perfectionné, programmé pour imiter le raisonnement humain. Parmi les ordinateurs exposés, on remarque le **« Whirlwind »**, le **Q7** – où les codes ont été remplacés par un langage rendant les ordinateurs beaucoup plus accessibles au grand public – et le **SAGE**, système sophistiqué utilisé par l'armée américaine pendant plus de 30 ans.
Dans certaines salles, les visiteurs peuvent s'entraîner sur divers ordinateurs et, entre autres, écouter parler l'un d'eux et entretenir une conversation avec lui, piloter un Jumbo jet sur simulateur de vol ou créer leurs propres images.

Institute of Contemporary Art (EZ) – *955 Boylston Street. Visite du mercredi au dimanche. Fermé les jours fériés et entre les expositions. $ 5, gratuit le mercredi et le jeudi de 17 h à 19 h.* ☎ *617/266-5151.*
Aménagé dans un bâtiment en grès (brownstone) très caractéristique de la fin du siècle dernier, cet institut présente des expositions sur les courants actuels de l'art (peinture, sculpture, vidéo...).

AUTRES CURIOSITÉS

Tea Party Ship (FZ – *plan p. 87) – Congress Street Bridge. Visite tous les jours de mars à mi-décembre. Fermé Thanksgiving Day. $ 6.* ☎ *617/338-1773.*
La réplique du « Beaver II », l'un des trois bateaux sur lesquels se déroula la fameuse Tea Party *(voir p. 83)*, flotte le long du pont de Congress Street. A côté, un petit musée évoque cet épisode.

Excursions en bateau dans le port de Boston

George's Island – *Départs de Long Wharf tous les jours de Memorial Day à Columbus Day ; 3/4 h. $ 6.* 🅿 ♿ ✗ *Bay State Cruise Co.* ☎ *617/723-7800.* Cette croisière donne une bonne vision du port de Boston et permet de découvrir George's Island et le Fort Warner.

Croisières musicales – *Départs de Long Wharf (plan p. 91) le vendredi à 19 h et 21 h de juin à août. Durée 2 h. De $ 14.5 à $ 16.50.* 🅿 ♿ ✗ *Water Music Inc.* ☎ *876-7777.* Visite du port en écoutant de la musique.

Croisières d'observation des baleines (Whale-Watching) – *Départs de Long Wharf à 8 h 30 de mi-juin à Labor Day du mercredi au dimanche, du 11 avril à mi-juin et de Labor Day à Columbus Day, les week-ends seulement. Fermé le 14 juillet. Durée : 7 h. $ 18.* 🅿 ♿ ✗ *Bay State Cruise Co.* ☎ *617/723-7800.*

Chinatown (FZ – *plan p. 87)* – Ce quartier chinois est le centre régional des 43 000 Chinois résidant en Nouvelle-Angleterre qui y retrouvent les restaurants et boutiques de leur pays. Pour le Nouvel An chinois (en janvier ou février selon les années) se déroule un festival avec une parade, des dragons, des pétards pour effrayer les passants.

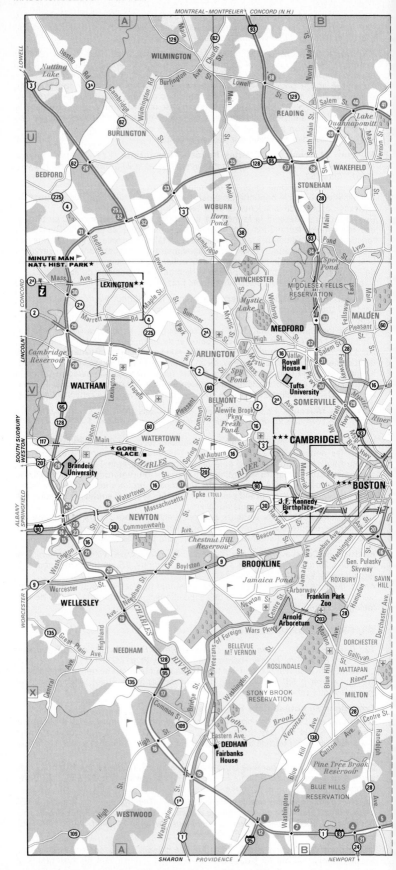

Pour un bon usage des plans de villes, consultez la légende p. 2.

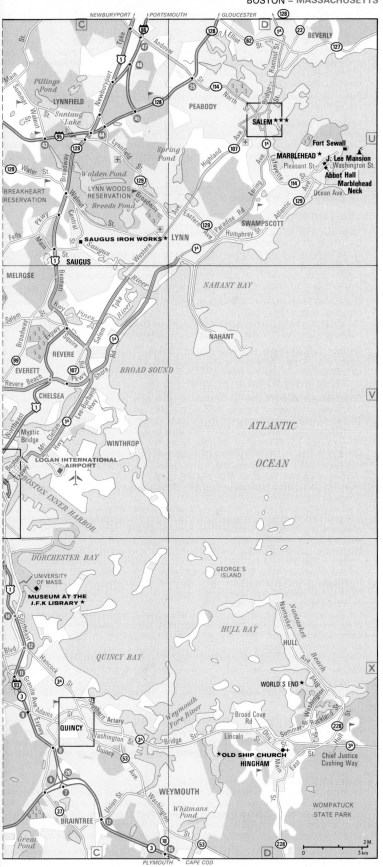

Les plans de villes sont toujours orientés le Nord en haut.

Arnold Arboretum (BX – *plan p. 100*) – *Aborway. Ouvert du lever au coucher du soleil.* 🅿 ☎ *617/ 524-1718.*
Cet arboretum de 107 ha, qui sert de centre de recherches et d'études, est administré par Harvard University et le département des Parcs. Plus de 7 000 espèces d'arbres, de fleurs et de buissons y poussent dans un cadre vallonné. C'est un superbe lieu de promenade surtout en mai et juin au moment de la floraison des lilas, des rhododendrons et des azalées.

Promenade conseillée : Jamaica Plain Gate jusqu'à l'étang *(1/4 h)* ; de l'étang à Bonsaï House *(1/4 h)* ; de Bonsaï House à Bussey Hill – belle vue *(1/4 h).*

Franklin Park Zoo (BX – *plan p. 100*) – *Blue Hill and Columbia Road. Visite tous les jours. Fermé le 1er janvier, Thanksgiving Day, 25 décembre. $ 5.*
Ce zoo abrite des animaux de toutes origines. Le **Children Zoo**, conçu spécialement pour les enfants, présente de petits animaux auxquels on peut donner à manger.

EXCURSIONS

★★★**CAMBRIDGE** – *Voir à ce nom.*

★**CHARLESTOWN** (FY – *plan p. 87*).

Situé sur une colline au Nord de Boston, de l'autre côté de l'embouchure de la Charles River, Charlestown se reconnaît à son obélisque : Bunker Hill Monument. Autre fierté de la ville, le navire USS Constitution est amarré le long de ses quais. Les bâtiments coloniaux de Charlestown furent brûlés par les Anglais pendant la bataille de Bunker Hill *(voir p. 82)* et remplacés par les maisons de style fédéral qui bordent les rues montant vers le Monument.

Bunker Hill Monument – *Monument Square, Lexington et High Streets. Visite tous les jours.* 🕭 ☎ *617/242-5641.*
Cet obélisque de 73 m commémore la bataille de Bunker Hill, le 17 juin 1775. Depuis l'observatoire (294 marches) belle **vue★** sur Charlestown et le port de Boston.

Bunker Hill pavilion – *55 Constitution Street. Ouvert tous les jours d'avril à novembre. Fermé Thanksgiving Day. $ 3.* 🅿 🕭 ☎ *617/241-7575.*
Le spectacle audiovisuel **« Whites of Their Eyes »** décrit, pendant une demi-heure, la bataille de Bunker Hill vue par un soldat américain.

Charlestown Navy Yard – La création de ce chantier en 1800 fit de Charlestown un centre de construction navale. Aujourd'hui c'est un Parc national historique présentant le USS Constitution, son musée et la Commandant House.
Commencer la visite par le Visitor Information Center *(ouvert tous les jours.* 🕭 ☎ *617/426-1812)* qui présente l'histoire du chantier naval. Des visites guidées par les Rangers le long du Freedom Trail sont proposées *(se renseigner au* ☎ *617/242-5601).*

★★**USS Constitution** – *Visite guidée (3/4 h) tous les jours de 9 h 30 à 15 h 30, visite libre de 15 h 30 au coucher du soleil.* 🕭 ☎ *617/242-5670.*
« Le vieil invincible » représente une page d'histoire ; c'est un lieu de pèlerinage qui s'impose à tout Américain.
Il fut construit en 1797 quand les 13 nouveaux États américains décidèrent d'avoir leur propre flotte. Le bois nécessaire fut fourni par l'ensemble des États. Quatre ans plus tard, il sillonnait la Méditerranée comme vaisseau amiral à la tête de la flotte américaine qui se battait contre les « barbaresques » de Tripoli.
Pendant la guerre de 1812, il s'illustra dans un combat qui l'opposait au navire anglais « Guerrière » dans l'embouchure du St-Laurent. L'Anglais essaya de défoncer les flancs du USS Constitution, en vain. Cette solidité le fit baptiser « Old Ironsides » (Vieux flancs d'acier) et c'est sous ce surnom qu'il fut immortalisé en 1820 par le poète Oliver Wendel Holmes dans une sorte de pamphlet destiné à sauver le navire de la destruction.
Les Américains, sensibilisés, envoyèrent de l'argent et le bâtiment ragaillardi repartit pour une nouvelle carrière qui devait l'emmener entre autres en France pour l'Exposition universelle. En 1897, son centenaire fut célébré et, en 1925, il fut presque complètement remis à neuf.
On peut le visiter, voir ses 44 canons et imaginer la vie de ses 450 hommes d'équipage.

Constitution Museum (FY M) – *Visite tous les jours. $ 3.* 🅿 $ 1 *l'heure.* 🕭 ✕ ☎ *617/426-1812.*
Des expositions commémorent l'histoire mouvementée du USS Constitution de 1794 à nos jours.

BROOKLINE (BX – *plan p. 100*) – 51 680 h.
Cette ville est pratiquement enclavée dans le périmètre de Boston. C'est ici que naquit le président **John F. Kennedy** et l'on peut voir sa maison natale *(83 Beals Street, visite guidée (1/2 h). Fermé le 1er janvier, Thanksgiving Day et le 25 décembre.* ☎ *617/566-7937)* (BV).

WALTHAM (AV – *plan p. 100*) – 57 878 h.
Waltham est un centre industriel important spécialisé dans la production d'équipements électroniques. C'est le site d'une des universités les plus prestigieuses des environs de Boston : **Brandeis University**. Créée en 1948 et financée par la communauté juive, elle est ouverte à 3 600 étudiants de toutes croyances comme en témoignent ses trois chapelles : la juive, la protestante et la catholique, connues pour leur architecture.

★**Gore Place** – *52 Gore Street. Visite guidée (1 h) du 15 avril au 15 novembre. Fermé lundi et jours fériés et le reste de l'année. $ 4.* ☎ *617/894-2798.*
Cette ancienne résidence du politicien Christopher Gore est un des plus beaux exemples du style fédéral. Les Gore décidèrent de la faire construire alors qu'ils étaient en Europe et ce fut l'architecte français Jacques Guillaume Legrand qui en

dessina les plans. Elle fut commencée en 1805. La partie centrale arrondie qui fait son originalité est d'inspiration française. A l'intérieur, remarquer l'escalier et les salles de réception ovales.

SAUGUS (CU – *plan p. 101)* – 25 313 h.

Dans cette petite ville de la banlieue Nord de Boston ont été reconstituées des forges, telles qu'elles existaient au 17e s.

★**Saugus Iron Works** – *244, Central Street. Pour s'y rendre de la route 1, sortir à Saugus Main Street, gagner le centre, au rond-point prendre Central Street. Visite tous les jours.* & ☎ *617/233-0050.*
Les forges de Hammersmith commencèrent à fonctionner à Saugus dès 1646. De nombreux ouvriers y furent formés, ce qui permit de développer d'autres forges similaires dans les colonies d'Amérique. Les bâtiments administrés par le Service des parcs nationaux comprennent :
– Le **musée**, destiné à montrer le résultat des fouilles qui ont permis la reconstitution des forges. Un schéma explique le procédé de transformation du minerai.
– La **maison du maître de forge** (Iron Master's House), le seul bâtiment d'origine. Cette maison est un très bel exemple de l'architecture coloniale du 17e s. avec sa haute cheminée, ses pignons, ses fenêtres à petits carreaux et le premier étage en encorbellement décoré de pendants. Elle servait de domicile, de lieu de réunion, de bureau. A l'intérieur, les meubles sont représentatifs des styles élisabéthain et jacobéen.
– Les **bâtiments de la forge** avec le four, où le minerai était transformé ; la forge équipée de trois feux et de quatre roues à eau où l'on assouplissait les barres de fer ; l'atelier de laminage et la fonderie ; et la Iron House où étaient stockés les produits de la forge avant d'être transportés sur la Saugus River jusqu'à Lynn et Boston.

LINCOLN 7 666 h.

De Cordova Museum *15 miles à l'Ouest de Boston. De la route 128, sortie 47, suivre Trapelo Road vers l'Ouest jusqu'au centre de Lincoln, puis continuer 1 mile dans Sandy Pond Road. Visite du mardi au dimanche. $ 4.* ☎ *617/259-8355.*
Situé dans un très beau cadre de verdure, ce musée organise des expositions temporaires de peinture et d'artisanat ainsi que des concerts de musique.

Gropius House *16 miles à l'Ouest de Boston. De la route 128, sortie 47, suivre Trapelo Road vers l'Ouest jusqu'à Sandy Pond Road, à une fourche prendre à gauche Baker Bridge Road jusqu'au n° 68. Visites guidées (1 h) de juin à mi-octobre les vendredi, samedi et dimanche le reste de l'année les week-ends seulement $ 5.* ☎ *617/259-8843.*
Cette maison où demeura l'architecte Walter Gropius (1883-1969), fondateur du Bauhaus, fut dessinée par lui-même et son associé Marcel Breuer. Elle est à l'image du style sobre et fonctionnel – comportant de nombreux éléments préfabriqués – qui fit la célébrité de Gropius.

SOUTH SUDBURY 14 358 h.

20 miles à l'Ouest de Boston, sur la Old Post Road (route 20) (AV). La très belle auberge, **The Wayside Inn**, reçoit des voyageurs depuis 1702. Elle fut rendue célèbre par les contes de Longfellow *Tales of the Wayside Inn,* puis fut rachetée en 1923 par Henry Ford qui la restaura.
Cette auberge accueille toujours les hôtes, mais on peut aussi s'y arrêter le temps d'une visite *(de 9 h à 18 h.* ☎ *508/443-1776).* Les pièces ont été décorées selon différents styles avec des meubles d'époque. On voit successivement la salle de bal, la chambre des cochers, la chambre de La Fayette, le salon de Longfellow.

AUTRES CURIOSITÉS AUX ENVIRONS DE BOSTON

Dedham (BX) – En 1921, cette petite ville connut la célébrité avec le procès de Sacco et Vanzetti accusés d'un meurtre présumé, et dont l'exécution, en 1927, souleva l'opinion publique mondiale.

Fairbanks House – *511 East Street. Visite guidée (1 h) de mai à novembre du mardi au dimanche. $ 5.* ☎ *617/326-1170.*
Construite en 1636, cette maison en bois est l'une des plus anciennes des États-Unis. Ses onze pièces contiennent des souvenirs des générations qui s'y succédèrent.

Medford (BV) – Dans cette banlieue résidentielle de Boston s'est installée **Tufts University**. La **Isaac Royal House** (1732), *156 George Street,* abrite une belle collection de meubles. *(Visite guidée (3/4 h) du 1er mai à octobre, sauf lundi et vendredi. $ 3.* ☎ *617/396-9032.*

Weston – *Par la route 20* (AV). Une impressionnante collection de timbres a été réunie dans le **Cardinal Spellman Philatelic Museum,** *235 Wellesley Street, visite du mardi au jeudi et le dimanche.* ☎ *617/894-6735.*

Sharon – *De Boston prendre l'autoroute 95 en direction de Providence jusqu'à la sortie 10.*
Le **Kendall Whaling Museum** *(à 1 mile au Nord de Sharon. Ouvert du mardi au samedi et les lundis fériés. $ 2.* & ☎ *617/784-5642.)* est consacré à la pêche à la baleine. Une superbe **collection de peintures★** anglaises, hollandaises, américaines et japonaises évoque cette épopée de ses débuts à nos jours. La **collection de scrimshaw★** est aussi très riche (remarquer le violon en ivoire).

*Les **guides Verts Michelin** sont périodiquement révisés.*
L'édition la plus récente assure la réussite de vos vacances.

★★★ CAMBRIDGE

96 802 h.

Face à Boston, de l'autre côté de la Charles River, s'étale la ville universitaire de Cambridge à laquelle l'Université de Harvard et l'Institut de Technologie du Massachusetts (MIT) ont conféré une renommée mondiale.

Bâtiments universitaires, rues commerçantes, quartiers résidentiels populaires ou élégants, zones industrielles s'imbriquent les uns dans les autres. Le grand axe est Massachusetts Avenue qui de Harvard Bridge passe devant MIT puis gagne, au centre de Cambridge, Harvard Square.

Au-delà de Cambridge Common s'étendent les zones résidentielles aux rues calmes.

Le long de la Charles River, **Memorial Drive** procure de très belles vues sur Boston.

UN PEU D'HISTOIRE

De New Towne à Cambridge – En 1630, ce site fut choisi pour y élever des fortifications et fut appelé New Towne.

Six ans plus tard, le gouvernement de la colonie décida d'affecter 400 livres à la fondation d'un collège.

Au même moment mourait à Charlestown un pasteur, John Harvard, qui légua à ce nouveau collège 700 livres sterling, sa bibliothèque et son nom. New Towne fut alors rebaptisée Cambridge (1638) en l'honneur de la célèbre ville universitaire anglaise.

Cambridge et les lettres – Dès 1638, la première imprimerie américaine s'y installa. Un des premiers ouvrages imprimés fut une bible en indien.

Plus tard, Cambridge fut le siège de nombreux journaux et revues littéraires. Les écrivains les plus fameux du 19e s., Henry Wadsworth Longfellow, Oliver Wendell Holmes, Margaret Fuller y étudièrent et y enseignèrent.

Cambridge et la guerre d'Indépendance – Après l'épisode de Lexington *(voir à ce nom)*, les miliciens installèrent leurs quartiers généraux dans les bâtiments universitaires de Harvard et dans les maisons désertées par les tories ou loyalistes ; ces derniers, toujours fidèles à la couronne d'Angleterre, s'étaient enfuis au Canada ou en Europe.

Le 3 juillet, George Washington prit le commandement de l'armée américaine sur le Common puis vécut plusieurs mois dans la Vassal Craigie Longfellow House.

Cambridge, ville du futur – Grâce au Massachusetts Institute of Technology et à l'université de Harvard, Cambridge est l'un des principaux centres de recherche des États-Unis et du monde.

Des milliers de savants originaires de nombreux pays travaillent à y faire progresser les technologies les plus avancées, plus particulièrement dans le domaine de l'informatique.

Riche en matière grise, Cambridge a vu se développer de nombreux laboratoires de recherche et des industries de pointe comme l'électronique et l'informatique, regroupées pour une bonne partie autour de la route 128.

★★★HARVARD UNIVERSITY *visite : 1 journée*

Harvard College – Premier collège créé sur le sol américain, Harvard est toujours l'un des fleurons de l'éducation aux États-Unis. Fondé en 1636, le collège demeura sous le contrôle conjugué de l'Église et de l'État jusqu'en 1865. A cette date, les donations nombreuses lui permirent de devenir un établissement privé.

Les premières années, le clergé était si puissant que la vie des étudiants était quasi monacale. Harvard était très marqué par le snobisme bostonien. Chaque étudiant avait un rang officiel en fonction de la position sociale de sa famille. Ce rang définissait des ordres de priorité à table, à la chapelle ou dans une procession.

Harvard University – Harvard College devint une université au 19e s. et compte parmi les sept institutions de la Ivy League *(voir p. 21)*. Aujourd'hui, la plupart des disciplines y sont enseignées dans des collèges ou « schools » qui sont l'équivalent des facultés françaises. Certaines de ces écoles sont particulièrement fameuses : l'école de journalisme ; celle du commerce (Business) ; l'école de théâtre de Baker ; l'école de droit (Law School). Celle-ci fut le cadre d'une révolution dans le domaine de l'enseignement juridique avec la mise en application de la « méthode des cas » du professeur Christopher Langdell, devenue universelle.

L'université de Harvard est considérée comme extrêmement intellectuelle ainsi qu'en témoignent ses deux journaux, The Lampoon (le Pamphlet) et The Crimson (le Cramoisi), qui, sous leurs formes respectivement satirique et littéraire, ont permis à quelques-uns des plus riches esprits américains de s'exprimer.

Les étudiants – Plus de 18 000 étudiants, hommes et femmes, sont inscrits chaque année à Harvard et à Radcliffe, qui lui est associé ; les frais d'inscription sont très élevés.

Les étudiants habitent dans les « houses », pour la plupart de beaux bâtiments de style georgien encadrant des « yards » (cours intérieures).

Le campus

L'université de Harvard est une véritable ville dans la ville avec environ 500 bâtiments dont dix bibliothèques, des dizaines de laboratoires, neuf musées. Les plus anciens bâtiments sont groupés autour du Yard ; la Business School est située de l'autre côté de la Charles River sur le territoire de Boston.

Tous les styles architecturaux y sont représentés, du style colonial aux réalisations modernes de Le Corbusier et Gropius, Sert et Aalto.

Partir de Holyoke Center où se trouve le Centre d'Information.

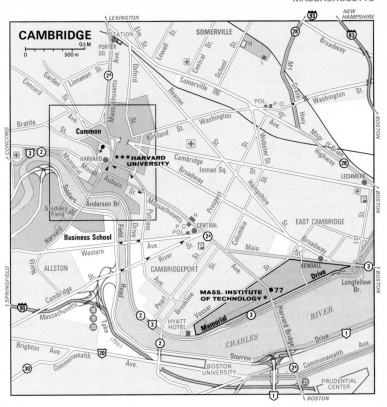

Vous cherchez un parking ?
Les principaux sont indiqués sur les plans de ce guide.

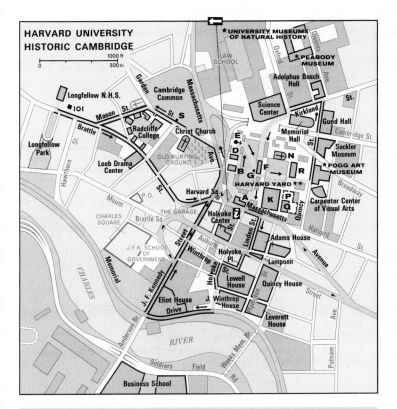

Wadsworth House	A	University Hall	F	Memorial Church	N
Massachusetts Hall	B	Harvard Statue	G	Pusey Library	P
Harvard Hall	D	Widener Memorial		Houghton Library	Q
Holden Chapel	E	Library	K	Sever Hall	R

★★Harvard Yard – C'est le campus original qui rassemble la plupart des bâtiments administratifs et les bibliothèques.

A l'entrée, la **Wadsworth House** (**A**), maison à bardeaux jaunes construite en 1726, fut la résidence des présidents de l'Université jusqu'en 1849. Le **Massachusetts Hall** (**B**) (1720), à gauche, est le plus ancien bâtiment de Harvard. En face se trouve **Harvard Hall** (**D**) et, derrière celui-ci, la ravissante **Holden Chapel** (**E**) avec son fronton décoré des armes de la bienfaitrice Madame

Massachusetts Hall

Holden. En face, de l'autre côté du Yard, se dresse un édifice de granit : **University Hall** (**F**) (1815) œuvre de Charles Bulfinch. Devant, s'élève la **statue de John Harvard** (**G**) réalisée par Daniel Chester French. On l'appelle « statue des trois mensonges » car un intitulé annonce « John Harvard, fondateur, 1638 » ; or le collège fut fondé en 1636, John Harvard n'était que le donateur et le modèle fut un étudiant de Harvard qui posa 250 ans après la mort du supposé modèle.

Derrière University Hall, l'imposante **Widener Memorial Library** (**K**) fait face à **Memorial Church** (**N**). La bibliothèque Widener, la plus importante du monde dans le domaine universitaire, doit son nom à un étudiant de Harvard disparu dans le naufrage du Titanic. Sa famille fit d'importantes donations en son souvenir.

La nouvelle **Bibliothèque Pusey** (**P**) enfouit ses bâtiments modernes sous terre. La petite **Bibliothèque Houghton** (**Q**) possède des trésors de vieux manuscrits et d'archives. On passe devant la façade néo-romane du **Sever Hall** (**R**), œuvre de l'architecte Richardson.

Sortir du Yard et tourner à gauche Quincy Street.

Le **Carpenter Center of Visual Arts**, unique réalisation de Le Corbusier en Amérique du Nord, voisine avec le **Fogg Art Museum★** et le **Sackler Museum** *(voir plus loin : les musées)*. Plus loin, se dresse le **Gund Hall**, bâtiment de conception très moderne qui abrite l'École d'Architecture et d'Urbanisme.

En face, le **Memorial Hall**, énorme bâtisse de style néo-gothique, est dédié aux étudiants de Harvard morts durant la guerre de Sécession. Une partie de ce bâtiment abrite le Sanders Theater.

Tourner à gauche dans Kirkland Street.

On passe devant le **Bush Reisinger Museum** puis devant le **Science Center**. Terminé en 1973, ce vaste bâtiment moderne est l'œuvre de l'architecte Sert, alors doyen de l'École d'Architecture d'Harvard.

Traverser le Yard.

Le quartier des « Houses »

Entre Massachusetts Avenue et Charles River, s'élèvent les résidences des étudiants de Harvard : **Adams House, Quincy House, Lowell House, Leverett House, Eliot House**. Leur plan est uniforme : les élégants bâtiments georgiens sont disposés en carré autour d'une vaste cour (yard) couverte de pelouses où les étudiants pratiquent des sports et révisent leurs examens l'été.

De Massachusetts Avenue (Holyoke Center) tourner à droite dans Linden Street. Longer Adams House. Traverser Mt Aubern Street.

De là on peut voir un pastiche de château flamand ; ce sont les bureaux du journal satirique The Lampoon.

Continuer dans Holyoke Place.

En face s'élève le dôme bleu de la **Lowell House**. Jeter un coup d'œil à l'intérieur du yard pour noter l'élégance de ses bâtiments.

Poursuivre dans Holyoke Street puis traverser le jardin en face. Tourner à droite pour atteindre Memorial Drive.

De l'autre côté de la Charles River se dressent les bâtiments de la **Business School.**

Revenir à Harvard Square par J.-F. Kennedy Street.

On longe Eliot House puis de nombreuses boutiques dont certaines groupées dans un ensemble appelé : « The Garage. »

Aux États-Unis, on désigne les heures du matin « ante meridiem » par a. m. et celles de l'après-midi « post meridiem » par p. m.

Exemples : 9 a.m. : 9 h (matin)
5 p.m. : 17 h (après-midi)

LES MUSÉES

★Harvard University Art Museums – Les musées décrits ci-dessous contribuent à l'enseignement des étudiants des Beaux-Arts mais sont aussi ouverts au grand public.

★Fogg Art Museum – *Visite du mardi au dimanche. Fermé la plupart des jours fériés. $ 4.* ♿ ☎ *617/495-9400.*
Le patio intérieur est une reproduction de la façade d'un presbytère italien du 16e s. Certaines salles présentent des collections permanentes. L'une abrite des primitifs italiens dont des peintures sur bois de Fra Angelico, une autre des impressionnistes français : Renoir, Monet, Degas ainsi qu'un très beau Picasso de la période bleue.

Sackler Museum – *Mêmes conditions de visite que le Fogg Art Museum.* Le bâtiment tout récent (1985), dessiné par le célèbre architecte anglais James Sterling, présente la partie des anciennes collections du Fogg Art Museum se rattachant à l'Antiquité, au Moyen-Orient et à l'Extrême-Orient : céramiques et estampes japonaises, miniatures persanes et mogholes et un ensemble remarquable de bronzes et de jades chinois.

Bush Reisinger Museum – *Pendant la construction du nouveau bâtiment, une partie des collections de ce musée est exposée dans une salle du Fogg Art Museum.*
Ce musée est consacré à l'art germanique. Il est surtout intéressant pour la peinture allemande du 20e s. représentée par les œuvres de Klee et celles des expression-nistes Erick Heckel et Max Beckmann. **Walter Gropius,** qui fut plus tard président de l'école d'Architecture de Harvard, fit don à ce musée de toutes ses archives sur le Bauhaus, mouvement du renouveau architectural qu'il avait lancé en Allemagne.

Adolphus Busch Hall – *Mêmes conditions de visite que le Fogg Art Museum.*
Le bâtiment baroque datant du début du 20e s. abritait à l'origine le Bush Reisinger Museum. Le jardin et l'aile Est ont été restaurés pour servir de cadre à la collection de sculptures médiévales germaniques et à des moulages provenant des plus importants monuments allemands des périodes romane et gothique.

★Harvard University Museums of Natural History – *24 Oxford Street. Visite tous les jours. Fermé les jours fériés. $ 4.* ♿ ☎ *617/495-1910.* Ce bâtiment abrite quatre musées distincts.

★Peabody Museum of Archaeology and Ethnology – Fondé en 1866 par George Peabody, ce musée abrite les multiples objets et œuvres d'art rapportés par les missions d'ar-chéologie et d'ethnologie financées par l'université de Harvard. Au rez-de-chaussée, de part et d'autre des grands totems provenant de Colombie Britannique, sont exposées des **collections d'art indien d'Amérique du Nord★**, très complètes, avec des dioramas montrant les formes d'habitat des différentes tribus.
Au deuxième étage, la **collection maya★★** montre des masques, des têtes et de beaux moulages de calendriers et de stèles. La tête en pierre du dieu du Maïs provenant de Copan est l'un des plus beaux exemples de sculpture maya.
Au troisième étage, à côté des collections provenant du Pacifique et d'Afrique, des salles sont consacrées à la préhistoire.

Botanical Museum – Il contient une collection unique au monde : les **fleurs en verre de Blashka★★**. Réalisées en Allemagne par Léopold Blashka et son fils Rudolph entre 1877 et 1936, ce sont de véritables chefs-d'œuvre au point de vue artistique et scientifique. Plus de 780 sortes de plantes sont exposées, présentées comme sur une planche de botanique avec des agrandissements du pistil, de la graine, des insectes qui viennent les butiner.

Geological and Mineralogical Museum – Ce musée possède quelques très beaux cristaux et météorites, entre autres des cristaux de gypse provenant du Mexique.

Museum of Comparative Zoology – Il est aussi appelé Agassiz Museum en souvenir du zoologiste suisse qui le fonda en 1859.
La collection Thayer réunit la plupart des oiseaux d'Amérique du Nord.
Parmi les pièces maîtresses du musée, citons le cœlacanthe, poisson préhistorique que l'on croyait disparu depuis 70 millions d'années et dont le premier des 70 spéci-mens trouvés dans le monde fut pêché au large de l'Afrique du Sud en 1938. Les deux faisans, à ses côtés, font partie de la petite histoire des États-Unis. Offerts par le marquis de La Fayette à George Washington, ils émerveillèrent les Américains qui croyaient que ces oiseaux représentés sur des peintures chinoises étaient de pures créations de l'imagination.
Dans les salles consacrées à la préhistoire on peut voir le mastodonte (25 000 ans), le paléosaure, un des plus vieux dinosaures (180 millions d'années), le kronosaure (120 millions d'années), reptile marin de 14 m reconstitué d'après les os trouvés en Australie. La carapace de tortue fossilisée provient du Venezuela ; elle daterait de 6 millions d'années.

★LE CAMBRIDGE HISTORIQUE *visite : 2 h*

Cambridge Common – Garden Street, une plaque (**S**) marque l'emplacement de l'orme où Washington prit le commandement de l'armée continentale.

Christ Church – Cette église en bois fut dessinée en 1760 par Peter Harrison dont on reconnaît la marque au soin porté à l'intérieur georgien.

Radcliffe College – Il fut fondé en 1879 pour donner aux jeunes filles un enseigne-ment similaire à celui de Harvard et les cours étaient donnés par les mêmes professeurs. Aujourd'hui le collège de Radcliffe est intégré à l'université de Harvard. Son yard et les bâtiments qui l'entourent donnent une impression de quiétude.

Brattle Street – Cette rue possède encore quelques-unes des belles demeures que s'étaient fait construire les aristocrates tories du 18e s., d'où son surnom « Tory Row ». Au n° 101, remarquer la belle Oliver Hastings House et aux n°s 113 et 115 deux maisons ayant appartenu aux filles de Longfellow.

Longfellow National Historical Site – *105 Brattle Street. Visite guidée (3/4 h) tous les jours. Fermé le 1er janvier, Thanksgiving Day et le 25 décembre. $ 2.* ☎ *617/876-4491.*
Cette maison est aussi appelée Vassal-Longfellow House. Elle fut construite en 1759 par le tory John Vassall qui la quitta au moment de l'Indépendance. George Washington y installa alors son quartier général pendant neuf mois.
En 1837, le poète **Henry Wadsworth Longfellow**, professeur à Harvard, vint y habiter et y demeura jusqu'à sa mort en 1882. Il y écrivit la plupart de ses poèmes. Longfellow est en quelque sorte le Victor Hugo américain. Cette maison rassemble la plupart de ses souvenirs : meubles, objets, livres...
Au point de vue architectural c'est un très bel exemple de style georgien de la deuxième moitié du 18e s. avec ses colonnes, sa balustrade et son fronton.
De la maison à la Charles River s'étend le **Longfellow Park**. On peut y voir un monument à la gloire de Longfellow et de ses œuvres.
En revenant vers Harvard Square par Brattle Street, on passe devant le **Loeb Drama Center** (n° 64), théâtre de Harvard de conception moderne.

★MASSACHUSETTS INSTITUTE OF TECHNOLOGY (MIT)
voir plan p. 105

MIT est situé au bord de la Charles River, à la sortie de Harvard Bridge, de part et d'autre de Massachusetts Avenue.
Cet institut fut fondé à Boston en 1861 par William Barton Rogers dont l'idée était d'insister sur la finalité pratique à donner aux études. MIT a gardé cette orientation. Si l'université de Harvard est connue pour la recherche fondamentale, MIT est réputé pour la recherche appliquée.
En 1916, les locaux de Back Bay étant devenus trop exigus, MIT s'installa à Cambridge. Ce fut l'occasion d'une célébration à laquelle assistaient Franklin Roosevelt, le sénateur Henry Cabot Lodge, l'inventeur du téléphone Alexander Graham Bell, celui de l'aéroplane Onville Wright. Une réplique de la galère vénitienne « Bucentaure » transporta le sceau et la charte de l'école d'une rive à l'autre de la Charles River.
Cet institut, à l'avant-garde de la technologie, est composé de cinq écoles : ingénieurs, sciences pures, sciences humaines et sociales, commerce, architecture et urbanisme, réunissant près de 9 800 étudiants dont quinze pour cent d'étrangers. Ils bénéficient des méthodes d'enseignement les plus modernes.
Outre sa fonction d'enseignement, MIT est un très important centre de recherche comptant plus de 70 laboratoires spécialisés dans l'électronique, le nucléaire, l'architecture. Un grand nombre d'ouvrages scientifiques, diffusés dans le monde entier, y sont publiés.

Partie Est – *A droite de Massachusetts Avenue en arrivant de Harvard Bridge.* Le long de Massachusetts Avenue s'élèvent les imposants bâtiments de style néoclassique dessinés par Wells Bosworth dans lesquels l'Institut s'installa en 1916. Le grand Hall se trouve dans Rogers Building (n° 77).
La **Hayden Memorial Library** comprend une bibliothèque par école.
Des expositions d'art contemporain sont régulièrement présentées dans les salles du **List Visual Arts Center** (Wiesner Building). Entre ce bâtiment et la haute tour du Science Center se déploie *La Grande Voile,* stabile de Alexander Calder. Non loin se dresse la sculpture en acier noir de Louise Nevelson : *Transparent Horizon.*

Partie Ouest – *A gauche de Massachusetts Avenue en venant de Harvard Bridge.*
La silhouette moderne du **Student Center** abrite le « Co-op » (magasin pour les étudiants), les salles réservées aux activités culturelles, les restaurants.
Le **Kresge Auditorium★** et la **chapelle★** furent dessinés par l'architecte **Eero Saarinen** en 1956. Le Kresge Auditorium, avec sa coque triangulaire reposant sur les pointes, servit de modèle pour le C.N.I.T. de la Défense à Paris. La chapelle œcuménique, structure cylindrique en brique, dont le clocher traditionnel a été remplacé par une sculpture en aluminium de Théodore Roszak, est très intéressante à l'intérieur. La lumière provient, d'une part, du plafond d'où elle ruisselle sur le mobile au-dessus de l'autel, d'autre part, des larges baies à la base qui donnent sur un fossé rempli d'eau dont les reflets jouent sur les murs de brique. En face la **Baker House**, résidence universitaire, fut dessinée en 1947 par le Finlandais Alvar Aalto.

★★ CAPE ANN

Sur la côte au Nord de Boston se détache la péninsule de Cape Ann aux contours découpés.
Voués traditionnellement à la pêche, ces 40 km de côtes rocheuses sont imprégnés d'une atmosphère maritime très prenante et jalonnés de petits villages au charme désuet qui attirent de nombreux artistes.
Cape Ann est une des excursions préférées des Bostoniens en quête de l'air du large où amateurs de galeries d'art, d'antiquités, de boutiques d'artisanat et de restaurants réputés pour leurs poissons et fruits de mer.

Un peu d'histoire – En 1614, le capitaine John Smith baptisa la Nouvelle-Angleterre et en dessina une carte qu'il rapporta au roi Charles Ier d'Angleterre. Celui-ci surnomma cette presqu'île Cape Anna. Dans les années 1620, les premiers colons anglais commencèrent à s'y établir et fondèrent Gloucester en 1623. Leur principale activité, la pêche à la morue, au flétan, au haddock, était une ressource si importante pour la colonie, que les marins étaient exemptés de service militaire.
Plus tard, les citadins découvrirent cette côte et prirent l'habitude de passer l'été au bord de l'océan. De belles demeures s'édifièrent à Magnolia, Eastern Point, Bass Rocks, Annisquam, stations balnéaires fréquentées par des hommes d'État, des hommes d'affaires, des écrivains. Rockport et Rocky Neck devinrent des colonies d'artistes très célèbres, sans perdre leur physionomie de petits ports de pêche.

****LE TOUR DE CAPE ANN**

De Magnolia à Riverdale *28 miles – environ 3 h*

On suit en partie les routes 127 et 127 A qui longent la côte de Cape Ann.

Magnolia – Cet ancien port de pêche devint une station balnéaire réputée à la fin du 19e s. En suivant Shore Road, le long de la côte, on peut voir son petit port et au loin les silhouettes des tours de Boston.

De Shore Road, tourner à gauche dans Hesperus Avenue puis à droite dans Lexington Avenue, à droite de nouveau dans Norman Avenue qui devient Hesperus Avenue.

*Hammond Castle Museum – *Visite guidée (1 h) tous les jours de juin à septembre, du mercredi au dimanche d'octobre à mai. Fermé les principaux jours fériés. $ 5.50.* ⚔ *(de juin à septembre).* ☎ *508/283-2080.* Ce château en pierre, inspiré d'une forteresse médiévale, se dresse au-dessus de la côte rocheuse face à la baie de Gloucester. Il fut construit par John Hammond en 1928 pour abriter sa collection d'antiquités, de meubles médiévaux, de peintures, de tapisseries, de sculptures provenant d'Europe, et son orgue. Hammond, un inventeur dans le domaine des télécommunications, avait en effet une véritable passion pour la musique et passa 20 ans à construire un orgue gigantesque dont les 8 200 tuyaux sont abrités dans les tours construites à cet effet. L'orgue est installé dans le Grand Hall. En été, des concerts fréquents permettent d'en apprécier la musicalité. Le petit récif de rochers au pied du musée, Norman's Woe, fut immortalisé par un poème de Longfellow.

Reprendre Hesperus Avenue qui rejoint la route 127 (Western Avenue).

On passe près de **Stage Fort Park,** emplacement du premier établissement de la Colonie de la Baie du Massachusetts, puis on traverse le pont mobile au-dessus du canal d'Annisquam qui sépare le cap proprement dit du reste de la côte. Juste après ce pont, à droite, se dresse face à la mer la statue d'un marin à la barre : c'est **Gloucester Fisherman★** (**A**), un mémorial dédié à tous les marins de Gloucester disparus en mer.

Entrer dans Gloucester par Main Street.

Gloucester – Le plus vieux port de l'Amérique est toujours un port de pêche important, bien abrité au fond de sa baie. Les fameux schooners (goélettes), décrits par Kipling dans *Capitaines courageux,* ont été remplacés par des bateaux à moteur. Les marins, pour beaucoup d'origine portugaise ou italienne, sont très attachés aux traditions surtout à la **Bénédiction de la flotte** qui a lieu le dernier week-end de juin pour la fête de saint Pierre. Aujourd'hui, Gloucester est spécialisé dans le conditionnement du poisson congelé. Plusieurs usines bordent le port et reçoivent du poisson du Canada, d'Irlande, voire de Scandinavie.

De Main Street, tourner à gauche dans Pleasant Street, gagner le nº 27.

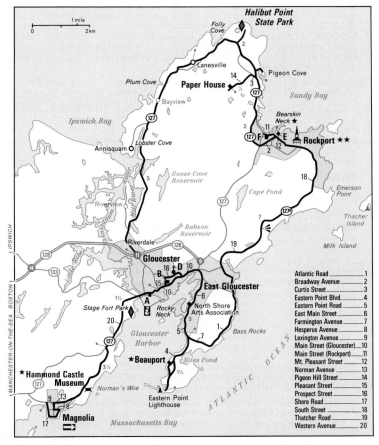

Atlantic Road	1
Broadway Avenue	2
Curtis Street	3
Eastern Point Blvd.	4
Eastern Point Road	5
East Main Street	6
Farmington Avenue	7
Hesperus Avenue	8
Lexington Avenue	9
Main Street (Gloucester)	10
Main Street (Rockport)	11
Mt. Pleasant Street	12
Norman Avenue	13
Pigeon Hill Street	14
Pleasant Street	15
Prospect Street	16
Shore Road	17
South Street	18
Thatcher Road	19
Western Avenue	20

Cape Ann Historical Association (**B**) – *Visite du mardi au samedi. Fermé en février.* *$. 3.50.* ⚬ ☎ *508/283-0455.*
Cette société historique possède une belle collection de marines. Remarquer tout particulièrement les **œuvres de Fitz Hugh lane**★ qui illustrent avec délicatesse l'atmosphère des ports du 19e s.

Rejoindre Main Street par Prospect Street à droite.

La **Church of Our Lady of Good Voyage** (**D**), église d'inspiration portugaise, est surmontée de deux dômes bleus.

Suivre Main Street puis tourner à droite dans East Main Street.

East Gloucester – Le long de East Main Street se succèdent les boutiques d'antiquités et les galeries d'art. L'une d'elles, **North Shore Arts Association,** expose régulièrement dans un grand hangar les œuvres des peintres de la région. En face se trouve **Rocky Neck,** une petite presqu'île, devenue une colonie d'artistes au 19e s.

Poursuivre Eastern Point Road. La route qui mène à Eastern Point est privée, cependant les visiteurs pour Beauport peuvent l'emprunter.

★**Beauport** – *Visite guidée (1 h 15) du 15 mai au 15 octobre. Fermé le week-end. Du 16 septembre au 15 octobre, ouvert aussi les week-ends. Fermé Memorial Day, le 4 juillet, Labor Day. $ 5.* ☎ *508/283-0800.* Cette maison de plus de 30 pièces dont 20 se visitent est l'œuvre d'un architecte décorateur de Boston, Henry Davis Sleeper (1873-1934), qui s'amusa à donner un style particulier à chaque pièce. Certaines sont inspirées de styles traditionnels comme la cuisine coloniale, d'autres, de personnages célèbres : pièces de Byron, de Paul Revere, d'autres, de styles exotiques : Indian Room, China Trade Room...
Au bout de Eastern Point, un phare « **Eastern Point Lighthouse** » domine la longue digue qui protège l'entrée du port de Gloucester.

Revenir par Eastern Point Boulevard jusqu'à l'entrée de la route privée, tourner à droite dans Farmington Avenue puis à gauche dans Atlantic Road.

De cette route, belle **vue** sur la côte rocheuse bordée de maisons du siècle dernier et sur les deux phares de Thacher Island en face. Rejoindre la 127 A (Thatcher Road) qui longe des plages puis traverse un paysage rocheux et une forêt de chênes. Thatcher Road devient South Street.

★★**Rockport** – *Durant la saison touristique des parkings sont aménagés à l'écart de la station, reliés au centre par des navettes (prix du parking : $ 5).*
Ce port de pêche, devenu une colonie d'artistes dans les années 1920, a connu une prospérité économique importante au 19e s. quand son granit était exporté jusqu'en Amérique du Sud. La plupart des carrières désaffectées ont été transformées en plans d'eau. Aujourd'hui la nouvelle manne est l'afflux de touristes attirés par les galeries d'art, les boutiques et l'atmosphère que dégage ce petit port, surtout en fin d'après-midi à l'heure où une lumière dorée éclaire la mer, les rochers, les bateaux et le fameux hangar rouge surnommé **Motif n° 1**★ (**E**) en raison des nombreuses œuvres qu'il inspira à des peintres. Sur la gauche, la pointe de **Bearskin Neck**★ est couverte d'anciennes maisons de pêcheurs grises ou « shanties » aménagées en boutiques et restaurants. Il est très agréable de flâner dans ses rues bordées de plates-bandes fleuries et d'aller jusqu'au bout de la pointe contempler le port et la côte rocheuse. Au n° 12 Main Street, la **Rockport Art Association** (**F**) expose les œuvres des artistes de la région.

Sortir de Rockport par Mt Pleasant Street, tourner à droite dans Broadway Avenue qui se prolonge par la 127 (Railroad Avenue et Granite Street). Juste avant Pigeon Cove, tourner à gauche dans Curtis Street puis dans Pigeon Hill Street.

Paper House – *Visite guidée (1/4 h) en juillet et août. $ 1.* ⚬ ☎ *508/546-2629.* Les murs de cette maison et ses meubles, table, chaises, ont été entièrement fabriqués avec du papier journal. Cette réalisation demanda 20 ans à Elis Stenman et à sa famille.

Pigeon Cove – En tournant à droite après la Tool Company, on découvre un minuscule port, abrité dans une anse, où la New England Lobster Company vend des homards fraîchement pêchés.

Continuer sur la route 127.

Halibut Point State Park – De nombreux sentiers sinuent à travers les bois et les anciennes carrières de granit de la pointe Nord. De la côte rocheuse, vastes vues★ qui s'étendent vers le Sud à travers Ipswich Bay et vers le Nord jusqu'au Maine.
La partie de la côte entre Pigeon Cove et Annisquam est très découpée et moins habitée. C'est une succession de ravissantes criques et de charmants petits ports : **Folly Cove, Lanesville, Plum Cove, Lobster Cove.** De belles maisons dominent cette côte.
Après **Annisquam,** la route 127 rejoint la route 128 à Riverdale.

★★★ CAPE COD

Ce grand bras replié, curieuse excroissance du Massachusetts, produit d'une passionnante histoire géologique et humaine, représente aujourd'hui pour la plupart des Américains 483 km de côtes et de plages, surpeuplées en été. Le phénomène touristique a transformé certains ports de pêche en stations balnéaires avec leur cohorte de motels, de supermarchés et de cafétérias.

Cependant Cape Cod a conservé ses villages traditionnels de la côte Nord ou « Bay Side », ses immenses étendues de dunes et ses falaises de la côte Est protégées par le Cap Cod National Seashore, ses tourbières où poussent les airelles, ses lagunes enfermées par les cordons littoraux d'où émergent de grandes herbes jaunes, ses forêts de pins et de chênes, des dizaines de lacs, des baies abritant des ports de plaisance et, partout, les petites maisons couvertes de tavaillons gris, typiques du « Cape ».

Des centaines d'antiquaires et d'artisans, le long des routes, produisent et vendent des verres, des bougies, des oiseaux sculptés, des poteries, des cuirs travaillés, du tissage...

L'enfant des glaciers – Au cours de la dernière glaciation, qui s'acheva il y a 10 000 ans, le couvercle glaciaire qui recouvrait le Canada et la Nouvelle-Angleterre s'étendit d'abord jusqu'à Long Island, Martha's Vineyard et Nantucket, restes émergés d'une première moraine frontale. Puis la température s'élevant, les glaciers reculèrent et en un second temps, une autre moraine s'éleva à l'emplacement de Cape Cod. Recevant tous les débris charriés par cette énorme couche de glace, ces moraines étaient formées de dépôts très épais. A cette époque, le niveau de l'eau était 70 m plus bas que le niveau actuel et les moraines se trouvaient en pleine terre. A la fin de la glaciation, l'eau remonta et cerna Cape Cod. L'érosion marine commença alors son travail. Elle égalisa la côte Est face à l'océan donnant ces étendues rectilignes bordées de falaises. Elle créa les cordons littoraux le long de la côte Nord et forma la zone des Provincelands autour de Provincetown qui n'est qu'amas de sables déposés par les courants contournant cette pointe qui donne une forme si particulière au Cape.

Tout le relief de Cape Cod se ressent de son origine glaciaire. La multitude de lacs, d'étangs qui parsèment la carte sont installés dans les cavités laissées par les blocs de glace ayant fondu, d'où leur forme arrondie presque parfaite.

Le cap de la morue – Cape Cod (cod = morue) fut baptisé par l'explorateur Gosnold qui y accosta en 1602. Il avait été très impressionné par les bancs de morues qui fourmillaient dans ces eaux.

Dix-huit ans plus tard, les pères pèlerins du Mayflower, en route pour la Virginie, arrivaient à l'emplacement de Provincetown. Ce fut leur premier contact avec la terre américaine, mais ils préférèrent s'installer à Plymouth et ce ne fut que vers 1630 que les colons commencèrent à fonder des villes dans Cape Cod, chassant de leurs terres les Indiens Wampanoags. Ces colons vivaient de l'agriculture et de temps en temps harponnaient des baleines. Cette occupation devint leur principale activité et plusieurs ports se composèrent une flotte baleinière : Barnstable, Truro, Wellfleet, Provincetown. Puis ce fut l'époque commerçante des grands clippers transatlantiques. Certains Cape Codders vivaient d'activités moins avouables, comme les naufrageurs de Monomoy Island. Cape Cod était de toute façon un danger redoutable pour les navires et les naufrages y étaient très fréquents jusqu'à la construction du canal.

Les « Cranberries Bogs » – Le Sud du Massachusetts produit la moitié de la récolte américaine de canneberges, sorte d'airelles au goût acide, qui, mises en confiture, sont devenues l'accompagnement indispensable de l'oie traditionnelle de Thanksgiving. Les conditions naturelles de Cape Cod : marais, tourbières, sols sablonneux se prêtent à merveille à cette culture. Celle-ci n'était pas aisée jusqu'à ce qu'Henry Hall, un habitant de Dennis, eût observé qu'aux endroits où du sable recouvrait ces plantes, elles fleurissaient mieux. Il en fit une méthode de culture. Chaque printemps, du sable est répandu sur les plantes. Aujourd'hui cette culture s'est mécanisée et la récolte des fruits ne donne plus lieu aux grandes fêtes qui réunissaient toute la population.

Les plages – La plupart des plages sont la propriété des communes qui font payer le parking (environ $ 5 à $ 8) aux non-résidents. Les plages du National Seashore (voir plus loin) demandent aussi $ 5 de parking.

Sur la côte Nord et l'Atlantique, l'eau est plus froide et mouvementée que sur la côte Sud protégée par les îles ; aussi les plages du Sud sont-elles plus fréquentées.

★★ LA CÔTE NORD

De Sagamore Bridge à Orleans
34 miles – prévoir 1 journée – schéma p. 112-113

La route 6 A suit la côte Nord, appelée aussi Bay Side car elle donne sur la baie de Cape Cod. Elle traverse de nombreux villages qui furent des ports prospères au 19ᵉ s.

Pairpoint Glass Works – *Visite en semaine* ♿ ☎ *800/899-0953.*
La visite de la verrerie permet d'observer le travail des artisans verriers qui soufflent le verre à la canne selon les procédés traditionnels. Leur production, essentiellement du cristal, est très limitée en quantité.

> *Suivre la route 6 A, tourner à droite dans la route 130, puis dans Pine Street à droite vers Heritage Plantation.*

★★**Heritage Plantation** – *Voir à Sandwich.*

★**Sandwich** – *Voir à ce nom.*

Continuer sur la route 6 A qui longe quelques champs d'airelles et suit la lagune fermée en partie par le cordon littoral de **Sandy Neck**. Autrefois, sur ce long banc de sable, les pêcheurs de baleines faisaient fondre dans de grands chaudrons la graisse des cétacés. Aujourd'hui **Sandy Neck Beach** attire des multitudes de baigneurs en été.

Barnstable – Les bateaux de plaisance ont en grande partie remplacé les bateaux de pêche et les baleiniers qui venaient s'abriter dans ce havre que l'on voit d'une petite route à gauche *(suivre le panneau Barnstable Harbor)*. L'office des douanes (Custom House) a été transformé en un petit musée, **Donald G. Trayser Museum,** évoquant le passé maritime de Barnstable.

Yarmouth Port – Les belles maisons de capitaines le long de Main Street rappellent que Yarmouth fut un port important.
Une maison typique de Cape Cod peut être visitée le long de la route 6 A : **Winslow Crocker House** (1780). *(Visite guidée (3/4 h) de juin au 15 octobre, les mardi, jeudi, samedi et dimanche. Fermé les principaux jours fériés. $ 4. ☎ 508/362-4385).*

Dennis – Son théâtre d'été **Cape Playhouse** est célèbre. Des acteurs très connus s'y sont produits.
De la **tour de Scargo Hill** *(de la route 6 A, tourner à droite après le cimetière, puis à gauche dans Scargo Hill Road)*, par temps clair, la **vue** s'étend de Plymouth à Provincetown.

Sydenstricker Glass Factory (B) – Le créateur de cette verrerie a mis au point une technique très originale : chaque pièce se compose de plusieurs plaques décorées séparément selon les techniques de l'émail puis fondues ensemble.

Stoney Brook Mill (E) – *5 miles ; de la route 6 A, prendre Stoney Brook Road à droite.*
Dans la petite rivière où baigne la roue d'un moulin en activité, on peut assister en avril-mai à la remontée spectaculaire des aloses. Ces poissons, proches des harengs, poussés par l'instinct vont frayer dans l'eau douce comme les saumons.

New England Fire and History Museum (F) – *Visite tous les jours de mi-mai à mi-septembre, seulement les week-ends de mi-septembre à Columbus Day. $ 4.50. ☎ 508/896-5711.*
Dans cinq bâtiments sont réunis des objets, du matériel rappelant l'histoire de la lutte contre le feu en Nouvelle-Angleterre : seaux en cuir, casques de pompiers, véhicules. Un diorama illustre l'incendie de Chicago en 1871. Une boutique d'apothicaire a été reconstituée.

Nickerson State Park – *Ouvert tous les jours de mi-avril à mi-octobre. & ☎ 508/896-3491.* Plusieurs campings et aires de pique-nique sont répartis dans les 700 ha de cette belle forêt. On peut se baigner dans Flax Pond et Cliff Pond.

Orleans – C'est la première ville du Cape d'où l'on découvre les plages sur l'océan. Une plage superbe, **Nauset Beach,** s'étend sur 16 km.

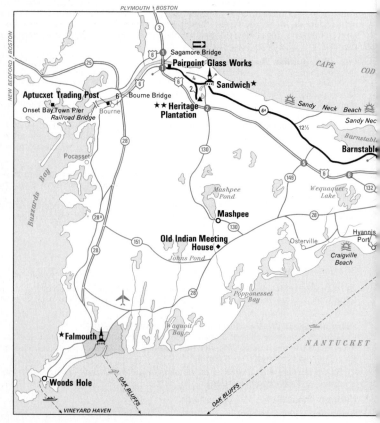

***CAPE COD NATIONAL SEASHORE *schéma ci-dessous*

En 1961, la côte Est de Cape Cod devenait une zone protégée, administrée par le Service des parcs nationaux, dans le but de préserver de l'érosion naturelle et des méfaits des hommes ce paysage exceptionnel de dunes, de falaises, de forêts et de marécages abritant une faune particulière.

Le Cape Cod National Seashore recouvre une superficie de 10 927 ha.

Outre l'objectif de préservation de la nature prescrit par des lois (interdiction de cueillir des plantes), de nombreux aménagements ont été effectués pour permettre aux visiteurs de profiter au mieux de ce site. Deux centres d'information procurent renseignements, conseils, documents, cartes...

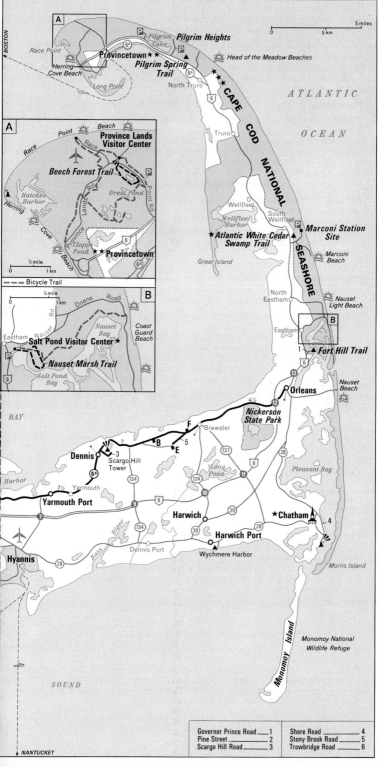

Governor Prince Road	1	Shore Road	4
Pine Street	2	Stony Brook Road	5
Scargo Hill Road	3	Trowbridge Road	6

Des pistes cyclables, des sentiers d'initiation à la nature, des pistes dans les dunes pour les véhicules à quatre roues motrices ont été réalisés.

Les **plages** sont surveillées ; des parkings *($ 5)* ont été aménagés pour les plages suivantes :

Coast Guard Beach et Nauset Light Beach à Eastham,

Marconi Beach à South Welfleet,

Head of the Meadow Beach à North Truro,

Race Point Beach et Herring Cove Beach à Provincetown.

Visite *prévoir 1 journée et demie à 2 jours*

★**Salt Pont Visitor Center** – *Visite tous les jours de mars à décembre, en janvier et février seulement le samedi, le dimanche et les jours fériés.* ♿ ☎ *508/255-3421.*

Des rangers sont à la disposition des touristes pour donner des conseils et distribuer des brochures. Dans une salle sont présentés sous forme d'exposition les différents aspects du Cape : géologie, histoire, faune, flore, architecture, etc.

Un film sur le National Seashore est projeté régulièrement.

Fort Hill Trail – *Gagner le parking de la route 6, prendre Governor Prince Road – Sentier de 1,5 mile.* Le sentier part de la Penniman House dont l'entrée est une mâchoire de baleine, et fait un tour dans les prairies, le long des marais qui s'étendent à perte de vue.

Nauset Marsh Trail – *1 mile du centre d'information.* Belles vues sur la lagune.

Marconi Station – Guglielmo Marconi avait établi ici une station de télégraphie sans fil en 1901. Elle permit la première communication transatlantique en 1903 et les interlocuteurs étaient le Président des États-Unis, Theodore Roosevelt, et le roi d'Angleterre, Edouard VII. Cette station cessa de fonctionner en 1917 : les antennes et les bâtiments furent démolis par l'érosion. Une maquette représente la station au début du siècle.

De cet endroit on peut observer les effets de l'érosion sur les falaises.

★**Atlantic White Cedar Swamp Trail** – *Sentier d'initiation à la nature long de 2 km à partir du parking de Marconi Station.*

Ce sentier permet de découvrir la richesse de la flore de Cape Cod. Des plantes grasses qui retiennent le sable, on passe à une sorte de maquis puis l'on s'enfonce dans la forêt de pins et de chênes. Suit un très intéressant marécage peuplé de cèdres blancs.

Retour par une ancienne route.

Pilgrim Spring Trail – *Sentier de 800 m, à partir du parking de Pilgrim Heights. Ce sentier mène, à travers une végétation de buissons et de pins, à la source que découvrirent les pères pèlerins du Mayflower.*

Province Lands Visitor Center – *Ouvert tous les jours d'avril à novembre.* ♿ ☎ *508/487-1256.*

Ce centre fournit des renseignements sur les pistes cyclables, et les visites guidées à thème, organisées par le National Seashore.

Du haut du bâtiment, belle **vue** sur les étendues de dunes de Province Lands.

Une piste pour les véhicules tout terrain part de Race Point Beach. *Il faut un permis spécial pour l'emprunter. Information : North District Rangers Offices* ☎ *508/487-2100.*

Beech Forest Trail – *Sentier de 2,5 km à partir du Beech Forest Parking.* Ce sentier traverse une forêt de hêtres menacée par l'avance des dunes. En escaladant l'une de ces dunes pénétrant dans la forêt, on découvre un paysage désertique en complète opposition avec cette végétation dense.

★★**PROVINCETOWN** *voir à ce nom*

LA CÔTE SUD *schéma p. 112-113*

Beaucoup plus développée dans le domaine touristique que la côte Nord, cette côte, desservie par la route 28, est par endroits extrêmement commerçante. Cependant certains villages comme Chatham, Harwich, Falmouth ont conservé un charme très particulier avec leurs maisons poivre et sel typiques du Cape.

★**Chatham** – Protégé par le cordon littoral de Nauset Beach, Chatham est un port de pêche actif. Il faut s'arrêter au **Fish Pier**, le long de Shore Road, pour voir les bateaux décharger le produit de leurs pêches.

Plus loin, du **phare de Chatham**, belle vue sur Pleasant Bay, si l'on ne tombe pas sur l'un de ces fameux jours de brouillard qui ont valu à Chatham d'être détenteur du record des naufrages.

Chatham Railroad Museum – *Depot Road. Visite de mi-juin à mi-septembre, du mardi au samedi.* ♿ .

Installé dans l'ancienne gare qui fonctionna de 1887 à 1937, ce musée présente des photos, des documents évoquant l'histoire du chemin de fer à Cape Cod.

Monomoy Island – *Accès par bateau depuis Chatham. Pour tout renseignement :* ☎ *508/945-0594.*

Cette île qui s'allonge sur 16 km au Sud de Chatham est une des étapes les plus importantes pour les oiseaux migrateurs qui passent l'été au Canada et l'hiver en Floride. On y a dénombré plus de 300 espèces. Pour les protéger, l'île a été constituée en réserve : Monomoy National Wildlife Refuge.

Harwich – Le centre de Harwich est un bel ensemble de bâtiments blancs comprenant la **bibliothèque Brooks Free**. Tout autour s'étendent les fondrières où sont cultivées les canneberges.

Harwich Port – De la route 28, vue sur le port de plaisance de **Wychmere Harbor**.

Hyannis – Située au milieu de la côte Sud, cette ville est le grand centre commerçant de Cape Cod. C'est aussi le principal point d'accès à Cape Cod avec un aéroport régulièrement desservi et des ferries qui mènent aux îles.

Hyannis Port – Station balnéaire élégante, Hyannis Port a été rendu célèbre par la famille Kennedy qui y possède sa résidence d'été. Un mémorial à John F. Kennedy y a été édifié.

A proximité, la plage de **Craigville Beach** est agréable.

Mashpee – En 1660, les Indiens Massipee de la Fédération Wampanoag chassés par les colons obtinrent, grâce à un pasteur anglais nommé Richard Bourne, quelques centaines d'hectares soumis à une réglementation spéciale : Mashpee Plantation.

Old Indian Meeting House – *Accès par une petite route à droite de la route 28, Old Indian Meeting House Road.*
Construite en 1684, cette église en bois est la plus ancienne du Cape.

★Falmouth – Malgré son développement touristique et le nombre important d'hôtels, restaurants et boutiques, Falmouth a gardé le charme d'une ville du siècle dernier. Autour de son green s'élèvent de belles maisons du 19e s.

Woods Hole – Cet ancien port baleinier est devenu l'un des grands centres mondiaux de la recherche océanographique avec trois grands organismes :

National Marine Fisheries – Son but est de mener à bien des études concernant la pêche et la réglementation internationale dans ce domaine, d'où la présence fréquente de bateaux étrangers.
Son **aquarium,** utilisé pour la recherche, peut être visité *(tous les jours de mi-juin à mi-septembre, le reste de l'année de lundi à vendredi.* ♿ ☎ *508/548-7684).*

Marine Biological Laboratory – Près de 400 savants y étudient la faune et la flore marines.

Woods Hole Oceanographic Institution – Cet institut comprend trois grands laboratoires, compte 600 personnes et plusieurs bateaux parcourant les mers pour étudier les courants et la topographie sous-marine.
Le plus célèbre de ces bateaux est le petit sous-marin Alvin qui fut utilisé pour retrouver la Bombe H au large de l'Espagne en 1966.

Ferries pour Martha's Vineyard et Nantucket – *Départ de Steamship Wharf (voir p. 123).*
De ce quai on peut voir par temps clair Martha's Vineyard.

LE CANAL

Le canal fut creusé entre 1909 et 1914, faisant de Cape Cod une île, reliée au continent par les ponts de Sagamore, de Bourne et le pont de chemin de fer qui ressemble au Tower Bridge de Londres.

Aptucxet Trading Post – *Du rond-point qui se trouve à la sortie de Bourne Bridge (côté Cape Cod) prendre Trowbridge Road pendant 0,5 mile, au croisement tourner à droite dans Perry Avenue, puis à gauche dans Aptucxet Road. Visite tous les jours en juillet et août, en mai, juin et de septembre à Columbus Day ; fermé le lundi sauf les lundis fériés. $ 1.50.* ♿ ☎ *508/ 759-9487.*

Le pont de chemin de fer de Bourne

From photo by P. Dreyer

Ce poste de traite fut établi en 1627 par les habitants de Plymouth pour traiter avec les Hollandais de la Nouvelle Amsterdam (New York) auxquels ils vendaient des fourrures, ainsi qu'avec les Français et les Indiens.
Le bâtiment que l'on voit aujourd'hui fut reconstruit en 1930 sur les fondations de l'ancien comptoir. A l'intérieur sont exposés les produits des fouilles, les objets qui s'échangeaient à cette époque ainsi que les fameux wampuns violets et blancs, coquillages qui servaient de monnaie d'échange entre Indiens et colons. On remarquera une pierre marquée d'une inscription en alphabet runique (ancien alphabet scandinave). Des salines en bois se trouvent au bord du canal.

★★ CONCORD

Cette petite ville paisible, banlieue élégante de Boston, aux belles propriétés perdues dans la verdure, peut être considérée comme un point charnière de l'histoire et de la littérature américaines.

Son nom lui fut donné à la suite d'un traité de paix entre Indiens et colons. Cent cinquante ans plus tard, fait paradoxal, ce fut l'endroit où devint évidente la « discorde » entre Anglais et colons. Le 19 avril 1775, après une escarmouche à Lexington, les Anglais marchèrent sur Concord. Les patriotes les attendaient à **North Bridge** (A) et c'est alors qu'eut lieu la première bataille de la guerre d'Indépendance *(voir à Lexington).*

Bataille de North Bridge

From a re-engraving, Boston Athenaeum

Le Transcendantalisme – **Ralph Waldo Emerson** (1803-1882) développa ici un mouvement philosophique nommé transcendantalisme, caractérisé par une sorte de mysticisme panthéiste. Il exprima ses idées dans son *Essai sur la nature*. Ses disciples, attirés par un certain libéralisme opposé au puritanisme traditionnel de la Nouvelle-Angleterre, affluèrent et s'installèrent à Concord. Parmi eux, **David Henry Thoreau** (1817-1868), le Jean-Jacques Rousseau américain, se construisit une cabane en plein bois près du lac Walden et y vécut deux ans de 1845 à 1847. Il raconta son expérience dans *Walden ou la vie dans les bois*.

Nathaniel Hawthorne, Margaret Fuller et quelques autres écrivains tentèrent une expérience communautaire avec « Brook Farm », sorte de monastère pour gens de lettres. **Amos Bronson Alcott** fonda une école de philosophie tandis que sa fille **Louisa May** racontait son enfance avec ses trois sœurs dans *Little Women (Les Quatre Filles du docteur March).*

Les maisons où vécurent ces écrivains peuvent être visitées : **Emerson House, Orchard House** et l'école de Philosophie des Alcott, **the Wayside** où Nathaniel Hawthorne habita plusieurs années.

Aujourd'hui tous reposent dans **Sleepy Hollow Cemetery** où leurs admirateurs peuvent venir s'incliner sur leur tombe.

CURIOSITÉS *visite : 2 h*

★**Minute Man National Historical Park** – Pour commémorer les différents épisodes et affrontements qui se déroulèrent le 19 avril 1775, le Service des parcs nationaux a créé un parc historique le long de la Battle Road *(route 2A, entre Lexington et Concord).*

Ce parc comprend plusieurs parties :

★★**North Bridge Unit** – La réplique du **North Bridge**★ (A), le pont où s'est déroulé le fameux affrontement, est située dans un beau cadre verdoyant. Au bout du pont se dresse la **statue du Minute Man** exécutée par Daniel Chester French. Elle fut coulée avec le bronze de 10 canons donnés par le Congrès. Le **North Bridge Visitor Center** (B) se trouve à côté *(visite tous les jours. Fermé le 1er janvier et le 25 décembre.* ⅃.

A gauche du pont, s'élève une grande maison, **The Old Manse**, où vécut Ralph Waldo Emerson.

Battle Road Visitor Center – *A l'extérieur du plan, à 3 miles à l'Est sur la route 2A (Battle Road). Visite d'avril à octobre.* ⅃ ☎ *508/369-6993.*

Un film évoque les épisodes du 19 avril.

★**The Concord Museum** – *Lexington Road. Visite tous les jours. Fermé le dimanche de Pâques et le 25 décembre. $ 5.* & ☎ *508/369-9609.*
Pour les amateurs d'antiquités, d'arts décoratifs, de meubles américains, une promenade à travers cette maison est un véritable plaisir. Une quinzaine de pièces sont meublées et décorées selon les différents styles qui se sont succédé en Amérique, de l'époque coloniale au style Empire (Queen Anne, Chippendale, Federal...).
On y voit les deux lanternes qui furent suspendues au clocher de Old North Church à Boston la nuit du 18 avril, la bibliothèque d'Emerson, et les meubles provenant de la cabane de Thoreau à Walden Pond.

Walden Pond Reservation – C'est au bord de ce lac que Henry Thoreau vécut son expérience d'homme des bois. Une jolie promenade permet d'atteindre le site où se trouvait la cabane de l'écrivain. Ce lac est aussi un endroit très agréable pour se baigner en été.

En ville, sauf indication contraire, nos itinéraires de visite sont à suivre à pied.

★★ DEERFIELD   5 018 h.

La large rue de Old Deerfield, bordée sur 2 km de maisons des 18e et 19e s., est un véritable musée vivant, témoignage de ce qu'était un centre rural à l'époque coloniale. Sur le **green**, les bâtiments de **Deerfield Academy,** une école secondaire privée, voisinent avec l'église, Brick Church (1824), et la poste (réplique d'un lieu de culte puritain de 1696).

Un poste frontière – Deerfield fut établi en 1669 à la limite des territoires colonisés. Aussi, dès sa création, ce village souffrit-il de nombreuses attaques d'Indiens : en 1675, ce fut le massacre de Bloody Brook puis, en 1704, Deerfield fut l'objet d'un raid de 200 soldats français et 140 Indiens. La ville fut incendiée, une cinquantaine d'habitants furent tués et 111 emmenés prisonniers au Canada.
Deerfield fut abandonnée jusqu'au traité de Paix avec les Indiens en 1735 puis devint alors l'une des villes les plus prospères de la région, privilégiée par sa situation de carrefour.

Architecture et préservation – Les maisons à deux étages surmontées de leurs toits en croupe et ornées de leurs magnifiques encadrements de porte, caractéristiques de la vallée du Connecticut, témoignent par leur solidité et leur élégance de la richesse de Deerfield aux 18e et 19e s. Leurs intérieurs surprennent par leur raffinement, par la beauté des meubles et la délicatesse des décorations, inattendus dans une communauté rurale.
La **restauration de Deerfield** fut le premier projet de ce style dans le pays : elle commença dès le 19e s. Depuis, plusieurs maisons coloniales et fédérales ont été remises en état, meublées et décorées avec beaucoup de soin par l'association Historic Deerfield fondée en 1952.

★★ HISTORIC DEERFIELD

Visite de 9 h 30 à 16 h 30. Fermé pour Thanksgiving, veille de Noël, Noël. $ 10 (voir sur place au Information Center dans Hall Tavern). Pour chaque maison, visite guidée de 20 mn. & ✗ ☎ *413/774-5581.*
Treize bâtiments peuvent être visités : plusieurs maisons, deux tavernes, des galeries présentant des collections spéciales : textiles (Helen Geier Flynt Fabric Hall), argenterie (Henry N. Flynt American and English Silver Collection), meubles (George A. Cluett Collection of American Furniture).

★★**Ashley House** – 1730. Excellent exemple des maisons de la vallée du Connecticut construites au moment du renouveau de Deerfield. L'intérieur est particulièrement raffiné avec ses boiseries sculptées et de très beaux meubles provenant de la région.

★**Wright House** – 1824. Cette maison de style fédéral abrite des collections de meubles des styles Chippendale et fédéral provenant de Williamstown, ainsi que des peintures américaines et des porcelaines.

★**Asa Stebbins House** – 1810. De magnifiques papiers peints français de Dufour couvrent les murs. Ils représentent les voyages du capitaine Cook dans les îles du Pacifique.

★**Hall Tavern** – 1760. Cette grande taverne comprend de nombreuses pièces meublées dans le style du 17e s. : salle à manger, salle de jeu, chambres. Au 1er étage, la salle de bal est décorée de dessins au pochoir.

Frary House – 1720. Une des maisons les plus anciennes. Elle servit de taverne et fut très agrandie au 18e s. Magnifique salle de bal avec sa loggia.

Wells-Thorn House – C'est un exemple intéressant de l'évolution architecturale de Deerfield au 18e s. La cuisine (une partie date de 1717) présente encore les caractéristiques coloniales alors que la partie la plus récente (1751) est plus raffinée dans sa décoration.

Dwight House – 1725. Cette maison provient de Springfield. Sa façade avec son très bel encadrement de porte est la plus caractéristique de l'architecture de la vallée du Connecticut.

Porte de Dwight House

FALL RIVER
92 703 h.

Aux abords de Fall River de longues rangées d'usines et d'entrepôts de la fin du siècle dernier rappellent que cette ville fut l'un des principaux centres textiles du monde entre 1871 et 1929. Durant cette période, sa célèbre ligne de bateaux à vapeur « Fall River Line » reliait New York, Boston et Long Island à Fall River et débarquait au passage des milliardaires de Newport.
Aujourd'hui cette ville mérite une halte pour son musée des navires de guerre de la Deuxième Guerre mondiale.

★★ BATTLESHIP COVE *accès Autoroute 195 – sortie 5*

Visite de 9 h à 17 h (18 h en juillet et août). $ 8. ✗ ☎ *508/678-1100.* En 1965, le cuirassé USS Massachusetts effectuait son dernier voyage pour s'immobiliser à Fall River où il devenait un mémorial dédié aux 13 000 habitants du Massachusetts tombés durant la Deuxième Guerre mondiale. Plusieurs bâtiments sont venus le rejoindre.

PT Boat 796 – Ce patrouilleur est menaçant avec sa coque peinte représentant une mâchoire de requin. Ces petits bateaux eurent un rôle extrêmement important durant la guerre.

Lionfish – Ce sous-marin pouvait transporter 75 hommes et 20 torpilles. La visite de l'intérieur permet de se rendre compte de la concentration des machines et du peu d'espace réservé à l'équipage.

Destroyer Joseph Kennedy – Baptisé du nom de l'aîné des Kennedy tué pendant la guerre, ce torpilleur fut dessiné pour acquérir le maximum de vitesse et d'action. Son équipage comprenait 275 hommes.

USS Massachusetts – *Des écouteurs sont distribués à l'entrée du bateau pour une visite détaillée. Durée : 2 h.* Impressionnant par sa taille, le cuirassé « Big Mamie » fonctionnait avec un équipage de 2 300 hommes. Ses énormes canons furent les premiers à faire feu durant la guerre. Sur le pont est exposé un petit sous-marin japonais utilisé par les kamikazes pendant la bataille d'Okinawa ; remplis d'une charge explosive ces engins étaient lancés avec leur pilote contre les bateaux américains.
A l'intérieur une partie est réservée au Memorial et à une exposition sur la marine américaine. On se perd dans les coursives qui mènent au vaste snack bar, aux boutiques : cordonnerie, barbier, imprimerie et autres services indispensables à une telle communauté.

Fall River Heritage State Park Visitors Center – *Prendre la passerelle à Battleship Cove. Horaires variables, se renseigner au préalable.* ♿ ✗ ☎ *508/675-5759.*
Ce centre d'information ressemble à une usine du 19ᵉ s. De la tour, vue étendue sur la région de Mount Hope Bay. Un programme audiovisuel relate l'histoire de l'industrie textile *(durée : 1/2 h).*

Musée de la Marine – *70 Water Street. Visite tous les jours de juin à septembre, le reste de l'année du mardi au dimanche. $ 3.* ♿ ☎ *508/674-3533.*
Dans un ancien entrepôt, des photos, des maquettes, des peintures évoquent la vie maritime de la région et surtout la célèbre Fall River Line. Les maquettes de ces superbes paquebots à vapeur et des photos de leurs intérieurs victoriens, dignes des plus grands palaces du siècle dernier, y sont exposées.

★★ FRUITLANDS MUSEUMS

Ce musée se trouve sur la commune de Harvard. De la route 2, prendre la route 110 de Boston jusqu'à Harvard puis Old Shirley Road. Suivre les signes pour le musée sur Prospect Hill Road. Visite de mi-mai à mi-octobre du mardi au dimanche et les lundis fériés, de 10 h à 17 h. $ 5. ♿ ☎ *508/456-9028.*
En 1843, Bronson Alcott *(voir à Concord),* suivi de sa famille et de quelques disciples, tenta une expérience de vie communautaire dans cette ferme du 18ᵉ s. appelée Fruitlands en raison du nombre d'arbres fruitiers qui l'entouraient. C'était une période d'idéalisme, par réaction à l'expansion économique et à la suprématie naissante de l'argent. Ce retour à la nature – ils étaient végétariens, vêtus d'une tunique de lin et passaient leurs journées aux champs – dura quelques mois.
Leur maison a été transformée en musée du Transcendantalisme *(voir p. 116)* et plusieurs petits musées ayant trait à la civilisation américaine ont été créés sur cette colline dominant la vallée de Nashua.
La terrasse du restaurant offre une belle **vue** sur la région, les monts Wachusett et Monadnock.

Fruitlands – Le musée du transcendantalisme abrite quelques souvenirs de philosophes et écrivains de l'époque : Emerson, Thoreau, May Alcott, présentés dans une ferme classique du 18ᵉ s.

Shaker House – Une communauté Shaker *(voir à Hancock)* s'était établie à Harvard en 1791, elle se désagrégea en 1919. Cette maison en est une relique. On y reconnaît la sobriété de l'architecture shaker ainsi que la simplicité des meubles qui se trouvent à l'intérieur. Parmi ceux-ci est pieusement conservé le rocking-chair d'Ann Lee, la fondatrice de la secte.

American Indian Museum – Deux sculptures en bronze, représentant des Indiens invitent à pénétrer dans ce bâtiment où sont rassemblés des souvenirs des différentes tribus indiennes d'Amérique du Nord : jambières en perles, flèches, boucliers ronds de cérémonie, bijoux, costumes, dioramas.

Picture Gallery – Dans ce petit bâtiment très lumineux sont exposées des œuvres de deux écoles bien représentatives de la peinture américaine ; on distingue d'une part les portraits naïfs de couples ou d'enfants réalisés dans la première moitié du 19ᵉ s par des peintres itinérants, et d'autre part les grands tableaux de l'École de la **Hudson River** représentant sur le mode romantique les paysages grandioses de l'Amérique

★★ HANCOCK SHAKER VILLAGE

Schéma p. 80.

Fondé en 1790, abandonné par les Shakers en 1960, le village de Hancock est aujourd'hui un musée consacré à cette secte qui réalisa l'une des expériences de vie communautaire les plus intéressantes des deux derniers siècles.

Les origines des Shakers – En 1747, à Manchester en Angleterre, un groupe de Quakers se distingue par les danses pratiquées au cours de ses cérémonies. On les appelle « Shaking Quakers » puis « Shakers ». Une jeune femme, **Ann Lee**, se joint à eux en 1758. Quelques années plus tard, arrêtée, elle fait un séjour en prison au cours duquel elle a des visions et la révélation de la double nature, masculine et féminine, de Dieu. Le Christ est un être spirituel double qui s'est manifesté une première fois en Jésus, l'homme, et une seconde fois en Ann Lee, la femme. Elle se met à prêcher sous le nom d'« Ann le Verbe ». Puis fuyant les persécutions dont elle est l'objet en Angleterre, elle s'embarque avec quelques disciples pour l'Amérique en 1774. La jeune communauté s'installe dans l'État de New York, elle accomplit des missions en Nouvelle-Angleterre et fait de nombreux adeptes. Les Shakers décident alors de se retirer du monde pour réaliser le royaume de Dieu sur terre et mettre en application leurs quatre grands principes : vie à l'écart du monde séculier, vœu de célibat (avec séparation mais égalité des sexes), propriété collective et confession publique des péchés. Vers 1825, 19 communautés avaient été fondées en Nouvelle-Angleterre, au Kentucky et dans l'Ohio. A son apogée, au milieu du 19e s., le mouvement shaker comptait 60 000 membres.

Les Shakers ont intéressé de nombreux voyageurs européens, surtout des philosophes comme Engels, qui se penchèrent sur cette expérience réussie de « communisme » à une époque où plusieurs tentatives similaires en Europe avaient échoué.

From an engraving, Library of Congress

Cérémonie shaker

L'organisation – Les Shakers vivaient en « familles », de trente à cent personnes, hommes et femmes, que l'on appelait frères et sœurs. Ces familles formaient elles-mêmes des villages. A tous les niveaux (secte, village, famille), les responsabilités étaient partagées par deux hommes et deux femmes (Elders et Eldresses). Le travail était réparti entre les différents membres selon un emploi du temps très strict.

Tous portaient un costume identique (grand chapeau rond, redingote pour les hommes ; bonnet, robe et châle pour les femmes).

Au cours des cérémonies dominicales, ils dansaient selon des figures imposées qui souvent se transformaient en un déchaînement émotionnel et spirituel qui les mettait en transe.

Leur vœu de célibat ne favorisait pas le renouvellement de leurs effectifs, aussi avaient-ils pris l'habitude d'adopter des orphelins qui souvent restaient parmi eux, ce qui explique la présence d'une école dans chaque communauté.

Les activités – Les Shakers étaient très réputés pour leurs produits vendus sur catalogue. Le label shaker était le garant d'une qualité exceptionnelle. Ils s'étaient spécialisés dans la culture et le séchage des plantes médicinales, des graines et des semences, la confection des balais, des paniers, des boîtes en copeaux, des capes, des poêles et surtout des chaises et des fauteuils.

Ces produits sont aujourd'hui très recherchés par les amateurs d'antiquités.

L'architecture – Simplicité, sobriété, finition du travail sont les trois grands principes de toute réalisation shaker. L'architecture était régie par des lois « Millenial Laws » et des groupes d'ouvriers allaient d'une communauté à l'autre.

De leurs constructions se dégage une impression d'espace, de lumière et de netteté. A l'intérieur, de nombreuses idées telles que la disposition des portemanteaux le long des murs, le système de fermeture des fenêtres, les chaises à dossier bas pouvant se glisser sous les tables, montrent l'ingéniosité pratique des Shakers.

VISITE

Ouvert de 9 h 30 à 17 h du week-end de Memorial Day au 31 octobre. Fermé le reste de l'année. Visite guidée (1 h 1/2) en avril et novembre de 10 h à 15 h. Fermé Thanksgiving Day. $ 9. ✗ ☎ *413/443-0188.* Un audiovisuel (10 mn) présente le village et un film documentaire (1 h) évoque la vie des Shakers.

Une carte localisant les différents bâtiments est remise avec le ticket.

Partant du pavillon d'accueil, on traverse le jardin d'herbes médicinales et l'abri à outils.

Poultry House – Dans cet ancien poulailler, transformé en un petit musée, sont présentés des objets exécutés par les Shakers et leurs dessins naïfs réalisés à partir de visions spiritualistes.

★★**Brick Dwelling** – Cette grande demeure en brique fut construite pour abriter cent frères et sœurs. Les repas de la communauté étaient préparés dans les vastes cuisines du rez-de-chaussée puis servis dans le réfectoire au-dessus. Les deuxième et troisième étages étaient réservés aux chambres. Certaines ont été transformées en ateliers. Remarquer la sobriété des meubles, les astuces, telles que les portemanteaux, et la luminosité des pièces.

The shops – Dans l'atelier à gauche, les frères et sœurs fabriquaient des boîtes, des balais, des chaussures, des horloges... Dans celui de droite, les sœurs s'occupaient de produits laitiers, filaient, cousaient.

★★★**Round Stone Barn** – Considérée comme le chef-d'œuvre de l'architecture shaker pour l'ingéniosité de sa conception, cette étable fut construite en 1826. Les vaches, au nombre de 52, étaient installées dans les stalles rayonnant autour d'un silo central à claire-voie dans lequel tombait le fourrage. Celui-ci était apporté par les charrettes qui pouvaient pénétrer par le premier étage et déversaient directement leur chargement dans le silo. Sous les étables, un procédé permettait de recueillir le fumier. Autour de l'étable ronde, on trouve la tannerie, dont le rez-de-chaussée servait à la fabrication du cidre ainsi que la chambre froide et l'imprimerie.

Trustees' Office and Store – Ce bâtiment abritant les bureaux est le seul exemple d'architecture shaker de la fin du 19e s. L'inspiration victorienne y est très nette. De l'autre côté de la route 20, on trouve le cimetière et quelques bâtiments dont l'école.

Meeting House – Les Shakers se réunissaient dans la grande salle tous les dimanches pour leurs danses et leurs chants. Des gravures illustrent les différentes figures exécutées par les danseurs. Les bureaux du premier étage étaient réservés aux chefs de la communauté de Hancock.

Laundry and Machine Shop – Dans ce vaste bâtiment, de nombreuses machines sont exposées. Elles étaient alimentées par une turbine située au sous-sol. Une autre partie était réservée au nettoyage et au repassage du linge. Le grenier, enfin, servait au séchage des plantes.

HINGHAM
19 821 h.

Plan d'agglomération de Boston p. 101 (**DX**).

Cette agréable petite ville côtière a gardé tout son charme avec sa rue principale bordée de maisons du 18e s.

★**Old Ship Church** – *90 Main Street.* ☎ *617/749-1679.* Cette robuste structure carrée en bois, surmontée d'un petit clocheton, est la seule église puritaine encore existante. Elle fut construite en 1681 par des charpentiers de bateau qui se sont inspirés de la structure d'une coque pour la charpente. Sa simplicité marque une réaction contre l'exubérance du gothique en Angleterre. A l'intérieur, les bancs fermés font face à une chaire en bois sculpté.

★**World's end** – *De la route 3 A (Justice Cushing Highway) prendre Summer Street sur 0,5 mile puis à gauche Martins Lane pendant 3/4 de mile jusqu'au signe World's end. Tourner à droite. Visite tous les jours. $ 3.* ☎ *617/749-8956.*
Ce « bout du monde » ne se trouve qu'à 14 miles (20 km) de Boston. C'est une curieuse péninsule dessinant un 8, formée en réalité de deux drumlins (collines ovales composées de dépôts glaciaires). Ses 100 hectares avaient été aménagés au 19e s. par le célèbre paysagiste **Frederic Law Olmsted** en vue d'un lotissement qui ne fut jamais réalisé. Aujourd'hui c'est un lieu de promenade fort agréable à proximité de Boston. Un sentier *(4 km – 1 h 1/2),* à prendre près du parking, permet de faire le tour de Planters Hill et World's end *(prendre toujours à gauche)* parmi les champs fleuris et les arbres. Belles vues sur Boston et la presqu'île de Nantasket.

IPSWICH
11 873 h.

Entourée de belles plages et de bois, Ipswich, une petite ville coloniale, attire de nombreux artistes et touristes. La concentration de magasins d'antiquités et de restaurants témoigne de ce succès.

Whipple House – *53 South Main Street. Visite guidée (3/4 h) de mai à mi-octobre, du mercredi au dimanche. $ 3.* ♿ ☎ *508/356-2811.*
Cette maison en bois sombre est un très bel exemple de l'architecture coloniale du 17e s. A l'intérieur : beaux meubles de la même époque.
On peut voir un autre exemple de cette architecture à **Topsfield** *(7 miles au Sud-Ouest d'Ipswich) :* **Parson Capen House** *(1681) 1 Howlett Street. (Visite de mi-juin à mi septembre, le mercredi, le vendredi et le dimanche. Fermé les principaux jours fériés. $ 1.* ☎ *508/887-3998).* Remarquer les « pendants » qui décorent l'avancée du premier étage.

★**Richard T Crane Beach Reservation** – *De la route 1 A au Sud d'Ipswich en face de la Whipple House, prendre Argilla Road et parcourir 6 miles. Visite tous les jours Parking : $ 10.00 ($ 6.50 en semaine) ; $ 3.75 hors saison.* ⚓ 🍴 ☎ 508/356-4354.
Cette très belle plage de sable blanc s'étend sur 6 km. Derrière, les dunes sont couvertes d'une végétation de pins et d'arbustes. Le sentier de **Pine Hollow Trail** *(départ à droite du parking – 3/4 h à pied AR)* traverse les dunes, les forêts de pins et les marécages. Sur la colline, au-dessus de Crane's Beach, se trouve **Castle Hill**, l'ancienne propriété des Crane où, en été, sont donnés des concerts. (☎ 508/356-4351)

★★ LEXINGTON 28 974 h.

Cette agréable banlieue résidentielle de Boston est indissociable de Concord dans l'histoire des États-Unis. En effet ces deux villages furent le théâtre des premiers affrontements entre l'armée anglaise et les colons, au tout début de la guerre d'Indépendance, d'où leur surnom « le berceau de la République américaine ».
Aujourd'hui, les Américains y effectuent de véritables pèlerinages, suivant étape par étape les événements du 19 avril 1775.

Le 19 avril 1775 – La tension entre Anglais et colons n'avait cessé de croître au cours des dix années précédentes. Les « Américains », excédés par l'arbitrage des actes parlementaires, avaient organisé un premier congrès provincial à Concord en 1774, sous la présidence de John Hancock, où avaient été décidés la création d'une milice et le stockage des armes. Une nouvelle réunion se tint en mars-avril 1775. A ce moment les autorités londoniennes, inquiètes des velléités révolutionnaires des colons, avaient renforcé les troupes à Boston sous le commandement du général Gage. Celui-ci décida de se saisir des armes entreposées à Concord. Quelques éclaireurs furent envoyés pour organiser un raid, mais les colons en avaient eu vent et se préparèrent à riposter.
Le soir du 18 avril, 700 soldats anglais se mirent en marche vers Concord. Au même moment, alerté par les lanternes accrochées à Old North Church (p. 82), Paul Revere s'élançait au triple galop vers Lexington pour prévenir de l'arrivée des Anglais les deux leaders de l'Indépendance, Hancock et Adams, et rassembler la milice.
Après une nuit de veille dans Buckman Tavern, 77 miliciens se réunirent sur le green, en attendant les troupes anglaises. Leur capitaine, Parker, leur avait ordonné : « Restez à votre place, et ne tirez pas avant qu'ils ne tirent, mais s'ils veulent une guerre, qu'elle commence ici. » Les troupes anglaises apparurent vers 5 h du matin. Alors qu'elles se disposaient en ligne de combat, Parker, impressionné par leur nombre, donna l'ordre à ses miliciens de se disperser. Trop tard. Un coup était déjà parti et les Anglais chargèrent. Huit miliciens furent tués et les Anglais poursuivirent vers Concord. A Concord s'étaient rassemblées d'autres troupes de miliciens venus des villages voisins. Ils se tenaient sur une colline, surveillant l'évolution des « habits rouges ». Ceux-ci, ayant pénétré dans le village, cherchaient les armes. Ne trouvant rien ils y mirent le feu. Alarmés, les miliciens descendirent vers Concord et se trouvèrent face aux troupes anglaises sur **North Bridge**. La bataille fit rage. Au bout de quelques heures, les Anglais amorcèrent leur retraite sur Boston. D'autres miliciens accourus de villages plus éloignés les attendaient le long de leur chemin (Battle Road). Entre Concord et Charlestown les coups de feu continuèrent à être tirés de toutes parts. Une escarmouche particulièrement meurtrière eut lieu à **Meriam's Corner**.

★**Minute Man National Historical Park** – Pour commémorer cette journée, le service des parcs nationaux a créé un parc historique qui s'étend sur Lexington, Lincoln et Concord le long de la Battle Road *(voir à Concord).*

CURIOSITÉS *visite : 2 h*

★★**Lexington Green** – C'est sur ce triangle que se déroula le premier affrontement entre les troupes anglaises et les miliciens.
La **statue du Minute Man** (A) exécutée par Henry Kitson représente le capitaine des miliciens, Parker, et symbolise le courage de ces « minute men » prêts à donner leur vie pour défendre leurs libertés. Sept d'entre eux reposent sous le **Revolutionary Monument** (B).

Old Burying Ground – Derrière l'église, dans le vieux cimetière du 17e s., sont dispersées de très belles pierres tombales *(illustration p. 31).*

Hancock Clarke House – *Visite guidée (1/2 h) de mi-avril à fin octobre. $ 2.50. Billet combiné ($ 5) avec Buckman Tavern et Munroe Tavern.* ☎ 617/862-1703.
John Hancock et Samuel Adams étaient réfugiés dans cette maison, datant de 1698, quand Paul Revere les prévint de l'arrivée des Anglais.

★**Buckman Tavern** – *Mêmes conditions de visite que Hancock Clarke House.*
Lexington était une ville d'étape et des tavernes y offraient le vivre et le couvert.
Les miliciens avaient coutume de se réunir dans celle-ci lors de leur exercice d'entraînement sur le green. C'est donc ici qu'ils attendirent l'arrivée des Anglais le 19 avril.

Statue du Minuteman

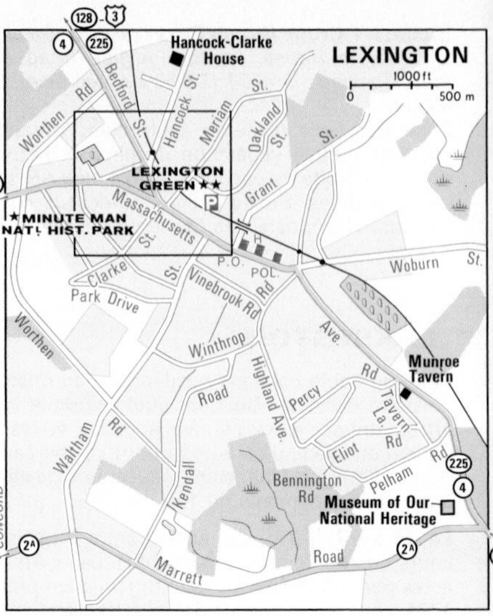

Participez à notre effort permanent de mise à jour.

Adressez-nous vos remarques et vos suggestions :

Cartes et Guides Michelin

46 avenue de Breteuil
75324 PARIS CEDEX 07

La visite de cette taverne du 18e s. permet de voir l'estaminet, les chambres, la pièce réservée aux femmes après les offices religieux pendant que les hommes buvaient, le grenier où l'on pouvait dormir moyennant une somme minime, la salle de bal.

Munroe Tavern – *Mêmes conditions de visite que Hancock Clarke House.*
Cette petite taverne servit de quartier général aux Anglais l'après-midi du 19 avril.

Museum of Our National Heritage – *Visite tous les jours. Fermé le 1er janvier, Thanksgiving Day, les 24, 25 et 31 décembre. ♿ ☎ 617/861-6559.*
Ce bâtiment abrite une bibliothèque et un musée spécialisés dans l'histoire américaine. Des expositions temporaires présentent divers aspects de la croissance des États-Unis.

LOWELL

103 439 h.

Située sur la Merrimack, Lowell fut l'un des plus importants centres textiles du monde au 19e s. Cette « mill town » *(voir p. 18)* tout en briques, typique des villes industrielles de l'époque, fut planifiée et créée de toutes pièces par **Francis Cabot Lowell** (1775-1817) qui lui donna son nom.
Après une longue période de déclin, Lowell est de nouveau un centre industriel dynamique grâce à l'installation récente d'entreprises dans les bâtiments rénovés. Son institut technologique est l'un des plus réputés pour la fabrication des textiles.

★★**Lowell National Historical Park** – Certains quartiers de Lowell furent déclarés parc national historique en 1978 dans le but de rénover, de préserver et de faire découvrir le patrimoine architectural et sociologique que représente cet exemple type de « mill town ».
(Des visites guidées y sont organisées, se renseigner auprès du Visitor Center, 246 Market Street, de 8 h 30 à 17 h. Fermé les principaux jours fériés. ♿ ☎ 508/970-5000.)

★**Mill and canal Tour** – *Départs du Visitor Center de Memorial Day à Columbus Day. Durée : 2 h 1/4. Réserver à l'avance au Visitor Center. $ 3.*
Lowell possède un réseau de canaux très élaboré destiné à régulariser l'énergie hydraulique utilisée par les usines. La visite en trolley, en bateau sur les canaux et à pied, permet d'en comprendre le fonctionnement et l'utilité.

★**Boott Cotton Mills** – *Visite tous les jours de 9 h à 17 h. $ 3. ♿.* Situé entre le Eastern Canal et la Merrimack River, ce monumental complexe industriel, agrémenté d'un beffroi central abrite l'exposition principale du parc. Au rez-de-chaussée l'atelier de tissage, qui comporte 88 métiers industriels à tisser en activité, recrée l'atmosphère assourdissante d'une usine textile des années 1920 (protège-oreilles fournis à l'entrée).
Au premier étage, les expositions sont consacrées à la révolution industrielle en Amérique, à l'histoire de Lowell, à la production textile et aux aspects humains de la vie dans une « mill-town ».

The Lowell Heritage State Park Waterpower Exhibit – *25 Shattuck Street, horaires d'ouverture variables, se renseigner au Visitor Center.*
Située en face du Visitor Center, cette exposition montre l'utilisation de la force hydraulique à travers les siècles.

EXCURSIONS

Andover – *11 miles de Lowell par la route 495 et la route 28.* Une grande partie de la ville est occupée par les bâtiments de la Phillips Academy, l'une des « prep-schools » (écoles privées) les plus connues des États-Unis. Autour du green, on remarque Bulfinch Hall, Andover Inn (auberge-restaurant) et **Addison Gallery of American Art** qui possède une belle collection de peintures et sculptures américaines. *(Visite du mardi au dimanche. Fermé en août et les principaux jours fériés. ♿ ☎ 508/749-4015.)*

North Andover – *11 miles de Lowell par route 495 vers le Nord. Sortir par Massachusetts Avenue et là prendre à droite.*
Au 19ᵉ s., cette ville était un centre textile important sur la Merrimack. Le **Museum of American Textile History** *(800 Massachusetts Ave, visite tous les jours. Fermé les principaux jours fériés.* & ☎ *508/686-0191)* est consacré à cette industrie et à son évolution, à travers les machines utilisées.

★ MARBLEHEAD   19 971 h.

Plan d'agglomération de Boston p. 101 (**DU**)

A la veille de l'Indépendance, Marblehead était un port de pêche enrichi grâce à l'exportation des poissons séchés vers les Antilles, pour nourrir les esclaves. Les commerçants avaient fait construire ces belles demeures de style georgien, fédéral ou greek revival qui bordent toujours les rues tortueuses du vieux Marblehead.
Aujourd'hui Marblehead a retrouvé sa vocation première : la mer. C'est le grand centre du yachting proche de Boston. Plusieurs yacht-clubs y ont élu domicile et le nombre de bateaux flottant dans le port est impressionnant. Il faut voir ce spectacle de **Fort Sewall** ou, de l'autre côté de la baie, du **phare de Marblehead** situé au bout de **Marblehead Neck,** presqu'île très select où se sont édifiées de superbes propriétés.

Jeremiah Lee Mansion – *161 Washington Street. Visite guidée (3/4 h) de mi-mai à mi-octobre. $ 4.* ☎ *617/631-1069.*
Le colonel Jeremiah Lee, un des plus riches marchands de la ville, fit construire cette maison en 1768. De style georgien, elle fut réalisée d'après le modèle d'une résidence londonienne. Bien qu'en bois, les subterfuges utilisés par le constructeur donnent l'impression qu'elle est construite en pierre. Avec ses 16 pièces, elle est très importante pour l'époque. Son hall et son immense cage d'escalier en acajou présentent des proportions inhabituelles. Les pièces sont meublées et décorées avec des objets rapportés du monde entier par les bateaux de Marblehead : acajou de St Domingue, papiers peints anglais...
Dans une pièce sont exposées les œuvres d'un peintre naïf : J.G.S. Frost.

★★ MARTHA'S VINEYARD

En 1602, quand Bartholomew Gosnold débarqua sur cette île, il y trouva quelques raisins sauvages et la baptisa d'après le prénom de sa fille la « Vigne de Marthe ». On ne trouve plus de raisins dans ce triangle de 32 km de large sur 16 de haut mais des paysages qui rappellent ceux de Cape Cod. Aux landes rases succèdent les lagunes fermées par des cordons littoraux, les lacs glaciaires, les forêts de pins et de chênes, les falaises colorées, les immenses plages de sable fin. Les villes, aujourd'hui stations balnéaires, ports de plaisance, ont chacune une personnalité très marquée par leur histoire.

Accès – Par ferry. La compagnie maritime **Steamship Authority** assure plusieurs services quotidiens de Woods Hole à Vineyard Haven *(durée 45 mn)*. Certains ferries poursuivent sur Oak Bluffs et Nantucket *(durée : 2 h)*. *Renseignements à la chambre de commerce, voir ci-dessous.*

Par avion – *Renseignements auprès de Cape Air* ☎ *800/352-0714 et Continental Express Airline* ☎ *800/525-0280.*

Séjour dans l'île – Pour se déplacer dans Martha's Vineyard on peut louer une voiture ou une bicyclette à Vineyard Haven, Oak Bluffs, Edgartown, ou prendre à la descente du ferry un circuit en bus qui fait le tour de l'île *(2 h 1/2)*.

Hébergement – *Renseignements à la chambre de commerce, P.O. Box 1698, Vineyard Haven, Massachusetts 02 568 –* ☎ *508/693-0085.*

Les plages – C'est l'un des grands attraits de l'île mais beaucoup sont privées. La température de l'eau y est particulièrement clémente grâce à la proximité du Gulf Stream. Les plages les plus agréables pour les amateurs d'espaces et de vagues sont celles de la côte Sud : **Katama Beach** (5 km). Les plages dans les villes sont publiques.

Mocassins ou moraines ? – Les formes triangulaires de Martha's Vineyard et Nantucket ont inspiré de nombreuses légendes comme celle des Indiens qui racontait qu'un géant avait choisi pour lit Cape Cod. Une nuit d'insomnie, excédé, il tapa du pied et lança ses mocassins dans la mer. Ils devinrent deux îles.
Les géologues proposent une explication plus rationnelle : la moraine qui bordait les glaciers de Nouvelle-Angleterre, il y a quelques dizaines de milliers d'années, dessinait des lobes. A l'endroit où deux lobes se rejoignaient les dépôts étaient plus épais. Chacune des îles correspond à l'un de ces points de jonction.

LE TOUR DE L'ILE
1 journée au départ de Vineyard Haven

Vineyard Haven – Sa grande rue, Main Street, a beaucoup de charme avec ses nombreuses boutiques et ses salons de thé.

★**Oak Bluffs** – A partir de 1835, les méthodistes d'Edgartown prirent l'habitude de se réunir au Nord de leur ville sous un chêne. Le rassemblement attira de plus en plus d'adeptes qui s'installaient pour l'été dans un campement de toile autour du chapiteau qui abritait les services religieux. En 1859, plus de 12 000 personnes assistaient aux services de Cottage City, surnom de cette ville improvisée. Elle ne devint Oak Bluffs qu'en 1870. Les constructions en dur avaient alors remplacé le village de toile. Plus d'un millier de petits cottages s'étaient édifiés autour du Tabernacle (temple) élevé en 1879.

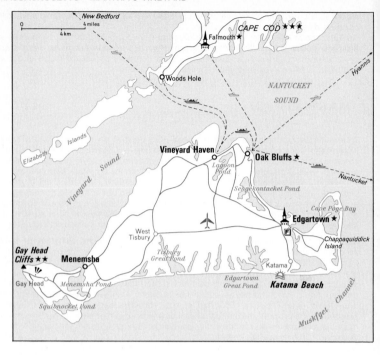

★★**Trinity Park** et **Gingerbread cottage** – *Laisser la voiture près du port et prendre Central Avenue.*

C'est l'ancienne Cottage City ; les petites maisons victoriennes peintes de couleurs acidulées, décorées de balcons dentelés et de mille colifichets entourent le Tabernacle des méthodistes, l'un des plus beaux exemples de construction métallique aux États-Unis. Une fois par an, en août, toutes les maisons s'éclairent de lanternes japonaises pour l'Illumination Night. Aujourd'hui Oak Bluffs a oublié ses origines pour devenir une station balnéaire et un port de plaisance.

Gingerbread cottages

★**Edgartown** – De son passé de grand port baleinier au 18e et au 19e s., Edgartown a conservé de très belles maisons construites pour la plupart vers 1820-1830. Les plus intéressantes se trouvent sur North Water Street. Les grands voiliers équipés pour la pêche à la baleine ont été remplacés par les bateaux de plaisance.

Face à Edgartown, l'île de **Chappaquiddick** abrite de grandes propriétés cachées derrière les arbres de leurs parcs. Un ferry surnommé « On time », car il n'a pas d'horaire régulier, assure le passage.

Vineyard Museum of the Dukes County Historical Society – *Visite du 5 juillet à Labor Day tous les jours. Pour le reste de l'année, se renseigner au préalable. $ 4. & ☎ 508/627-4441.*

La maison de Thomas Cooke fut construite en 1765 par des charpentiers habitués à la construction navale, ce qui apparaît dans son architecture intérieure. Elle contient des souvenirs de l'époque baleinière (scrimshaw, *voir p. 31*), instruments nautiques, meubles...). Au centre du jardin a été installé l'ancien phare de Gay Head (1790).

Katama Beach – Ce cordon littoral qui relie Edgartown à Chappaquiddick est une très belle plage qui s'étend sur toute la côte Sud.

Traverser ensuite l'île d'Est en Ouest à travers les forêts de pins et de chênes. En approchant des falaises de Gay Head, la route s'élève au-dessus des lacs de Menemsha et de Squibnocket où au printemps viennent frayer les aloses ; de là on a une belle **vue** sur le port de Menemsha.

★★Gay Head Cliffs – Cette falaise haute de 40 m forme un arc en ciel d'argile : des couches d'ocre, de gris, de rouille, de blanc s'y superposent. Lorsque la mer est agitée, l'eau se teinte d'ocre.
La centaine d'Indiens qui constituent la majeure partie de la population de Gay Head se servent de cette argile pour confectionner des poteries multicolores.

Menemsha – Avec ses cabanes grises ou « shanties », ce petit port de pêche est l'un des sujets favoris des photographes.

★★ MOHAWK TRAIL

La route 2, entre Greenfield et la frontière de l'État de New York, a été baptisée « le sentier Mohawk ». Elle suit en effet un ancien sentier indien qui longeait la rivière Deerfield. Son parcours, après avoir traversé une partie de la vallée du Connecticut, pénètre dans les collines boisées des Berkshires avant de redescendre dans la vallée du même nom.
Le Mohawk Trail offre de très belles vues sur l'ensemble de la région, particulièrement spectaculaires avec les couleurs de l'automne.

DE GREENFIELD A WILLIAMSTOWN
67 miles – environ 3 h

Greenfield – Cette petite ville tient son nom (le champ vert) de sa prospérité agricole.

Suivre la route 2. Après 6 miles, elle s'élève et offre de belles vues. Continuer jusqu'au croisement avec la route de Shelburne Falls (13,5 miles après Green-field).

★Shelburne Falls – Au centre du village s'écoulent des chutes (Salmon Falls) qui tourbillonnent parmi les curieuses « marmites de géants » laissées par l'érosion glaciaire.

Bridge of Flowers – *A droite avant le pont sur la Deerfield.*
Utilisé autrefois par les tramways, ce pont est aujourd'hui réservé aux piétons et surtout aux amateurs de fleurs : c'est un véritable jardin au-dessus de l'eau.

Revenir à la route.

Deux miles après Charlemont, elle passe devant le **Mohawk Trail State Forest**. Devant son entrée la statue d'un Indien baptisée **« Hail to the Sunrise »** a été élevée en l'honneur du peuple Mohawk.
On pénètre alors dans la zone montagneuse. Entre Florida et North Adams, de très beaux points de vue se dégagent depuis **Whitcomb Summit** (vue sur Monadnock, Mt Greylock, les Green Mountains) ; **Western Summit** (vue sur la vallée) et **Hairpin Curve.**
De ce virage en épingle à cheveux (d'où son nom), **vue★★** très étendue sur North Adams et les Berkshires.

Juste avant North Adams, tourner à droite dans la route 8, puis à gauche après 0,4 mile.

★Natural Bridge State Park – *Visite tous les jours de mai à octobre. $ 5 par voiture.* ☎ *413/663-6312.*
Ce pont naturel en marbre blanc s'élève 20 m au-dessus d'une sorte de gorge très étroite, longue de 160 m, dans laquelle l'eau s'engouffre en bouillonnant.
Le marbre daté de 550 millions d'années a été sculpté ainsi par les glaciers qui l'ont raboté, poli et marqué de leur empreinte.

Incantation au lever du soleil.
(Hail to the Sunrise)

North Adams – Les grandes usines en brique rappellent le passé industriel de cette ville au 19ᵉ s. Ce fut un des principaux centres textiles du Massachusetts occidental qui attira des milliers de Canadiens et d'Italiens.
A la suite de l'ouverture, en 1875, du tunnel Hoosac, reliant le Massachusetts à l'Ouest du pays, North Adams devint un important centre ferroviaire.
Dans le Visitor Center du **Western Gateway Heritage State Park** (route 8 vers le Sud), des expositions évoquent l'épopée de la construction du tunnel Hoosac, le plus long des États-Unis à cette époque.

2 miles plus loin, tourner à gauche dans Notch Road en suivant le signe pour Mt Greylock.

La route s'élève parmi les arbres longeant la crête.

★★★Mt Greylock – A son sommet, le plus élevé du Massachusetts (1 064 m), se trouve une tour mémorial dédiée aux morts de la guerre. Du haut de la tour, s'offre un vaste **panorama★★★** sur la région : les Berkshires, les Taconics, le Mohawk Trail, le Sud du Vermont...

Redescendre sur North Adams et continuer sur la route 2 vers Williamstown (voir à ce nom).

★★★ NANTUCKET ISLAND

3 069 h.

A 30 miles au Sud de Cape Cod, Nantucket, dont le nom indien signifie « l'île lointaine », est un triangle de 15 km sur 10. Son relief assez plat, son sol sablonneux, ses étangs aux formes arrondies, ses landes parsemées de forêts de pins, sont révélateurs de son origine moranique. L'île de Nantucket comprend la ville du même nom située à l'endroit où la lagune, magnifique havre protégé par le cordon littoral de Coatue, donne sur la mer, et deux villages : Siasconset et Madaket.

L'histoire de l'île se confond avec celle du port qui fut le plus célèbre centre baleinier du monde au 19e s. Aujourd'hui, celle que les marins surnommaient « The Gray Lady of the Sea » (La dame grise de la mer) à cause de ses maisons poivre et sel, couvertes de roses en été, est l'un des endroits les plus charmants de la Côte Est.

Épargnée par l'industrialisation de la fin du 19e s., elle a gardé son aspect d'il y a 150 ans.

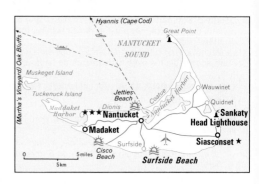

Accès – La compagnie maritime **Woods Hole, Martha's Vineyard and Nantucket Steamship Authority** assure plusieurs services quotidiens depuis **Woods Hole** et **Hyannis.** *De Woods Hole – durée du trajet 3 h. De Hyannis, Pleasant Dock – durée du trajet 2 h 10. Renseignements auprès de Steamship Authority.*
Adresse : Box 284, Woods Hole, Massachusetts 02543 – ☎ 508/540-2022. Réserver à l'avance pour les voitures.

Séjour – L'île est un lieu de séjour merveilleux, cependant l'hébergement y est souvent difficile et cher, aussi de nombreux touristes se contentent-ils d'y passer une journée. Pour les réservations, s'adresser au **Centre d'Information,** *(25 Federal Street,* ☎ *508/228-0925)* qui propose des chambres chez l'habitant ou à la **Chambre de Commerce** *(Pacific Club Building, Main Street,* ☎ *508/228-1700).*
Pour se promener en dehors de la ville, le moyen le plus agréable est la bicyclette *(locations à la descente du ferry).*
Possibilité aussi de louer une voiture ou de faire le circuit en bus. Location de véhicules à quatre roues motrices tout terrain pour atteindre Great Point.

Les plages – Nantucket est très appréciée pour ses plages. L'eau y est d'une température particulièrement clémente car le Gulf Stream baigne l'île. Près de la ville, **Jetties Beach** est très agréable pour les enfants. Les amateurs de vagues et de longues plages préféreront **Surfside Beach** et **Cisco Beach** sur la côte Sud de l'île tandis que les surfers trouveront à **Madaket** les rouleaux qui se prêtent à leur sport.

UN PEU D'HISTOIRE

La pêche à la baleine – Dès la fin du 17e s., les Indiens avaient appris aux colons à harponner les baleines à partir des côtes. Ramenées sur l'île, elles étaient dépecées sur les plages. Puis ce fut la découverte du cachalot et le début des voyages au long cours qui devaient lancer les habitants de Nantucket à travers les océans.
Dans les années 1830, Nantucket fut la capitale mondiale de la pêche à la baleine avant de céder la place à New Bedford. Elle se situait par sa richesse au troisième rang après Boston et Salem. Ses baleiniers, au nombre de 125 à certaines périodes, revenaient chargés de barils de graisse qu'ils revendaient à Londres ou dans d'autres ports européens. Les capitaines firent alors édifier les splendides demeures que l'on peut voir dans Main Street.
Puis ce fut le déclin. Le port n'était plus assez profond pour accueillir les nouveaux bateaux et New Bedford prit la relève. Un terrible incendie en 1846, la découverte de l'or en Californie qui draina les esprits aventureux, et enfin l'utilisation du pétrole en Pennsylvanie mirent un terme à cette activité. Nantucket s'endormit pour quelques décennies puis se réveilla avec l'essor du tourisme.

Les Nantucketers – La vie ardue des marins, celle tout aussi difficile de leurs femmes la plupart du temps seules, la propagation et l'influence du Quakerisme, ont donné à ces îliens un caractère solide, austère et courageux. Fait paradoxal, ces Quakers disciples de la non-violence passaient une partie de leur vie dans les bains de sang au moment du dépeçage des baleines ou au cours d'escarmouches dans les îles qu'ils abordaient.
Parmi ses célébrités, Nantucket compte Peter Foulger, le grand-père de Benjamin Franklin, et Maria Mitchell la première femme astronome américaine. Moins illustre mais merveilleux exemple de la volonté des Nantucketers, citons la femme du capitaine Charles Grant qui n'hésita pas à faire le tour du monde avec son enfant en bas âge pour retrouver le bateau de son mari porté disparu.

En fin de volume figurent d'indispensables renseignements pratiques :
– Organismes habilités à fournir toutes informations ;
– Manifestations touristiques.

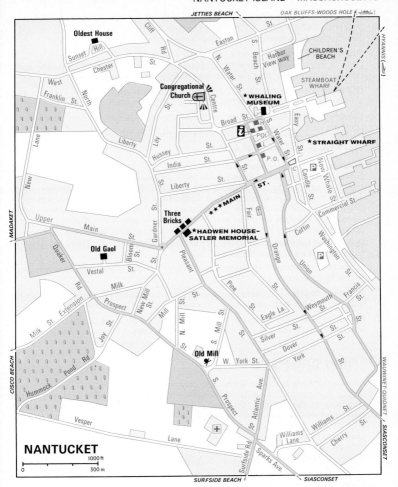

★★★ LA VILLE DE NANTUCKET *visite : 1 journée*

L'association historique de Nantucket vend un laissez-passer ($ 5) pour la visite de tous les musées et maisons historiques de Nantucket ainsi que le Lightship. On peut se le procurer dans chacun des sites.

★★★**Main Street** – Ombragée par ses ormes centenaires, pavée de gros galets ronds, bordée de maisons de capitaines, de boutiques, de galeries d'art, Main Street diffuse une atmosphère d'un autre siècle. C'est une rue très pittoresque. Les galets de Main Street servaient de lest aux baleiniers, et parvinrent ainsi dans cette île lointaine. Centre de la vie de l'île, en été les vacanciers la parcourent, flânent, font du lèche-vitrines, s'arrêtent pour déguster quelque énorme ice-cream.

★**Straight Wharf** – Ce quai, au bas de Main Street, fait partie d'un ensemble de marinas modernes construites sur pilotis dans le style des anciennes maisons de pêcheurs. Des boutiques élégantes, des galeries d'art, des restaurants s'y sont installés. De nombreux bateaux de plaisance se balancent entre les pontons.

★**Hadwen House-Satler Memorial** – *Visite de mi-mai à mi-octobre. $ 1.50.* Impressionnante avec sa façade ornée d'un fronton et de colonnes, cette demeure, construite pour un marchand de chandelles en 1845, témoigne d'une vie luxueuse et raffinée.
Son double salon meublé en style Empire, ses vastes pièces, abritant de très beaux meubles et de nombreux autres trésors, étonnent dans cette île isolée.
En face se dressaient trois maisons identiques en briques **(The Three bricks)**. Un riche marchand les avait fait construire pour ses trois fils.

★**Musée de la pêche à la baleine** (Whaling Museum) – *Visite de mi-mai à fin décembre. $ 3.* &.
Installé dans un bâtiment où l'on fabriquait autrefois des chandelles avec de la graisse de baleine, ce musée rassemble une importante collection d'objets ayant trait à la pêche à la baleine : de superbes scrimshaws *(voir p. 31)*, une baleinière, des harpons, des maquettes, des marines... Des ateliers d'artisans travaillant pour cette activité (forgerons, fabrication des voiles, tonneliers...) ont été reconstitués. On remarquera la maquette du « Camel », sorte de dock flottant qui fut utilisé dans les années 1840-50 quand les bateaux étaient devenus trop gros pour pénétrer dans le port de Nantucket.

Oldest House – *Sunset Hill. Visite de mi-mai à mi-octobre. $ 1.50.* Un petit chemin couvert de galets à la limite de la ville et de la campagne, mène à la plus vieille maison de l'île : **Jethro Coffin House**, construite en 1686. Couverte de tavaillons, percée de petites fenêtres aux vitres en losanges, elle est typique du style colonial et des maisons « boîte à sel ». A l'intérieur sa vaste cheminée en fer à cheval permet de chauffer les deux pièces de devant et la cuisine.

Old Gaol (vieille prison) – *Visite de mi-mai à mi-octobre. $ 1.*
Dans la cour, le pilori rappelle la sévérité des lois autrefois. A l'intérieur quatre cellules sont restées dans l'état où elles étaient au début du 19e s.

Old Mill – *Visite de mi-mai à mi-octobre. $ 1.* Ce vieux moulin (1746) est toujours en activité. Sa visite permet de comprendre le fonctionnement des moulins à vent.

Congregational Church – *Centre Street.* Du haut de son clocher, on a une très belle **vue** sur la ville et l'île.

AUTRES SITES DE L'ILE

*★**Siasconset** – Les habitants de l'île l'ont abrégé en « Sconset ». Au 17e s., les pêcheurs de Shelburne (ancien nom de la ville de Nantucket) venaient pêcher la morue à cet endroit. Ils s'étaient construit des abris qui au cours des années devinrent ces petites maisons grises ou **shanties**★ qui bordent les rues centrales. Découverte à la fin du 19e s. par quelques artistes en quête de paysages sauvages et de repos, Siasconset devint un endroit très prisé, et autour des shanties s'édifièrent de vastes demeures. Un train relia Nantucket à Siasconset de 1881 à 1918.

Sankaty Head Lighthouse – *Accès à pied par un chemin le long de la côte.* Situé sur une falaise, ce phare domine l'océan et l'île.

La route entre Quidnet et Nantucket offre une intéressante variété de paysages de landes et de dunes.

Surfside Beach – Une route et une piste cyclable mènent rapidement à la côte Sud qui n'est qu'une vaste plage où il est fort agréable de se baigner.

Madaket – Cet autre village de Nantucket est réputé pour ses plages où se pratique le surf. Sur cette côte, la mer déferle souvent en gros rouleaux.

★ NEW BEDFORD   99 922 h.

New Bedford, qui surclassa Nantucket comme capitale de la pêche à la baleine, et fut rendue célèbre par les écrits de Melville, est devenue une ville paisible vivant de l'industrie et de la pêche. On peut encore évoquer son passé prestigieux en se promenant le long des quais et sur la colline de Johnny Cake Hill, dans les rues voisines du musée de la Pêche à la baleine et de Seamen Bethel, la chapelle des marins décrite dans *Moby Dick*.

L'âge d'or – En 1765, un habitant de Nantucket, Joseph Rotch, débarqua ici et y construisit le premier baleinier. Dix ans plus tard, une cinquantaine de bateaux parcouraient les mers à la recherche des cétacés. Cette activité s'accrut d'année en année et connut son apogée après le déclin de Nantucket. En 1857, la flotte baleinière de New Bedford comptait 329 bateaux et 12 000 marins. La ville tirait sa richesse de la graisse de baleine et Melville en 1840 décrivait ainsi la ville : « Les magnifiques maisons et les jardins fleuris provenaient

From photo, New Bedford Whaling Museum

Scène de pêche à la baleine
extraite du panorama du Russell et Purrington

directement des océans Atlantique, Pacifique et Indien où ils avaient été harponnés et arrachés du fond de la mer. »
Dans le port, au pied de Johnny Cake Hill, c'était un éternel va-et-vient de baleiniers partant pour plusieurs années vers les mers lointaines et d'autres revenant avec leur charge de tonneaux de graisse. Les fabriques de chandelles à l'huile fonctionnaient sans cesse, tandis que les fanons étaient mis à sécher pour être transformés en baleines de corset ou de parapluie. Les quais retentissaient des coups de marteaux des constructeurs de bateaux, des tonneliers, des forgerons... Près des quais, les banquiers, les assureurs, les douaniers comptaient les profits et pertes. Cette période de gloire dura une trentaine d'années.

Le déclin – La découverte du pétrole de Pennsylvanie en fut une des causes, mais y contribuèrent aussi plusieurs catastrophes. Il y eut d'abord l'épisode de la **Stone Fleet** pendant la guerre de Sécession en 1861. Le gouvernement avait acheté une quarantaine de vieux baleiniers de New Bedford pour les couler avec des pierres dans les ports sudistes de Charleston et de Savannah.
Dix ans plus tard, une partie de la flotte baleinière fut saisie par les glaces dans l'océan Arctique. Trente-deux bateaux furent perdus mais tous les équipages (1 219 hommes) purent être ramenés par les sept navires restés en eau libre, catastrophe fatale pour New Bedford qui se tourna alors vers l'industrie textile.

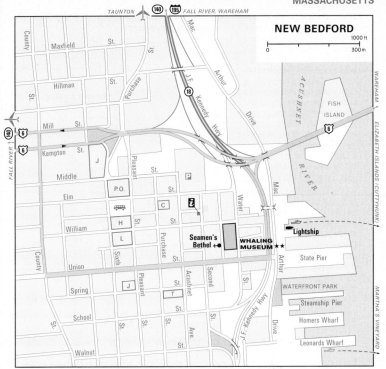

CURIOSITÉS *visite : 3 h*

★★**New Bedford Whaling Museum (Musée de la Pêche à la baleine)** – *18 Johnny Cake Hill. De l'autoroute 195, sortie 15 et suivre panneaux Downtown New Bedford. Visite de 9 h à 17 h (13 h à 17 h le dimanche, 11 h à 17 h le dimanche en juillet et août). Fermé le 1er janvier, Thanksgiving Day et le 25 décembre. $ 3.50. ☎ 508/997-0046.*
La collection de **scrimshaw** – objets confectionnés à partir de dents de cachalot ou de défenses de morse – est extrêmement riche. La présentation des matières premières (dent, défense de morse, corne de narval), des outils utilisés (canif, peau de requin pour polir...) et des objets obtenus permet de suivre le déroulement de cet art très populaire parmi les marins. Les résultats sont variés : dents gravées, roulettes à pâtisseries, dévidoirs à laine, boîtes, cannes...
Une collection d'aquarelles et de gravures évoque les scènes de la pêche à la baleine et l'épisode de la perte de la flotte dans l'Arctique.
Des journaux de bord, illustrés naïvement, racontent la vie des baleiniers. Le nombre de leurs prises est inscrit avec des tampons représentant une baleine.
Une immense salle abrite des figures de proue, des peintures et la maquette (modèle réduit de moitié) du baleinier **Lagoda**★★ qui fut en service à New Bedford jusqu'en 1925. On peut y monter et voir comment était équipé un baleinier du 19e s. avec ses immenses chaudrons pour faire fondre la graisse des cétacés. Autour de cette maquette sont expliquées les différentes phases de la pêche (chasse, dépeçage, produits récupérés, etc.) ainsi que les armes et outils utilisés. Au-dessus sont reconstitués les boutiques et ateliers des artisans dont le travail avait un rapport avec cette activité : constructeur de bateau, cordelier, tonnelier...
Dans une salle sont exposées des parties du vaste **panorama de Russel et Purrington**★ (400 m) représentant des scènes de pêche à la baleine autour du monde.

Seamen's Bethel (Chapelle des marins) – *Visite tous les jours. Fermé le 1er janvier, Thanksgiving Day et le 25 décembre. Offrande. ☎ 508/992-3295.* Cette chapelle évoquée par Melville dans « Moby Dick » contient de nombreux souvenirs des hommes qui vécurent de la pêche à la baleine. Sa chaire a la forme d'une proue.

Lightship New Bedford – *A côté de Coast Guard.*
Ce type de bateau faisait office de phare dans les endroits dangereux où l'on ne pouvait construire un bâtiment en pierre.

★ NEWBURYPORT   16 317 h.

Cette petite ville, située à l'embouchure de la Merrimack, invite à la flânerie. On y pénètre par **High Street**, une des plus belles rues de Nouvelle-Angleterre, bordée sur 4 km de superbes demeures fédérales. En redescendant vers le port on découvre **Market Square District**★, un quartier aux chaudes couleurs de la brique, réaménagé récemment, avec de petites rues, des places, des espaces verts. Des boutiques, des galeries d'art, des restaurants réaniment ce quartier qui fut très actif lorsque Newburyport était l'un des ports prestigieux de Nouvelle-Angleterre.
Aux 18e et 19e s., ces chantiers navals étaient réputés et de nombreux clippers y furent construits. D'autre part, ce port servait de débouché à la vallée de la Merrimack où s'étaient implantées de nombreuses industries textiles.

****High Street** – De nombreux capitaines et armateurs de Newburyport avaient amassé de belles fortunes et fait construire des demeures imposantes dont les silhouettes cubiques sont ornées de balustrades, de porches, d'encadrements de portes sculptés, de frises, beaux exemples du style fédéral, symbole de la nouvelle Indépendance et de la prospérité des États-Unis.

Cushing House (n° 98) – *Visite guidée (1 h) de mai à octobre du mardi au samedi ; le reste de l'année sur rendez-vous.* $ 3. ☎ 508/462-2681. Cette maison construite en 1808 abrite la Société historique de Newburyport. Belle collection de meubles dont beaucoup proviennent d'Asie.

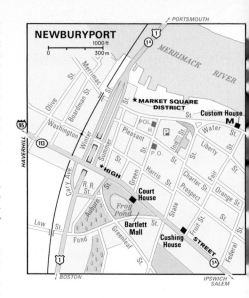

Court House (palais de justice) – Dessiné par Charles Bulfinch, il fait face au **Bartlett Mall**, un bel espace vert qui entoure un étang : **Frog Pond**.

Custom House (Museum of the Maritime History) – *Visite du 1er avril au 23 décembre, tous les jours.* $ 3. ☎ 508/462-8681. Cette belle construction de granit au bord de la Merrimack n'accueille plus les marins de retour d'un long voyage mais les visiteurs intéressés par les souvenirs de cette grande époque.

EXCURSIONS

****Plum Island – Parker River National Wildlife Refuge** – *3 miles du centre de Newburyport par Water Street et Plum Island Turnpike. Ouvert du lever au coucher du soleil.* Dans Plum Island, l'île qui longe sur 10 km la côte entre Newburyport et Ipswich, a été aménagée une réserve naturelle, véritable paradis pour les observateurs d'oiseaux. 270 espèces identifiées viennent s'y poser et nicher dans le bras de mer marécageux. Des milliers d'oies sauvages s'y arrêtent au moment des migrations. La côte de Plum Island face à l'océan forme une magnifique plage abritée par les dunes. *Une route (plusieurs parkings) longe toute l'île. Quelques sentiers et tours d'observation sont à proximité de la route (voir carte distribuée à l'entrée). La capacité maximum de la réserve est de 350 voitures.* ☎ 508/465-5753.

Haverhill – *13 miles de Newburyport par route 1 vers le Nord et route 110 vers l'Ouest.* Le poète John Greenleaf Whittier écrivit la plupart de ses œuvres au ton souvent moraliste dans une petite ferme que l'on visite aujourd'hui. **John Greenleaf Whittier Birthplace** *(305 Whittier Road, visite du mardi au dimanche. Fermé les principaux jours fériés.* $ 2. ☎ 508/373-3979.

* PIONEER VALLEY

La vallée du Connecticut au centre du Massachusetts fut l'un des grands axes de colonisation au 17e s., d'où son surnom de Pioneer Valley. Ce fut pendant des dizaines d'années la limite vers l'Ouest : les colons n'osaient pas se hasarder au-delà des Berkshires, vers la vallée de l'Hudson, domaine des Hollandais.

Une vallée fertile au curieux relief – Les calmes et riches paysages qui s'étendent de part et d'autre du Connecticut sont dramatisés par la présence à l'arrière-plan de barrières de basalte. Les terres, très fertiles, portent des cultures de maïs, de légumes et surtout de **tabac**, d'où la présence des longs hangars-séchoirs alignés dans les champs. Les barrières de basalte, restes d'une éruption volcanique, se dressent de part et d'autre de la vallée en formant des versants noirâtres abrupts. Du sommet de ces hauteurs se découvrent de très belles vues sur la vallée et son fleuve *(voir ci-dessous)*.

La vallée des dinosaures – Les empreintes de 750 espèces de dinosaures ont été observées dans la vallée du Connecticut. Ces traces furent laissées dans la boue puis cuites par le soleil quand l'eau s'évapora. La boue au fil des siècles s'est transformée en schistes, véritables documents d'histoire géologique concernant la vie des dinosaures il y a 200 millions d'années. Ces dinosaures étaient petits, de la taille d'un homme d'après leurs empreintes qui ressemblent à celles de grands oiseaux. A plusieurs endroits dans la vallée, on peut observer de telles empreintes. Amherst College s'est spécialisé dans l'étude des dinosaures.

Un centre de l'éducation – Plus de 60 000 étudiants sont répartis dans les différents collèges et universités de la Pioneer Valley. Les cinq plus célèbres établissements se sont réunis pour former un consortium qui leur permet d'échanger leurs professeurs, d'avoir une station de radio et d'autres activités en commun. Ce consortium comprend :

A Amherst : l'université du Massachusetts, vaste campus aux hautes tours modernes où sont inscrits 26 000 étudiants ; **Amherst College,** créé en 1821, dont les bâtiments anciens se fondent avec le reste de la ville, et **Hampshire College** fondé en 1971 par les autres membres du consortium comme une expérience pilote (architecture intéressante).

A Northampton : Smith College, créé par Sylvia Smith en 1875, devint l'un des collèges les plus sélects pour jeunes filles comme **Mount Holyoke College,** de l'autre côté du fleuve à South Hadley, qui, fondé en 1837, fut la première institution d'enseignement supérieur pour les femmes. **Emily Dickinson,** une poétesse célèbre, y fut étudiante.

CURIOSITÉS

★★Deerfield – *Voir à ce nom.*

Mount Sugarloaf State Reservation – *Suivre les panneaux à partir de la route 116.* Le sommet de ce piton de basalte, dont le nom signifie « pain de sucre », offre une **vue★★** très étendue sur la vallée, les hangars à tabac et les tours de l'université du Massachusetts.

Northampton – Cette ville de pionniers est devenue un centre commerçant.

Smith College Museum of Art – *Elm Street. Visite de septembre à mai du mardi au dimanche ; le reste de l'année, se renseigner au préalable.* ☎ *413/585-2760.*
Ce musée possède une collection de peintures particulièrement riche en ce qui concerne les écoles françaises et américaines des 18ᵉ, 19ᵉ et 20ᵉ s. Le bâtiment construit en 1973 est très lumineux et met les collections en valeur.

Joseph Allen Skinner State Park – *De la route 47, suivre la signalisation pour la Summit House.*
Joseph Skinner avait fait construire une maison, Summit House, au sommet de cette barre de basalte où l'on parvenait à pied ou par un train à crémaillère. De là, belle **vue★** sur Northampton et la vallée.

Mount Tom Reservation – *D'Holyoke, prendre la route 141 vers le Nord. Après 3 miles, tourner à droite dans Mt Tom State Reservation.*
La route qui suit la ligne de crête offre de belles vues. Du sommet, on domine un bras mort du Connecticut, rendu célèbre par le tableau de Thomas Cole « The Ox Bow » (Au Metropolitan Museum à New York), et au-delà on voit Northampton et les collines des Berkshires. Mount Tom est aussi une station de ski et attire de nombreux jeunes en été pour son Alpine Slide (bobsleigh sur béton).

★Quabbin Reservoir – *Accès par la route 9 à 2 miles de Belchertown.*
Cet immense réservoir (29 km de long), dont le nom indien signifie « beaucoup d'eau », fut créé en 1950 pour alimenter Boston. Des villages et des vallées disparurent sous la retenue des barrages : le principal est Windsor Dam.

Quabbin Hill Tower – **Panorama★★** sur le paysage composé par cette vaste étendue d'eau tout en bras, d'où émergent des îles rondes et boisées. Au loin Mt Monadnock.

Enfield Lookout – Autre **vue★★** sur Quabbin Reservoir.

★★ PLYMOUTH   45 608 h.

C'est en pèlerinage que les Américains se rendent à Plymouth. Ils viennent contempler l'endroit où accostèrent les premiers Anglais qui s'établirent en Nouvelle-Angleterre : les pères-pèlerins du Mayflower.
Plymouth est une ville agréable avec ses collines dominant une vaste baie. Les rues en pente descendent vers le port où voisinent les restaurants de poissons et de fruits de mer. De **Burial Hill,** la colline sur laquelle s'étend le vieux cimetière, on jouit de très beaux points de vue sur la ville et la mer. A sa base s'écoule la petite rivière, Town Brook, longée par un beau parc public : **Brewster Gardens.**

Plimoth Plantation

De Plymouth à Plymouth – En Angleterre, au 16ᵉ s., s'étaient organisés des groupes de dissidents, les **Séparatistes**, désireux de réformer l'Église anglicane dont ils trouvaient les règles et la morale trop relâchées. Ils furent vite persécutés et émigrèrent alors vers des terres plus tolérantes où ils pouvaient mettre leurs idées en pratique. Une première tentative les mena en Hollande en 1607. Puis en 1620 une centaine d'entre eux décidèrent d'aller s'installer dans les terres lointaines de la colonie de Virginie, de l'autre côté de l'Atlantique. Le 16 décembre, ils appareillèrent de Plymouth à bord du Mayflower. Après 2 mois de navigation difficile, ils aperçurent enfin la terre. Mais les vents les avaient détournés de leur destination initiale et ces côtes étaient celles de Cape Cod et non celles de la Virginie.

Pendant plus d'un mois, ils explorèrent cette région et décidèrent finalement de s'installer dans la baie de Plymouth qui avait été baptisée ainsi par le capitaine John Smith six ans plus tôt. Leur première initiative fut de signer le **pacte du Mayflower,** sorte de contrat qui servait de base à leur « self government » et qui prévoyait entre autres l'élection annuelle de leur gouverneur. **William Bradford** tint ce rôle pendant de nombreuses années.

Le premier hiver – Les pèlerins se trouvèrent confrontés à un hiver terrible. Ils s'étaient construit de petites chaumières qui ne les protégeaient pas suffisamment du froid. La nourriture manquait et bientôt la moitié des effectifs de la colonie avait disparu. Les morts étaient enterrés secrètement la nuit sur **Cole's Hill** et aucun signe ne marquait leur tombe afin que les Indiens ne puissent dénombrer leurs pertes. Après quelques mois, des Indiens apparurent qui se montrèrent fort amicaux. Ils enseignèrent aux Anglais comment cultiver la terre, pêcher, chasser. A l'automne suivant, la récolte fut abondante et une grande fête eut lieu pour bénir les moissons : ce fut le premier **Thanksgiving,** qui devint une tradition et est demeuré l'une des fêtes les plus populaires aux États-Unis.

Pilgrims' Progress – Chaque année en août, et pour Thanksgiving, des habitants de Plymouth revêtent les costumes des pères-pèlerins et vont en procession de Leyden Street à Burial Hill. Là est célébré un office religieux semblable à ceux auxquels assistaient les pèlerins à leur arrivée à Plymouth.

CURIOSITÉS *visite : 1 journée*

Le centre d'information procure des brochures. Des tickets d'entrée groupés peuvent être achetés au Mayflower II ou à Plimoth Plantation.

★**Plymouth Rock** – C'est sur ce rocher que débarquèrent du Mayflower les pères-pèlerins. Il est abrité par un auvent. En face une fontaine : **The Pilgrim Mother** (**A**) est dédiée aux courageuses femmes de ces pionniers. Un autre monument a été élevé pour commémorer l'histoire des pères-pèlerins : **The National Forefathers Monument.**

★★**Mayflower II** – *Visite d'avril à novembre de 9 h à 17 h (19 h en juillet et août), le reste de l'année uniquement sur rendez-vous. $ 5.75.* ☎ *508/746-1622.*
Ce bateau est la réplique de celui qui transporta les pèlerins. Il fut construit en Angleterre et refit le trajet Plymouth-Plymouth en 1957.
A côté du bateau se trouve une reconstitution de deux des premières chaumières construites par les pèlerins à leur arrivée : **First House** et **1627 House** (**B**).

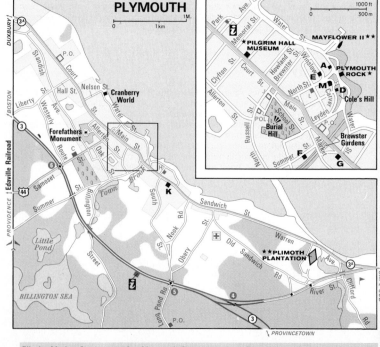

Pilgrim Mother Statue .... **A**	Massasoit Statue .... **D**	Sparrow House .... **F**
First House-1627 House ...... **B**	Mayflower	Pilgrim J. Howland House .. **G**
Plymouth Wax Museum .... **M**	Society Museum .... **E**	Harlow Old Fort House .... **K**

Plymouth National Wax Museum (**M**) – *Visite de mi-février à mi-décembre. $ 5.* ☎ *508/746-6468.* Situé sur **Cole's Hill,** la colline où furent enterrés les premiers colons, ce musée de cire reconstitue en 36 dioramas grandeur nature les différents épisodes de l'émigration des Séparatistes : d'Angleterre en Hollande, puis sur le Mayflower, ainsi que leurs débuts en Nouvelle-Angleterre. Devant le musée s'élève la statue de l'Indien **Massasoit** (**D**).

★**Pilgrim Hall Museum** – *Visite tous les jours. Fermé le 1ᵉʳ janvier et le 25 décembre. $ 5.* ☎ *508/746-1620.*
Ce musée fut construit en 1824 pour recueillir et présenter les souvenirs (meubles, objets divers, peintures, etc.) se rattachant aux pèlerins du Mayflower et à l'histoire de Plymouth, entre autres la bible du gouverneur William Bradford.

★★**Plimoth Plantation** – *Visite d'avril à novembre de 9 h à 17 h, le reste de l'année sur rendez-vous. $ 18.50 (Billet incluant la visite du Mayflower II).* ✗ ☎ *508/746-1622.*
C'est la reconstitution du village enclos de Plymouth tel qu'il apparaissait en 1627. Il était alors situé à l'emplacement de la ville actuelle.
Du fort en gros rondins, à l'entrée, s'offre une vue d'ensemble sur la rue bordée de maisons en bois, couvertes de chaumes. Les intérieurs des maisons ont aussi été aménagés avec des meubles rustiques anglais, jacobéens et élisabéthains, tels que pouvaient en posséder les colons. Des personnages en costume animent ce village, reproduisant les gestes de leurs ancêtres (construction de maisons, réparation des toits, fabrication de chandelles...)
Un chemin mène au **Hobbamock's Wampanoag Indian Homesite,** reproduction d'un camp côtier indien au 17ᵉ s.

★**Mayflower Society Museum** (**E**) – *Visite guidée (45 mn) en juillet et août, tous les jours ; de fin mai à juin et de mi-septembre à mi-octobre le week-end seulement ; ouvert le week-end de Thanksgiving. $ 2.50.* ☎ *508/746-2590.* Cette maison construite à l'époque coloniale a été agrandie en 1898, d'où le mélange de styles colonial et victorien que l'on y rencontre. Elle est surmontée d'un très beau « widow walk », terrasse aménagée sur la maison qui permettait aux femmes de surveiller le retour des bateaux. Meublée avec beaucoup de goût, elle donne une idée assez fidèle de l'intérieur d'une maison de Nouvelle-Angleterre aux 17ᵉ, 18ᵉ et 19ᵉ s.
Quelques autres maisons historiques sont ouvertes au public : **Richard Sparrow House** (1640) (**F**) – *(visite de Memorial Day à Thanksgiving Day sauf mercredi ; le reste de l'année, uniquement sur rendez-vous. $ 1.* ☎ *508/747-1240)* ; **Pilgrim John Howland House** (**G**) *(visite guidée (3/4 h) tous les jours de Memorial Day à Columbus Day, le week-end seulement de Columbus Day à Thanksgiving Day. $ 2.50.* ♿ ☎ *508/746-9590)* ; **Harlow Od Fort House** (**K**) *(visite guidée (3/4 h) de Memorial Day à Columbus Day du mardi au dimanche. Fermé les principaux jours fériés. $ 2.50.* ☎ *508/746-0012.*

Cranberry World – *Visite tous les jours de mai à novembre.* ♿ ☎ *508/747-2350.*
L'usine Ocean Spray Cranberry qui traite les canneberges (cranberries) pour en faire des sirops, des gelées, des confitures, a ouvert un centre d'information (Visitors Center) pour présenter aux touristes les méthodes de culture et les processus de transformation de ces airelles.

EXCURSIONS

Myles Standish Monument State Park – *Duxbury. 8 miles de Plymouth par la route 3 A jusqu'à Crescent Street puis tourner à droite. Prendre l'entrée à gauche.*
Élevé à la mémoire du chef des pèlerins, Myles Standish, ce monument domine la baie de Plymouth. De son sommet se révèle une **vue**★★ magnifique sur Plymouth et la baie de Cape Cod. Par temps clair, on peut voir Provincetown au bout de Cape Cod.

Edaville Railroad – *Rochester Road dans South Carver, 16 miles au Sud-Ouest de Plymouth, par la route 44 Ouest puis la route 58 Sud. Après 6 miles, tourner à droite. Visite tous les jours de juin à octobre, les week-ends de mai et les pricipaux jours fériés. Le reste de l'année se renseigner au préalable. $ 12.50.* ☎ *508/866-4526.*
Installé en 1940 pour faciliter l'exploitation d'une plantation d'airelles, ce petit train sert aujourd'hui à des excursions touristiques. Sur un trajet de 10 km, il traverse des champs d'airelles. Cette promenade est particulièrement intéressante en automne au moment de la récolte.
Un petit musée illustre le processus de la culture des canneberges.

★★ PROVINCETOWN
3 374 h.

De la route bordée d'un côté par la mer, de l'autre par Pilgrim Lake, on aperçoit d'abord, en approchant de Provincetown, son curieux monument mémorial aux allures de campanile italien. Puis une longue succession de bungalows et de motels précède l'arrivée dans la vieille ville qui s'étend en bandeau sur 5 km. Provincetown, P.-Town comme l'appellent les Américains, est un curieux mélange, à la fois port de pêche, colonie d'artistes et attraction touristique. En été une foule bariolée se déverse dans Commercial Street entre les magasins de souvenirs, les galeries d'art et d'artisanat et les restaurants.

Du Mayflower au port baleinier – Quand les pèlerins du Mayflower débarquèrent à cet endroit en novembre 1620, croyant accoster en Virginie, ce n'étaient qu'étendues sablonneuses à perte de vue. Cent ans plus tard, Provincetown devenait un important port de pêche et un grand centre baleinier, le troisième après Nantucket et New Bedford. Au milieu du 19ᵉ s., on y dénombrait 75 quais et ses plages étaient couvertes de salines – curieuses constructions en bois où l'on faisait évaporer l'eau de mer – et de claies pour faire sécher le poisson. Les bateaux de Provincetown partaient recruter leurs équipages aux Açores et aux îles du Cap Vert, ce qui explique la proportion importante de Portugais et le maintien de leurs traditions dans cette ville. D'autres « Provincetowners » trouvaient aventure et fortune à portée de main ; naufrageurs et contrebandiers bénéficiaient d'un terrain extrêmement propice à leurs activités sur les immenses plages désertes. Le quartier où se réunissaient ces mauvais sujets était surnommé « Hell Town » (la ville d'enfer).

Le Provincetown des artistes – Au début du 20e s., des artistes découvrent le charme de ce port et de ses environs. En 1901 le peintre Charles Hawthorne fonde la **Cape Cod School of Art**. En 1915, une troupe de théâtre « the Provincetown Players » commence à y représenter des spectacles de Brooklyn. Provincetown devient une colonie d'artistes en été et réunit des écrivains aussi célèbres que John Dos Passos, Sinclair Lewis, Eugene O'Neill. Cette tradition culturelle et artistique se maintient de nos jours grâce à la Provincetown Art Association et aux différentes troupes de théâtre dont la Provincetown Theater Company.

CURIOSITÉS *visite : 4 h*

Mac Millan Wharf – C'est le cœur de Provincetown, où l'on retrouve l'animation propre aux ports de pêche. Les bateaux y arrivent le soir, suivis de leur cortège bruyant de goélands, et y déchargent leurs cargaisons de morues, de haddocks, de maquereaux aussitôt emportées vers Boston ou New York.

Le dernier dimanche de juin se déroule la bénédiction de la flotte (Blessing of the Fleet), une fête d'origine portugaise. Une longue procession est formée dans le port par les bateaux transportant des statues de saints.

Pilgrim Memorial Monument et **Provincetown Museum** – *Visite tous les jours. Fermé le 25 décembre. $ 3.50.* ☎ *508/487-1310.* Le Pilgrim Monument, une tour inspirée de l'architecture italienne du 14e s., élève ses 83 m au-dessus de la colline. Terminé en 1910, il est dédié au souvenir de l'arrivée du Mayflower. Dans les murs sont encastrées des pierres offertes par différentes associations. De son sommet se découvre un vaste **panorama**★★ sur Cape Cod.

Le **musée de Provincetown** (**M**), au pied du monument, rassemble des souvenirs concernant l'histoire de Provincetown et de Cape Cod, sous forme de photos, d'objets divers et de maquettes. Un diorama représente les anciennes salines, une série de vitrines évoque les expéditions polaires de l'Amiral Mac Millan (on y voit entre autres un rarissime loup blanc). Les valentines, boîtes décorées de coquillages représentant des cœurs que l'on offrait pour la Saint-Valentin, et du scrimshaw *(voir p. 31)* montrent l'adresse des marins.

Une aile est consacrée à des dioramas représentant l'arrivée des pèlerins et des photos illustrent l'histoire récente de Provincetown.

★★**Dunes Tour** – Des minibus aux quatre roues motrices proposent des excursions dans les dunes. C'est une expérience très intéressante. *D'avril à mi-octobre ces excursions partent, au centre de la ville, du carrefour de Commercial Street et Standish Street. Durée 1 h 1/2. Prix : $ 6 – Renseignements : Chambre de Commerce.* 🅱 ☎ *508/487-3424.*

Cape Cod National Seashore – *Voir à ce nom.*

QUINCY   84 985 h.

Plan d'agglomération de Boston p. 101.

Quincy, ville industrielle dans la grande banlieue de Boston, doit son intérêt touristique à la famille Adams, qui donna aux États-Unis leur deuxième et sixième présidents : **John Adams** et son fils **John Quincy Adams**.

Quincy fut célèbre pour ses carrières de granit, puis pour ses chantiers navals sur la Fore River, où furent bâtis en 1907 un sept mâts, unique en son genre, et en 1960 le premier bâtiment de surface propulsé par l'énergie nucléaire.

Les Adams – John Adams (1735-1826) fut l'un des cinq rédacteurs de la déclaration d'Indépendance. A partir de 1778, il fit une carrière diplomatique en France, en Hollande et en Angleterre, luttant pour faire connaître ces nouveaux États-Unis d'Amérique. Il fut deux fois vice-président sous George Washington à qui il succéda en 1796. Il se retira en 1801 et mourut le 4 juillet 1826 exactement 50 ans après la déclaration d'Indépendance, le même jour que Jefferson, un autre signataire président. Sa femme Abigaël, personnalité exceptionnelle, le soutint et l'aida dans ses fonctions.

John Quincy Adams (1767-1848) suivit les traces de son père, d'abord à Harvard puis dans la diplomatie en Prusse et en Angleterre et enfin comme président des États-Unis en 1825.

CURIOSITÉS *visite : 2 h*

Toutes les curiosités de Quincy sont liées au souvenir des Adams. Elles comportent leurs maisons natales (les birthplaces), la grande maison de famille devenue un site historique et l'église où ils sont enterrés.

John Adams et John Quincy Adams Birthplaces – *133 et 141 Franklin Street. Visite guidée (3/4 h) de mi-avril à mi-novembre. $ 2.* ☎ *617/773-1177.*
Ces petites maisons de la période coloniale où naquirent John Adams et son fils contiennent quelques souvenirs de cette époque.

★Adams National Historic Site
– 135 Adams Street. Mêmes conditions de visite que ci-dessus.
John Adams et sa femme Abigaël s'installèrent dans cette maison en 1787. Quatre générations d'Adams s'y succédèrent jusqu'en 1927. Ils surnommaient cette maison de famille « The Old House ». Chacun contribua à y laisser des souvenirs, à la meubler, d'où la diversité des styles que l'on rencontre.
Typique des maisons bourgeoises du 18ᵉ s., elle est particulièrement élégante. On remarque la grand-pièce et ses tableaux, le bureau où mourut John Adams et, dans le jardin, la bibliothèque en pierre qui contient 12 000 livres en 9 langues.

United First Parish Church – *1306 Hancock Street. Horaires variables, se renseigner au préalable.* ☎ *617/773-1290.*
Cette église, surnommée l'église des présidents, est connue comme l'un des plus beaux exemples d'architecture néo-classique. Elle abrite une crypte où sont enterrés les deux présidents et leurs femmes.

★★★ SALEM   38 091 h.

Salem, la ville déchirée par la chasse aux sorcières au 17ᵉ s., le port aux quarante-cinq quais où accostaient des bateaux provenant de tous les horizons, est aujourd'hui une cité paisible dont les quartiers historiques, témoins de la splendeur passée, côtoient les quartiers industriels. La fabrication de matériel électronique et la confection de jeux comme le Monopoly sont parmi les principales activités de la ville.
Le centre, autour de **Essex Street,** a été aménagé en larges allées piétonnes où chaussées et bâtiments se fondent en une chaude harmonie due à la couleur de la brique.
Autour du beau bâtiment fédéral de **Old Town Hall** de nombreux édifices anciens ont été rénovés pour abriter des bureaux et des boutiques.

UN PEU D'HISTOIRE

La ville de la Paix – Salem, dont le nom de l'hébreu « Shalom » (Paix), fut la première ville de la colonie de la Baie du Massachusetts. Elle fut fondée en 1626 par **Roger Conant**. Très puritaine, la « ville de la Paix » se signala surtout par son intolérance. Après avoir persécuté les disciples de Roger Williams, les Salemites se déchaînèrent avec l'épisode de la chasse aux sorcières.

La chasse aux sorcières – En 1689 venaient s'installer dans Salem Village (l'actuel Danvers) le pasteur Samuel Paris accompagné de sa femme, sa fille, sa nièce et deux serviteurs John et Tituba ramenés des Barbades. Tituba, pour distraire les petites filles, leur racontait des histoires de vaudou. D'autres femmes vinrent rapidement se joindre à l'auditoire. Les enfants, impressionnés par ces récits, présentèrent soudain de curieux symptômes : regard fixe, gestes incontrôlés, cris...
Le médecin venu les examiner déclara qu'elles étaient ensorcelées. Elles dénoncèrent alors Tituba et deux autres femmes qui furent aussitôt arrêtées et jugées. Dès lors, accusations et arrestations se succédèrent. Un climat de suspicion se répandit sur la ville. Plus de deux cents personnes furent accusées, cent cinquante mises en prison, dix-neuf pendues.

La splendeur maritime – Dès le 17ᵉ s., la flotte de Salem était importante mais elle connut une influence particulière à partir de la guerre d'Indépendance. Les ports de New York et Boston étaient alors occupés par les Anglais.
Les navires de Salem, libres, se battirent comme privateers *(voir dans l'introduction, le passé maritime : la construction navale)* et leurs exploits ne se comptèrent bientôt plus : cent cinquante-huit vaisseaux salemites capturèrent plus de quatre cents bateaux anglais.

Après la guerre d'Indépendance, en 1785, un bâtiment de Salem partit pour la Chine. Il en revint chargé d'une cargaison extraordinaire. Aussitôt ce fut une ruée vers l'Extrême-Orient.

Ces bateaux et leurs cargaisons semblaient si riches aux Chinois qu'ils étaient persuadé que Salem était un pays fabuleux. En 1790, les taxes payées par Salem représentaient 8 % des revenus des États-Unis.

Ce commerce engendra les fortunes des Elias Derby, Joseph Peabody, Jacob Crowninshield... qui firent construire de vastes demeures et les remplirent de merveilles rapportées de leurs voyages. Des serviteurs chinois, des Indiens enturbannés les servaient. Salem connaissait son heure de gloire. Celle-ci devait s'éteindre avec l'embargo décidé par Jefferson en 1812 et surtout avec la construction de navires plus importants que le port de Salem ne pouvait plus accueillir.

Deux grands hommes de Salem – **Samuel McIntire** (1757-1811) marqua de son sceau toute l'architecture de Salem. Originaire d'une famille de charpentiers, il le devint lui-même ainsi que sculpteur sur bois puis architecte. Ses solides maisons carrées en bois ou briques, surmontées de balustrades, aux porches élégants, comptent parmi les plus beaux exemples de l'architecture américaine de cette époque. McIntire est surtout célèbre pour ses sculptures sur bois et ses moulages qui décorent les corniches, les manteaux de cheminée, les encadrements de porte, éléments qui montrent son souci du détail et du raffinement.

Nathaniel Hawthorne (1804-1864), l'une des grandes figures littéraires du 19e s., fut élevé à Salem et y situa plusieurs de ses romans. Il travailla quatre ans dans le service des douanes dont il donna de nombreuses descriptions. C'est là qu'il trouva l'inspiration pour *La lettre écarlate* et *La maison des sept pignons (House of Seven Gables)*.

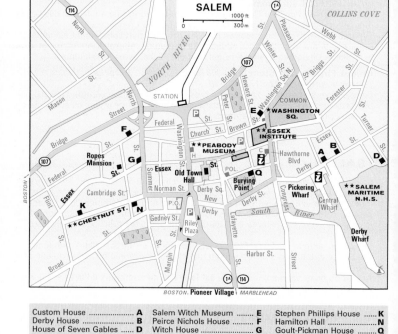

Custom House .... **A**	Salem Witch Museum .... **E**	Stephen Phillips House ...... **K**
Derby House .... **B**	Peirce Nichols House .... **F**	Hamilton Hall .... **N**
House of Seven Gables ...... **D**	Witch House .... **G**	Goult-Pickman House .... **Q**

SALEM ET LA MER *visite : 4 h*

Le vieux port de Salem qui s'était endormi au cours des siècles reprend vie depuis l'édification d'une vaste marina, **Pickering Wharf**, où se sont installés de nombreux restaurants et magasins. *Commencer la visite par le centre d'information situé sur Central Wharf.*

★★**Salem Maritime National Historic Site** – Le Service des parcs nationaux a pris en charge la préservation de ce qui reste du port de Salem au temps de sa splendeur. Des 45 quais qui existaient à l'époque, seul demeure le **Derby Wharf**, long de 650 m. Il était la propriété des plus riches armateurs de la ville : les Derby.

Visites guidées (45 mn) par les rangers des Parcs nationaux de 8 h 30 à 18 h de Memorial Day à Labor Day, à 17 h le reste de l'année, tous les jours de juin à septembre, le reste de l'année se renseigner au préalable. ❤ ☎ 508/745-1470.

★**Custom House** (**A**). – Construit en 1819 par le gouvernement fédéral pour abriter les services des douanes, ce bâtiment en briques est un bel exemple du style fédéral avec l'aigle qui orne sa façade, et son observatoire.

A l'intérieur ont été reconstitués les bureaux tels qu'ils se présentaient au 19e s. On peut voir celui où travaillait Nathaniel Hawthorne.

A l'arrière de la Custom House a été réaménagée la **Warehouse**, entrepôt où étaient stockés les boîtes à thé, les barils de rhum, les instruments de pesée, etc.

Derby House (B). – *Pour visiter demander à la Custom House.*
De cette maison construite en 1761, l'armateur Helias Derby pouvait surveiller le port et l'arrivée de ses bateaux. De style georgien, elle fut le premier bâtiment en brique construit à Salem.
A l'intérieur, les boiseries caractéristiques de cette époque ont dans certaines pièces une forme incurvée comme dans une cabine de bateau. Ce fait était fréquent car les mêmes construisaient
bateaux et maisons.

★**House of the Seven Gables** (D). – *Visite guidée (1 h) tous les jours. $ 6.50.* 🍴 ☎ *508/ 744-0991.* Cette maison à l'architecture biscornue avec ses sept pignons doit sa célébrité au roman de Nathaniel Hawthorne. Construite en 1668, elle fut très restaurée et l'on ne sait pas précisément qu'elle était sa forme originelle.
A l'intérieur, l'ameublement des pièces rappelle les différentes scènes du roman...
On peut y voir un escalier secret.

House of the Seven Gables

★★**Peabody Museum of Salem** – *Visite de Memorial Day à octobre du lundi au samedi de 10 h à 18 h (21 h le jeudi), le dimanche de 12 h à 18 h ; le reste de l'année fermeture à 17 h (21 h le jeudi). Billet groupé avec Essex Institute : $ 10, $ 6 chaque musée.* ♿ ☎ *508/745-9500.*
Ce musée est un hommage à l'histoire maritime de Salem et surtout à ses marins qui rapportèrent les superbes collections recueillies dans les îles du Pacifique ou en Asie.
En 1799, voyant le nombre d'objets hétéroclites rapportés de leurs voyages autour du monde, les capitaines et les armateurs de Salem décidèrent de créer une association qui comprendrait un cabinet des curiosités « naturelles et artificielles ». On l'appela **East India Marine Society**.
En 1824 le bâtiment, dont la belle façade néo-classique donne sur Essex Street, fut construit pour l'abriter. Puis ce fut la chute de Salem et il fallut le secours financier du philanthrope George Peabody pour sauver les collections. En son hommage on rebaptisa le musée en 1915 « Peabody Museum ». Des annexes modernes ont été ajoutées récemment.

Département d'histoire maritime – La collection de marines est exceptionnelle. Les œuvres de grands peintres tels Antoine Roux, Fitz Hugh Lane étaient commandées par les armateurs comme souvenirs. Elles illustrent la vie des grands ports et le commerce avec la Chine. Un immense **diorama** représente la vie du port de Salem au temps de sa splendeur en 1820.
Dans l'ancien bâtiment une salle est consacrée aux instruments nautiques et aux cartes marines. Les autres abritent des objets provenant du trafic avec l'Orient comme une splendide défense d'éléphant sculptée, et des tableaux chinois. A l'entrée de la salle consacrée au port de Salem, remarquer la figure de proue « Lady avec un médaillon » sculptée par McIntire.
Au 1er étage : des maquettes de bateaux côtoient des figures de proue *(voir illustration p. 30).* Parmi les curiosités exposées dans le hall de l'Inde (East India Marine Hall), un grain de chapelet a été sculpté de plus de 100 personnages.

Département d'ethnologie – La collection d'objets originaires des îles du Pacifique est très riche et possède des pièces exceptionnelles : armes, bijoux, poteries. Remarquer l'idole de Kukuilinoku provenant des îles Hawaii, un bras sculpté de Nouvelle-Zélande qui servait de modèle pour les tatouages, un costume en corde et dents de requin d'un habitat des îles Gilbert.
La **collection japonaise** a été réunie par le directeur du musée, Edward Morse, qui fit plusieurs voyages au Japon au moment où celui-ci s'ouvrait à l'Occident. D'une grande diversité, ces objets : vêtements, armes, poteries, vanneries, tissus... se signalent par leur qualité.
Une sélection d'objets coréens, birmans et tibétains les accompagnent.

Département d'art asiatique d'exportation – Cette collection originale se compose de porcelaines, de meubles, de textiles et d'objets précieux fabriqués au 19e s. en Chine, au Japon et en Inde spécialement pour l'exportation. Le travail de la laque, de l'ivoire, de la nacre, de l'or et de l'argent montre l'habileté remarquable des artisans asiatiques.

Département d'histoire naturelle – A côté du pingouin rapporté de l'Antarctique par l'amiral Byrd, on trouve une collection des oiseaux (naturalisés) de la région.

Département d'archéologie – Cette section présente une collection d'objets datant des premiers indiens.

Les musées américains possèdent en général un magasin (gift shop) et une librairie (book shop) riches en objets et livres d'art, en reproductions de tableaux, en calendriers, en cartes à jouer, en papier à lettres, etc.

SALEM ET L'ARCHITECTURE *visite : 1 journée*

La visite de Salem est intéressante pour étudier l'évolution de l'architecture en Nouvelle-Angleterre durant les deux premiers siècles de la colonisation, depuis les rustiques abris des premiers colons aux superbes demeures fédérales des armateurs construites par Samuel McIntire. Dans l'ordre chronologique, on peut visiter :

1630 Pioneer village – Reconstitution des abris des colons
1636 Goult-Pickman House – Architecture élisabéthaine
1642 Witch House – Architecture coloniale
1668 House of the Seven Gables★ – Architecture coloniale
1684 John Ward House★ – Architecture coloniale – *(Essex Institute)*
1727 Crowninshield-Bentley House – Style georgien – *(Essex Institute)*
1761 Derby House – Première maison en briques – *(Salem Maritime)*
1782 Peirce-Nichols House★ – Style fédéral – Samuel McIntire – *(Essex Institute)*
1800 Stephen Phillips House
1804 Gardner-Pingree House★★ – Style fédéral – Samuel McIntire – *(Essex Institute)*

★★**Essex Institute** – Société historique du Comté d'Essex fondée en 1821, cet institut comprend un musée, une bibliothèque et sept maisons construites à différentes époques.

Le musée – *Voir Peabody Museum ci-dessus.*
Collection de meubles et d'arts décoratifs de la région.

Les maisons – *Visite guidée (1 h). Sept visites différentes.* & ☎ *508/745-9500.*
Il est intéressant de les visiter selon l'ordre chronologique de leur construction pour suivre l'évolution de l'architecture et de l'ameublement.

★**John Ward House** – C'est un bel exemple de l'architecture coloniale du 17e s. avec ses bardeaux gris, ses pignons et ses fenêtres à petits carreaux. A l'intérieur on voit des meubles de la même période et une boutique d'apothicaire.

Crowninshield – Bentley House – Le toit en croupe, la symétrie des fenêtres, le fronton au-dessus de la porte sont typiques de l'architecture préfédérale du 18e s.
A l'intérieur, les meubles sont représentatifs de différentes époques. Dans la cuisine est exposée une belle collection d'objets en fer forgé.

★**Peirce-Nichols House** (**F**) – *Visite sur rendez-vous seulement,* ☎ *508/744-3390.*
En 1782, Jerathmiel Peirce, qui avait fait fortune dans le commerce oriental, demanda à Samuel McIntire de lui construire une maison. Ce fut la première réalisation importante de celui-ci, alors âgé de 24 ans. Inspirée du style georgien, cette maison en bois est très élégante avec ses colonnes, son portique, sa barrière ornée d'urnes.
A l'intérieur, observer le contraste entre la pièce de gauche à la décoration classique georgienne et la salle de droite, refaite en 1801, à l'occasion du mariage de Sally Peirce, pour laquelle McIntire s'inspira du style adamesque et réalisa ces merveilleuses sculptures sur bois dont il était le maître : rosettes, feuilles d'acanthe, guirlandes...
A cette époque, les bateaux de Jerathmiel Peirce remontaient la North River et venaient décharger leurs cargaisons à l'arrière de la maison.

★★**Gardner-Pingree House.** – Cette maison est l'un des chefs-d'œuvre de l'architecte McIntire qui l'a réalisée pour l'armateur John Gardner en 1804.
Construite en briques, sa silhouette cubique est allégée par sa balustrade, ses fenêtres et son portique en demi-cercle soutenu par des colonnes corinthiennes.
A l'intérieur tout est élégance et raffinement.
Dans le profond hall d'entrée, l'escalier à la rampe légère s'élance vers les étages. A droite, dans le salon, la lumière filtre à travers les rideaux de mousseline brodés et éclaire les murs tapissés de papiers peints français, œuvre de Fragonard Fils, qui illustrent les mois de l'année. Les sculptures sur bois des cheminées et des dessus de porte représentent des corbeilles de fruits et des gerbes de blé ont été réalisées par McIntire. Les chambres montrent le même raffinement. La plupart des meubles ont été confectionnés à Salem. Un petit secrétaire à tambour aurait été la propriété de Madame de Staël tandis que le lit orné d'une torche d'hymen et de flèches est appelé « lit de mariage ».

★**Washington Square** – Au 19e s. s'édifièrent autour du common, traditionnellement lieu de pâture, les nombreuses demeures fédérales qu'occupaient alors les armateurs et capitaines. Remarquer celles sur Washington Square North.

★★**Chestnut Street** – Cette belle et large rue illustre la richesse de Salem au début du 19e s. Les maisons de style fédéral, construites entre 1800 et 1820, rivalisent par leur taille, la richesse de leur ornementation, de leurs façades, des encadrements de portes et de fenêtres.

Au n° 9 – Remarquer **Hamilton Hall** (**N**), œuvre de McIntire.

Au n° 17 – La **Stephen Phillips Memorial Trust House** (**K**) est meublée et décorée d'objets provenant du monde entier.
Visite guidée (3/4 h) de Memorial Day à Columbus Day du lundi au samedi. $ 2. ☎ *508/744-0440.*

Goult-Pickman House (**Q**) – Cette maison coloniale est entourée d'un cimetière ancien, **the Burying Point** (1637), aux remarquables pierres tombales.

Pioneer Village – *Sortir par la 1A, tourner dans Forest River Park. Visite guidée (1 h) de juin à octobre. $ 4.* ☎ *508/745-0525.*
Dans ce village ont été reconstituées les différents types de logements utilisés par les premiers pionniers : les « dug out » en planches et boue séchée, les « wigams » empruntés aux Indiens, en pieux et branchages...

SALEM ET LES SORCIÈRES *visite : 2 h*

Les victimes du puritanisme désignées comme « sorcières » sont entrées dans le folklore américain, surtout depuis qu'un film leur a valu la célébrité.
A Halloween, Salem accueille « Haunted Happenings », festival qui, durant dix jours, évoque le passé de la ville.

Salem Witch Museum (E) – *Spectacle (1/2 h) tous les jours. Fermé le 1er janvier, Thanksgiving Day et le 25 décembre. $ 4.* ♿ ☎ *508/744-1692.* Organisé dans une ancienne église, un spectacle audiovisuel évoque les divers épisodes de la chasse aux sorcières.
En face du musée se trouve la statue de **Roger Conant**, fondateur de la ville.

Witch House (G) – *Visite guidée de mi-mars au 1er décembre. Fermé le dimanche de Pâques et Thanksgiving Day. $ 4.* ☎ *508/744-0180.*
L'un des juges qui participa à la chasse aux sorcières habitait cette maison, très bel exemple du style colonial du 17e s.

Rebecca Nurse House – *A Danvers, 4 miles à l'Ouest de Salem. Visite guidée (1 h) de mi-juin à mi-octobre, du mardi au dimanche. Fermé les principaux jours fériés. $ 3.50.* ☎ *508/774-8799.*
A l'origine, Danvers était Salem Village, l'endroit où débuta la chasse aux sorcières. On y voit la maison de l'une des victimes, Rebecca Nurse, maison classique de style « boîte à sel » (vers 1678).

★ SANDWICH   15 489 h.

Au bord du charmant lac Shawne, le moulin Dexter et la maison Hoxie, tous deux construits au 17e siècle, évoquent l'atmosphère coloniale de Sandwich fondée en 1637.
Les colons qui s'y installèrent lui donnèrent le nom de ce comte anglais qui avait eu l'idée d'utiliser deux tranches de pain comme support à d'autres nourritures. La ville doit sa célébrité à une très fameuse fabrique de verre.

Boston and Sandwich Glass Company – En 1825, Deming Jarves créa une fabrique à Sandwich : Boston and Sandwich Glass Company. Le choix du site n'était pas lié à la présence des étendues sablonneuses voisines mais à celles des forêts. Jarves bâtit un village pour les ouvriers, fit venir de nombreux artisans d'Europe, et se lança dans les inventions.
Il réutilisa le moule en bois ou métal en trois morceaux déjà employé par les Romains mais délaissé depuis, et mit au point la machine à presser le verre. Ces techniques lui permirent une production industrielle imitant le verre gravé ou taillé et l'un des modèles les plus réputés de Sandwich devint le motif dentelle. Vers 1850, le nombre des ouvriers s'élevait à 500, mais en 1888 l'usine ferma ses portes et les bâtiments furent démolis.

CURIOSITÉS *(visite : 3 h)*

★**Sandwich Glass Museum** – *Town Hall Square. Visite tous les jours d'avril à octobre, du mercredi au dimanche de novembre à mars. Fermé en janvier. $ 3.* ♿ ☎ *508/888-0251.*
Fondé en 1907, ce musée abrite une collection très complète de verres de Sandwich. Ces objets, bon marché au moment de leur fabrication, sont aujourd'hui très recherchés. Une première pièce présente un diorama reconstituant la fabrique de Sandwich et ses ouvriers à l'œuvre. On y voit les différentes opérations de la fabrication du verre : fonte du sable avec la potasse ou le carbonate de soude, mise au four (la vitrification se fait à 1 300°) puis mise en forme du verre soufflé, moulé ou pressé.
Les verres exposés sont de toutes formes (compotiers, tasses, lampes, vases, bougeoirs...) et de toutes couleurs (améthyste,

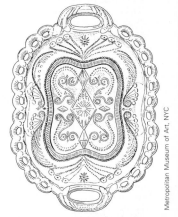

Plat à gâteau par la Sandwich Glass Co.

Metropolitan Museum of Art, NYC

opalescent, ambre, vert...). Remarquer les effets de loupe, les motifs et modèles donnés par les différents moules, les boules presse-papier fleuries, les cannes torsadées ou cannes de sorcières qui servaient aux essais de couleurs, les verres décorés par Mary Gregory représentant des enfants. Dans une salle sont réunis les outils et les moules en bois (ceux en métal furent fondus).

★★**Heritage Plantation of Sandwich** – *Grove and Pine Streets. Visite de 10 h à 17 h. $ 7.* ♿ 🍴 ☎ *508/888-3300.*
Les collections de ce musée dédié à l'histoire et aux arts traditionnels américains, sont présentées dans plusieurs bâtiments disséminés dans un splendide cadre de verdure couvrant 30 ha. Des petits trains transportent les visiteurs d'un bâtiment à l'autre.
Cette propriété appartenait à un horticulteur, Charles Dexter, qui fit des expériences sur les rhododendrons vers 1920. Visite conseillée à l'époque de la floraison (mai-juin).

★★★**Musée automobile** – La reproduction fidèle de la célèbre étable ronde des Shakers de Hancock *(voir à ce nom)* abrite une trentaine de voitures de 1899 aux années cinquante dont la Duesenberg (1931) ayant appartenu à Gary Cooper. Dans un état parfait, elles étincellent de tous leurs cuivres et nickels.
Une projection de films muets évoque les débuts de l'automobile.

★★**Musée militaire** – Réplique de la Publick House de New Windsor qui servit de cantonnement pendant la guerre d'Indépendance, ce bâtiment en bois est le cadre d'une exposition d'armes (dont la carabine de Buffalo Bill), de drapeaux et de petits soldats de plomb. Ceux-ci, au nombre de 2 000, représentent l'histoire militaire américaine de 1620 à 1900.

★★**Musée des Arts** – On pénètre dans une rotonde occupée par un très beau manège. Les autres salles sont consacrées l'une aux outils traditionnels, l'autre aux différents artisanats décoratifs qui ont fleuri dans cette région : sculpture sur bois, girouettes, appeaux, oiseaux sculptés d'Elmer Crowell, peintures, scrimshaw...

SPRINGFIELD
156 983 h.

Springfield fut fondée en 1636 comme comptoir de commerce, le long de la rivière Connecticut. Elle a conservé son rôle commercial et c'est ici que se tient au mois de septembre la principale Foire-Exposition de Nouvelle-Angleterre : Eastern States Exposition. Deux siècles durant (1794-1968) Springfield fut connue pour son arsenal **Springfield Armory**, reproduction de celui de Charleville, qui fabriqua le premier fusil américain en 1795 et arma une grande partie de l'armée nordiste pendant la guerre de Sécession.
A la fin du 19e s., de nombreuses industries vinrent s'installer à Springfield, apportant leur flot d'immigrés, et aujourd'hui on y compte de nombreuses usines de constructions mécaniques, électriques, chimiques...
Autre sujet de fierté pour la ville : c'est ici que fut inventé en 1891 le basket-ball qui devint l'un des sports les plus populaires aux États-Unis.

CURIOSITÉS

Court Square (Z) – Cet agréable jardin public, au cœur de Springfield, est entouré d'édifices de styles variés : le **groupe municipal**★ (1913), comprenant les bâtiments classiques du City Hall et du Symphony Hall, la **First Church of Christ** (1819), structure en bois, surmontée d'un coq doré, et, derrière, la **Hampden Country Courthouse**, palais de justice (1871) de style néo-gothique.

★**Basket Ball Hall of Fame** (BY) – *1150 West Columbus Avenue. Visite tous les jours. Fermé le 1er janvier, Thanksgiving Day et le 25 décembre. $ 6.* ☎ *413/ 781-6500.*
Ce musée est dédié au basket-ball américain et à son inventeur James Naismith

SPRINGFIELD

The Quadrangle

Springfield Armory N. H. S.

Court Square

Basketball Hall of Fame

qui imagina ce « sport d'intérieur » pour occuper ses étudiants pendant les mois d'hiver. A l'époque le panier n'était pas troué et il fallait aller chercher le ballon à l'aide d'une échelle chaque fois qu'il atteignait son but.
Des expositions retracent l'histoire et le développement de ce sport, montrent des photos grandeur nature des vedettes : Wilt Chamberlain, Bob Cousy, des films sur les célèbres Harlem Globe Trotters... Nombreux souvenirs : maillots, médailles, etc.

The Quadrangle (Z) – *Visite du jeudi au dimanche – Fermé les principaux jours fériés. $ 3.* ☎ *413/739-3871.*
Le musée des Beaux-Arts, celui des Sciences, la Société historique, le musée d'art Smith et la bibliothèque sont rassemblés dans un quadrilatère (The Quadrangle) bordé par State Street et Chestnut Street.

Musée des Beaux-Arts (Museum of Fine Arts) – Ce musée possède une importante collection de peintures européennes : école hollandaise du 17e s., italienne du 18e s. et française des 18e et 19e s.
La section américaine comprend des peintures « primitives » comme le curieux « Historical Monument of the American Republic » de Erastus Salisbury Field ainsi que des œuvres de Winslow Homer et John Singer Sargent.

George Walter Vincent Smith Art Museum – Dans un bâtiment inspiré d'une villa italienne de la Renaissance sont rassemblées des collections d'art oriental. On remarquera la collection d'armes et d'armures du Japon, les très belles porcelaines et les cloisonnés chinois.

Connecticut Valley Historical Society Museum – On entre dans ce bâtiment par une porte dont l'encadrement est typique de cette région. A l'intérieur on peut voir quelques meubles et objets caractéristiques de cette vallée depuis le 17e s.

Springfield Armory National Historic Site (Z) - *Armory Square. Visite tous les jours. Fermé le 1er janvier, Thanksgiving Day et le 25 décembre. ♿ ☎ 413/734-8551.*
Le **Benton Small Arms Museum** (M) présente des exemples de tous les types d'armes fabriquées ici.

Eastern States Exposition (AY) - *Route 147.* La grande Foire-Exposition de Nouvelle-Angleterre se réunit ici la troisième semaine de septembre pendant 12 jours. Le long de Avenue of the States, chaque État est représenté par un bâtiment en briques dont l'architecture rappelle les monuments publics de ses grandes villes.
Un village colonial restauré, **Old Storrowtown**, abrite les artisans pendant l'exposition et peut être visité en toute saison.
C'est également là que se tient chaque année la foire artisanale, **American Crafts Council Fair** *(2e quinzaine de juin).*

★★ STOCKBRIDGE 2 408 h.

Schéma p.80.

Située au centre des Berkshires, Stockbridge est une charmante petite ville dont la grande rue semble sortie d'une illustration naïve. Sa célèbre auberge **The Red Lion** avoisine des boutiques anciennes, la caserne des pompiers, la bibliothèque et une maison de repos où séjournèrent de nombreuses célébrités. Son théâtre d'été, **Berkshire Playhouse**, dessiné au 19e s. par McKim, Mead and White, est très fréquenté.
En 1739 Stockbridge fut déclarée réserve indienne pour les Mohicans. Mais les colons ne respectèrent pas longtemps la liberté des **Stockbridge Indians** et ceux-ci partirent s'installer dans le Wisconsin.
Aujourd'hui, sa population compte de nombreux artistes attirés par la beauté de la région et le charme de la ville.

CURIOSITÉS *visite : 3 h*

Mission House - *Rte 102. Visite guidée (3/4 h) de Memorial Day à Labor Day du mardi au dimanche, de Labor Day à Columbus Day le week-end seulement. $ 4. ☎ 413/298-3239.*
Le missionnaire John Sergeant fut envoyé à Stockbridge en 1734 pour évangéliser les Indiens. Il fit alors construire cette maison très luxueuse pour l'époque. La porte d'entrée en bois avait été fabriquée dans la vallée du Connecticut puis fut transportée en chariot à travers les montagnes.
La visite de l'intérieur dans la pénombre due à l'absence d'électricité permet d'imaginer les conditions de vie du pasteur et de sa jeune femme au début du 18e s. La plupart des meubles datent de cette période. Une bible, envoyée aux Indiens par l'aumônier du Roi d'Angleterre, y est exposée.

★★**Norman Rockwell Museum** - *A 2,5 miles du centre de Stockbridge. Prendre la route 102 vers l'Ouest (Main St., puis Church St.). Après 2 miles, prendre à gauche la route 183 ; entrée du musée sur la gauche. Visite de mai à octobre de 10 h à 17 h, le reste de l'année du lundi au vendredi de 11 h à 16 h, le week-end de 10 h à 17 h. Fermé le 1er janvier, Thanksgiving Day et le 25 décembre. $ 8. ♿ ☎ 413/298-4100.*
Ce musée, situé au cœur d'un domaine de près de 15 ha qui domine la vallée de la Housatonic River présente une très importante collection d'œuvres du plus éminent illustrateur américain du 20e s.

Le chroniqueur de l'Amérique - Né le 3 février 1894 à New York, **Norman Rockwell** commence à dessiner très tôt et devient à 22 ans l'un des principaux illustrateurs de la couverture du Saturday Evening Post, journal le plus populaire de l'époque. Ses dessins représentant des scènes enfantines, des situations romantiques ou romanesques, ont un aspect naïf et sentimental. A partir de 1930, il commence à peindre, d'après photos, des tableaux qui semblent précurseurs de l'hyperréalisme. Rockwell a un goût du détail dû à une faculté d'observation exceptionnelle mêlé d'une forte dose d'humour.
Dans ses œuvres, chaque ruban, chaque clin d'œil a son importance.
Dans les années soixante, il abandonne ses sujets habituels pour s'intéresser aux problèmes d'actualité, aux portraits de personnalités, aux scènes de racisme. Il meurt en 1978.

La collection - Le musée s'organise autour des collections personnelles de Rockwell, son atelier, sa bibliothèque, ses archives. Ce fonds s'est augmenté d'acquisitions et de dons qui portent à 500 le nombre des peintures et des dessins conservés, dont 172 œuvres de grand format. De 1969 à 1993 une partie de ce fonds a été exposée dans les petites pièces de l'Old Corner House, Main St. à Stockbridge.

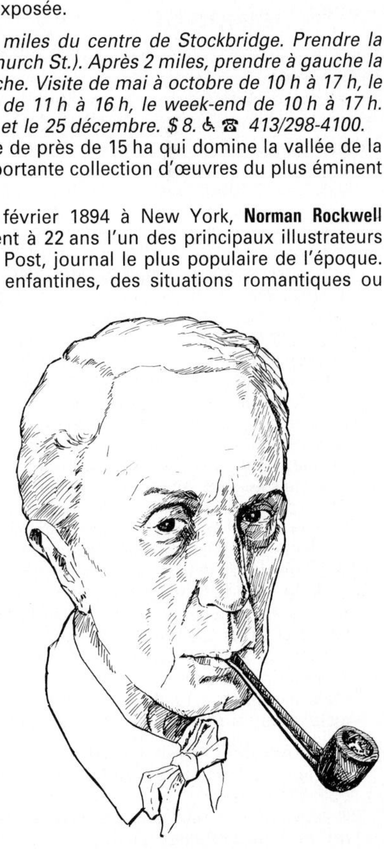
From drawing by F. Jones
Norman Rockwell

Pour accorder plus d'espace à cette collection, Robert Stern conçut le bâtiment actuel qui s'inspire de l'architecture néo-classique de la région et notamment de celle des Town Halls.

Cette collection contient les principales œuvres de Norman Rockwell : *Les quatre libertés (The four Freedoms)*, une série de quatre tableaux qui, imprimés à des millions d'exemplaires, furent distribués comme propagande durant la Deuxième Guerre mondiale.

Plus intimiste la scène de *Looking out to sea* montre un grand-père et son petit-fils face à l'océan et à leur avenir. Le portrait d'Ichabod Crane faisait partie d'un ensemble d'illustrations sur les héros de romans comme Huckleberry Finn et Tom Sawyer.

Parmi les œuvres plus récentes et plus engagées de Rockwell, on remarque *The new kids in the neighbourhood* montrant des enfants noirs emménageant près de voisins blancs, *The busing*, où l'on voit une petite écolière noire escortée de policiers pour se rendre à l'école, et des portraits de personnalités : Bertrand Russel, Robert Kennedy.

Le musée présente également des expositions temporaires consacrées à la vie et à l'art de Rockwell, ou plus généralement, à l'illustration.

A quelque distance du musée, l'atelier du peintre *(ouvert de mai à octobre)*, primitivement situé à Stockbridge a été reconstruit sur une hauteur.

EXCURSION

Chesterwood – *3 miles à l'Ouest par la route 102 West, jusqu'au croisement avec la Route 183. Tourner à gauche, parcourir 0,7 mile jusqu'à une fourche. Là, tourner à droite dans la route goudronnée, puis prendre à gauche sur 0,5 mile. Visite de mai à octobre. $ 5.50.* ☎ *412/298-3579.*

Cette propriété fut celle du sculpteur **Daniel Chester French** (1850-1931) qui fut rendu célèbre à 21 ans par sa statue du Minuteman à Concord. Il est aussi l'auteur de l'immense Lincoln assis qui se trouve au Lincoln Memorial à Washington. Il sculpta plus de mille statues au cours de sa vie, la plupart pour des monuments publics auxquels s'accordait son classicisme.

Chesterwood comprend plusieurs bâtiments : **la grange**, transformée en galerie d'exposition abritant des maquettes et des moulages ; **la maison**, grande demeure victorienne restée meublée comme du vivant de l'artiste ; et **l'atelier**, éclairé par des verrières dont les doubles portes peuvent s'ouvrir du plafond au plancher pour pouvoir sortir des œuvres aux dimensions aussi importantes que le Lincoln assis. Parmi les moulages, remarquer la statue équestre du général Washington dont l'original se trouve place d'Iéna à Paris.

Un sentier *(20 mn à pied)* permet de faire le tour de la propriété à travers les bois et offre de belles vues.

★★★ STURBRIDGE 7 775 h.

A la croisée des voies Nord-Sud et Est-Ouest, Sturbridge fut dès l'époque coloniale un village actif où les voyageurs faisaient étape. Aujourd'hui, point de jonction du Massachusetts Turnpike et de l'autoroute 86, Sturbridge a plus que jamais un rôle de carrefour. C'est une situation idéale pour « Old Sturbridge Village », l'une des grandes curiosités de Nouvelle-Angleterre.

★★★ OLD STURBRIDGE VILLAGE *visite : 1 journée*

Visite tous les jours de mai à octobre de 9 h à 17 h, le reste de l'année du mardi au dimanche de 10 h à 16 h. Fermé le 1ᵉʳ janvier et le 25 décembre. $ 15 (gratuit le 2ᵉ jour si visite sur 2 jours consécutifs). ♿ ✗ ☎ *508/347-3362.*
A l'intérieur du village on trouve un restaurant, une cafétéria, des boutiques riches en productions artisanales et en livres.

Old Sturbridge Village est la reconstitution d'une communauté rurale telle qu'elle pouvait se présenter entre 1790 et 1840. Fruit d'un considérable travail de recherche, cette réalisation est remarquable pour l'exactitude des détails et la beauté du site et des bâtiments. Quelques personnes y vivent, cultivant et cuisinant selon les méthodes traditionnelles, habillées comme au début du 19ᵉ s. et utilisant les outils ancestraux.

Les deux frères Wells furent à l'origine de ce musée. Ces collectionneurs d'objets rustiques avaient fait tant d'acquisitions qu'ils décidèrent de les présenter au public. Ils eurent alors l'idée de recréer une communauté villageoise et se mirent en quête à travers la Nouvelle-Angleterre de maisons, bâtiments de fermes, boutiques, datant du début du 19ᵉ s. En 1946, ils accueillaient leurs premiers visiteurs.

Old Sturbridge Village est aussi un important centre de recherche spécialisé sur la période 1790-1840 et publie de nombreux ouvrages sur la vie quotidienne, les mœurs, l'architecture, les arts folkloriques relatifs à cette période.

Le **Visitor Center** (Centre d'information) montre des cartes, des expositions, des films présentant Sturbridge Village et sa vie traditionnelle.

En descendant vers le common on passe devant la **Friends Meetinghouse**, petit bâtiment extrêmement sobre destiné aux réunions politiques et religieuses. Son architecture est représentative de l'esprit quaker qui se refuse à tout luxe et fioriture.

Le common ou **green** – C'est en quelque sorte la place du village, l'endroit où se tenaient les réunions et qui servait de pré communal ou de champ d'entraînement pour les soldats.

Il est dominé d'une part par l'église baptiste, **Center Meetinghouse**, de style greek revival dont l'intérieur aux bancs fermés est baigné de lumière, de l'autre par la Towne House, la mairie.

Plusieurs styles architecturaux peuvent être observés sur le green.

Fenno House, la plus ancienne (1704), est très rustique avec ses murs couverts de bois brut. A l'intérieur, les murs du côté cheminée sont garnis de boiseries.

La **Fitch House** (1737) est plus raffinée avec ses planchers peints imitant le carrelage et les portraits naïfs représentant les habitants, œuvres de peintres itinérants.

Richardson Parsonage, le presbytère, est un exemple typique d'une maison « boîte à sel » (1740).

La **Towne House** (1796) est représentative des maisons bourgeoises que l'on rencontrait dans les villages. De style fédéral, elle est meublée de façon plus luxueuse ; ses murs sont tapissés de papier peints et ses meubles proviennent de Boston. Au 1er étage une grande pièce aux murs décorés de ravissants dessins exécutés au pochoir, technique très utilisée en Nouvelle-Angleterre, faisait fonction de salle de réunion ou de bal. On trouve aussi la **banque,** un charmant petit bâtiment de style néo-classique qui avec ses quatre colonnes semble une réduction des bâtiments citadins. Un seul employé y travaillait cumulant toutes les fonctions : directeur, guichetier, correspondancier. Jusqu'à la création d'une monnaie fédérale, chaque banque imprimait ses propres billets. D'un côté du presbytère Richardson dans sa **Tin Shop,** le ferblantier fabrique toujours des lanternes, tandis que de l'autre côté se trouve le **Law Office** (bureau du juge), une minuscule pièce où le juge s'occupait de toutes les transactions juridiques. Il jouait surtout le rôle de notaire. A côté **Knight Store,** l'épicerie du village, regorge de denrées de toutes sortes depuis le rhum et la mélasse jusqu'aux porcelaines chinoises ou aux chapeaux.

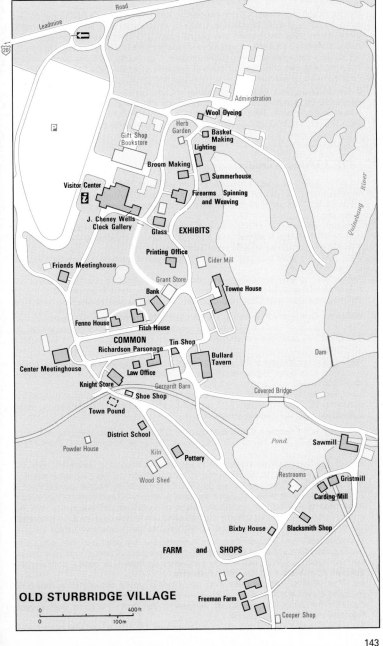

En allant vers la ferme, on longe un enclos de pierre, **Town Pound**, où étaient enfermés les animaux qui avaient causé des dégâts, jusqu'à ce que leur maître vienne payer l'amende ; puis l'école, **District School**, et l'atelier du potier, **Pottery**.

Farm and Shops (la ferme et les artisans) – Composée de différents bâtiments, la Freeman Farm est animée par des figurants qui cuisinent, s'occupent des animaux et entretiennent les champs alentour cultivés comme il y a 150 ans.

On atteint ensuite le quartier des artisans. La maison en pierre du forgeron, **Blacksmith Shop**, retentit des coups de marteaux. Un peu plus loin sur les cours d'eau, on trouve les moulins à tisser, **Carding Mill**, à moudre le grain, **Gristmill**, à scier le bois, **Sawmill**.

Après le pont couvert, la **Bullard Tavern** sert toujours des repas aux visiteurs. On retraverse le common et on longe l'imprimerie avec ses presses du 18ᵉ et du 19ᵉ s.

Expositions (Exhibits) – Dans une partie du village sont rassemblés les musées présentant des techniques artisanales, des objets traditionnels, des éléments de décoration.

Glass Exhibit (Verrerie) – L'industrie du verre fut très prospère en Nouvelle-Angleterre au cours du 19ᵉ s. *(voir p. 31)*. Ce petit musée présente un bon échantillonnage de ces productions : verres soufflés, moulés, pressés aux formes variées.

Firearms, Spinning and Weaving Exhibit (Tissage) – Des démonstrations montrent comment on filait et tissait au début du 19ᵉ s. Des tissus anciens sont aussi exposés. Dans le même bâtiment, présentation d'une collection d'armes. La maison voisine abrite une exposition sur les techniques de la teinture. A côté, des balais sont confectionnés avec de la barbe de maïs.

Lighting Exhibit (Éclairage) – Cette exposition retrace l'histoire de l'éclairage de l'Antiquité au 19ᵉ s., depuis la « lampe à bois », simple morceau de bois tenu par une pince en fer avec pour socle une pierre, jusqu'à la lampe révolutionnaire d'Aimé Argand inventée en 1782, la première lampe à courant d'air avec une cheminée de verre. On y verra des lampes à huile romaine et grecques, les betty lamps (lampes à huile fermées très utilisées en Nouvelle-Angleterre), et les Cape Cod lamps fonctionnant à l'huile de baleine.

J. Cheney Wells Clock Gallery (Horlogerie) – Cette collection présente de très beaux exemples de pendules américaines réalisées par les plus célèbres horlogers de Nouvelle-Angleterre : Benjamin Cheney, Benjamin Willard, les banjo clocks de Simon Willard, les horloges du Connecticut d'Eli Terry et Seth Thomas.

★★ WILLIAMSTOWN
8 220 h.

Au Nord-Ouest du Massachusetts, à l'endroit où le Mohawk Trail rejoint les Berkshires, s'étend l'un des plus beaux villages de Nouvelle-Angleterre : Williamstown. Il fut établi en 1753 par quelques soldats de Fort Massachusetts sous le nom de West Hoosuck.

Quelques années plus tard, un de ses habitants, le colonel Ephraim Williams décidait de faire un legs testamentaire à ce village pour la création d'une école gratuite, à condition que, désormais, il porte son nom.

C'est ainsi que West Hoosuck devint Williamstown et que son école fut à l'origine de Williams College.

Aujourd'hui, grâce à son collège qui possède musée, théâtre et bibliothèque et·grâce à la magnifique collection de peintures du Sterling and Francine Clark Institute, Williamstown est un brillant centre culturel et un très agréable lieu de villégiature.

Williams College – Plus de cinquante bâtiments construits à différentes périodes depuis 1790 sont disséminés dans la verdure. On y voit des exemples de style géorgien, néo-gothique (la chapelle), néo-classique (Chaplin Hall et Williams Art Museum).

Williams College Museum of Art – *Main Street entre Spring et Water Streets. Visite du mardi au dimanche. Fermé le 1ᵉʳ janvier, Thanksgiving Day et le 25 décembre.* ♿ ☎ *413/597-2429.*

La collection, bien mise en valeur, comprend des œuvres d'art asiatique, africain, européen et plus particulièrement américain avec des tableaux de Copley, Homer, Eakins, Hopper, Johnson et Inness.

★★★**Sterling and Francine Clark Institute** – *225 South Street. Visite de 10 h à 17 h. Fermé le lundi, le 1ᵉʳ janvier, Thanksgiving Day et le 25 décembre.* ♿ ☎ *413/458-9545.*

Robert Sterling Clark et sa femme Francine, une Française, passèrent leur vie à collectionner des peintures. Ils furent d'abord attirés par les peintures classiques puis se tournèrent vers la peinture du 19ᵉ s. Leur collection, réunie entre la Première Guerre mondiale et 1956, est digne des plus grands musées. Ils choisirent Williamstown pour y installer leur institut en raison de la beauté de cette petite ville, mais aussi pour fuir les centres urbains plus menacés en temps de guerre. Le bâtiment en marbre blanc conçu pour abriter la collection met les tableaux en valeur.

Les collections – La Renaissance est représentée par des peintures flamands comme **Jan Gossaert** (dit Mabuse) et **Hans Memling**, ainsi que par des primitifs italiens : on peut voir un superbe polyptyque à sept panneaux de **Ugolino de Sienna**, une Vierge de **Botticelli** et une autre de **Piero Della Francesca**.

Le **17ᵉ** et le **18ᵉ s.** sont évoqués avec des chefs-d'œuvre des écoles européennes : espagnole avec **Murillo** et **Goya** : anglaise avec **Gainsborough**, **Turner** et **Lawrence** ; hollandaise et flamande avec **Rembrandt**, **Ruisdael** et **Van Dyck** ; française avec **Lorrain** et **Fragonard** ; italienne avec **Tiepolo**.

Mais c'est surtout le 19ᵉ s. qui est à l'honneur avec les écoles française et américaine.

L'école française est représentée par une dizaine de tableaux de **Corot** montrant son aptitude à peindre aussi bien des paysages que des portraits. Le *Trompette des Hussards* de **Géricault**, le romantique, est typique de son style vigoureux et contraste avec la douceur des tableaux en demi-teinte de **Millet**.

Parmi les impressionnistes, une salle est consacrée à **Renoir** où sont exposées une trentaine de ses œuvres. On remarque *Au concert* et *Jeune Fille endormie avec un chat*. Plusieurs peintures et sculptures de **Degas** représentent ses sujets favoris, les danseurs et les chevaux, montrent son extraordinaire sens du mouvement. Chez **Monet**, c'est une explosion de lumière surtout dans ses *Falaises d'Étretat*. Les post-impressionnistes sont évoqués par quatre magnifiques œuvres de **Toulouse-Lautrec** dont la poignante *Trachéotomie* rebaptisée *Dr Jules Émile Pean*.

Membre de l'école américaine, **Mary Cassatt**, dont quelques portraits sont exposés ici, pourrait être classé parmi les impressionnistes français. Dans la salle réservée à ses compatriotes, il est intéressant de voir la différence de personnalité entre les trois peintres présentés qui vécurent à peu près à la même période, à la fin du 19e s. **Frederic Remington**, le peintre de l'Ouest, réalisa durant sa vie plusieurs milliers de peintures et de sculptures, empreintes de vie, sur ses sujets favoris : les cow-boys, les Indiens et la cavalerie. **Winslow Homer,** autre amateur de la grande nature, s'est attaché à dépeindre les paysages sauvages de la Nouvelle-Angleterre, les montagnes du New Hampshire et les côtes rocheuses du Maine. **John Singer Sargent** fut au contraire un portraitiste mondain, extrêmement prisé. C'est au cours d'un voyage à Tanger qu'il exécuta son fameux tableau *Fumée d'ambre gris*.

Ce musée comprend en outre une superbe collection d'orfèvrerie américaine et européenne dont une trentaine de pièces exécutées au 18e s. par l'orfèvre anglais **Paul de Lamerie**.

WORCESTER

169 759 h.

Située à 45 miles à l'Ouest de Boston, Worcester (prononcer Wooster), la deuxième ville de la Nouvelle-Angleterre, est un centre industriel important et un nœud autoroutier. Le centre de la ville est en rénovation : un nouveau Civic Center, lieu de loisirs et centre commercial a été créé ; **Mechanics Hall,** joyau architectural du 19e, a été transformé en salle de concerts.

Plusieurs collèges et universités s'y sont installés dont **Clark University** et sa bibliothèque moderne baptisée du nom du professeur **Robert Goddard** (1882-1942), un natif de Worcester qui fit des découvertes importantes sur la propulsion des fusées.

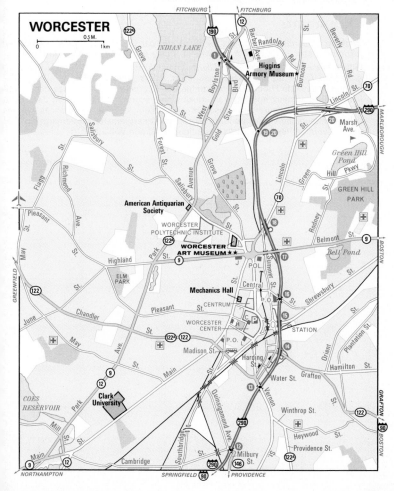

CURIOSITÉS *visite : 3 h*

★★Worcester Art Museum – *55 Salisbury Street. Visite en semaine de 11 h à 16 h (20 h le jeudi), le samedi de 10 h à 17 h, le dimanche de 13 h à 17 h. Fermé le lundi et les principaux jours fériés. $ 4.*   ☎ *508/799.4406*
Ce musée possède des collections de peintures, de sculptures, et d'objets décoratifs de l'Antiquité à nos jours. Présentées dans un bâtiment inspiré de la Renaissance italienne, ces collections sont réparties dans les galeries qui entourent une cour intérieure, décorée d'une magnifique mosaïque d'Antioche représentant des scènes de chasse (5ᵉ s.). Dans la nouvelle aile, Hiatt Wing, des gravures et des dessins sont exposés.
Le **rez-de-chaussée** est consacré à l'Antiquité, à l'art médiéval (remarquer la salle capitulaire du 12ᵉ s. provenant du Poitou et les fresques trouvées à Spoleto en Italie), et aux collections d'art oriental.
Au **1ᵉʳ étage,** la peinture européenne est représentée de la Renaissance au 20ᵉ s. On notera la *Madeleine repentante* du Greco, le *Saint-Bartolomé* de Rembrandt ; le *Repos pendant la fuite en Égypte* de Quentin Massys (un peintre flamand du 16ᵉ s.), et le charmant tableau de Gainsborough représentant ses filles.
Le **2ᵉ étage** abrite la collection de peintures américaines comprenant les œuvres de John Copley, Inness, Winslow Homer, John Singer Sargent *(Muddy Alligators),* Mary Cassatt. Le tableau naïf, **Mrs Elizabeth Freake and Baby Mary** *(illustration p. 32),* œuvre d'un artiste inconnu, est considéré comme l'un des plus beaux portraits de la période coloniale. Une autre œuvre naïve, *The peaceable Kingdom,* montre le paradis vu par le peintre quaker Edward Hicks.

★Higgins Armory Museum – *100 Barber Avenue. Visite tous les jours en juillet et août, du mardi au dimanche le reste de l'année. Fermé les principaux jours fériés. $ 4.25.*   ☎ *508/853-6015.*
John W. Higgins, président de la Worcester Pressed Steel Company, collectionna sa vie durant, des armures, des armes, des outils, des cottes de maille qu'il cherchait à travers l'Europe ou aux États-Unis. En 1931, il fit construire ce curieux bâtiment en acier et verre qui évoque lui-même une armure.
La collection est présentée dans une longue et haute galerie voûtée, inspirée du hall d'un château médiéval autrichien. Plus de 60 armures de parade, de combat, de joute sont alignées le long des murs. La plupart datent des 14ᵉ, 15ᵉ ou 16ᵉ s. Certaines sont composées de plus de 200 pièces et pèsent plus de 30 kg. D'autres, complètement damasquinées, sont de véritables œuvres d'art comme celle de **Franz Van Teuffenback** (1554). On remarquera aussi l'armure de Maximilien appelée ainsi car l'**empereur Maximilien** aimait les armures cannelées.

EXCURSION

Grafton – *11 miles au Sud-Est de Worcester par la route 122, puis la route 140 jusqu'au centre de Grafton. A partir de là, suivre les signes pour Willard House.*
Willard House and Clockshop – *3 Willard Street. Visite guidée (1 h 1/2) du mardi au dimanche. Fermé les principaux jours fériés. $ 2.* ☎ *508/839-3500.*
Ce petit musée de l'horlogerie rassemble une quarantaine des œuvres des quatre **frères Willard,** fameux horlogers américains qui vécurent et travaillèrent dans cette maison au 18ᵉ s. Leurs pendules sont aujourd'hui les plus recherchées par les collectionneurs. La variété de leur réalisation est surprenante. On remarquera tout particulièrement les **Banjo Clocks,** inventions de Simon Willard.

New Hampshire

Echo Lake, White Mountain National Forest

Photo by B. Grant

New Hampshire

Superficie : 24 097 km²
Population : 1 109 252 h.
Capitale : Concord
Surnom : Granite State
Fleur emblème : lilas mauve

Concord

Dans ce triangle de 160 km de base et de 290 km de haut, les reliefs appartenant au système appalachien, à l'Ouest et au Nord, contrastent avec le plateau doucement vallonné qui s'abaisse vers Portland et le Sud-Est du pays.

Le Sud de l'État est urbanisé, industrialisé, sorte de prolongement de la région de Boston, en plein essor économique, où prospèrent la plupart des villes : Concord, Manchester, Nashua, Keene et l'unique port, Portsmouth, à l'extrémité d'une courte façade maritime de 29 km.

Au Nord et à l'Est de Concord, les paysages ruraux sont parsemés de jolis villages et agrémentés de ponts couverts.

Plus au Nord s'étend la région des lacs aux noms indiens : Ossipee, Squam, Winnipe-saukee ; ce dernier, si vaste qu'il forme une région à lui seul, est parsemé de centaines d'îles et ses rives sont propices à la villégiature. Il ne connaît cependant pas une fréquentation touristique aussi importante que les White Mountains, chaîne de montagnes la plus élevée de Nouvelle-Angleterre, dominée par le Mt Washington. Ces masses granitiques couvertes de forêts sont le royaume des randonneurs qui, innombrables, sillonnent les sentiers tandis que les automobilistes parcourent les vallées encaissées appelées « notches ». Cette région très aménagée pour le tourisme contraste avec la pointe Nord de l'État, pratiquement inhabitée, où les forêts qui s'étendent à perte de vue ne sont interrompues que par les superbes lacs Connecticut.

Histoire – Le New Hampshire s'est peuplé lentement. Quelques colons s'étaient installés dès 1623 sur la côte, mais rares étaient ceux qui osaient s'aventurer vers l'intérieur, territoire des Indiens aux terres peu fertiles.

Cette région dépendait de la colonie du Massachusetts. Elle devint province royale en 1679 et n'obtint son propre gouvernement qu'en 1741.

Ses habitants solides, tenaces, taciturnes, furent très tôt jaloux de leur liberté et participèrent à l'Indépendance des États-Unis. Ils proclamèrent d'ailleurs l'indépendance de leur colonie 7 mois avant la Déclaration d'Indépendance américaine. La phrase historique de leur héros, le colonel Stark, « live free or die » (vivre libre ou mourir) est devenue la devise de l'État.

A ces habitants de souche anglo-saxonne se sont joints, au cours du 19ᵉ s. et au début du 20ᵉ s., de nombreux Canadiens français dont l'influence est encore sensible de nos jours.

Économie – Malgré son aspect rural et les forêts qui couvrent 80 % de sa superficie, cet État est essentiellement industriel. Dès le 19ᵉ s., le long de la rivière Merrimack s'édifièrent des usines comme les Amoskeag Mills à Manchester, qui étaient alors la plus grande usine textile du monde.

Les usines textiles, traditionnelles en Nouvelle-Angleterre ont perdu de leur importance au profit de nombreuses fabriques de chaussures, d'outillage électrique, de plastique et des usines papetières au Nord (Berlin). De nos jours des petites entreprises viennent s'installer en grand nombre dans le Sud de l'État, attirées par les débouchés économiques qu'offre la proximité de Boston et par un régime fiscal privilégié. Le New Hampshire est en effet exceptionnel dans ce domaine : il n'y a pas d'impôts sur le revenu, ni de taxe sur les vêtements ou autres objets. Une grande part des revenus de l'État provient de la vente des alcools dans les magasins d'État, et des courses de chevaux.

L'agriculture est orientée essentiellement vers l'élevage laitier, l'aviculture et la vente des arbres de Noël.

Des mines de mica et de feldspath montrent que l'on peut tirer quelques ressources de ce granit qui a donné son surnom à l'État.

Loisirs – Les White Mountains sont un terrain de choix pour le ski (plus de 30 stations) et la randonnée à pied. Le lac Winnipesaukee se prête à la pratique des sports nautiques et des croisières en été et aux courses de traîneaux en hiver quand il est gelé.

La pêche et la chasse – *Pour information : NH Fish & Game Dpt : 34 Bridge Street, Concord 03301.* Avec ses 1 300 lacs et étangs et ses 2 000 km de rivières, le New Hampshire est un lieu de prédilection pour les pêcheurs qui y trouvent des truites et des saumons. Les chasseurs, dotés d'un permis, peuvent chasser les daims, les oies, les faisans, les canards, les renards et les ours.

CANTERBURY CENTER

1 687 h.

Près du petit village pittoresque de Canterbury s'est installée au 18e s. une communauté de Shakers *(voir à Hancock, Massachusetts)* attirés par le calme de ce paysage vallonné et surtout par le don des terres qui leur était fait par un disciple.

★**Canterbury Shaker Village** – *Visite guidée (1 h 1/2) tous les jours de mai à octobre, du vendredi au dimanche de novembre à avril. $ 7.* & ✗ ☎ *603/783-9511.* Cette communauté est toujours en activité ; tous les bâtiments ne peuvent être visités.

La **Meeting House,** lieu de réunion où les Shakers se retrouvaient et exécutaient leurs fameuses danses, présente un large éventail de leur production : vêtements, meubles, boîtes, outils... Les Shakers étaient connus pour leur ingéniosité et l'on remarquera des inventions telles que le balai plat et l'appareil à semer. Ce bâtiment est très typique de l'architecture shaker. Par contre, le bâtiment d'habitation, **Dwelling House,** n'obéit pas à la sobriété shaker avec sa coupole, son porche et ses décorations. **L'école,** bien équipée, montre l'importance que les Shakers accordaient à l'éducation.

★ CENTER SANDWICH

Situé au Nord du lac Winnipesaukee et au pied des White Mountains, Center Sandwich est l'un des plus jolis villages de Nouvelle-Angleterre avec son église, son green, son auberge, sa petite poste, et ses artisans qui ont été nombreux à s'y installer.

Sur le green, **Sandwich Home Industries** est une galerie d'exposition d'artisanat qui fut à l'origine de la ligue des artisans du New Hampshire (New Hampshire League of Craftsmen).

De Center Sandwich, en prenant la route 109 vers le Sud, on traverse **Sandwich,** un hameau pittoresque dont la poste ancienne, toujours en fonction, abrite l'atelier d'un orfèvre.

CONCORD

36 006 h.

Capitale du New Hampshire depuis 1808, Concord est dominée par le dôme doré de son capitole, **State House** *(visite du lundi au vendredi. Fermé les principaux jours fériés.* ✗ & ☎ *603/271-2154),* reproduction de celui des Invalides à Paris. Ce capitole a la particularité d'abriter le plus important corps législatif de toute la nation : 424 personnes.

Au 19e s., Concord était célèbre dans tout le pays pour ses diligences construites par la compagnie Abbot and Downing qui participèrent pour une grande part à la conquête de l'Ouest. Aujourd'hui, c'est un nœud autoroutier, un centre administratif et commerçant dont les bâtiments s'étendent le long de la Merrimack.

New Hampshire Historical Society and Library – *30 Park Street. Visite tous les jours (bibliothèque fermée le dimanche). $ 3.* ☎ *603/225-3381.*
Au Centre de ce beau bâtiment décoré de marbre, est exposée une des célèbres diligences de Abbot and Downing. Des expositions temporaires d'art, des objets et des manuscrits retracent l'histoire du New Hampshire.

EXCURSIONS

Hopkinton – *8 miles à l'Ouest par la route 9.* Village connu des amateurs d'antiquités et banlieue résidentielle élégante de Concord. Le long de sa très large rue se succèdent maisons anciennes, églises, bibliothèque. On remarquera le bâtiment du Town Hall.

Henniker – *15 miles à l'Ouest par la route 9.* Site du New England College, ce village animé propose au voyageur un pont couvert de superbes feuillages en automne et de plaisantes auberges.

Hillsborough – *22 miles à l'Ouest par la route 9.* C'est un intéressant petit centre commerçant avec des bâtiments industriels du siècle dernier. De la route 9 une route secondaire mène au ravissant hameau de **Hillsborough Center★,** aux bâtiments blancs dispersés parmi les arbres et les murets de pierre.

CONNECTICUT Lakes Region

Au Nord du New Hampshire, à l'endroit où cet État se rétrécit, s'étend une région de forêts et de lacs pratiquement inhabitée, royaume des pêcheurs en quête de tranquillité et de prises fructueuses. Ce sont les lacs du Connecticut aux noms de **First, Second, Third** et **Francis.** Alimentés par de nombreux cours d'eau, ils donnent naissance au Connecticut, le grand axe fluvial de la Nouvelle-Angleterre.

Lake Francis State Park – *De Pittsburgh parcourir 6,3 miles sur la route 3 puis tourner à droite dans River Road. Après 2,2 miles on arrive dans le parc après avoir passé un pont couvert. Ouvert tous les jours de mi-juin à Labor Day ; de Labor Day à Columbus Day le week-end seulement. $ 2.50.* & ⚠ ☎ *603/538-6965.* Ce petit parc d'État est un endroit merveilleusement calme au bord de cette grande étendue d'eau. Très beau au moment de l'été indien.

DIXVILLE NOTCH

Au Nord du New Hampshire, la route 26 entre Colebrook et Errol passe par un col entre de hautes falaises boisées : Dixville Notch. A cet endroit s'est installé au bord du petit lac Gloriette un hôtel-palace de la fin du siècle dernier : **les Balsams.**
Après avoir passé le col, en descendant vers Errol, deux sentiers permettent de découvrir des chutes.
Pour les premières, laisser la voiture dans le parking de **Flume Brook.** Pour les secondes, **Huntington Falls** ou **Cascade Falls,** se garer 1 mile plus loin à Dixville Notch State Wayside *(20 mn à pied AR).* Ces cascades dégringolant de roches en roches sont de très agréables buts de promenade.

EXETER   12 481 h.

Exeter est le siège de **Phillips Exeter Academy,** fondée en 1781, l'une des écoles secondaires privées les plus selects des États-Unis. Plus de 100 bâtiments, pour la plupart de style georgien, sont dispersés dans la ville parmi de vastes pelouses. Ils abritent des bibliothèques, des maisons-résidences pour les 990 élèves, de nombreux équipements sportifs, des restaurants... et une auberge réputée : **Exeter Inn.**
La ville, elle-même, est très agréable avec ses larges rues calmes bordées d'arbres centenaires, et ses belles demeures coloniales qui rappellent qu'elle fut l'une des premières villes fondées dans le New Hampshire.

GRAFTON CENTER   923 h.

Au Sud des White Mountains, autour du village de Grafton, plusieurs montagnes ont été exploitées pour leurs gisements en minéraux. L'une des carrières désaffectées se visite : Ruggles Mine.

★**Ruggles Mine** – *De Grafton Center suivre à partir du green la signalisation et parcourir 2 miles. Visite tous les jours de mi-juin à mi-octobre ; le week-end seulement, de mi-mai à mi-juin. $ 10. Attention aux insectes après de longues périodes de pluie.*
Cette carrière abandonnée au sommet de Isinglass Mountain évoque un décor de western avec ses grandes brèches taillées dans cette montagne de pegmatite. Au 19e s., un fermier, Sam Ruggles, avait découvert à cet endroit de belles réserves de mica et les exploitait secrètement avec sa famille. Le transport se faisait la nuit pour ne pas alerter les voisins. Aujourd'hui les visiteurs peuvent louer des pioches et des marteaux et chercher eux-mêmes du mica, du feldspath ou l'un des 150 autres minéraux qui y furent dénombrés.

★ HANOVER   9 212 h.

Hanover est un « College Town ». Les bâtiments et les activités de Dartmouth College sont indissociables du reste de cette ville coloniale. Hanover, centre commerçant de la région, a conservé le charme de ses calmes rues ombragées.
Chaque hiver en février s'y déroule un **carnaval** comprenant de nombreux jeux et concours, dont un de sculptures en glace.

★**Dartmouth College** – Dartmouth fut créé en 1769 par le Reverend Eleazar Wheelock pour l'éducation des jeunes Indiens en premier lieu puis pour les Anglais et les autres. Ce collège fait partie de la prestigieuse Ivy League *(voir p. 21)* et offre à ses 4 600 étudiants un grand choix de disciplines, les plus recherchées étant la médecine, les études d'ingénieur et l'administration des affaires.

★**Green** – Ce vaste green carré est encadré par l'auberge **Hanover Inn** et divers bâtiments du collège. Depuis le coin de South Main Street et West Wheelock Street, on voit : en face la célèbre Dartmouth Row, à droite le bâtiment de Hopkins Center, et à gauche Webster Hall où se trouvent les bibliothèques.

Hopkins Center – Ce centre dédié aux beaux-arts comprend des salles d'expositions de peintures, sculptures ou photographies, un théâtre, des salles de concerts et un cinéma. C'est le centre culturel de la région.

Hood Art Museum – *Ouvert du mardi au dimanche.* &. ☎ *603/646-2808.* Serré entre le Wilson Hall à l'architecture néo-romane (1885) et le moderne Hopkins Center, le musée d'art est accessible par le porche reliant ces deux derniers bâtiments.
Les collections permanentes du musée incluent différents styles et périodes : les arts américain, européen, indien, africain et antique y sont représentés et le musée accueille également des expositions itinérantes. Au niveau inférieur du bâtiment est exposé un groupe de bas-reliefs assyriens du 9e s. av. J.-C. L'art contemporain occupe le niveau supérieur, vaste et aéré.

Dartmouth Hall

Dartmouth Row – Ces quatre bâtiments coloniaux comprennent au centre le **Dartmouth Hall,** réplique du bâtiment original qui fut construit en 1784.

Baker Memorial Library (Webster Hall) – A l'intérieur de ce bâtiment sont peintes de grandes **fresques★**, œuvres du peintre mexicain Clemente Orozco (en 1934), représentant de façon colorée et macabre 5 000 ans d'histoire des Amériques.

KEENE
22 430 h.

Schéma p. 150.

Situé au cœur de la belle région de Monadnock *(voir ci-dessous)*, Keene en est le centre commerçant et industriel. Cette ville s'est développée de façon spectaculaire ces dernières décennies.

Colony House Museum – *104 West Street. Visite de juin à Labor Day du jeudi au samedi. $ 2. ☎ 603/352-1895.*
Société historique de Keene, ce petit musée abrite une collection importante de verres de toutes sortes : flasques décorées de motifs divers, bouteilles, verres...

EXCURSION

Les ponts couverts sur la rivière Ashuelot – Le long de la route 10 au Sud de Keene plusieurs panneaux indiquent des ponts couverts qui se trouvent à proximité de la route. Observer spécialement les ponts nos 2, 4 et 5.

MANCHESTER
99 567 h.

Manchester est le grand centre industriel du New Hampshire. Au début du 19e s., l'usine textile **Amoskeag Mills,** la plus importante du monde, y fut construite. Les bâtiments en brique longeant la rivière sur près de 2 km sont toujours aussi impressionnants. Les usines Amoskeag fermèrent leurs portes en 1935 à la suite de la grande dépression. Ce fut une véritable catastrophe pour les habitants. Défiant l'adversité, un groupe de citoyens acheta les bâtiments et d'autres compagnies vinrent s'y établir. Aujourd'hui Manchester produit des chaussures, des textiles et dispose d'une imprimerie importante. Plus de 250 compagnies y sont installées. La moitié de la population est d'origine canadienne française d'où le nombre de rues et d'églises aux noms français. Certaines plaques sont même bilingues.

★The Currier Gallery of Art – *192 Orange Street. Visite du mardi au dimanche. Fermé les principaux jours fériés. ♿ ☎ 603/669-6144.* Présentées dans un bâtiment lumineux et agréable, les collections de la Currier Gallery of Art sont intéressantes pour les arts décoratifs, la peinture et la sculpture.
Dans le hall, au-dessus de l'ancienne girouette des Amoskeag Mills, on peut voir une superbe tapisserie flamande de Tournai (début du 16e s.) : *« La visite des gitans »*. Au rez-de-chaussée, les collections européennes comprennent des primitifs italiens, un superbe autoportrait de Jan Gossaert (dit Mabuse), des dessins de Tiepolo. Les Français sont représentés par des tableaux de Corot, Monet, Picasso et Rouault. Parmi les œuvres américaines du 20e s., on remarque des tableaux de Hopper, Wyeth et une sculpture de Lachaise.
Au 1er étage sont rassemblées les collections américaines du 17e au 19e s.

★ MONT MONADNOCK REGION

Le Sud-Ouest du New Hampshire est dominé par le mont Monadnock (alt. 965 m), vestige d'une ancienne chaîne de montagnes. Son nom est passé dans le vocabulaire des géographes pour désigner des reliefs résiduels.
Cette région est composée de paysages ruraux vallonnés et ses routes sont jalonnées de villages coloniaux. Le mont Monadnock s'enorgueillit d'être l'un des sommets les plus escaladés du monde.

DE FITZWILLIAM A HANDCOCK

33 miles – environ 1 journée

Fitzwilliam – De vastes maisons et une église surmontée d'un clocher en « pièce montée » encadrent le large green entouré de barricades blanches. A côté le **Rhododendron State Park** offre un superbe spectacle quand ses 6 ha de rhododendrons sont en pleine floraison (juin-juillet).

Prendre la route 119 vers l'Est puis, après le croisement avec la route 202, tourner à gauche dans une route sans signalisation.

★Cathedral of the Pines – *Visite de mai à novembre. ♿ ☎ 603/899-3300.*
Formé de collines boisées et de petits lacs, le site de ce mémorial national dédié aux Américains morts pour la patrie dégage une atmosphère de paix et de sérénité. Le mémorial comprend un **campanile** dédié aux femmes victimes de la guerre, décoré de bas-reliefs de Norman Rockwell ; une petite **chapelle œcuménique,** et la **cathédrale** dont la voûte est une haute futaie de pins. Des haut-parleurs diffusent de la musique religieuse ; les services sont célébrés sur un autel en plein air qui fait face au mont Monadnock, construit avec des pierres provenant de tous les États de l'Union. Ce mémorial est l'œuvre d'un couple accablé par la perte de son fils lors de la dernière guerre.

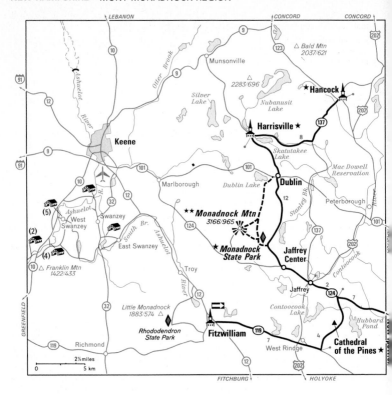

Tourner à gauche en sortant du mémorial 1,5 mile plus loin, à une fourche, prendre à droite. On rejoint la route 124.

New Ipswich – *7 miles à l'Est par les routes 123 et 124.*
La **Barrett House**, très belle maison fédérale impressionnante par ses dimensions, servit de cadre au film *Les Européens* réalisé par James Ivory, d'après le roman de Henry James.
Visite guidée (3/4 h) de juin à Columbus Day, du jeudi au dimanche. $ 4. &. ☎ 603/878-2517.

Jaffrey – Installée au pied du mont Monadnock, cette ville est le centre d'accueil pour les touristes qui cherchent à se loger.
Prendre la route 124 vers l'Ouest.
On passe devant l'église de **Jaffrey Center.**
Tourner à droite juste après, puis à gauche 2 miles plus loin.

★**Monadnock State Park** – *Ouvert tous les jours de 10 h au coucher du soleil. $ 2.50. &. ⚠ ☎ 603/532-8862.*
★★**Mont Monadnock** – Plusieurs sentiers *(4 h à pied AR)* montent au sommet. Les plus fréquentés sont le **White Cross Trail** et le **White Dot Trail.**
Un autre sentier *(5 h 1/2 à pied AR)* empruntant **Cascade Link, Old Ski Path, Red Spot** et **Pumpelly Trail** conduit au sommet du mont Monadnock, d'où la **vue**★★ s'étend, par temps clair, jusqu'au mont Washington au Nord et Boston au Sud.
En sortant du Parc, tourner à gauche.

Dublin – Ce village est le siège du Yankee Magazine, le mensuel le plus populaire de la Nouvelle-Angleterre. Il publie chaque année le Old Farmer's Almanach qui existe sous la même forme depuis 1792.

★**Harrisville** – Avec ses petits bâtiments en brique se reflétant dans la rivière et ses maisons coquettes, Harrisville donne l'impression d'être la réalisation d'un de ces utopistes qui rêvent de villes à la campagne. Une importante industrie textile y fonctionna pendant deux siècles ; quand elle dut fermer ses

Harrisville

152

portes en 1970, les habitants du village réussirent à attirer dans les bâtiments vacants une fabrique de filtres du New Jersey ainsi que plusieurs autres petites compagnies. Les restaurations effectuées sont très intéressantes.

Suivre une petite route le long de lacs puis tourner à gauche dans la route 137.

★**Hancock** – Baptisé ainsi en l'honneur du patriote John Hancock, ce village colonial, avec sa fameuse auberge **Hancock Inn** qui fait face à la General Store, voit sa tranquillité troublée chaque année dans la nuit du 3 au 4 juillet par la cloche de l'église qui sonne de minuit à 1 h pour célébrer l'anniversaire de l'Indépendance.

MOULTONBOROUGH

Situé sur les bords du lac Winnipesaukee, ce village est un petit centre commerçant pour les nombreuses résidences secondaires qui s'éparpillent le long du lac et dans les îles proches.

★**Castle in the Clouds** – *4 miles à l'Est de Moultonborough par la route 109 vers le Sud puis la route 171 jusqu'à l'entrée du parc. Visite guidée (3/4 h) tous les jours de mi-juin à mi-octobre, de mai à mi-juin les week-ends seulement. $ 10. ☎ 603/476-2352.* Cette propriété de 2 400 ha fut acquise en 1910 par Thomas Plant, un milliardaire qui avait fait fortune dans la fabrication des chaussures. Il fit construire, au sommet de la plus haute colline, une maison inspirée de styles variés. Sa terrasse offre une **vue**★★ superbe sur toute cette très belle région de forêts et de lacs ; de là se révèle toute l'étendue du lac Winnipesaukee et ses centaines d'îles.

Le parc est aménagé et l'on peut emprunter les sentiers à pied ou à cheval *(possibilité de monter à cheval sur place)*.

Un sentier *(point de départ à 1 mile après l'entrée dans la propriété)* mène à deux belles cascades : **Fall of Song** et **Bridal Veil Falls**.

MYSTERY HILL ou AMERICA'S STONEHENGE

Ce nom de « Colline du mystère » exprime bien les inconnues qui planent sur ce site où furent trouvées de larges pierres évoquant des menhirs disposés de façon ordonnée. De nombreuses interprétations ont été avancées. Serait-ce un « Stonehenge américain », c'est-à-dire les restes d'un site dédié à l'astronomie, érigé il y a 4 000 ans par une civilisation déjà très avancée qui aurait déterminé les mouvements des étoiles, du soleil, de la lune ?

Visite – *De l'autoroute 93, prendre sortie 3, suivre la route 111 Est pendant 5 miles ; tourner dans Island Pond Road vers Haverhill Road. Visite tous les jours de mai à octobre ; les week-ends en avril et novembre. $ 6. & ✗ ☎ 603/893-8300.* Une visite permet de voir les curieuses structures, évoquant des dolmens, baptisées selon leur utilisation supposée : la chambre de l'oracle, la tombe des âmes perdues, la table du sacrifice... Des alignements de pierres ont été étudiés et l'on a observé qu'ils déterminent le point de l'horizon où se lève le soleil au moment des solstices et des équinoxes.

NASHUA

Grâce à la proximité de Boston, Nashua s'est développée très rapidement ces dernières années, devenant la seconde ville du New Hampshire.

EXCURSION

Anheuser-Busch Hamlet – *221 Daniel Webster Highway. A 7 miles de Nashua, à Merrimack. Par la route 3, sortie n° 10, tenir sa droite puis tourner à gauche ; le hameau se trouve sur les terrains de la brasserie Anheuser-Busch. Visite guidée (3/4 h) tous les jours de mai à octobre, du mercredi au dimanche de novembre à avril. & ☎ 603/595-1202.* Dans ce pittoresque hameau sont pratiqués l'élevage et l'entraînement des clydesdales. Ces superbes chevaux de trait sont l'emblème de Anheuser-Busch depuis 1933, date à laquelle la Compagnie fit acquisition de son premier attelage pour fêter la fin de la prohibition.

NEW HAMPSHIRE COAST

Plages de sable et escarpements, stations balnéaires et parcs d'État se succèdent le long des 29 km de côte du New Hampshire. La route 1 A de Seabrook Beach à Portsmouth offre de belles vues sur l'océan et dessert les stations balnéaires et les propriétés luxueuses.

Hampton Beach – La grande plage du New Hampshire est bordée sur 5,5 km de maisons de vacances, d'hôtels, de restaurants, de boutiques de souvenirs et même d'un casino.

Little Boars Head – (Commune de Rye.) C'est la partie élégante de cette côte. Le long de la route en corniche, d'immenses propriétés rivalisant de soin dominent le rivage.

Rye Harbor State Park – Ce petit coin de côte a été aménagé pour les amateurs de pique-nique ou de pêche.

Wallis Sands State Park – Une petite plage de sable permet de s'y baigner.

Odiorne Point – Le premier endroit du New Hampshire à avoir été colonisé.

★ NEW LONDON 3 180 h.

Situé sur une colline dominant un paysage vallonné et boisé, New London est un de ces charmants villages de Nouvelle-Angleterre où l'on a envie de faire halte pour quelques jours. Le long de sa grand'rue (route 114) se succèdent quelques auberges, une jolie église avec sa tour carrée et les bâtiments de brique du campus de **Colby Sawyer College**.

EXCURSION

Mount Sunapee State Park – *13 miles au Sud. Prendre la route 11 Sud, après avoir traversé la route 89, tourner à gauche dans la 103 A vers le Sud puis dans la route 103 vers l'Ouest.*
Le lac Sunapee et la montagne qui le domine sont un centre de vacances très agréable. Une plage **(State Park Beach)** a été aménagée sur les bords du lac surtout apprécié pour le bateau. Un téléphérique *(de mi-juin à Labor Day du mercredi au dimanche, de Labor Day à Columbus Day le week-end seulement. $ 5. ☎ 603/763-2356)*, permet de monter au sommet du mont Sunapee d'où l'on a une **vue★** très étendue sur la région.
En hiver, c'est une station de ski.

PLYMOUTH 5 811 h.

Cette petite station touristique, connue pour son collège, est située juste en bordure de la White Mountain National Forest.

Polar Caves Park – *Route 25, à 5 miles à l'Ouest du centre de Plymouth. Visite de mi-mai à mi-octobre. $ 7.75. ⚄ ⚙ ☎ 603/536-1888.*
Ce spectaculaire amas de rochers fut formé à la fin de la dernière glaciation quand le gel fractura la roche des falaises qui s'élèvent en ce lieu. Un itinéraire a été aménagé dans ce chaos, on descend parmi les blocs aux arêtes pointues. En se faufilant à travers ceux-ci, on pénètre dans les grottes que forment les anfractuosités entre les rochers.

EXCURSION

★**Hebron** – *A 14 miles de Plymouth par la route 25 Ouest, puis la route 3 A.*
On dirait qu'un enfant a pris un jeu de construction et a disposé sur le green les différents éléments qui composent un village dans cette région : l'église au clocher pointu, la bibliothèque, l'épicerie-bazar, la poste, des lampadaires à gaz, le mât et son drapeau et deux ou trois maisons, créant ainsi un ensemble ravissant.

Newfound Lake – Entouré de collines boisées, ce petit lac, particulièrement charmant et tranquille, a la réputation d'être le plus pur de la région.
En le longeant à l'Ouest, d'Alexandria à Hebron, on en a de beaux aperçus. Plage à **Wellington State Park**.

★★ PORTSMOUTH 25 925 h.

L'unique port du New Hampshire est une calme petite ville provinciale s'étalant au bord de la rivière Piscataqua, face au Maine. De belles demeures georgiennes rappellent son passé glorieux. Portsmouth a fait l'objet de nombreuses rénovations depuis les années 50. La plus célèbre est celle de Strawbery Banke. Dans le quartier du port, des entrepôts de brique ont été réaménagés, de nombreuses boutiques, des magasins d'antiquités, des restaurants et même un théâtre se sont installés. Il fait bon flâner le long de **Market Street**, **Ceres Street** et **Bow Street** et admirer au passage les superbes remorqueurs peints en rouge et vert. Ils rappellent l'activité portuaire de Portsmouth qui fait encore le commerce du bois, du sel et du gypse (on peut

Le port

en voir les hauts tas dans un dépôt le long de Market Street). La plus grande partie de la population active est employée par l'Armée, soit dans la base navale (sur le territoire de Kittery) spécialisée dans la réparation de sous-marins, soit dans la base aérienne créée en 1956 : Pease Air Force Base.

Un peu d'histoire – En 1623, un groupe de pionniers anglais débarquent sur les bords de la Piscataqua et y découvrent de délicieuses fraises sauvages. Ils baptisent cet emplacement Strawbery Banke (la rive des fraises), nom qui lui resta jusqu'en 1653 quand fut fondé Portsmouth.
Très rapidement, la petite communauté se développa grâce à la pêche et à la construction navale. Les arbres des forêts du New Hampshire étaient débités dans les nombreuses scieries de la ville avant d'être utilisés pour la fabrication des navires de la Royal Navy.

Plus tard le commerce maritime apporta une nouvelle prospérité. Les riches capitaines et armateurs se firent construire, dès le début du 18e s., des demeures qui sont encore les fleurons des styles georgien et fédéral.

En 1905, la base navale qui avait produit de nombreux navires de guerre vit les Russes et les Japonais se réunir pour signer le traité de paix mettant fin à la guerre russo-japonaise. Théodore Roosevelt, alors président des États-Unis, y participa comme médiateur.

★★STRAWBERY BANKE *visite : 3 h*

Visite de 10 h à 17 h de mai à octobre. $ 9. Sur place cafétéria et plusieurs boutiques. Une carte est distribuée à l'entrée. Des visites guidées sont organisées sur divers sujets. Voir le programme à l'entrée. ☎ *603/433-1100.* Strawbery Banke est une réalisation originale, produit d'un travail communautaire. Dans les années 50, un grand projet de rénovation prévoyait la destruction d'un quartier insalubre « Puddle Dock » (le bourbier). Les habitants de Portsmouth proposèrent au contraire d'en faire un quartier historique. Ils eurent gain de cause et l'on vit alors des volontaires de tous âges se mettre à l'ouvrage. 35 bâtiments furent préservés qui constituent aujourd'hui « Strawbery Banke », un musée de la restauration.

Dix-huit demeures ont été complètement restaurées dont huit sont meublées. D'autres bâtiments furent laissés à des artisans.

Captain John Shelburne House – 1695. Bel exemple d'architecture du 17e s. A l'intérieur, explications sur sa construction.

Joshua Jackson House – Maison laissée dans l'état où elle était avant la restauration de Strawbery Banke. A l'intérieur, une exposition montre l'évolution du quartier de Puddle Dock.

Captain John Wheelwright House – A l'intérieur, belles boiseries.

Joshua John House – A l'intérieur, exposition d'objets provenant des fouilles.

Stephen Chase House – Belle maison georgienne. Papiers peints et boiseries intéressants.

Captain Keyran Walsh House – Bel escalier. Effets de faux marbres. Typique d'une maison de capitaine du 18e s.

William Pitt Tavern – (1766). Elle sert aujourd'hui de loge maçonnique ; musée au premier étage.

Governor Goodwin Mansion – 1811. Demeure luxueuse. A l'intérieur, débauche de meubles, de dorures et de velours.

Dans **Prescott Park** entre Strawbery Banke et la rivière, des artistes viennent se produire en été parmi les beaux terre-pleins de fleurs.

Juste en face de l'entrée du musée, un poteau, **Liberty Pole** (**A**), fut élevé par les patriotes en 1776. A son sommet flottait un drapeau où était inscrit : « Liberté, propriété et pas de taxe ».

Derrière, un vieil entrepôt, **Sheafe Warehouse**, a été aménagé pour abriter quelques objets d'art populaire.

★LES MAISONS HISTORIQUES

★★**Warner House** – *Visite guidée (3/4 h) de juin à octobre du mardi au samedi de 10 h à 16 h, le dimanche de 13 h à 16 h. Fermé les principaux jours fériés. $ 4.* ☎ *603/436-1118.* Cette très belle maison georgienne fut construite en 1716 par un capitaine écossais, Archibald Mac Pheadris. On raconte que les briques furent importées de Hollande à bord d'un de ses bateaux auquel elles servaient de lest. Certains meubles pro-

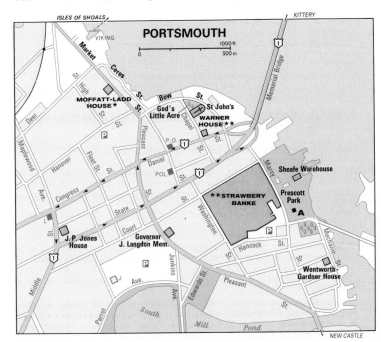

viennent d'Europe mais beaucoup furent fabriqués dans la région. La cage d'escalier est surprenante avec ses peintures murales représentant les Indiens qui avaient été emmenés en Angleterre. Remarquer les portraits de Joseph Blackburn et un magnifique secrétaire dans le salon.

Derrière la maison s'élève sur la colline l'**église St John** et son cimetière appelé **God's Little Acre** (le petit lopin de terre de Dieu).

★**Moffatt Ladd House** – *Visite guidée (3/4 h) de mi-juin à mi-octobre. $ 4.* ☎ *603/436-8221.*
Le capitaine John Moffatt fit construire cette maison pour son neveu en 1763. Du premier étage, le propriétaire pouvait surveiller les allées et venues de ses bateaux. A l'intérieur, très belle cage d'escalier avec des papiers peints français en grisaille. Beaux meubles du 18ᵉ s.

Wentworth – Gardner House – *Visite guidée (1 h) de juin à mi-octobre du mardi au dimanche. $ 3.* ☎ *603/436-4406.*
Sa belle façade georgienne se reflète dans les eaux de la Piscataqua. Remarquer l'encadrement de porte avec son ananas, symbole d'hospitalité. A l'intérieur, belles boiseries et moulures.

Governor John Langdon Memorial – *Visite guidée (3/4 h) du 1ᵉʳ juin au 15 octobre du mercredi au dimanche. $ 4.* ☎ *603/436-3205.* Cette maison est un bel exemple du style georgien. Sa façade est ornée d'un porche semi-circulaire soutenu par des colonnes. L'intérieur est luxueux : intéressant mobilier.

John Paul Jones House – *Visite guidée (3/4 h) de mi-mai à mi-octobre $ 4.* ☎ *603/436-8420.*
Cette ancienne pension de famille fut rendue célèbre par le passage du héros John Paul Jones qui y séjourna pendant la guerre d'Indépendance. Aujourd'hui une société historique y abrite de nombreux souvenirs.

★**ISLES OF SHOALS**

Accès par le bateau Thomas Laighton amarré au quai de Market Street. Croisières (2 h 1/2 AR) de mi-juin à Labor Day tous les jours. $ 2. ♿ *Isle of Shoals Steamship Co.* ☎ *800/441-4620.*
Le voyage en bateau comprend 11 km dans l'embouchure de la rivière puis 11 km en mer. Il permet de découvrir les rives de la Piscataqua. On longe les chantiers de la base navale (**Portsmouth Naval Shipyard**) dominée par la silhouette blanche de l'ancienne prison. Puis l'on voit le **Fort Mc Clary Memorial** de Kittery et en face, sur la rive droite, les élégantes maisons de New Castle et le Fort Constitution.

Les îles – Ces 9 petites îles dénudées furent découvertes par le capitaine John Smith en 1614. Elles doivent leur nom à leurs eaux très poissonneuses (Shoal est l'ancien terme pour désigner les bancs de poissons). Elles furent partagées entre le Maine et le New Hampshire quand la limite entre les deux États fut déterminée.
Les plus importantes sont **Appledore** qui abrite des laboratoires appartenant aux universités du New Hampshire et de Cornwell et **Smuttynose**, île privée reliée par une digue à **Cedar Island** et **Star Island.** Cette dernière est la plus célèbre, dominée par la silhouette d'un grand hôtel qui appartient aux sectes unitarienne et congrégationaliste. Derrière, **White Island** est fameuse pour son grand phare, sujet favori des photographes.

NEW CASTLE

Construite sur une île reliée à Portsmouth, New Castle est une charmante petite ville résidentielle célèbre pour le nombre de ses maisons coloniales. Un grand hôtel-palace y fut construit en 1814, **Wentworth by the Sea** *(fermé pour restauration).* C'est ici que furent logés les dignitaires japonais et russes au moment du traité de Paix de 1905.
A l'embouchure de la Piscataqua s'élèvent les murs du **Fort Constitution.**

SAINT-GAUDENS NATIONAL HISTORIC SITE

2,5 miles au Nord de Windsor, Vermont.

Augustus Saint-Gaudens (1848-1907) fut le sculpteur le plus coté aux États-Unis à la fin du 19ᵉ s. Son père était originaire de la région de St-Gaudens dans les Pyrénées, d'où son nom. Il étudia à Paris, à Rome puis s'installa à New York en 1875. Il devint vite célèbre et réalisa de nombreux monuments officiels dont celui de Robert Shaw à Boston. Il vécut plusieurs années dans cette propriété de Cornish devenue un musée.
Visite tous les jours de mai à octobre. $ 1. ☎ *603/675-2175. Visite guidée (20 mn) de la maison.*
Ce musée comprend la **maison** de Saint-Gaudens, où sont réunis des souvenirs de l'artiste et ses **ateliers** et **galeries** dispersés dans le parc. Remarquer la statue de Diane réalisée pour couronner la tour de l'ancien Madison Square Garden à New York.

Les outlets

En Nouvelle-Angleterre, surtout dans les trois États du Nord : Maine, New Hampshire et Vermont, de nombreux magasins s'intitulent factory outlets. Ils pratiquent des ventes directement du grossiste ou de l'usine aux clients, offrant leurs produits (chaussures, vêtements) à des prix exceptionnels.

★★★ Les WHITE MOUNTAINS

Schéma p. 158-159.

Au Nord du New Hampshire s'étend la partie la plus montagneuse de la Nouvelle-Angleterre, dominée par le sommet du Mt Washington. Cette région a été baptisée White Mountains, les Montagnes Blanches, en raison de la couverture de neige qui y persiste la plupart du temps. Elle est recouverte, pour 80 %, de forêts devenues patrimoine national : The White Mountain National Forest.

C'est une des régions les plus touristiques de la Nouvelle-Angleterre ; en hiver elle attire les skieurs sur les nombreuses pistes aménagées le long des vallées, en été promeneurs à pied et en voiture viennent admirer les chutes, les vues des sommets. A l'automne c'est un véritable enchantement car les couleurs des feuillages y sont particulièrement variées en raison de la diversité des arbres que l'on y trouve : bouleaux et érables mêlent leurs couleurs éclatantes au vert sombre des conifères.

Renseignements pratiques – **Centres d'information** à White Mountain National Forest. PO Box 638 – Laconia – New Hampshire 03247 (bureaux à North Conway et Gorham). ☎ *603/528-9528.*

Hébergement – **Hôtels et motels** à Conway, North Conway, Jackson, Gorham, Twin Mountain, Lincoln, North Woodstock.

Camping – Certains campings sont gérés par la Forêt nationale et il y a plus de 800 sites pour camper.

Parcs d'attractions – Sur la route 2 : Fantasy Farm, Six Gun City, Santa's Village. *(Visite de mi-juin à mi-octobre.)*

Relief et climat – De hautes montagnes de granit et de gneiss se sont élevées ici. A la période glaciaire, elles ont été recouvertes par une chape de glace qui les a complètement rabotées donnant ces sommets arrondis, ces larges vallées aux pentes douces qui se resserrent à certains endroits formant des défilés appelés « notches ». Des blocs erratiques se sont déposés un peu partout tandis que les marmites de géants se creusaient dans les torrents *(voir le « Basin » p. 159).*

Le climat des White Mountains est particulièrement rude pour des montagnes de faible altitude. Les sommets détiennent des records de froid et de violence pour les vents *(voir Mt Washington).*

Ici la limite des forêts s'arrête à 1 400 m sur le versant Nord, fait exceptionnel sous cette latitude. Sur les sommets on trouve une flore comparable à celle que l'on rencontre à haute altitude dans les Alpes ou dans les régions polaires.

Ce climat changeant a surpris plus d'un promeneur. Il faut toujours être bien équipé.

Un peu d'histoire – Verrazano, dans ses récits de voyage en 1524, faisait déjà mention de montagnes aperçues de la côte. En 1642, un premier colon explora et gravit ces montagnes. En 1820 des peintres et des écrivains célèbres comme Hawthorne peignirent, décrivirent ces paysages qui les avaient frappés. A la même époque les notables locaux avaient baptisé les plus hauts sommets de noms de présidents. Quelques curieux s'y aventurèrent puis à la fin du siècle, avec l'installation du chemin de fer, la foule suivit. De grands hôtels victoriens se construisirent dans la vallée. La plupart ont malheureusement brûlé et on été remplacés par des cohortes de motels.

Les sentiers – 1 900 km de sentiers sillonnent cette région, la plupart aménagés par le club des Appalaches : Appalachian Mountain Club. Ce club a créé des refuges permettant d'effectuer des promenades de plusieurs jours ainsi qu'un hôtel à Pinkham Notch sur la route 16. On trouve des sentiers de toutes longueurs et de toutes difficultés. Nous en citons quelques-uns au cours des itinéraires qui suivent. *Pour plus de détails, consulter le « AMC White Mountain Guide ». Pour réservations et informations sur les sentiers et la météo ☎ 603/466-2725.*

★★★ MT WASHINGTON

Le Mt Washington est le sommet le plus élevé de la Nouvelle-Angleterre avec ses 1 917 m d'altitude. Il fait partie de la Chaîne des Présidents (Présidential Range) dont tous les sommets ont reçu le nom d'un président : Mt Madison, Mt Adams, Mt Jefferson, Mt Clay, le plus récent étant Mt Eisenhower.

Le Mt Washington est célèbre pour le climat qui règne à son sommet, comparable à celui que l'on trouve au Nord du Labrador. Les vents les plus violents du monde y ont été enregistrés avec un record de 369 km/h en avril 1934. La végétation qui pousse parmi les chaos de rochers du sommet est composée de minuscules plantes ou arbrisseaux en boule, aux feuilles vernissées pour résister au froid et au vent. La neige y persiste jusqu'à fin juin et l'on peut skier dans **Tuckerman Ravine** en mai et en juin... à condition d'avoir le courage de grimper, les skis sur les épaules.

Plus de 300 jours par an le sommet est noyé dans le brouillard et on a surnommé le groupe de bâtiments qui s'y trouve « City among the clouds » : la ville dans les nuages.

Accès au sommet – Le moyen le plus pittoresque est le train à crémaillère, le plus rapide : la route qui monte de Glen House, le plus sportif : la marche à pied.

★★★**Panorama** – Par temps clair, la vue du Mt Washington s'étend à plus de 100 km et l'on peut discerner Montréal au Nord. On a surtout une vue intéressante sur l'ensemble de la région et plus particulièrement sur les sommets nus du Presidential Range.

Les bâtiments au sommet – Des constructions en pierre et en bois se serrent frileusement parmi les rochers. Certaines sont retenues par des chaînes d'ancrage pour résister aux assauts des tempêtes.

La Tip Top House, en pierre, date de 1853. A côté du **Summit Building**, hôtel-restaurant devant lequel s'arrête le train, on reconnaît l'**Observatoire** avec sa grande antenne, ainsi que les antennes de transmission pour la radio et la télévision.

Le **Sherman Adams Building,** construit en 1981, abrite un snack bar, des boutiques et un petit musée *($ 1)* traitant du Mt Washington.

Le Mt Washington sert aussi de terrain d'essai pour l'étude du matériel arctique.

★★**Le train à crémaillère (Cog Railway)** – *(Voir p. 158).* Ce petit train touristique à vapeur est presque aussi célèbre que le Mt Washington lui-même. Construit en 1869, il représentait une prouesse technique à l'époque, et l'on a encore quelques frissons en franchissant le passage appelé « Échelle de Jacob » où la pente atteint 37 %. Long de 5 km, son trajet permet d'admirer des paysages variés et d'observer l'étagement de la végétation.

★★PINKHAM NOTCH

De North Conway à Glen House (Route 16)
25 miles – compter 1/2 journée

North Conway – Après les motels de Conway qui bordent la route 16, North Conway offre des auberges plus luxueuses, de nombreux restaurants et boutiques. C'est à proximité de la White Mountain National Forest, une ville d'accueil et un grand centre de sports d'hiver avec les nombreuses stations alentour : Attitash, Mt Cranmore, Tyrol, Black Mountain, Wildcat Mountain. La gare, d'inspiration russe, construite en 1874, a été transformée en musée **« Conway Scenic Railroad »** et offre des excursions de 11 miles (17,5 km) dans un train touristique à vapeur parcourant la

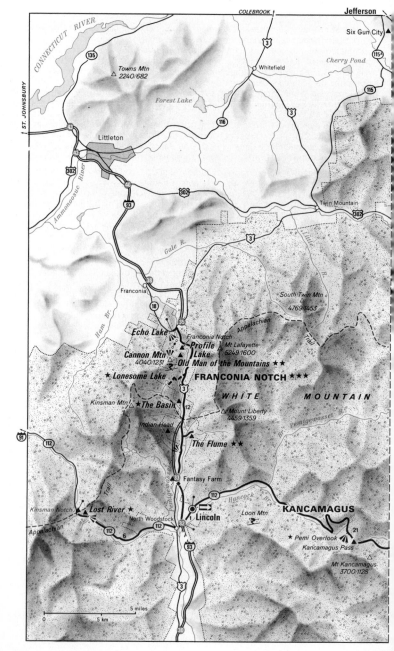

vallée de la Saco *(de mi-juin à fin octobre tous les jours, de mi-mai à mi-juin du lundi au vendredi, de mi-avril à mi-mai d'Halloween à décembre le week-end seulement. 1 h. $ 7.* ☆ ✗ *Scenic Railroad* ☎ *603/356-5251).*

Cathedral Ledge – A 300 m au-dessus de la vallée s'élèvent à l'Ouest de hautes falaises abruptes. On y accède par une route au Nord de North Conway *(tourner à gauche en face de White Mountain Bank, continuer 1 mile jusqu'au panneau signalant Cathedral Ledge, tourner à gauche et continuer jusqu'au sommet).* Du sommet des falaises se révèle une belle **vue**★ à l'Est sur le lac Echo et la vallée longitudinale du Mt Washington boisée et piquetée de hameaux.

Suivre la route 16 vers le Nord.

On passe à proximité de la station de ski d'Intervale.

Glen – Situé au carrefour avec la route 302, Glen a été équipé en attractions.

Story Land – *Visite tous les jours de mi-juin à Labor Day et les week-ends seulement de Labor Day à Columbus Day. $ 13.* ✗ ☎ *603/383-4293.* Ce parc de jeux pour enfants les entraîne dans un monde de contes de fées et dans des villes à leur échelle.

Heritage New Hampshire – *Visite de mi-mai à mi-octobre. $ 7.50.* ☆ ☎ *603/303-9776.* L'histoire du New Hampshire y est retracée à la manière « Disneyland ». Derrière une façade classique, on découvre les paysages de l'État reproduits à l'aide de grandes machineries, la reconstitution d'une rue de Portsmouth en 1776, Daniel

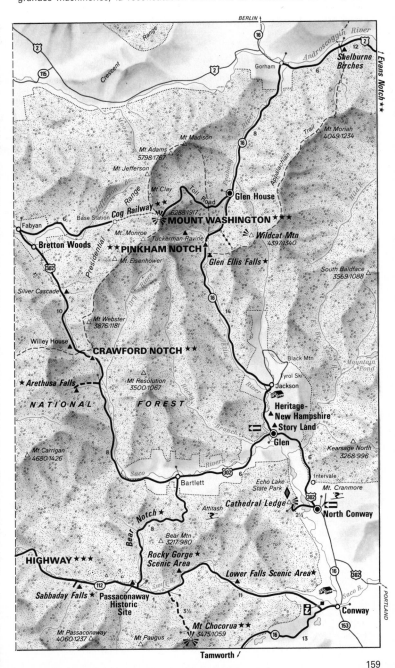

Webster racontant sa vie et vieillissant au cours de son récit, les fabriques de Amoskeag à Manchester au 19ᵉ s. La visite se termine par un voyage dans un simili-train à travers Crawford Notch.

Continuer sur la route 16.

On traverse le beau village de **Jackson**. Passer sous le pont couvert pour voir ses grands hôtels anciens.

Pinkham Notch – C'est l'endroit où la vallée se resserre entre le Mt Washington et Wildcat Mountain.

★**Glen Ellis Falls** – *Parking à gauche de la route.* Situées à l'Est de la route, ces chutes facilement accessibles sont assez spectaculaires.

Wildcat Mountain – Faisant face au Mt Washington, les pentes de Wildcat Mountain ont été aménagées en pistes de ski. Des remontées mécaniques conduisent au sommet. D'en haut belle **vue**★★ sur Presidential Range vers l'Ouest et sur le Maine à l'opposé.

Glen House – C'est le point de départ de la route à péage très escarpée de Mt Washington *($ 12 par voiture et $ 5 par passager de mi-mai à mi-octobre)* ; certains conducteurs jugeront préférable de laisser leur voiture au parking pour prendre des minibus *($ 17, durée : 1 h 1/2. ☎ 603/466-3988).* Belles vues sur Presidential Range pendant le trajet, ainsi que sur le Great Golf Wilderness, zone réservée.

Shelburne Birches – *14 miles à partir de Glen House sur la route 2 en passant par Gorham.* C'est un très bel ensemble de bouleaux d'une taille exceptionnelle pour leur espèce.

★★**Evans Notch** – *12 miles de Shelburne Briches – voir à Bethel, Maine.*

★★CRAWFORD NOTCH

De Glen à Fabyan (Route 302) *24 miles – environ 3 h*

La route 302 suit la rivière Saco au fond d'une vallée au cœur des White Mountains. Elle passe devant la station de ski Attitash qui, en été, offre ses pentes aux adeptes de l'« Alpine Slide » sorte de bobsleigh sur béton, puis traverse le village de **Bartlett** d'où part la route de Bear Notch.

★**Bear Notch** – *Variante de 8 miles entre Bartlett et Kancamagus Highway.* Cette petite route montagneuse est superbe surtout en automne, alors que les feuillages prennent leurs couleurs les plus éblouissantes (3,6 miles après Barlett, très belle **vue** sur toute la vallée).

★★**Crawford Notch** – Ce passage, devenu parc d'État, fut baptisé du nom de Abel Crawford qui, dès le 18ᵉ s., y avait construit une maison pour les excursionnistes.

★**Arethusa Falls** – *Du parking d'Arethusa Falls à gauche de la route, 2 h à pied AR.* Traverser la voie ferrée puis suivre le torrent jusqu'aux chutes en rideau qui sont très belles.

La route 302 passe devant la **Willey House** (cafétéria) d'où l'on a une vue sur l'ensemble de Crawford Notch et plus particulièrement sur le mont Webster. Un peu plus loin à droite, admirer la **Silver Cascade** qui tombe du haut de la falaise.

Bretton Woods – Ce nom a une résonance historique. C'est ici qu'eut lieu en 1944 la conférence des Nations unies sur les accords monétaires, à l'issue de laquelle le dollar fut choisi comme monnaie de référence pour les échanges internationaux et la valeur de l'or fixée à $ 35 l'once tandis qu'était projetée la création de la Banque mondiale. Cette conférence avait pour cadre l'**Hôtel du Mt Washington** qui dresse toujours fièrement sa massive silhouette blanche au pied des montagnes. Construit en 1902, c'est l'un des seuls hôtels-palaces de cette époque qui subsistent.

Après Bretton Woods, à Fabyan, tourner à droite pour atteindre le Cog Railway.

★★**Cog Railway** – *(voir p. 156).* Départ à partir de Marshfield Base station. De juillet à Labor Day tous les jours de 8 h à 16 h ; de Labor Day à octobre tous les jours si le temps le permet ; de mai à Memorial Day le week-end seulement, se renseigner au préalable. Durée : 3 h. $ 32. ♿ ✗ Mount Washington Cog Railway ☎ 800/922-8825.

★★★FRANCONIA NOTCH (Route 3) *13 miles – compter 1/2 journée*

Cette vallée encaissée entre Franconia Range à l'Est et Kinsman Range à l'Ouest a été déclarée pac d'État. Aussi l'autoroute 93 est-elle interrompue sur les 8 miles de Franconia Notch pendant lesquels se succèdent de nombreuses curiosités naturelles.

Echo Lake – *Route 18.* Du bord de ce lac, très belle vue sur Franconia Notch se reflétant dans ce miroir.

Cannon Mountain – C'est une station de ski réputée. Un téléphérique permet d'accéder au sommet d'où l'on a une belle **vue**★★ sur **Echo Lake** et une grande partie de Franconia Notch. *(Téléphérique en service de 9 h à 16 h de mai à octobre et pendant la saison de ski ; de novembre à avril le week-end seulement, de 9 h à 15 h. $ 8. ♿ ☎ 603/823-5563).*

★★**Old Man of the Mountains, Profile Lake** – De la rive du lac, on aperçoit sur la droite la curiosité la plus célèbre du New Hampshire, devenue le « label » de l'État : une falaise dont le profil ressemble à celui d'un vieil homme.

C'est en 1805 que deux hommes travaillant à la construction de la route découvrirent ce profil qu'ils comparèrent alors à celui du Président Jefferson. Formé de plusieurs blocs de granit, il est haut de 12 m. Hawthorne le décrivit dans un poème qu'il intitula *The Old Stone Face.* Barnum, que rien n'arrêtait, voulait l'acheter pour son fameux cirque.

Aujourd'hui des milliers de touristes s'arrêtent pour contempler ce phénomène.

★**Lonesome Lake** – *Sentier (3 h à pied AR) au départ du parking de La Fayette place. Il faut traverser le camping après le pont en bois puis suivre les signes jaunes.* Près d'un beau lac tranquille cerné par la forêt est installé un refuge de l'Appalachian Mountain Club. Les visiteurs favorisés par la chance pourront y observer des castors.

★**The Basin** – C'est une énorme marmite de géant de 6 m de diamètre au pied d'une chute.

★★**The Flume** – *Visite de 9 h à 16 h 30 de mai à octobre. $ 6. & ✗ ☎ 603/823-5563. Au Visitor Center on peut voir des films sur le Franconia Notch et la Forêt nationale des White Mountains.* Le Flume est une gorge étroite aux parois ruisselantes hautes d'une vingtaine de mètres dans laquelle coule un torrent. Des aménagements permettent de se promener au fond de cette gorge. Après sa visite poursuivre par le

From a photo by Dick Smith

Pine Sentinel Bridge

Ridge Path *(sentier de 1,2 km)* qui mène à une cascade puis un peu plus loin traverse un pont couvert, **Sentinel Pine Bridge,** qui surplombe une piscine naturelle creusée par les glaciers. Le **Wildwood Path** *(sentier de 650 m)* ramène à l'entrée du Flume. Le long de ce sentier on peut contempler d'énormes blocs erratiques.

La route 3 continue vers Lincoln.

Avant d'arriver dans la ville, observer un autre profil qui se découpe dans la roche, sur la droite. Celui-ci a été appelé **« la tête d'Indien »** (Indian Head).

Lincoln – Une suite de motels annonce l'arrivée dans cette petite ville.

★**Lost river** – *6 miles à partir de North Woodstock. Là, tourner à droite dans la route 118 puis à droite dans la route 112 et continuer jusqu'à Lost River. Visite tous les jours de mai à octobre. $ 6. ✗ ☎ 603/745-8031.* Située dans le Kinsman Notch, passage entre les vallées du Connecticut et de la Pemigewasset, Lost River est un amas de blocs de granit abandonnés par les glaciers puis sculptés par la rivière qui est aujourd'hui souterraine. Dans ce dédale de blocs formant un curieux paysage minéral, des escaliers en bois ont été aménagés menant d'une grotte à une chute ou à un bassin.

★★★ KANCAMAGUS HIGHWAY

De Lincoln à Conway *33 miles – environ 3 h*

Cette route traverse la White Mountain National Forest en son centre, suivant Hancock Brook puis la **Swift River,** petits torrents de montagne entrecoupés de rapides. C'est un des sites de Nouvelle-Angleterre les plus favorables pour y admirer les feuillages pendant l'été indien. Les érables, les bouleaux y prennent des couleurs splendides. Des zones de pique-nique, des campings proposent des haltes au bord de la rivière.

Les montagnes au Sud de Kancamagus Highway ont reçu les noms des plus célèbres Indiens du New Hampshire : Passaconaway, Kancamagus, un Indien qui essaya de maintenir la paix avec les Blancs, Paugus, Chocorua qui, d'après les légendes, mourut sur le sommet qui porte son nom.

La route passe devant **Loon Mountain,** une station de ski, puis s'élève jusqu'à Kancamagus Pass (850 m). Durant la montée, la vue est particulièrement belle depuis **Pemi Overlook★.** La route redescend ensuite sur la Saco Valley.

★**Sabbaday Falls** – *Du parking de Sabbaday, suivre le sentier Sabbaday Brook Trail (1/2 h à pied AR).* Ce chemin mène aux chutes de Sabbaday. L'eau s'y écoule d'une marmite de géant à l'autre en une série de chutes assez spectaculaires.

Passaconaway Historic Site – *Possibilité de camping.* C'est un centre d'information et d'initiation à la nature. Un sentier, le **Rail N'River,** surnommé ainsi parce qu'il suit en partie l'ancienne voie ferrée pour les trains de bûcherons, est pourvu de panneaux explicatifs sur les différents arbres, les arbustes et leur évolution.

On passe devant la route de Bear Notch à gauche de Kancamagus Highway.

★★Mont Chocorua – *5 h à pied AR à partir de Champney Falls Trail Parking par Champney Falls Trail. Ascension facile.*
Le sentier emprunte une ancienne route pendant 500 m puis monte doucement pendant 2 km jusqu'aux belles cascades de **Champney Falls.** On traverse ensuite les divers étages de la végétation avant de parvenir au sommet dénudé du mont Chocorua. De là, très belle **vue★★★** sur les White Moutains, le lac Chocorua et le lac Winnipesaukee par temps clair. *En redescendant, veiller à bien suivre Champney Brook Trail.*

★Rocky Gorge Scenic Area – A cet étranglement de la vallée, la rivière Swift forme de petits rapides. Dans le fond s'élèvent des falaises ; durant l'été indien, le site est superbe.

★Lower Falls Scenic Area – D'autres petits rapides sur la Swift River. On peut se promener sur les rochers plats érodés d'abord par les glaciers, puis par les torrents.

Conway – *Page 156.*

Chocorua, Tamworth – *13 miles de Conway, en prenant la route 16 vers le Sud.* Après 10 miles, très belle **vue★★** sur le mont Chocorua se reflétant dans le lac du même nom. Plus au Sud, traverser le village de Chocorua et prendre la route 113 vers l'Ouest.

Tamworth – Dans ce village aux maisons blanches, où se trouve une charmante auberge, s'est installée une troupe de théâtre « les Barnstormers ». *(Représentations en été.)*

★ Lake WINNIPESAUKEE Region

Ce vaste lac, le plus grand du New Hampshire avec une superficie de 115 km^2 et une longueur de côtes de 448 km, est parsemé de plus de 200 îles boisées dont certaines sont habitées. Le meilleur moyen de les découvrir est d'effectuer une excursion en bateau. Par temps clair les White Mountains et le Mt Washington apparaissent en toile de fond. Winnipesaukee est un nom indien qui signifie « le sourire du Grand Esprit ». Une légende l'illustre ; elle raconte qu'un chef indien se promenait un jour sur ce grand lac en canoë. Le ciel était orageux et obscur mais soudain un rayon traversa les nuages et vint faire scintiller l'eau autour de l'embarcation. Le chef interpréta ce phénomène comme un signe du ciel et baptisa ce lac « Winnipesaukee ».

Les villes du lac – **Laconia** est le centre industriel et commerçant de la région.
La ville la plus agréable est **Wolfeboro★**, une petite communauté ravissante avec ses grandes maisons bordant le lac sur fond de collines boisées. De nombreux hôtels et auberges permettent d'y séjourner.

Weirs Beach est plus populaire, mais les grandes demeures victoriennes qui bordent le lac lui donnent un certain caractère.

Activités – Chaque été des dizaines de milliers de vacanciers sillonnent les eaux du lac en canot, en voilier, à la nage ou sur les grands bateaux d'excursions. Les plages les plus fréquentées sont **Weirs Beach** et **Ellacoya State Beach.** Les amateurs de marche trouvent de nombreux sentiers dans les collines avoisinantes.
En hiver on peut skier dans les stations de **Gunstock ski Area, Alpine Ridge** (en été un Alpine Slide fonctionne), on peut pêcher à travers la glace, faire des promenades en moto-neige ou suivre les championnats mondiaux de courses de traîneaux tirés par des chiens qui se déroulent à Laconia.

EXCURSIONS

★★Excursions en bateau – Plusieurs bateaux proposent des excursions. *Renseignements : Winnipesaukee Flagship Corp* ☎ *603/366-2628.*

M/S Mount Washington est le plus célèbre. Son périple à partir de Wolfeboro ou Weirs Beach comprend des arrêts à Center Harbor et Alton Bay et dure 3 h 1/4 AR. *Fonctionne de fin mai à mi-octobre : départ à 9 h et 12 h 15 de Weirs Beach, à 11 h de Wolfeboro. Du 15 juin à Labor Day départ supplémentaire, 15 h 30 de Weirs Beach. Prix : $ 12.50 (pour départ Center Harbor et Alton Bay, se renseigner sur place).*

M/V Sophie C – C'est le bateau postal qui va d'île en île. *Départs de Weirs Beach de mi-juin à Labor Day du lundi au samedi. 2 h. $ 8.50.* ♿ ✗.

M/V Doris E – Il propose une excursion de 1 h 3/4. *Départs quotidiens de Weirs Beach et de Meredith du 1er juillet à Labor Day. $ 5.25 et 8.25.* ♿ ✗.

★Moultonborough : Castle in the clouds – *Voir à ce nom.*

Table de conversion des unités de mesure

1 mile	*= 1,609 km*	*1 acre*	*= 0,4047 ha*
1 foot (pied)	*= 0,3048 m*	*1 square mile*	*= 2,59 km^2*
1 inch (pouce)	*= 2,54 cm*	*1 gallon*	*= 3,785 l*
1 yard	*= 0,914 m*	*1 pound (livre)*	*= 0,453 kg*

Rhode Island

The Breakers, Newport

Rhode Island

Providence

Superficie : 3 144 km²
Population : 1 003 464 h.
Capitale : Providence
Surnom : Little Rhody ou Ocean State
Fleur emblème : violette

Little Rhody, comme le surnomment familièrement les Américains, est le plus petit État de l'Union (47 km sur 37), doté du plus long nom « Rhode Island and Providence Plantations », nom qui illustre son histoire. L'explorateur Verrazano (1485-1528) avait baptisé l'île où se trouve Newport « Rhode Island » car elle lui rappelait l'île méditerranéenne. Elle fut plus tard rattachée aux Plantations de Providence fondée par Roger Williams pour former une des 13 colonies.

Ocean State – Cet autre surnom évoque la physionomie de cet État où la mer s'enfonce si profondément dans la baie de Narragansett que l'on ne sait plus très bien où commence la côte proprement dite. Les villes de Newport, Bristol, Jamestown sont construites sur des îles au milieu de la baie et l'agglomération de Providence s'abrite au débouché de la Pawtucket River.
Les 600 km de côte sont bordés de belles plages de sable fin et de petits ports. C'est le royaume de la voile dont Newport est l'incontestable reine. Pourtant, au-delà des côtes et de la métropole de Providence s'étendent de beaux paysages de campagne et de vastes forêts.

Une terre d'accueil et de tolérance – Les premiers colons vinrent chercher paix et tolérance sur cette terre à l'écart des puritains du Massachusetts. Ce fut d'abord William Blackstone en 1630 fuyant l'invasion de l'île de Shawnut, ensuite Roger Williams en 1636, persécuté à Salem qui fonda Providence, puis Ann Hutchinson qui créa Newport, puis les juifs, les quakers, les baptistes...
Au 19e s., l'industrialisation amena un flux important d'immigrants européens. Ce fut de tout temps une terre d'espoir comme en témoigne sa devise « Hope ».
En revanche les Indiens ne connurent que conflits et désespoir. La guerre du roi Philippe (c'était le fils d'un sachem) vit s'affronter durant deux ans (1675-1676) les Anglais contre les tribus des Narragansetts, Wampanoags et Nipmucks... Elle se termina par l'effondrement total des Indiens et la mort de leur chef au cours de la bataille du Great Swamp, vaste marais que l'on peut encore voir. Beaucoup d'Indiens disparurent pendant cette période.

Économie – Pendant des siècles, cet État fut totalement tourné vers la mer. Le commerce maritime de Newport et de Providence apporta des capitaux substantiels qui furent investis dès la fin du 18e s. dans l'industrie. C'est ici, à Pawtucket, que fut créée la première « usine » textile des États-Unis ; au 19e s. le petit Rhode Island était l'État le plus industrialisé. Malgré la crise actuelle, il reste encore quelques usines spécialisées dans la fabrication de textiles synthétiques, mais les activités de service se développent de plus en plus, reflétant la tendance générale dans le pays.
Quelques chantiers navals construisent des bateaux de plaisance et perpétuent ainsi la grande tradition maritime du Rhode Island.

Loisirs – La mer est, bien entendu, à l'honneur. Plages et ports de plaisance sont les deux grands attraits de cet État.

★ BLOCK ISLAND

Au Sud de la côte du Rhode Island, la petite « île de Block » a gardé un aspect sauvage avec ses landes, ses falaises et ses dunes. Elle fut découverte par Verrazano en 1524 puis baptisée en 1614 par Adrian Block, un navigateur hollandais.

Les premiers colons vinrent s'y installer à la fin du 17e s. suivis d'une cohorte de contrebandiers, de corsaires et probablement de naufrageurs, car ses côtes virent s'échouer un nombre considérable de navires.

A la fin du 19e s., elle devint une station balnéaire connue, comme en témoignent les hôtels de style victorien de **Old Harbor**. Les touristes étaient attirés par son climat frais et venteux. Aujourd'hui cette île est appréciée pour ses plages, la pêche au large et la voile. La lagune intérieure qui coupe presque l'île en deux a été reliée à l'océan et offre un havre superbe aux bateaux de **New Harbor**.

Accès en avion – Par New England Airlines entre Westerly et Block Island. *Renseignements :* ☎ *401/596-2460 à Westerly.*

Accès par le ferry – De Point Judith, Galilee State Pier : *tous les jours sauf le 25 décembre ; 1 h 10. $ 6.60. Interstate Navigation Co.* ☎ *401/783-4613.*
Départs de Ferry St., New London, CT, de mi-juin à mi-septembre. 2 h. $ 13.50. Nelseco Navigation Co. ☎ *401/783-4613.*

Circuler dans Block Island – On peut transporter sa voiture sur le ferry ou en louer une sur place. Mais étant donné la taille de l'île, le moyen le plus agréable pour se promener est de louer une bicyclette à la descente du bateau.

CURIOSITÉS *visite : 4 h*

★Sandy Point – La pointe Nord de l'île a été aménagée en réserve naturelle pour les oiseaux. Des milliers de goélands viennent nicher dans ces dunes.

★★Mohegan Bluffs – La côte Sud de l'île est formée de hautes falaises spectaculaires. Quelques sentiers escarpés permettent de descendre sur la plage au pied des falaises.

Crescent Beach – Plage aménagée, la plus sûre de l'île.

BRISTOL   21 625 h.

15 miles au Sud-Est de Providence.

Bristol fut un port important au 19e s. Ses habitants s'« illustrèrent » dans le trafic triangulaire et le commerce avec l'Extrême-Orient. Fortunés, ils se construisirent de belles demeures que l'on peut encore admirer le long de **Hope Street** (remarquer tout particulièrement **Linden Place** au no 474).

Dans **Colt State Park**, une route côtière offre de belles vues sur la baie de Narragansett.

Blithewold Gardens and Arboretum – *Route 114. Les jardins sont ouverts toute l'année. $ 3. Visite guidée (1 h) de la maison et des jardins d'avril à octobre du mardi au dimanche. $ 6.* ♿ ☎ *401/253-2707.*
Située au bord de la baie de Narragansett, cette propriété de 13 ha était la résidence d'été du magnat du charbon en Pennsylvanie, Augustus VanWickle.
Une promenade à travers les jardins permet d'admirer de magnifiques massifs de fleurs, des arbres exotiques, des arbustes d'Europe et d'Orient, et surtout un séquoia géant de 26 m de haut.
La demeure, dans le style d'un manoir anglais, est décorée de meubles et d'objets acquis par la famille au cours de ses voyages.

Haffenreffer Museum of Anthropology – *De la route 136 prendre Tower Road (vers l'Est) et suivre la signalisation. Visite de juin à août du mardi au dimanche, le reste de l'année le week-end seulement. Fermé les principaux jours fériés. $ 2.* ☎ *401/253-8388.*
Ce musée appartenant au département d'anthropologie de l'Université Brown *(voir à Providence)* abrite des collections archéologiques et ethnologiques illustrant l'héritage culturel des peuples primitifs d'Amérique, d'Afrique et du Pacifique.

JAMESTOWN   4 999 h.

3 miles à l'Ouest de Newport.

Au centre de la baie de Narragansett s'allonge l'île de Conanicut où se trouve la ville de Jamestown. Reliée par des ponts à la côte Ouest de la baie, et à Newport par le fameux Newport Bridge, elle est surtout connue comme lieu de passage et comme but de promenade.
A l'extrémité Sud de l'île, du **phare de Beaver Tail**, on peut admirer la vue sur la côte Sud du Rhode Island. Pour contempler Newport et son île il convient de se rendre à **Fort Wetherill** *(de la route 138 prendre Walcott Avenue)*, fortifications datant de la Seconde Guerre mondiale qui n'ont jamais été utilisées.

Aux États-Unis, on désigne les heures du matin « ante meridiem » par a. m. et celles de l'après-midi « post meridiem » par p. m.

Exemples : 9 a.m. : 9 h (matin)
5 p.m. : 17 h (après-midi)

NARRAGANSETT PIER
14 985 h.

Narragansett Pier est une station balnéaire populaire entourée de belles plages de sable et offrant une grande variété d'activités : natation, surf, pêche, bateau.
La plage de **Scarborough** attire les jeunes, tandis que les surfers se retrouvent sur les vagues de **East Matunuck Beach** et que les enfants jouent sur la tranquille plage de **Galilee**.
Au 19e s., Narragansett Pier était une station à la mode comme en témoignent les tours, seuls vestiges du casino qui avait été dessiné par Mc Kim, Mead et White en 1884. On y trouvait de grands palaces victoriens ; la plupart des bâtiments ont été détruits par un incendie en 1900.

LA CÔTE de Narragansett Pier à Point Judith
6 miles – environ 1/2 h

Le long de Ocean Road (Route 1 A), en allant vers le Sud, on aperçoit de belles maisons puis on longe la plage de Scarborough. 2 miles plus loin on pénètre dans Galilee.

Galilee – Ce petit village spécialisé dans la pêche au thon possède une importante flotte de bateaux à affréter. Chaque année s'y déroulent les **Tournois de la pêche au thon.** C'est d'ici que l'on peut prendre le ferry pour Block Island *(voir à ce nom)*. On peut voir en face, de l'autre côté de Point Judith Pond, Jerusalem, un autre village de pêcheurs.

Point Judith – Cette pointe rocheuse sur laquelle se dresse un phare octogonal est fort connu des marins qui sillonnent ces eaux.

★★★ NEWPORT
28 227 h.

L'arrivée par le pont de Newport offre une vue particulièrement spectaculaire sur le site de la ville au milieu de la baie de Narragansett. Station balnéaire des milliardaires, capitale mondiale de la voile, siège du **festival de jazz**, Newport est aussi l'une des villes les plus intéressantes des États-Unis pour son histoire et son architecture.

Rhode Island : un havre de tolérance – En 1524, Verrazano naviguait le long de l'île que les Indiens appelaient Aquidneck. Il fut frappé par la lumière et la ressemblance de cette île avec celle de Rhodes en Grèce... et la baptisa du même nom.
Un siècle plus tard, en 1639, les disciples d'Ann Hutchinson, fuyant l'intolérance des habitants du Massachusetts, achetèrent l'île d'Aquidneck aux sachems des Narragansetts et fondèrent Newport. D'autres minorités persécutées ne tardèrent pas à les rejoindre : des quakers, des juifs portugais. Ils apportaient leur goût du travail, leurs dons commerciaux et le port se développa très rapidement.

L'âge d'or – C'est surtout avec le trafic triangulaire que Newport s'enrichit, au point que vers 1761 son port rivalisait avec celui de Boston. Les bateaux quittaient le port avec un chargement de rhum provenant des distilleries de la ville à destination de l'Afrique. Là, le rhum était échangé contre des esclaves. Ceux-ci étaient amenés aux Antilles où les bateaux prenaient livraison de la mélasse transformée en rhum à Newport... Les esclaves représentaient un tel revenu, que la ville leva un impôt de trois dollars sur tout esclave transporté par un marchand newportais. Cet argent servit à payer les rues et à construire les ponts.
Le rhum était aussi exporté vers l'Europe où il était échangé contre les nombreux produits introuvables dans la colonie.

La guerre d'Indépendance – Ce fut une période noire pour Newport qui servit alors de base à la flotte anglaise. Durant cette occupation, de nombreux habitants émigrèrent. Les Anglais pillèrent l'île et occupèrent les maisons abandonnées. Après leur défaite, ils furent remplacés en juillet 1780 par les Français et c'est ici qu'eut lieu la rencontre entre Washington, La Fayette et le comte de Rochambeau.
Quand la guerre s'acheva, Newport était ruiné et ne retrouva jamais sa splendeur commerciale. Les grands marchands s'étaient repliés sur Providence et, à partir de 1784, le trafic d'esclaves fut interdit.

La station balnéaire des milliardaires – Avant la guerre d'Indépendance, de riches planteurs du Sud, séduits par le bon air de Newport, avaient pour habitude de venir y passer l'été. A partir du milieu du 19e s., les estivants arrivèrent plus nombreux encore avec le développement de luxueux ferries à vapeur entre New York et Newport. Ils vécurent d'abord dans les maisons coloniales du centre. Après la guerre de Sécession, Newport vit débarquer de fabuleux milliardaires : les Astor, les Belmont, les Vanderbilt... Ceux-ci, pris d'une réelle folie des grandeurs, commandaient aux architectes des cottages d'été, véritables châteaux inspirés des demeures royales qu'ils avaient admirées au cours de leur « Grand Tour » européen. Ce sont les « mansions » que l'on visite aujourd'hui.
En été, Newport devint le théâtre de réceptions d'un luxe inégalé. La recherche de l'originalité menait à l'excentricité comme ce dîner donné par Harry Lehr, arbitre des élégances, où les invités furent priés d'amener leurs animaux familiers et où maîtres et chiens dégustèrent en chœur du foie de veau et de la fricassée d'os.
La reine incontestée de cette société était Madame Astor et comme sa salle de bal ne contenait pas plus de 400 invités, on parlait des « 400 » pour désigner la bonne société. Ces milliardaires à la recherche des dernières modes roulaient dans les premières automobiles, faisaient construire des routes. Le port était rempli de yachts et les courses se succédaient.
Cette époque de splendeur prit fin avec la Première Guerre mondiale mais Newport a conservé son rôle de station estivale.

Newport et l'architecture – Newport présente un bel échantillonnage de l'architecture américaine depuis le 17e s. *(pour plus de détails voir introduction, l'art).*

Les maisons coloniales du quartier historique sont extrêmement bien conservées, formant un ensemble unique où sont disséminés des bâtiments représentant les différents styles américains : l'architecture quaker : Friends Meeting House ; une copie d'une église de Christopher Wren : Trinity Church ; un bâtiment public de style colonial : Old Colony House ; des œuvres de Peter Harrison de style georgien : Redwood Library, Touro Synagogue et Brick Market.

Le long de Bellevue Avenue et d'Ocean Avenue se succèdent les demeures les plus spectaculaires des États-Unis, ces « mansions » des milliardaires exécutées par les meilleurs architectes du 19e s. formés pour la plupart à l'École des beaux-arts de Paris. Il est intéressant d'observer l'évolution des styles et la progression vers le grandiose.... depuis la période victorienne (seconde moitié du 19e s.) inspirée du gothique ou du Second Empire : Kingscote (1839), Château-sur-Mer (1852), jusqu'aux imitations de châteaux français ou italiens de style classique ou Renaissance : Marble House (1892), les Breakers (1895), les Elms (1899), Rosecliff (1902).

Newport et les sports – Plusieurs sports se développèrent à Newport grâce à cette société friande de loisirs. C'est ici que se déroula en 1881 le premier championnat national de tennis sur les courts de Newport Casino. Des tournois annuels s'y disputent toujours. Le premier championnat de golf amateur eut aussi lieu ici, sur le terrain de Brenton Point.

Mais c'est surtout dans le domaine de la voile que Newport se distingua. A la fin du siècle dernier plusieurs yacht-clubs s'y installèrent, et de 1930 à 1983 Newport fut le cadre de l'**America's Cup**. Cette course disputée depuis 1851 met aujourd'hui aux prises les voiliers les plus sophistiqués du monde, les 12 mètres-jauges, sur un parcours de 25 milles marins. Le yacht-club de New York fut détenteur de la coupe depuis ce jour de 1851 où le clipper America, défiant la marine anglaise, gagna l'une des régates prestigieuses qui se déroulaient autour de l'île de Wight, jusqu'en septembre 1983, date à laquelle elle lui fut ravie par l'Australie. La victoire du Stars and Stripes en 1987 vit revenir la coupe aux États-Unis.

Newport voit aussi chaque année au mois de juin le départ de la course Newport-Bermudes et, de temps en temps, l'arrivée des navigateurs solitaires de la Transatlantique partis de Plymouth en Angleterre.

Le festival de Newport – Le festival de jazz de Newport fut créé en 1954 et devint vite un événement dans le domaine musical. En 1971, il émigra à New York, puis il revint à Newport sous le nom de JVC Jazz Festival. Chaque été, plusieurs concerts de jazz ont lieu dans Fort Adams.

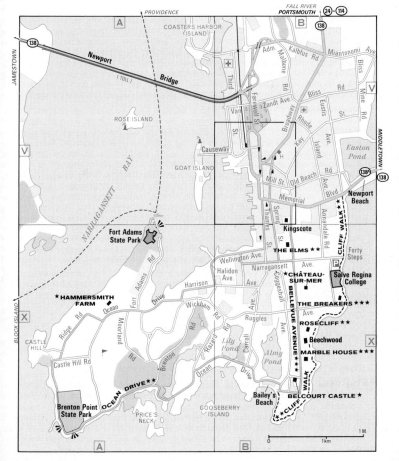

★★★ LES MANSIONS *voir plan p. 165*

Le terme de « mansion » désigne les somptueuses demeures des milliardaires de Newport, véritables châteaux et palais. Le meilleur moyen de les découvrir dans leur ensemble est d'effectuer une promenade en voiture autour de l'extrémité de l'île en suivant la superbe **Bellevue Avenue★★★** puis **Ocean Drive★★** *(10 miles)*. Cette route, qui longe la côte rocheuse et découpée, offre de belles vues au coucher du soleil surtout de **Brenton Point State Park**. Pour les amateurs de marche à pied, **Cliff Walk★★** est une très agréable promenade. Ce sentier de 5 km, qui va de Memorial Boulevard à Bailey's Beach, surplombe les rochers et longe les parcs des mansions : The Breakers, Rosecliff et Marble House ainsi que le collège de Salve Regina. On peut le prendre de Memorial Boulevard juste avant Newport Beach, une plage agréable, ou de Forty steps.
La Société de préservation de Newport créée en 1945 a acheté 6 des principales mansions et les a ouvertes au public.

Visite des mansions : *uniquement guidée (1 h pour chaque mansion) billets combinés pour 2 à 8 mansions.*
☎ *401/847-1000.*

★★★ The Breakers (BX) –

The Breakers : le grand Hall

Visite d'avril à octobre tous les jours de 10 h à 17 h. $ 7.50. 🅿. C'est la plus célèbre des demeures de Newport. En 1885, **Cornelius Vanderbilt**, le petit-fils du Commodore qui avait fait fortune dans les transports maritimes et les chemins de fer, acheta le terrain de Ochre Point et demanda à l'architecte **Richard Morris Hunt** de construire une demeure digne de sa fortune. Hunt s'inspira d'un palais Renaissance de l'Italie du Nord, comme en témoigne la silhouette massive ornée de colonnes, de balustrades et de corniches. Les matériaux : marbre, albâtre, pierre, furent importés d'Italie et de France. Cette demeure compte 70 pièces.

Intérieur – Le **grand hall** central qui s'élève sur deux étages est une véritable débauche de marbre, de colonnes avec des chapiteaux en albâtre, et de mosaïques. Autour de celui-ci, les pièces se répartissent de façon symétrique. Le grand salon, œuvre du français Allard, est décoré de boiseries Louis XV, de chandeliers en cristal, d'un plafond à caissons or et argent. Le petit salon est orné de panneaux noirs sur argent représentant les muses. La terrasse présente une magnifique mosaïque italienne. La pièce la plus impressionnante par sa décoration est la salle à manger avec ses colonnes en albâtre rouge, ses chapiteaux de bronze et ses corniches dorées.

★★★ Marble House (BX) – *visite d'avril à octobre tous les jours de 10 h à 17 h, de novembre à mars le week-end seulement, de 10 h à 16 h. $ 6.* 🅿. Avec sa façade en marbre blanc décorée de colonnes, à laquelle on accède par une allée en demi-cercle bordée d'une balustrade, Marble House est particulièrement élégante. Autre œuvre de **Richard Morris Hunt**, réalisée pour un autre petit-fils du Commodore, **William K. Vanderbilt**, cette demeure fut terminée en 1892. Elle serait inspirée de la Maison Blanche et du Grand Trianon de Versailles. Marble House fut le théâtre de nombreuses réceptions. La plus somptueuse fut donnée pour l'entrée dans le monde de Consuelo Vanderbilt, future duchesse de Marlborough. On raconte que celle-ci ne voulait pas entendre parler de ce mariage qui satisfaisait plus l'orgueil de ses parents que ses propres vœux et qu'elle fut enfermée plusieurs jours dans sa chambre pour réfléchir. Son frère William, l'un des plus fameux yachtmen de l'époque, remporta trois fois l'America's cup ; il fut surnommé « le père de l'automobile » en raison de sa passion pour ce nouveau mode de transport. Leur mère divorça pour devenir Madame Belmont et s'installa à Belmont Castle.

Intérieur – L'intérieur répond par son faste à ce que l'extérieur laisse présager. Le vaste hall en marbre de Sienne jaune est décoré de tapisseries des Gobelins. La salle de bal, tout en marbre et dorures, rappelle Versailles. La salle gothique, qui abritait la collection médiévale des Vanderbilt, forme un curieux contraste.
On retrouve le style Louis XIV dans la salle à manger en marbre rose d'Algérie où trône un portrait du Roi-Soleil. Les chaises en bronze pèsent plus de 25 kg et au cours des dîners il fallait un valet par invité pour « pousser chaque chaise ».
Remarquer (au 1er étage) la chambre rococo de Madame Vanderbilt et la chambre Louis XV de son mari. La spacieuse cuisine ne manque pas d'élégance.
Dans le parc, la maison de thé chinoise se visite de mai à octobre.

★★ The Elms (BX) – *Visite de mai à octobre de 10 h à 17 h ; en avril et décembre le week-end seulement aux mêmes heures. $ 7.* 🅿. **Eward Julius Berwind**, fils de pauvres immigrés allemands devenu le roi du charbon, voulut se faire construire une mansion de la classe de celles des autres milliardaires qui le tenaient pour un parvenu. Il fit appel à l'architecte Horace Trumbauer qui s'inspira du château d'Asnières pour réaliser cette splendide demeure terminée en 1899. Le bal donné pour son inauguration fut le clou de la saison.

Intérieur – La décoration fut en grande partie l'œuvre des maisons françaises Allard et Alavoine. De nombreux meubles et objets d'art y sont exposés, dons ou prêts du Metropolitan Museum ou de collectionneurs privés. Les dimensions des pièces sont impressionnantes surtout le vaste hall et la salle de bal. Le style classique règne : salon de style Louis XVI, salle de bal de style Louis XV avec un plafond en stuc et des boiseries, salle à manger vénitienne. La pièce réservée au petit déjeuner est décorée de très beaux panneaux chinois en laque noir et or de la période K'ang Hsi (17ᵉ s.).

★★**Rosecliff** (BX) – *Visite d'avril à octobre de 10 h à 17 h. $ 6.* ▣. Quand **Madame Oelrichs**, fille d'un richissime irlandais qui avait fait fortune dans les mines de quartz et d'argent, décida de s'installer à Newport, elle acheta une propriété, baptisée Rosecliff en raison de ses parterres de roses. Jugeant la maison trop simple, elle s'adressa à l'architecte Standford White, qui lui proposa une imitation du Grand Trianon de Versailles. Pour son inauguration, en 1902, Madame Oelrichs donna un grand bal. Elle était célèbre pour ses qualités d'hôtesses. Ses réceptions restent gravées dans les annales de Newport comme son fameux bal blanc.
Les murs extérieurs sont construits en terre cuite selon une technique pratiquée en Italie. Toute l'architecture a été conçue en fonction des réceptions. Ainsi la salle de bal, la plus grande de Newport (10 m x 23 m) décorée dans le style rococo, s'éclaire de baies vitrées donnant sur les terrasses ce qui permet de recevoir des centaines d'invités. C'est dans cette pièce que furent tournées les scènes de bal du film *Gatsby le Magnifique*. L'escalier en forme de cœur est très harmonieux.

★**Château-sur-Mer** (BX) – *Visite de mai à septembre tous les jours de 10 h à 17 h. D'octobre à avril le week-end seulement, de 10 h à 16 h. $ 6.* ▣. Cette grande demeure en granit de style victorien rappelle les maisons de Deauville. Elle fut d'ailleurs inspirée de l'architecture française, d'où son nom. Antérieure aux grandes mansions décrites ci-dessus, elle fut édifiée, en 1852, par un armateur qui avait fait fortune dans le commerce avec l'Extrême-Orient. Elle paraissait particulièrement vaste et luxueuse à cette époque, néanmoins elle fut plus tard agrandie par l'architecte **Richard Morris Hunt**. L'**intérieur** présente certains effets comme le hall recouvert de boiseries de chêne qui est éclairé par une baie vitrée à 15 m du sol. La bibliothèque, la salle à manger ont été décorées par le Florentin Luigi Frullini dans un style Renaissance italienne fort surchargé. La salle de bal est ornée de boiseries style Régence qui ne sont en fait que des imitations en stuc. Dans la cage d'escalier éclairée par des vitraux, aux tapisseries dont avait rêvé le propriétaire, se sont substituées des toiles peintes imitant des verdures.

Kingscote (DZ) – *Plan p. 165. Visite de mai à septembre tous les jours de 10 h à 17 h. En avril et octobre le week-end seulement. $ 6.* ▣. Cette demeure, construite en 1839 par l'architecte **Richard Upjohn**, occupe une place de transition dans l'histoire de l'architecture américaine. C'est un des premiers exemples de néo-gothique utilisé pour une résidence et construit tout en bois. Voûtes et vitraux, clochetons et crénaux manifestent cette influence. Elle fut édifiée pour un planteur de Géorgie, George Noble Jones, puis vendue en 1864 à William H. King qui avait fait fortune dans le commerce avec la Chine. c'est à ce dernier que Kingscote doit son nom : « le cottage des King ». L'**intérieur** est très victorien avec ses nombreux vitraux de Tiffany, ses meubles assez lourds, ses pièces sombres. Cependant on peut y voir de beaux objets rapportés de Chine et quelques meubles fabriqués à Newport.

★**Belcourt Castle** (BX) – *Bellevue Avenue. Visite de mai à septembre tous les jours de 10 h à 17 h. En avril et octobre le week-end seulement. $ 6.* ▣. **Richard Morris Hunt** s'est inspiré d'un pavillon de chasse de Louis XIII pour dessiner cette demeure de la famille **Belmont** qui abrite une collection intéressante de meubles européens. La salle de réception fait impression par ses dimensions. Les énormes lustres en cristal proviennent d'un monastère italien et ses vitraux sont des imitations de vitraux du 17ᵉ s. Trois cent cinquante convives pouvaient y être reçus à dîner.
Au 1ᵉʳ étage, on remarque la jolie salle à manger ovale qui offre une très belle vue sur l'océan et la vaste salle néo-gothique, véritable chapelle, toute en voûtes et vitraux, décorée de tapisseries et d'une cheminée en plâtre représentant un château fort.

★**Hammersmith Farm** (AX) – *Ocean Drive. Visite guidée (40 mn) tous les jours d'avril à mi-novembre. $ 6.50.* ▣ ☎ *401/846-7346.*
Cette propriété appartenait à Mme Auchincloss. Sa fille Jackie et John F. Kennedy s'y marièrent en 1953 ; et lorsque ce dernier devint Président des États-Unis, il aimait venir s'y délasser. Cette maison construite en 1887 prit le nom de la petite ferme qui se trouve sur les mêmes terres et qui existe depuis 1640. Son architecture est typique du « shingle style », les shingles étant les tavaillons gris qui couvrent toute la maison. Ce style fut très répandu à Newport à la fin du 19ᵉ s. Sa situation face à la mer et à Newport, parmi de beaux jardins dessinés par Frederick Law Olmsted, concepteur de Central Park à New York, est exceptionnelle. La maison est meublée simplement mais de façon confortable. La grande pièce du rez-de-chaussée est accueillante avec ses boiseries, ses souvenirs et sa superbe vue sur la mer.

Beechwood (BX) – *Visite tous les jours de mai à décembre. $ 7.50.* ▣ ☎ *401/846-3772.* Cette villa de style méditerranéen fut acquise en 1880 par William et Caroline Astor. A son entrée le visiteur est accueilli par un maître d'hôtel et accompagné durant la visite et le « thé » par les domestiques et les hôtes de la maison (figurés par les acteurs d'une troupe de théâtre).
La maison avait été construite par Calvert Vaux pour le marchand Daniel Parish. A la suite d'un incendie en 1855, elle fut reconstruite par Andrew Jackson Downing et plus tard réaménagée par la famille Astor. La **salle de bal**, conçue par Richard Morris Hunt, fut un temps la plus vaste de Newport. Elle est ornée de 450 miroirs. Les fenêtres de la chambre de Mme Astor donnent toutes sur la mer. On raconte qu'elle fit murer la fenêtre qui donnait sur la demeure de Rosecliff lorsqu'elle apprit qu'on y avait construit une salle de bal plus grande que celle de Beechwood.

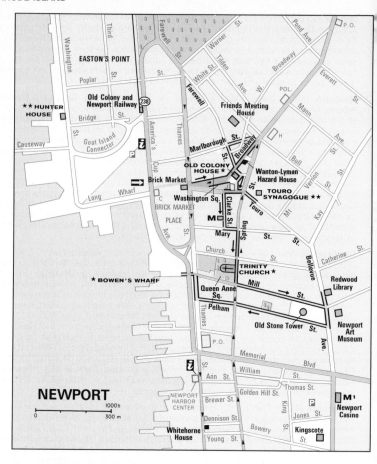

NEWPORT

1000 ft
0   300 m

★★LE NEWPORT HISTORIQUE *visite : 4 h à pied – plan ci-dessus*

Newport possède un nombre exceptionnel de bâtiments de style colonial. L'itinéraire ci-dessous permet d'en découvrir une grande partie. Partir du Centre d'information.

Brick Market (CY) – Dessiné en 1761 par **Peter Harrison**, ce bâtiment est l'un des plus beaux exemples de l'architecture georgienne inspirée du style Palladio. Le marché se trouvait au rez-de-chaussée (les arcades étaient alors ouvertes) tandis que les deux étages supérieurs servaient de grenier et de réserve.

Washington Square (CDY) – C'était la place centrale de Newport à l'époque coloniale, avec le marché et la Old Colony House.

★**Old Colony House** (DY) – *Visite sur rendez-vous uniquement. Il est recommandé de réserver deux semaines à l'avance.* ⅙ ☎ *401/277-6200.*
Dès 1739, le gouvernement colonial siégeait dans ce bâtiment qui après l'Indépendance abrita la State House. En 1781, Washington rencontra ici le comte de Rochambeau pour décider du plan de la bataille de Yorktown.
L'architecture conçue par Richard Munday est gracieuse et équilibrée avec au centre un balcon utilisé pour les discours publics. A l'intérieur, la salle du conseil abrite un portrait de Washington par Gilbert Stuart.

Friends Meeting House (DY) – *Marlborough Street. Visite sur rendez-vous uniquement. Il est recommandé de réserver deux semaines à l'avance.* ☎ *401/846-0813.*
A la fin du 17e s., de nombreux quakers vinrent s'installer à Newport, 15 ans avant que William Penn, un autre quaker, ne fonde la Pennsylvanie avec ses disciples. Ils se faisaient appeler « Society of Friends » (la société des Amis) et construisirent ce lieu de réunion en 1699. Il devint le centre régional des quakers de Nouvelle-Angleterre et dut être agrandi en 1728 et en 1807. Aujourd'hui, restauré pour ressembler à ce qu'il était en 1807, il témoigne de la sobriété et de la simplicité de ces quakers. Remarquer les panneaux actionnés par un système de poulies qui permettaient d'ajuster les dimensions de la pièce à l'assistance.

Wanton-Lyman-Hazard House (DY) – *17 Broadway Avenue. Visite guidée (1/2 h) de mi-juin à août du mardi au samedi. $ 4.* ☎ *401/846-0813.* Avant l'Indépendance, cette maison appartenait à un percepteur dont l'impopularité était telle qu'il dut s'enfuir au Canada au moment des révoltes contre l'acte du timbre (Stamp Act). Son architecture représente la transition du 17e au 18e s. La charpente est encore lourde mais à l'intérieur la décoration est déjà élaborée. Meubles coloniaux.

★★**Touro Synagogue** (DY) – *Touro Street. Visite guidée (20 mn) ou libre. Fermé le samedi. Horaires variables, se renseigner au préalable.* P ☎ *401/847-4794.*
Les immigrants juifs arrivèrent de Lisbonne et d'Amsterdam dans les années 1650, mais il leur fallut plus d'un siècle pour parvenir à construire une synagogue (en 1759) à l'instigation de leur chef Isaac de Touro. Ce fut la première sur le sol américain.

Touro Synagogue est le chef-d'œuvre de **Peter Harrison**. Il s'appliqua à adapter le style georgien à la tradition juive en s'inspirant, pour la composition, des synagogues d'Amsterdam et de Lisbonne. L'extérieur en brique est fort simple et présente par rapport à la rue une disposition curieuse qui permet à son mur Est de faire face à Jérusalem. L'intérieur est extrêmement raffiné et élégant avec ses colonnes et balustrades sculptées. Douze colonnes doriques surmontées de douze colonnes corinthiennes représentent les douze tribus d'Israël. Dans l'Arche sont gardées précieusement les Thoras ou rouleaux de la loi.

Armory of the Artillery Company of Newport (DY M) – *23 Clarke Street. Visite guidée de juin à septembre, sauf le mardi ; le reste de l'année uniquement sur rendez-vous. $ 2. & ☎ 401/846-8488.*
Dans cette ancienne armurerie construite en 1836 sont rassemblées des collections d'uniformes et d'armes du monde entier.

★**Trinity Church** (DZ) – Richard Munday s'inspira de Old North Church à Boston, elle-même inspirée des plans de Christopher Wren, pour dessiner Trinity Church en 1725. Sa flèche, visible depuis des miles, sert d'amer aux marins. A l'intérieur, les bancs fermés sont d'origine. Cette église est mise en valeur par le **Queen Ann Square**, qui descend doucement vers la mer. Les maisons coloniales qui l'entourent ont été déplacées à cet endroit par le Newport Restoration Foundation. Le but de cette fondation établie en 1968 est de préserver et restaurer l'architecture du 18e s. particulièrement bien représentée à Newport.

The Old Stone Tower (DZ) – Surnommée aussi Mystery Tower car les légendes les plus mystérieuses courent sur son compte, elle a été attribuée aux Vikings, aux Portugais, aux Indiens, aux Irlandais. Les moins imaginatifs ou les plus réalistes pensent que c'est un ancien moulin du 17e s.

Redwood Library (DZ) – Ce fut la première réalisation importante de **Peter Harrison**, qui s'inspira d'un petit temple romain pour dessiner cette bibliothèque en 1748. L'intérieur est très gracieux avec ses rayonnages couverts de livres et ses murs décorés de tableaux anciens.
Passer devant la **Newport Art Association** (expositions temporaires) puis descendre Pelham Street bordée de maisons coloniales.

Les quais (CZ) – **Bowen's Wharf**★ a été aménagé en une « marina » où il est agréable de flâner. Sur les quais qui avancent dans l'eau, les anciens entrepôts et magasins de matériel nautique des 18e et 19e s. ont été transformés en restaurants, boutiques et ateliers d'artisans. Dans les bassins, sont amarrés de superbes bateaux de plaisance.

AUTRES CURIOSITÉS

Easton's Point (CY) – Les maisons du 18e s. de ce quartier résidentiel datent de l'époque où le « Point » était une riche communauté commerçante. Les quakers qui s'y étaient installés avaient donné aux rues des noms d'arbres ou des numéros pour éviter « le culte de l'homme ». Washington Street fut rebaptisée plus tard.

★★**Hunter House** (CY) – *54 Washington Street. Visite guidée (1 h) de mai à septembre tous les jours de 10 h à 17 h ; en avril et octobre le week-end seulement. $ 6. 🅿 ☎ 401/874-1000.*
Cette maison, construite en 1748 par un marchand qui avait fait fortune dans le trafic triangulaire, fut achetée par un ambassadeur, William Hunter.
C'est un très bel exemple du style colonial du 18e s. Son encadrement de porte est orné d'un ananas, symbole d'hospitalité dont l'origine remonte au temps où les capitaines revenant d'un voyage au long cours mettaient un ananas devant leur porte pour annoncer que le « punch du retour » était prêt.
A l'intérieur ont été réunis de splendides meubles des meilleurs ébénistes newportais Townsend et Goddard. Les boiseries du 18e s. sont particulièrement travaillées.

Porte de la Hunter House

From photo. Preservation Society, Newport Co.

Samuel Whitehorne House (CZ) – *416 Thames Street. Visite guidée (1 h) de mai à octobre le lundi, du vendredi au dimanche et les principaux jours fériés. $ 5. ☎ 401/847-2448.*
Cette maison de style fédéral (1811) abrite une **collection**★ de meubles et d'objets du 18e s. dont une bonne partie provient des ateliers de Townsend et Goddard.

Newport Casino (DZ) – Construit au moment de l'apogée de Newport, ce casino était le plus fameux « Country Club » de la côte Est. En passant sous l'arcade de l'entrée, on découvre les courts de tennis et les bâtiments réalisés en 1880 par **Mc Kim, Mead and White**. De 1881 à 1914, c'est sur ces courts que se disputèrent les championnats de tennis masculins aux États-Unis. Des tournois ont lieu chaque année en juillet.

Tennis International Hall of Fame (M¹) – *Bellevue Avenue. Visite toute l'année. $ 6. ☎ 401/849-3990.* Dans les galeries de ce musée dédié au tennis, sont présentés une exposition relatant l'histoire de la coupe Davis ainsi que de nombreux trophées et souvenirs liés au développement de ce sport.

Fort Adams State Park (AX) – *Visite toute l'année. $ 4 par voiture de mai à septembre.* 🅿 ⴲ ⵝ ☎ *401/847-2400.* Construit pour défendre l'entrée de la baie de Narragansett. Son plan fut inspiré des fortifications de Vauban. Chaque été il sert de cadre au JVC Jazz Festival *(voir principales manifestations).* De ce fort, on a une belle **vue★★** sur le site de Newport et la ville elle-même.

Old Colony and Newport Railway (CY) – *America's Cup Avenue. Départ du train touristique de fin juin à mi-septembre le week-end et les principaux jours fériés ; de mai à mi-juin le dimanche et les principaux jours fériés seulement ; de fin septembre à novembre le dimanche seulement. $ 4.50 à $ 6. Old Colony Railway ☎ 401/624-6951.*

En service depuis le siècle dernier, cette ligne connut sa plus grande activité en 1913 lorsque 24 trains par jour, dont le « Dandy Express » venant de Boston, arrivaient ou partaient de Newport. De nos jours le train circule sur la rive orientale de la baie de Narragansett entre Newport et Portsmouth avec des arrêts à la base navale, au Bend Boat Basin et à Melville. A Portsmouth le train s'arrête 40 mn pour permettre aux passagers de visiter le Green Animals Topiary Gardens *(voir ci-dessous).*

EXCURSIONS

Middletown – *Juste au Nord de Newport.* Cette petite bourgade est un mélange de paysages champêtres et de longues plages de sable bordées de dunes, **First Beach, Second Beach, Third Beach.** *(Accessibles de Newport par Memorial Boulevard.)*

Portsmouth – 8 miles au Nord de Newport par la route 114.

Green Animals Topiary Gardens – *De la route 114 prendre Cory's Lane à gauche. Visite tous les jours de mai à octobre et les week-ends de décembre. $ 6. ☎ 401/847-1000.* 80 buissons taillés en forme d'animaux forment un curieux jardin de sculptures.

PAWTUCKET
72 644 h.

Pawtucket, ville active au Nord de Providence, est considérée comme le berceau de l'industrialisation aux États-Unis. C'est ici que fonctionna pour la première fois, dès 1793, une usine textile, **Slater Mill**, équipée de machines mécaniques actionnées par l'énergie des chutes de la Blackstone River. Elle était l'œuvre de **Samuel Slater**, un Anglais qui avait travaillé dans les usines de Nottingham en Angleterre et qui débarqua aux États-Unis en 1789 avec en tête les plans des dernières machines qu'il avait utilisées. Moses Brown, un des membres d'une riche famille de Providence, se risqua à investir sur les connaissances du jeune Anglais. Ce fut la première expérience réussie de mécanisation en Amérique. En 1810, une autre usine se construisit à côté : Oziel Wilkinson Mill, spécialisée dans la fabrication des machines-outils.

Aujourd'hui ces deux usines et une maison de la même époque ont été restaurées et aménagées en un site historique à la mémoire de ces débuts de l'industrialisation.

Slater Mill

★Slater Mill Historic Site – *De l'autoroute 95 en allant vers le Sud, prendre la sortie 29 vers « Downtown Pawtucket » puis tourner à droite dans Fountain Street, encore à droite dans Exchange Street et à gauche dans Roosevelt Avenue. Visite guidée (1 h 1/2), avec démonstration sur les machines, de juin à Labor Day du mardi au dimanche ; de mars à mai et de Labor Day à fin décembre le week-end seulement. Fermé les principaux jours fériés sauf Columbus Day et Veteran's Day. $ 4. ☎ 401/725-8638.*

Slater Mill – On y voit les différentes machines utilisées pour la transformation du coton, depuis la balle jusqu'au tissu : les machines à carder, à emboiner, à filer, à tisser. Une machine particulièrement perfectionnée sert à fabriquer du jersey.

Wilkinson Mill – Le système hydraulique avec sa grande roue actionnée par les eaux détournées de la Blackstone River a été reconstitué et permet de faire fonctionner l'ensemble des machines-outils.

Sylvanus Brown House – C'est le type de maison qu'occupait un ouvrier aisé du 19e s. Démonstrations de filage et tissage tels qu'ils étaient exécutés par les femmes à la maison.

★★ PROVIDENCE

160 728 h.

Troisième ville de Nouvelle-Angleterre, la capitale du Rhode Island est un centre industriel et commerçant qui compte plus de 900 000 habitants.

Son site protégé, au fond de la baie de Narragansett, en fait un havre naturel qui lui permit de se développer grâce au commerce maritime. Le quartier de College Hill avec ses bâtiments des 18e et 19e s. témoigne de cette expansion. Ce quartier est aujourd'hui le domaine des étudiants de Brown University et de la Rhode Island School of Design. Sur la colline en face, le « Capitole » domine de sa masse blanche le quartier des affaires.

Providence Plantations – Banni par la colonie de la baie du Massachusetts, le dissident religieux Roger Williams et quelques compagnons arrivèrent en juin 1636 sur les bords de la rivière Moshassuck à l'emplacement de **Roger Williams Spring** (**V**) où s'élève aujourd'hui un mémorial. Ils achetèrent des terres aux Indiens Narragansetts et baptisèrent leur nouvel établissement « Providence Plantations » pour remercier Dieu de sa « miséricordieuse providence ». Roger Williams déclara alors « je désire que ce soit un havre pour toutes les personnes recherchant la liberté de conscience ». En 1644, il se rendit en Angleterre pour demander au gouvernement britannique une charte pour sa nouvelle colonie ainsi que pour celle de Rhode Island (Newport). Cette charte réunissait pour la première fois les deux colonies sous le nom de « Rhode Island and Providence Plantations » ; en 1660, lors de la restauration de la monarchie, la charte fut déclarée nulle mais rétablie trois ans plus tard par Charles II.

Le développement de Providence – Au 17e s., Providence n'était qu'un ensemble de fermes s'étalant le long de la rivière Providence. Mais dès le 18e s. ses bateaux se lancèrent dans le commerce avec l'Asie et le trafic triangulaire. Pendant la guerre d'Indépendance, Providence fut un refuge pour les corsaires qui se battaient contre les Anglais, avant de devenir, en profitant de la chute de Newport, l'un des grands ports du 19e s.

A partir de 1781, des fortunes considérables s'édifièrent grâce au commerce avec la Chine. Le trafic maritime déclina, les capitaux furent alors investis dans l'industrie. Providence devint un grand centre industriel. Des immigrés débarquèrent par milliers pour travailler dans ses nombreuses usines.

Providence a connu une grave crise après la Deuxième Guerre mondiale quand un bon nombre d'industries partirent vers le Sud, mais aujourd'hui elle retrouve son dynamisme avec sa spécialisation dans la bijouterie et l'argenterie.

Les frères Brown – Ce nom que l'on retrouve partout (Brown University, Brown House...) est celui de la famille la plus célèbre de Providence. A la fin du 18e s. les quatre frères Brown furent les grands « leaders » de la ville. Ensemble ils formaient un mélange détonnant. **John** l'aventurier s'était lancé dans le trafic d'esclaves, dans la Course contre les Anglais, il fut le premier à envoyer un de ses bateaux en Chine. **Joseph**, le technicien, devint un architecte à qui l'on doit de nombreux bâtiments de Providence : Market House, First Baptist Church, John Brown House. **Moses**, le quaker, créa la Providence Bank puis fut l'un des premiers promoteurs de l'industrie aux États-Unis en faisant venir l'Anglais Samuel Slater pour construire la fabrique de Pawtucket *(voir à ce nom)*. **Nicholas**, enfin, fut un brillant homme d'affaires dont les entreprises étaient connues dans le monde entier.

Leurs initiatives s'exercèrent dans le commerce, l'industrie, la culture, l'art, la politique et ils jouèrent un rôle important pendant la guerre d'Indépendance.

★★COLLEGE HILL *visite : 1/2 journée*

Le quartier historique de Providence, imprégné de charme et de nostalgie, reste extrêmement vivant grâce à la présence des milliers d'étudiants de Brown University et de la Rhode Island School of Design. Ses rues ombragées, en pente, sont bordées de bâtiments qui comptent parmi les plus intéressants exemples architecturaux des États-Unis.

Tout en haut de la colline, **Thayer Street** est le centre commercial du quartier universitaire avec des librairies, des restaurants, des boutiques. Dans **South Main Street** près de la rivière, des bâtiments anciens rénovés abritent des galeries d'artisanat, des restaurants.

Market House – C'était autrefois le centre commercial et civique de Providence, situé sur le bord de la rivière. Les bateaux pouvaient y accoster. Aujourd'hui c'est un bâtiment de la Rhode Island School of Design.

★**First Baptist Church** – *75 North Main Street. Visite libre du lundi au vendredi, visite guidée le dimanche. Offrande.* ☎ *401/454-3718.*
L'Église Baptiste fut fondée par Roger Williams en 1638 et leur premier lieu de culte fut construit sur North Main Street, non loin du site actuel. Le bâtiment que l'on voit aujourd'hui (1775), œuvre de Joseph Brown, fut inspiré d'une église londonienne. A l'intérieur on admirera le travail des boiseries, des chapiteaux et des voûtes.

Rhode Island School of Design – Cette célèbre École des beaux-arts enseigne à 1 900 étudiants l'architecture, le dessin, la sculpture et la peinture. Ses bâtiments sont dispersés sur la colline.

★★**Museum of Art** – *224 Benefit Street. Visite de Labor Day à mi-juin le mardi et le mercredi de 10 h 30 à 17 h, le jeudi de 12 h à 20 h, le vendredi et le samedi de 10 h 30 à 17 h, le dimanche de 14 h à 17 h ; le reste de l'année du mercredi au samedi de 12 h à 17 h. $ 3.50.* ☎ *401/454-6535.* Ce musée des Beaux-Arts, agréablement présenté, possède des collections représentatives des différentes époques et civilisations : art égyptien, grec, romain, occidental ; peintures européennes et américaines ; objets d'art asiatiques, africains...

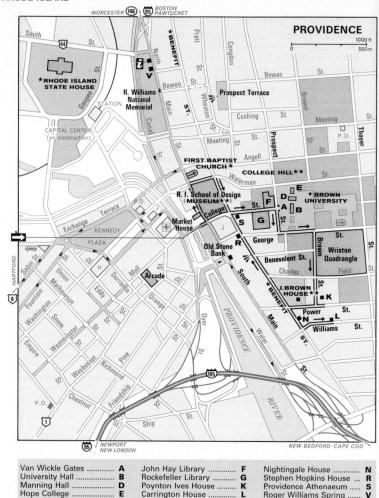

Van Wickle Gates	**A**	John Hay Library	**F**	Nightingale House	**N**
University Hall	**B**	Rockefeller Library	**G**	Stephen Hopkins House	**R**
Manning Hall	**D**	Poynton Ives House	**K**	Providence Athenaeum	**S**
Hope College	**E**	Carrington House	**L**	Roger Williams Spring	**V**

Le **rez-de-chaussée** abrite les collections d'art occidental. Remarquer un ravissant ivoire français du 13e s. et dans la grande salle les peintures des impressionnistes français ainsi que quelques représentants du 19e s. américain.

Au **premier étage**, à côté de l'art égyptien, sont exposées les collections orientales. Un énorme bouddha japonais en bois (10e s.) « The Dainichi Buddha », découvert dans un grenier de ferme en 1933, domine la galerie. A côté une gracieuse sculpture en bronze du 11e s. représente Siva dansant avec son arc.

Au **sous-sol**, le 20e s. est représenté par les peintures de Picasso, Braque, Matisse, Feininger, Pollock, Kline et Lichtenstein... et des sculptures de Raymond Duchamp-Villon et Ernst Barlach.

★**Pendleton House** – Annexe du musée, cette demeure fut construite en 1904 pour abriter la **collection de meubles**★★ du 18e s. de Charles Pendleton.

L'intérieur est très élégant avec ses boiseries en acajou, ses colonnes, ses papiers peints qui mettent en valeur les très beaux meubles américains, provenant tous de la côte Est. Certains sont l'œuvre d'ébénistes célèbres de Philadelphie, Newport et Boston.

En face de l'entrée, de l'autre côté de Benefit Street, on peut admirer un groupe sculpté représentant Orphée et Eurydice.

★**Brown University** – Septième collège a être créé aux États-Unis, en 1764, sous le nom de Rhode Island College, il fut rebaptisé plus tard en l'honneur de son principal donateur Nicholas Brown II. Cette université fait partie de la fameuse Ivy League (voir p. 19) qui regroupe les universités les plus prestigieuses du pays. Plus de 7 000 étudiants y sont inscrits. Ce campus de 57 ha comprend environ 245 bâtiments dispersés sur la colline dont les grands « halls » qui abritent les salles de cours et les bureaux administratifs, les résidences universitaires, cinq bibliothèques et un complexe sportif important incluant un stade de 20 400 places.

A l'entrée de Brown University, dans Prospect Street, les portes « Van Wickle Gates » (**A**) ne sont ouvertes que deux fois par an, pour la rentrée et le jour de la remise des diplômes. De ces portes on peut voir les plus anciens bâtiments : **University Hall** (**B**) (1770) qui fut l'unique bâtiment jusqu'en 1822, **Manning Hall** (**D**) (1835) et ses grosses colonnes de granit, dans lequel se trouve la chapelle. A côté **Hope College** (**E**) (1822) abrite des résidences.

De l'autre côté de Prospect Street voisinent les bibliothèques : **John Hay Library** (**F**) et **Rockfeller Library** (**G**). Dans Brown Street on longe **Wriston Quadrangle**, une résidence pour les étudiants.

Power Street – A l'angle de Brown Street et de Power Street, se dresse **Poynton Ives House** (n° 66) (**K**), l'un des plus beaux exemples de l'architecture fédérale.

★★**John Brown House** – *52 Power Street. Visite guidée (1 h), de mars à décembre du lundi au samedi de 11 h à 16 h, le dimanche de 13 h à 16 h ; en janvier et février, en semaine sur rendez-vous uniquement, le week-end de 13 h à 16 h. $ 5. ☎ 401/331-8575.*
John Brown *(voir les frères Brown, en tête de chapitre)* voulait une demeure digne de son immense fortune. Son frère Joseph dessina, en 1788, cette architecture en briques qui paraissait alors si somptueuse que John Quincy Adams, en visite, déclara que « c'était la plus belle maison qu'il ait jamais vue sur ce continent ».
Les très beaux encadrements de porte, les colonnes, les boiseries, les cheminées sculptées, les ornements de plafond en stuc forment un cadre très élégant pour la superbe collection de meubles du Rhode Island.
De nombreux objets : meubles, porcelaines chinoises, peintures, argenterie appartenaient aux Brown. Le secrétaire à 9 coquilles, œuvre de John Goddard de Newport, est l'un des plus beaux meubles américains de cette période.

William Street – Au n° 66, remarquer **Carrington House** (**L**), une autre maison de style fédéral.

★**Benefit Street** – Cette rue fut construite pour dégager la rue parallèle. Elle fut décrétée « d'intérêt public » (en anglais : benefit). Elle présente d'intéressants exemples des styles d'architecture des 18e et 19e s. Au n° 357, on peut voir une belle demeure fédérale : **The Nightingale House** (**N**), puis on longe le parc de Brown House. Des maisons surmontées de « widow walks » *(voir l'introduction : l'Art)* bordent la rue. Juste au-delà de Benevolent Street, belle vue sur le dôme doré de **Old Stone Bank**.
Un peu plus loin à gauche, la silhouette rouge de **Stephen Hopkins House** (n° 43) (**R**) est typique du style colonial. Le style néo-classique est représenté par **Providence Athenaeum** (**S**), une bibliothèque où Edgar Allan Poe aurait fait la cour à Sarah Whitman.

AUTRES CURIOSITÉS

★**Rhode Island State House** – *Visite du lundi au vendredi.* ⚹ ✗ ☎ *401/277-2357.*
Le nom de Capitole s'applique parfaitement à cet impressionnant bâtiment de marbre blanc. Dessiné par les célèbres architectes **Mc Kim, Mead and White**, il est représentatif du style néo-Renaissance en vogue en 1901. Son dôme est, par ses dimensions, le second du monde sans soutènement (le premier étant celui de St-Pierre de Rome). A son sommet la statue de l'« Independant Man » symbolise l'esprit de liberté et de tolérance du Rhode Island.
Du rez-de-chaussée on peut voir les fresques de la coupole représentant l'histoire du Rhode Island.
Des documents historiques sont exposés : la charte royale de 1663 et la déclaration d'Indépendance du Rhode Island prononcée le 4 mai 1776.

Prospect Terrace – Ce jardin public offre une belle **vue**★ sur le quartier d'affaires de Providence dominé par la silhouette impressionnante du Capitole.

Providence Arcade – Cette galerie marchande de style néo-classique est un des rares exemples encore existants de ces temples de commerce du 19e s.

Forfaits spéciaux pour les Européens

Les diverses compagnies de transport proposent des forfaits pour circuler pendant un temps déterminé aux États-Unis. Ce sont : AMERIPASS de Greyhound (bus), USA Rail Pass de AMTRAK (train), et « VISIT U.S.A. » pour l'avion.

Se renseigner auprès des agences de voyages ou aux adresses suivantes :
– Greyhound : 12, rue Castiglione, 75002 Paris. ☎ 42.61.52.01.
– AMTRAK : 19 bis, rue du Mont Thabor, 75001 Paris. ☎ 42.60.39.85.
Attention : ces différents forfaits doivent être achetés en Europe.

AUTRES LOCALITÉS INTÉRESSANTES

LITTLE COMPTON – 15 miles au Sud de Fall River. Située dans la pointe Sud-Est du Rhod Island, dans une région rurale célèbre pour ses poulets « Rhode Island Red Hen », le petit village de Little Compton est l'un des plus jolis de l'État avec son green, son église néo-classique et son vieux cimetière.

SAUNDERSTOWN – 20 miles au Sud de Providence. C'est ici que naquit Gilbert Stuart, le célèbre portraitiste de George Washington. Sa maison natale **Gilbert Stuart Birthplace** est toute simple, nichée dans une ravissante clairière au bord d'une rivière.

WATCH HILL – A l'extrême Sud-Ouest du Rhode Island. Watch Hill est une station balnéaire élégante dont les superbes demeures dominent la côte. Du phare, **Watch Hill Lighthouse,** on a de belles vues sur **Fischers Island,** une île privée qui fait partie du Rhode Island, bien qu'en face du Connecticut.
A proximité de Watch Hill se trouve **Misquamicut State Beach,** une plage bien aménagée.

WICKFORD – 17 miles au Sud de Providence. S'étendant le long de la baie, Wickford est célèbre pour ses belles maisons des 18e et 19e s. datant de l'époque où c'était un port prospère.

Vermont

Union Church, Burke Hollow

Vermont

Superficie : 24 887 km²
Population : 562 758 h.
Capitale : Montpelier
Surnom : Green Mountain State
Fleur emblème : trèfle

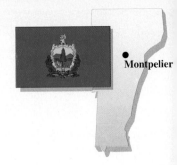

Montpelier

« Les verts monts » s'écria Samuel de Champlain devant les collines boisées qu'il apercevait depuis le lac qui porte aujourd'hui son nom. C'est ainsi que cette région fut plus tard baptisée Vermont et que les monts en question devinrent les « Green Mountains ». La capitale porte aussi un nom français, Montpelier, et une autre petite ville évoque le premier ambassadeur français aux États-Unis : Vergennes.

Le Vermont est un État agréable où il fait bon se promener. Il n'y a pas de grandes villes, d'agglomérations industrielles (Burlington, la plus importante, compte 39 000 h.). C'est une région très rurale, une suite de paysages vallonnés couverts de forêts, de petites vallées où coulent des rivières à truites, où se nichent des petits villages blancs dominés par leur clocher pointu. Les routes, souvent en terre battue, passent sous des ponts couverts en bois. Le long du lac Champlain, le relief s'adoucit et l'on trouve de nombreuses fermes qui se signalent par leurs silos argentés et leurs granges rouge foncé.

Ces paysages varient au fil des saisons : dormant sous leur lourd manteau de neige pendant le long hiver ; symphonie de verts au printemps et en été ; flamboyants quand l'automne arrive.

Un État indépendant – Alors que les autres parties de la Nouvelle-Angleterre étaient déjà colonisées, cette région inhabitée servait de terrain de lutte aux Anglais contre les Français et les Indiens. Il fallut attendre la chute de Québec devant les Anglais en 1759 pour que les colons osent venir s'installer. La population augmenta alors rapidement pour devenir très importante au 19ᵉ s. Au moment de la guerre d'Indépendance, Ethan Allen et ses « Green Mountain Boys » se signalèrent par la prise du Fort Ticonderoga (1775), qui permit aux miliciens américains de s'armer, de se procurer des canons et de gagner ainsi la bataille de Boston quelques mois plus tard. En 1777, le Vermont, alors revendiqué par l'État de New York et le New Hampshire, se proclama indépendant. Une constitution avait été rédigée, extrêmement libérale pour l'époque, une monnaie spéciale était frappée par l'État, un service postal organisé, les étrangers naturalisés... Cela dura 14 ans, puis en 1791 le Vermont devint le 14ᵉ État des États-Unis. Les Vermontois ont gardé leur esprit d'indépendance, ils sont fiers, tenaces, mais aussi taciturnes et méfiants vis-à-vis des nouveaux arrivants.

Économie – Une grande partie des paysans du Vermont a émigré vers des terres plus fertiles au début du siècle. La forêt a repris ses droits sur de grandes étendues (80 % de la superficie de l'État), les vieilles fermes ont été rachetées comme résidences secondaires (plus de la moitié des résidences du Vermont) ; cependant l'agriculture est toujours l'activité prédominante avec l'élevage laitier orienté en partie vers la confection d'un fromage fameux ressemblant au comté. L'autre grande production de cet État est le sirop d'érable, et au moment de la fonte des neiges on peut voir les fumées monter des cabanes à sucre.

Une autre source de richesse se trouve dans les gisements de marbre (Proctor) et de granit (Barre). Dans le domaine industriel, le Vermont est spécialisé dans la fabrication des machines-outils et voit aujourd'hui s'installer des filiales de grandes firmes comme IBM attirées par un cadre agréable et une main-d'œuvre disponible.

La population du Vermont augmente rapidement avec l'arrivée de nombreux jeunes.

Le tourisme est la principale source de revenus de cet État qui a promulgué des lois strictes sur la protection de la nature et des sites, comme l'interdiction des panneaux publicitaires et des restaurants « fast food »...

Loisirs – Les stations de ski (une quarantaine), les plus importantes dans l'Est des États-Unis, attirent chaque hiver des milliers de skieurs provenant de toutes les grandes villes. Les plus importantes sont Stowe, Killington, Sugarbush Valley, Mt Bromley, Stratton Mountain. Un sentier de grande randonnée, le Long Trail, traverse tout l'État, du Canada au Massachusetts sur 420 km.

La pêche est pratiquée dans les nombreuses rivières qui sillonnent l'État.

Le Vermont, le seul État de Nouvelle-Angleterre sans accès à la mer, borde le vaste lac Champlain où se pratiquent de nombreux sports nautiques.

ITINÉRAIRES

Pour découvrir le Vermont, il faut parcourir les petites routes, traverser les villages caractéristiques avec leur green (ou common), leurs églises blanches au clocher pointu et leurs « country store », épiceries villageoises où l'on trouve tout et n'importe quoi. L'automne est un véritable enchantement de couleurs surtout parmi les érablières. Nous suggérons ci-dessous et dans les pages suivantes quelques itinéraires dans diverses parties du Vermont.

★★THE VILLAGES OF SOUTHERN VERMONT
(Les villages du Sud)

Circuit au départ de Manchester
97 miles – 1 journée

Ce circuit à travers les collines boisées des Green Mountains permet de découvrir quelques très beaux villages et stations de ski.
Quitter Manchester par la route 7, puis à Manchester Center prendre la route 30 vers l'Est. Continuer sur la route 11.

Bromley Mountain Ski Area – Cette station de ski est devenue populaire en été grâce à l'installation d'une sorte de bobsleigh sur béton baptisé **Alpine Slide** *(tous les jours de fin mai à mi-octobre. $ 4.50.* & ☎ *802/824-5522).*
Du sommet où l'on accède par télésiège *(de mai à mi-octobre. $ 4.50.* & ✕*)* ou par des sentiers de randonnée, s'offrent de belles vues sur les Green Mountains.
2 miles après Bromley, prendre à gauche une petite route qui traverse le hameau de **Peru**, *suivre la direction de Weston, on passe sur la commune de North Landgrove et l'on tourne à gauche devant le Town Building vers Weston. Après le cimetière et une auberge à une fourche prendre à droite jusqu'à Weston.*

★Weston – Avec son beau common ovale flanqué d'une ancienne taverne, **Farrar-Mansur House,** siège d'une société historique *(visite guidée de juin à Columbus Day ; entrée : $ 2.),* son théâtre, **Weston Playhouse,** et surtout ses nombreuses boutiques, Weston est une importante étape touristique sur la route 100. Ses « country stores » et ses ateliers d'artisanat rivalisent par la diversité des objets vendus.

Poursuivre sur la même route puis rejoindre la route 11 Est qui mène à Chester.

Chester – Ici sont installés les bureaux de National Survey, l'un des principaux organismes cartographiques du pays. Sa grande rue bordée d'auberges et de boutiques surprend par sa largeur.

De Chester, prendre la route 35 jusqu'à Grafton.

Grafton – Ce village fut très riche grâce à l'élevage des moutons et à l'exploitation de carrières de pierre de savon. De cette splendeur passée, il reste quelques belles maisons de style néo-classique et une auberge restaurée.

A Grafton tourner à droite, passer un pont, puis après 0,2 mile tourner à gauche avant une taverne, prendre une route qui rejoint la route 35 menant à Townshend puis suivre la route 30 Sud jusqu'à Newfane.

★Newfane – C'était l'ancienne capitale du comté. Dès 1787, le village avait à peu près sa taille actuelle avec son tribunal, **Windham County Courthouse,** et ses deux auberges : Newfane Inn et Four Columns. Ce village fait aujourd'hui le bonheur des photographes, surtout en automne.

Reprendre la route 30, traverser Townshend.

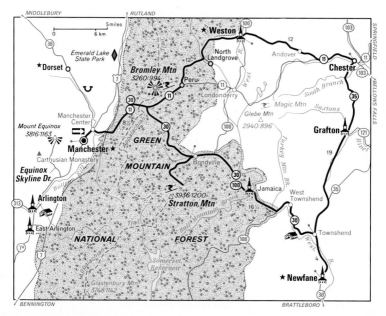

Entre Townshend et West Townshend, on peut voir plusieurs ponts couverts. On passe ensuite par **Jamaica**, un autre beau village, puis par Bondville. De là, une route mène à Stratton Mountain Ski Area.

Stratton Mountain Ski Area – C'est l'une des principales stations de ski du Sud du Vermont. Un festival d'art y est organisé pendant deux semaines du second week-end de septembre à Columbus Day (exposition d'objets d'art et d'artisanat *de 9 h 30 à 17 h. $ 5*).

Retour à Manchester par la route 30.

⋆BRANDON and MIDDLEBURY GAPS **(Cols de Brandon et de Middlebury)**

De Rochester à Hancock *81 miles – 1 journée*

Cet itinéraire permet de découvrir des paysages variés, des Green Mountains à la plaine du lac Champlain. La route est agréable, bordée de nombreuses fermes, spectaculaires avec leurs granges et leurs énormes silos.

Quitter la route 100 à Rochester et prendre la route 73.

Celle-ci s'élève à travers les forêts, passe au pied du **Mt Horrid** (Mt Horrible) qui doit son nom à ses roches noires, puis accède au col de Brandon, **Brandon Gap⋆**. De là : une **vue⋆** étendue se développe sur la vallée du lac Champlain.

On traverse ensuite les petites villes de **Brandon** et d'**Orwell** toutes deux très typiques avec leur green, et leurs bâtiments blancs. Le paysage dans la vallée est beaucoup plus rural avec ses vergers et ses fermes.

Un bac à **Larrabees Point** permet de traverser le lac Champlain, très étroit à cet endroit, pour accéder à Fort Ticonderoga *(durée 6mn).*

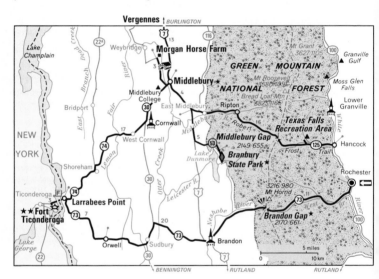

⋆⋆Fort Ticonderoga – *Visite de 9 h à 18 h en juillet-août ; de 9 h à 17 h en mai-juin et septembre-mi-octobre. $ 7.* ♿ ✕ ☎ *518/585-2821.*
Ce fort situé dans l'État de New York a joué un rôle essentiel dans l'histoire de la Nouvelle-Angleterre. Il fut construit par les Français en 1755 et appelé **Fort Carillon**. Il contrôlait la voie navigable entre le Canada et les colonies anglaises. En 1758, le marquis de Montcalm y fut vainqueur des Anglais qui conquérirent finalement le fort l'année suivante.
Fort Ticonderoga est devenu célèbre grâce à l'exploit d'**Ethan Allen** et de ses Green Mountains Boys pendant la guerre d'Indépendance, le 10 mai 1775. Ils s'emparèrent du fort par surprise et emportèrent des provisions et des armes dont 59 canons. Ces armes devaient permettre aux Américains de battre les Anglais durant le siège de Boston.
A l'intérieur, le **musée** possède de belles collections d'armes, de tableaux, d'uniformes, évoquant l'histoire mouvementée du fort.

Reprendre le bac, puis la route 74 qui traverse Shoreham, West Cornwall et Cornwall.

⋆Middlebury – *Voir à ce nom.*

De Middlebury prendre la route 125, baptisée Robert Frost Memorial Drive en l'honneur du poète vermontois.

A Ripton, la route passe devant les pimpantes maisons de bois, jaunes et vertes, d'une ancienne villégiature du 19ᵉ s., devenue de nos jours le campus de montagne du Middlebury College. On traverse ensuite le col de Middlebury (**Middlebury Gap**).

Texas Falls Recreation Area – Des petites cascades se succèdent à travers les rochers et les marmites de géants laissées par les glaciers, offrant un site très agréable.

Hancock – Dans ce village, on retrouve la route 100.

★★ THE NORTHEAST KINGDOM (Le Royaume du Nord-Est)

Ce royaume de forêts et de lacs comprend les trois comtés limitrophes du Québec et du New Hampshire autour de **St Johnsbury** *(voir à ce nom)*. C'est une région de collines boisées au creux desquelles se nichent de petits villages blancs. Les paysages, en automne, y deviennent une symphonie d'orange, de vert sombre et de vert tendre, mélange artistement réparti d'érables rouges, de sapins et de prairies sur lesquelles sont posées quelques fermes se cachant derrière leurs superbes granges rouges et leurs silos argentés.

Dans cette région peu habitée, chaque village a gardé son authenticité et son sens de l'accueil. A l'automne, les petites communautés s'activent à l'occasion du **« Northeast Kingdom Foliage Festival »** qui dure une semaine. Six villages y participent : Peacham, Cabot, Plainfield, Walden, Barnet et Groton. A tour de rôle, ils organisent des banquets pour les visiteurs, des ventes de produits d'artisanat. Les villageois ouvrent leurs maisons aux touristes, leur font partager leur vie, et leur donnent par là l'occasion de découvrir l'hospitalité vermontoise. *(Pour connaître les dates exactes de ce festival qui se déroule début octobre, se renseigner auprès des offices du tourisme.)*

Deux autres villages sont aussi le cadre de manifestations originales : **Danville** *(voir ci-dessous)* où se déroule chaque année le congrès des sourciers et **Craftsbury Common,** ravissant village dont l'immense green semble aller à la rencontre du ciel, au sommet de la colline.

Les Burkes et lake Willoughby
55 miles – circuit de 4 h environ au Nord de St Johnsbury

> De St Johnsbury, prendre la route 5 qui traverse Lyndonville puis continuer vers la route 114 et la prendre vers le Nord jusqu'à East Burke. Suivre une route non signalisée jusqu'à Burke Hollow et West Burke.

Les Burkes – East Burke, Burke Hollow et **West Burke** sont des hameaux au pied de **Burke Mountain,** une petite station de ski. Les paysages alentour sont très harmonieux, surtout vus de la route qui monte au sommet de Burke Mountain.

> De West Burke, prendre la route 5 A qui mène au lac Willoughby.

★**Lake Willoughby** – Deux montagnes s'élevant de façon abrupte et séparées par un défilé annoncent le lac Willoughby. Celle de droite est le **Mont Pisgah,** but de randonnées à pied. Ce lac, superbement situé, encadré de pentes assez raides, ressemble à un lac de haute montagne. Baignade possible en été.

★Peacham et Barnet Center
31 miles – circuit de 2 h environ au Sud de St Johnsbury

> Au départ de St Johnsbury, prendre la route 2 vers l'Ouest.

Danville – Le siège de la Société des sourciers américains (Society of Dowsers) s'est installé dans ce village et chaque année au mois de septembre se réunissent des sourciers provenant de l'ensemble des États-Unis.

> De Danville, prendre une petite route vers le Sud à travers Harvey et Ewells Mill en direction de Peacham.

★**Peacham** – Situé dans un beau cadre vallonné, Peacham est l'un des plus célèbres villages du Vermont et le plus photographié pendant l'été indien. Ses belles maisons blanches se serrent autour d'une église, intéressante par son architecture, d'une taverne, d'une « country store » et d'une école privée « Peacham Academy ».

> Continuer tout droit jusqu'à South Peacham puis tourner à gauche en direction de West Barnet, puis de Barnet Center. Monter vers l'église.

Barnet Center – Quelques maisons, une église se dispersent sur le versant d'une colline. En continuant au-dessus de l'église, on peut voir une belle ferme rouge nichée au creux d'un vallon. De là, superbe **vue**★★ sur les collines en face.

> Revenir à la route au pied de la colline et tourner à gauche vers Barnet. Là, on rejoint la route 5 qui ramène à St Johnsbury.

BARRE

9 482 h.

A l'entrée de Barre sur la route 102, on peut lire un panneau portant l'inscription « The granite center of the world ». Sans être aussi catégorique, on peut affirmer que Barre est le plus grand centre d'exploitation de granit aux USA. Depuis plus de 150 ans, son granit d'excellente qualité est envoyé à travers l'Amérique, autrefois pour construire des bâtiments publics, aujourd'hui surtout pour la réalisation de monuments commémoratifs et de pierres tombales.

Des dizaines de carrières y ont été creusées depuis 1812. En 1833, le capitole de Montpelier fut réalisé avec ce granit.

Ce succès amena des vagues d'immigrants d'Europe : Irlandais, Italiens et Écossais puis Grecs, Libanais, Scandinaves. Plus de 1 500 ouvriers y travaillaient au début du siècle.

Aujourd'hui 4 carrières sont en activité sur Millstone Hill. Elles sont gérées par la compagnie Rock of Ages.

★**Rock of Ages Quarry** – *Du centre de Barre, prendre la route 14 vers le Sud pendant 2 miles, puis tourner à gauche dans Middle Road en suivant la signalisation pour Rock of Ages Tourist Center. Après 3,5 miles, on arrive dans Graniteville.*

Les carrières – Il est impressionnant de se pencher au bord d'une de ces carrières aux parois à pic de 120 m. D'énormes treuils soulèvent des blocs dont certains pèsent plus de 100 tonnes.

Aujourd'hui les moyens les plus modernes sont utilisés : marteaux pneumatiques, jets à haute pression... mais les conditions de travail restent difficiles surtout pendant l'hiver sous la neige, quand la pierre menace de geler.

Craftsmen Center – On peut y observer le découpage, le polissage des blocs, la sculpture.

★**Hope Cemetery** – *Sur la route 14 au Nord de Barre. Ouvert tous les jours.* ☎ *802/ 476.6245.* Dans ce cimetière, les tombes, construites en granit et non en marbre comme c'est l'usage, ont été gravées et sculptées par des carriers pour les membres de leurs familles disparues. Remarquer, en particulier, certaines pierres ornées de scènes paysannes.

EXCURSION

Brookfield – *15 miles au Sud par la route 14, puis la route 65 à l'Ouest.* Autrefois relais de poste important sur la route Boston-Montréal, Brookfield est aujourd'hui un tranquille village connu pour son auberge et surtout son **pont flottant** grâce à 380 tonneaux assemblés, permettant aux automobilistes de traverser le lac Sunset.

✶✶ BENNINGTON

16 451 h.

Au Sud du Vermont entre les monts Taconics et les Green Mountains, Bennington est un petit centre commerçant et artisanal comprenant un collège et surtout un quartier historique « Old Bennington » qui forme un bel ensemble architectural.

La bataille de Bennington – Dès le début de la guerre d'Indépendance, Bennington fut un centre de ralliement des « révolutionnaires américains ». De là était partie l'expédition pour Fort Ticonderoga. En août 1777, le général anglais Burgoyne décida d'effectuer un raid sur Bennington afin de s'emparer des armes qui y étaient entreposées. Mais les miliciens dirigés par le colonel John Stark (le héros de Bunker Hill) l'attendaient, fermement résolus à se défendre. Stark déclara : « Voici les habits rouges, ce soir ils seront à nous ou Molly Stark sera veuve. » On assista alors à une belle victoire des Green Mountains Boys et des troupes du New Hampshire. Cette bataille apparemment sans importance devait entraîner la défaite des Anglais à Saratoga.

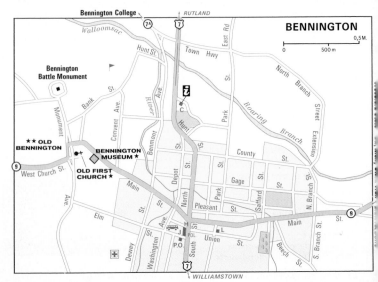

★★ OLD BENNINGTON *visite : 3 h*

En arrivant du Sud par la route 7, tourner à gauche dans Main Street (route 9), puis à droite dans Monument Avenue.

★Old First Church – La silhouette de cette église (1805) avec son ravissant clocher à lanterne fait le bonheur des photographes. L'intérieur a été restauré tel qu'il était au 19ᵉ s. avec ses bancs fermés, loués aux enchères. Derrière, le cimetière éparpille ses stèles de marbre blanc dont l'une est dédiée au poète Robert Frost.

Bennington Battle Monument – *Visite tous les jours d'avril à octobre. $ 1. &. ☎ 802/447-0550.*
Cet obélisque en dolomite bleue, haut de 100 m, fut édifié en 1891 pour commémorer la bataille de Bennington.
Du sommet, par temps clair, la **vue★★** s'étend sur un rayon de 50 km permettant de découvrir les Berkshires, les Green Mountains et l'État de New York.

★Bennington Museum – *Main Street. Visite tous les jours. Fermé le 1ᵉʳ janvier, Thanksgiving Day, et les 24 et 31 décembre. $ 5. ☎ 802/447-1571.*
Ce musée régional abrite une multitude d'objets ayant trait à l'histoire et aux traditions du Vermont. Les collections les plus diverses : argenterie, meubles, vêtements, outils, armes... y sont présentées.

Old First Church et son cimetière

Remarquer la collection de verres américains, les poteries de Bennington et la première « bannière étoilée », symbole des nouveaux États-Unis.

Grandma Moses Schoolhouse – Une partie du musée est consacrée aux œuvres de Grandma Moses présentées dans la salle de classe qu'elle fréquenta enfant. Curieux destin que celui de Anna Mary Robertson Moses, née en 1860, qui commença à peindre après 70 ans et ne s'arrêta plus jusqu'à sa mort, à 101 ans. Ses merveilleux tableaux naïfs, représentant des scènes champêtres dans les paysages tranquilles de cette région, sont troublants par leur fraîcheur et la vivacité des couleurs.
Devenue très célèbre sous le nom de Grandma Moses, elle fut reçue par le président Truman et vit ses œuvres exposées à travers l'Amérique et l'Europe.

EXCURSIONS

Woodford State Park – *8 miles à l'Est, sur la route 9. Ouvert de mi-mai à mi-octobre. $ 1.50 par personne et par jour. &. ⚠ ☎ 802/447-7169 (en saison), 802/483-2314 (hors saison).*
Ce parc de 162 ha s'étend le long du réservoir Adams. Plus de 100 emplacements pour camper, une petite plage pour la baignade et une aire de pique-nique dominant le lac sont les attraits de ce calme site boisé.

Molly Stark Trail – Surnommée ainsi en l'honneur de l'épouse du colonel John Stark, la route 9 jusqu'à Brattleboro *(40 miles)* traverse le Sud des Green Mountains offrant de belles vues sur ces paysages vallonnés surtout dans la descente d'Hogback Mountain.

BRATTLEBORO   12 241 h.

Au Sud-Est du Vermont, Brattleboro est un petit centre industriel et commerçant ainsi qu'un carrefour routier et ferroviaire comme l'atteste le nombre de ses motels et de ses restaurants.
Sur une colline dominant la vallée du Connecticut se trouve le siège de l'organisation **Experiment in International Living** spécialisée dans les échanges linguistiques à travers le monde. Par son intermédiaire, de nombreux étudiants étrangers sont reçus dans des familles américaines.

Brattleboro Museum and Art Center – *Visite de mi-mai à mi-octobre du mardi au dimanche. Fermé les principaux jours fériés. $ 2. &. ☎ 802/251-0124.*
Installé dans l'ancienne gare de Brattleboro, ce centre présente des expositions temporaires.

Cet ouvrage, périodiquement révisé, tient compte des conditions du tourisme connues au moment de sa rédaction.

Certains renseignements perdent de leur actualité en raison de l'évolution incessante des aménagements et des variations du coût de la vie.

Nos lecteurs sauront le comprendre.

BURLINGTON

Situé sur le bord du lac Champlain, Burlington est le centre urbain et industriel du Vermont. Cette ville fait figure de capitale dans cet État où aucune autre communauté ne dépasse 20 000 habitants. De son passé de port marchand, spécialisé dans le transport de bois, et de ville industrielle au 19 e s., subsistent quelques beaux vestiges d'architecture.

Aujourd'hui Burlington connaît un renouveau industriel avec les implantations de IBM et de General Electric.

Au point de vue culturel, cette ville est animée par les réalisations de l'université du Vermont et par plusieurs manifestations estivales : le Champlain Shakespeare Festival et le Vermont Mozart Festival.

Les vues sur le lac Champlain de **Battery Park** et Ethan Allen Park, et les promenades en ferry **de Burlington à Port Kent** *(voir plus loin à Lake Champlain)* sont les principales curiosités de la ville.

EXCURSION

★★★**Shelburne** – *voir à ce nom.*

Ce guide décrit des curiosités choisies parmi les sites et les monuments les plus intéressants de Nouvelle-Angleterre.

Lake CHAMPLAIN

Ce grand lac que les Indiens appelaient « la mer des Iroquois » s'allonge sur 170 km entre les Adirondacks et les Green Mountains. Après l'ère glaciaire, c'était une véritable mer salée s'étendant du bassin du St-Laurent à l'Atlantique, isolant la Nouvelle-Angleterre du reste du continent.

Samuel de Champlain le découvrit en 1609, 11 ans avant l'arrivée du Mayflower. Il arriva en canoë avec une escorte d'Indiens algonquins et eut quelques escarmouches avec les Iroquois installés sur les rives du lac.

En 1666, les Français établirent Fort Ste-Anne dans Isle-la-Motte. Ce fut le début d'une longue période de rivalités entre Français et Anglais.

Les ferries – Quatre ferries traversent le lac Champlain, permettant d'admirer les paysages du lac tout en faisant une économie de temps précieuse pour se rendre dans l'État de New York. *Le temps donné est celui d'un aller simple. Les prix comprennent aller et retour pour voiture et chauffeur.*

Du Nord au Sud, on trouve les liaisons suivantes :

Grand Isle-Plattsburg – *Toute l'année, trajet de 12 minutes. $ 10.75.* ঙ ⅍ *Lake Champlain Transportation Co.* ☎ *802/372-5550.*

Burlington-Port Kent – *de mi-mai à mi-octobre, trajet de 1 h. $ 21* ঙ ⅍ *Lake Champlain Transportation Co.* ☎ *802/864-9804. Le plus pittoresque. $ 21.00.*

Charlotte-Essex – *de mi-mai à début janvier. Fermé les principaux jours fériés. Trajet de 20 minutes. $ 10.75.* ঙ *Lake Champlain Transportation Co.* ☎ *802/425-2504.*

Larabee's Point-Fort Ticonderoga – *de mai à fin octobre, trajet de 12 minutes. $ 5. Shorewell Ferries, Inc.* ☎ *802/897-7999.*

Les îles – Le lac Champlain est occupé au Nord par trois îles : Grand Isle, North Hero et Isle-la-Motte réunies au Vermont par des ponts. Ces îles offrent de belles vues sur le lac.

Isle-la-Motte – Dans cette île, portant le nom du capitaine français La Motte, un petit sanctuaire rappelle l'existence du Fort Ste-Anne à cet emplacement. En face la **statue,** représentant Champlain dans un canoë avec des Indiens, fut sculptée pour l'Exposition Universelle de Montréal en 1967.

JAY PEAK

C'est la station de ski la plus importante du Nord-Est du Vermont, fréquentée essentiellement par les Canadiens en raison de sa proximité avec la frontière *(8 miles).*

Du sommet que l'on peut atteindre par téléphérique *(de Memorial Day à Columbus Day. $ 6.* ঙ ⅍ ☎ *800/451-449)*, on a de belles **vues**★★ sur le Canada, les White Mountains, tout le Nord du Vermont et les Adirondacks par temps clair.

Autour de Jay Peak, plusieurs routes sont très belles, surtout au moment de l'été indien, en particulier la **route 242** de Montgomery Center à la route 101 et la **route 58** de Lowell à Irasburg qui offrent des vues étendues sur le Nord du Vermont avec les White Mountains en toile de fond.

★ MAD RIVER VALLEY

Cette tranquille vallée rurale est devenue un lieu de villégiature très fréquenté surtout en hiver avec ses 3 stations de ski : **Sugarbush**, **Sugarbush North** et **Mad River Glen**. Un cadre agréable, de nombreuses installations et de luxueux hôtels ont contribué à son succès.

De **Granville Gulf** vers le Nord par la route 100 ou la route 17 qui traverse **Appalachian Gap,** s'offrent de superbes **vues**★★ sur cette région.

★ DE WARREN A WAITSFIELD *8 miles – environ 1 h*

La route pittoresque, parallèle à la route 100, longe les Green Mountains à l'Ouest.

De la route 100, tourner à l'Est vers Warren.

Warren – Ce petit village possède quelques boutiques d'artisanat et une épicerie. Le pont couvert qui se reflète dans l'eau forme un tableau charmant.

Quitter le village à l'Est et prendre au Nord East Warren Road.

Après 5 miles, on passe à côté d'une grange de forme ronde (Round Barn). La route franchit ensuite la rivière sur un pont couvert avant d'atteindre Waistfield.

Waitsfield – Petit bourg agricole et commerçant.

★ MANCHESTER   3 622 h.

Station estivale très cotée dès la fin du siècle dernier, Manchester est devenue ces dernières années le centre d'une région de ski avec les stations voisines de **Big Bromley** et **Stratton**. De magnifiques propriétés s'étendent au pied des Taconic Mountains tandis que le centre (route 7) est animé par ses boutiques et restaurants (remarquer les trottoirs en marbre blanc). L'imposant Equinox Hotel vit séjourner, au siècle dernier et au début de ce siècle, plusieurs présidents des États-Unis. Doté d'un centre culturel, très actif en été, Manchester est aussi le siège d'une fabrique de matériel de pêche : Orvis Company, l'une des plus vieilles aux États-Unis.

★**Hildene** – *Sur la route 7, 2 miles au Sud des croisements des routes 7, 11 et 30. Visite guidée (1 h 1/2) de mi-mai à la fin octobre. $ 5.* ⚇ ✗ ☎ *802/362-1788.*
S'étendant sur 165 ha dans un paysage vallonné, cette vaste propriété abrita la retraite de **Robert Todd Lincoln** (1843-1926), le fils aîné du président Abraham Lincoln. La demeure de 24 pièces de ce style néo-georgien très apprécié à la fin du 19ᵉ s. frappe par sa clarté. Un élégant escalier s'amorce dans le hall d'entrée qui se trouve entre une salle à manger aux curieux papiers peints et une bibliothèque aux sombres boiseries d'acajou. Les meubles appartenaient à Robert Lincoln et à ses descendants qui occupèrent la maison jusqu'en 1975. Du parc, belles vues sur les montagnes.

American Museum of Fly Fishing – *Route 7. Visite tous les jours. Fermé les principaux jours fériés. $ 2.* ⚠ ☎ *802/362-3300.* Parmi les objets exposés dans ce musée consacré à l'histoire de la pêche, on peut voir une belle collection de mouches en plumes multicolores ainsi que du matériel de pêche ayant appartenu à des Américains célèbres, tels que Andrew Carnegie et Ernest Hemingway.

Southern Vermont Art Center – *2 miles au Nord dans West Road. Ouvert de fin mai à fin octobre du mardi au dimanche. De décembre à mi-avril du lundi au samedi. Fermé les principaux jours fériés. $ 3.* ⚇ ✗ ☎ *802/362-1405.*
Pendant l'été, des expositions de peinture, de sculpture, de photographies se succèdent dans ce très beau cadre. Programme suivi de concerts, de films et de ballets.

EXCURSIONS

★★**Les villages du Sud** – *Schéma et description en tête de la section Vermont.*

Equinox Skyline Drive – *5 miles au Sud de Manchester sur la route 7.* Une route de 6 miles mène au sommet du Mt Equinox (alt. : 1 169 m). *Ouverte de mai à fin octobre, $ 6 par voiture.* ✗. A mi-distance de cette route, on peut apercevoir au loin l'unique Chartreuse (Carthusian Monastery) des États-Unis.
Au sommet de Mt Equinox est installé un relais de télévision et de radio ainsi qu'une auberge. On a une belle **vue★** sur la vallée de l'Hudson et les Green Mountains.

★**Dorset** – *6 miles par la route 30.* Après 4 miles, on peut voir à droite une ancienne **carrière de marbre** inondée, ce fut la première exploitée dans le Vermont en 1785. Le village de Dorset abrite une colonie d'artistes, écrivains et peintres, qui ont été séduits par le charme de son green, de son auberge, de son épicerie, ainsi que par la beauté des paysages environnants, collines couvertes de vastes forêts. Dans sa salle de théâtre (Playhouse), des représentations sont données tous les étés.

Arlington – *8 miles au Sud de Manchester par la route 7.* Ce calme village servit souvent de modèle à l'illustrateur Norman Rockwell qui y avait élu domicile. La rivière qui le traverse, Batten Kill, est un paradis pour pêcheurs de truites. Le long de la route 7, admirer l'église St. James et son curieux cimetière.

★ MIDDLEBURY   8034 h.

Au cœur d'une région vallonnée, Middlebury est une ville agréable avec sa simple église congrégationaliste et ses bâtiments de style victorien qui abritent de nos jours magasins, restaurants et boutiques d'artisanat. Le collège de Middlebury est renommé pour l'enseignement des langues étrangères et son école d'anglais.

Sheldon Museum – *Park Street. Visite guidée (3/4 h) de juin à octobre du lundi au samedi, de novembre à mai le mercredi et le vendredi. $ 3.50.* ⚇ ☎ *802/388-2117.*
En 1882 Henry Sheldon s'installa dans cette maison en brique, datant du début du siècle, avec des pianos, des vieilles horloges, des livres... puis posa un panneau sur la façade intitulé « Sheldon Art Museum and Archeological Society ». Il fut ainsi le précurseur des nombreux petits musées et sociétés historiques qui virent plus tard le jour dans les villes et villages américains.
Ce musée possède de riches collections d'objets traditionnels, des pièces meublées, des reconstitutions d'une épicerie de village, d'un atelier de forgeron.

Vermont State Craft Center at Frog Hollow – *Ouvert tous les jours de mai à décembre ; fermé le dimanche de janvier à avril.* ⅁ ☎ *802/388-3177.*
Situé au bord de l'Otter Creek, dans un moulin restauré, le centre local d'artisanat de l'État du Vermont expose et vend divers objets (verres soufflés, bijoux, tissages, travail du métal et du bois) réalisés par des artisans vermontois de renom.

EXCURSIONS

Morgan Horse Farm – *A Weybridge, à 2,5 miles au Nord-Ouest de Middlebury – Prendre la route 125/23 W. Après 0,3 mile du centre, quitter la 23, tourner à droite et après 0,5 mile, à une fourche tourner à droite. On passe près d'un pont couvert. Visite tous les jours de mai à octobre. $ 3.50.* ⅁ ☎ *802/388-2011.*
En croisant un cheval arabe et un pur-sang, Justin Morgan obtint, dans les années 1780, un petit cheval racé, aux performances exceptionnelles, qui fut à l'origine de la première race chevaline de selle spécifiquement américaine : les chevaux Morgan. Ils devinrent si fameux qu'ils furent choisis comme animal-emblème du Vermont. Plus tard, un colonel de Middlebury, passionné de chevaux, reprit l'élevage des Morgan et fut à l'origine du haras qui appartient aujourd'hui à l'université du Vermont.
Dans la grange de 1878 sont réunies les écuries où l'on peut voir les descendants de cette prestigieuse lignée, qui y sont élevés puis vendus comme chevaux de selle.

★**Branbury State Park** – *A Branford, 10 miles au Sud-Ouest de Middlebury par la route 7 Sud, puis la route 53.*
Cet endroit populaire comprend des aires de pique-nique, une grande plage de sable au bord du lac Dunmore et des sentiers de promenade : **Falls of Llana** *(1,1 mile AR, 3/4 h)*, **Silver Lake** *(3 miles AR, 1 h 1/2).*

Vergennes – *13 miles au Nord-Ouest de Middlebury par la route 7 Nord.*
Vergennes doit son nom au ministre français des Affaires étrangères, le comte de Vergennes, qui fut l'un des artisans de l'indépendance des États-Unis.
A 6 miles du centre, **Button Bay State Park** *(West main Street à Panton Road, tourner à droite dans Basin Harbor Road, puis à gauche)* est connu pour ses concrétions argileuses ressemblant à des « boutons » et dont l'origine est expliquée au centre d'initiation à la nature. Camping, aires de pique-nique, sentiers, vues sur le lac Champlain et les Adirondacks.

Participez à notre effort permanent de mise à jour.

Adressez-nous vos remarques et vos suggestions :
Cartes et Guides Michelin
46 avenue de Breteuil
75324 PARIS CEDEX 07

MONTPELIER
8 247 h.

La capitale du Vermont est nichée parmi les collines boisées au bord de la rivière Winooski. Cette petite ville est dominée par son capitole dont le dôme doré brille de mille feux sous le soleil, magnifique vision quand les arbres du fond ont pris leurs couleurs d'automne.
Montpelier est le siège d'une compagnie d'assurances : National Life Insurance.

CURIOSITÉS *visite : 1 h*

Le Capitole (ou State House) – C'est le troisième bâtiment construit à cet emplacement. Le premier (1808-1836) et le second (1836-1857) brûlèrent. Édifié en 1859, celui-ci conserva du second son portique dorique inspiré du temple de Thésée à Athènes. Le dôme est surmonté d'une statue en bois haute de 4,50 m, représentant Cérès, la déesse de l'agriculture.
A l'intérieur *(visite du lundi au vendredi. Fermé les principaux jours fériés.* ⅁ ✗ ☎ *802/828-2228).* On peut voir les pièces où siègent les 30 sénateurs et les 150 députés.

★**Vermont Museum** – *Visite du mardi au dimanche. $ 2.* ⅁ ☎ *802/828-2291.*
La belle façade victorienne du bâtiment qui abrite la société historique appartenait à l'hôtel Pavilion (1876). Elle a été préservée quand on a reconstruit le nouveau bâtiment. L'entrée du musée est la reconstitution du hall de réception de l'hôtel Pavilion. Des expositions présentent l'histoire, l'économie et les traditions du Vermont. Remarquez la dernière panthère tuée dans le Vermont en 1881 et un standard de téléphone de 1919.

State House de Montpelier

* PLYMOUTH   440 h.

C'est dans ce hameau, perdu dans les collines des Green Mountains, que naquit, le 4 juillet 1872, **Calvin Coolidge**, qui fut président des États-Unis de 1923 à 1929. Restauré pour retrouver sa physionomie du siècle dernier, il a gardé tout le charme des petites communautés rurales de l'époque.

Fait exceptionnel dans l'histoire des États-Unis, Coolidge fut investi président par son propre père dans leur maison de Plymouth, le 23 août 1923, quand il reçut le télégramme annonçant la mort du président Warren Harding dont il était le vice-président.

Plusieurs bâtiments se rattachant à la vie du président Coolidge peuvent être visités *(de mi-mai à mi-octobre. $ 3.50.* & ¾ ☎ *802/672-3773)*, entre autres :

Coolidge Birthplace : Calvin Coolidge naquit dans cette petite maison toute simple attenante à l'épicerie de ses parents.

Coolidge Homestead : Les Coolidge s'y installèrent quand Calvin avait 4 ans.

On verra aussi une fabrique de fromages et une grange transformée en musée.

* PROCTOR   1 979 h.

Avec ses gisements s'étendant de Dorset au lac Champlain, le Vermont est le premier producteur de marbre des États-Unis. Ce marbre est réputé pour sa qualité et la variété de ses teintes : blanc pur, noir, vert, rouge, ou veiné de gris. La Vermont Marble Company, installée à Proctor, détient le monopole de l'exploitation des différents filons. Les carrières en cours d'extraction ne peuvent être visitées, mais il est possible de voir celles qui sont désaffectées.

*★**Marble Exhibit** – 61 Main Street. Visite tous les jours de mi-mai à octobre, le reste de l'année du lundi au vendredi seulement. $ 3.50.* & ☎ *802/459-3311 poste 436*.
Cette exposition sur le marbre, présentée dans les locaux de la Vermont Marble Company, explique la formation et l'exploitation du marbre. Dans une grande salle sont alignées des plaques de marbre poli provenant du monde entier. Ces très beaux échantillons permettent d'admirer la diversité de cette roche dans sa texture et ses couleurs. Les visiteurs peuvent observer un sculpteur au travail, des sculptures traditionnelles et contemporaines et, d'un balcon surélevé, la finition du travail.

Dans une galerie, des bas-reliefs représentent les présidents des États-Unis.

Wilson Castle – *West Proctor Road. Visite guidée (3/4 h) de mi-mai à mi-octobre. $ 6.* ☎ *802/773-3284.*
Construite en 1867, cette grande maison victorienne en brique est représentative du luxe un peu sévère dans lequel vivaient les grands bourgeois de la fin du 19ᵉ s. L'architecture intérieure montre une débauche de vitraux, de boiseries, de colonnes. De très beaux meubles et objets d'art l'ornent. On remarquera l'énorme **boîte à bijoux de Louis XVI**. Une galerie d'art présente des expositions temporaires.

RUTLAND   18 230 h.

Rutland est aujourd'hui la deuxième ville du Vermont après Burlington. Ses carrières de marbre, florissantes au 19ᵉ s., lui valurent le surnom de « ville du marbre ». C'est un lieu de séjour agréable surtout en hiver avec les stations de ski : Killington et Pico.

Norman Rockwell Museum – *Route 4, à l'Est de la route 7. Visite tous les jours. Fermé le 1ᵉʳ janvier, le dimanche de Pâques, Thanksgiving Day et le 25 décembre. $ 2.50.* & ☎ *802/773-6095.*
Le musée contient des centaines d'exemples de l'œuvre de Norman Rockwell *(voir à Stockbridge)*. Les nombreuses couvertures de magazines, dont celle du Saturday Post Evening, ainsi que les affiches, les publicités, les illustrations pour les romans et les courtes histoires, les calendriers et cartes de vœux lui valurent une grande renommée.

EXCURSIONS

Hubbardton Battle Site – *18 miles au Nord-Ouest de Rutland. Prendre la route 4 à l'Ouest, sortie 5. Suivre la signalisation vers le Nord.*
Ce monument commémore la seule bataille qui se soit déroulée dans le Vermont pendant la guerre d'Indépendance, en 1777.

Killington – *10 miles à l'Est sur la route 4.*
Avec Stowe et Sugarbush, Killington est l'une des stations de sports d'hiver les plus populaires du Nord-Est des États-Unis.
Cette station possède la plus longue remontée mécanique pour skieurs du monde : 3,5 miles. Son parcours jusqu'à Killington Peak offre des **vues★★** variées sur les sommets boisés des Green Mountains *(tous les jours de mi-septembre à mi-octobre. $ 14.* ¾ ☎ *802/422-3333).*

Lake St. Catherine State Park *Sur la route 30 à Poultney, 22 miles à l'Ouest. Prendre la route 4, sortie 4, puis la route 30 Sud. Ouvert du week-end de Memorial Day au week-end de Columbus Day ; $ 1.50.* & ¾ ⛺ ☎ *802/287-9148.*
Ce parc offre de nombreux aménagements : planche à voile, promenades, baignade, pêche, embarcadère pour bateau, aire de pique-nique et possibilités de camper.

ST. JOHNSBURY

7 608 h.

Cette petite ville commença à prospérer en 1830 quand un épicier du nom de Thaddeus Fairbanks inventa la bascule à plateaux et se lança dans sa fabrication. Depuis, les bascules Fairbanks furent expédiées dans le monde entier. Fortune faite, les Fairbanks, grands protecteurs de la ville, furent à l'origine de nombreuses réalisations comme le **Fairbanks Museum of Sciences** et le **St. Johnsbury Athenaeum** (collection de peintures du 19ᵉ s.).

L'autre grande activité de cette ville est l'exploitation du sirop d'érable.

Maple Grove Museum (musée de l'Érable) – *Sur la route 2. Visite guidée (15 mn.) du lundi au vendredi. $ 0.75.* ☎ *802/748-5141.*

Une visite guidée permet de découvrir le processus de la fabrication des sucreries à base de sirop d'érable. Une cabane à sucre et des films expliquent l'exploitation et la fabrication de ce sirop.

Excursions : *voir les itinéraires p. 178 et 179.*

Excursions : *voir les itinéraires p. 178 et 179.*

★★★ **SHELBURNE**

5 871 h.

La ville de Shelburne est formée de Shelburne Village, Shelburne Falls et Shelburne Harbor, trois paisibles communautés pastorales en bordure du lac Champlain, en vue des Adirondacks et des Green Mountains. Durant la grande époque de la navigation à vapeur, un chantier situé sur Shelburne Bay abritait des vaisseaux transportant sur le lac marchandises et passagers. Le SS Ticonderoga *(voir plus loin)*, le dernier de ces grands vapeurs, fut lancé en 1906.

Shelburne, longtemps station balnéaire, est de nos jours surtout célèbre pour son musée qui représente en quelque sorte la mémoire de la Nouvelle-Angleterre.

★★★ SHELBURNE MUSEUM *visite 1 journée*

Shelburne Museum est plus qu'un musée, c'est une « collection de collections », un ensemble de musées d'arts et traditions populaires, des transports, des Beaux-Arts... présentés dans 37 bâtiments répartis sur 40 ha au bord du lac Champlain.

Enseignes de bureau de tabac

From photo by Forwards Color Productions, Inc.

Le musée fut fondé en 1947 par **Electra Havemeyer Webb**. Fille des Havemeyer, collectionneurs célèbres pour leurs achats de peintures impressionnistes, elle se maria avec le riche Watson Webb qui avait une propriété à Shelburne.

Passionnée par les objets traditionnels et l'artisanat américain, elle passa sa vie à les rechercher. C'est pour abriter et présenter ses collections au public qu'elle décida de créer un musée sur le terrain de Shelburne. Elle acheta alors des bâtiments anciens qu'elle y fit installer. Dix ans plus tard, Shelburne possédait une église, une école, une prison, une boutique, plusieurs maisons, des granges et même un ferry boat, un phare, et une gare avec des trains. Chaque bâtiment eut son histoire, les transports furent souvent héroïques, mais aujourd'hui installés parmi les pommiers de Shelburne, ils composent un ensemble remarquable et abritent mille richesses.

VISITE

Ouvert de 9 h à 17 h de mi-mai à mi-octobre ; le reste de l'année visite guidée seulement (2 h) tous les jours à 13 h. Visite avec démonstrations le samedi à 11 h (sur réservation) $ 15. ♿ ✗ ☎ *802/985-3344.*

Nous décrivons ci-dessous les principaux bâtiments et collections du musée.

★★**Round Barn** – Construite en 1901, c'est l'une des rares granges rondes en bois subsistant dans le Vermont. Ce style de grange circulaire, à trois niveaux, était très répandu au tournant du siècle, avant le développement des technologies modernes. Le foin était chargé dans l'immense silo central depuis le niveau supérieur et les animaux, logés dans des étables et écuries autour du silo, au niveau central, pouvaient facilement être nourris par une seule personne. La grange contient du matériel agricole.

★**Circus Parade Building** – Ce bâtiment en fer à cheval a été construit pour abriter les extraordinaires figurines de Roy Arnold représentant sur 170 m une parade de cirque. Remarquer la diversité et la précision de leur réalisation.

Beach Gallery and Beach Hunting Lodge – Ces deux bâtiments sont consacrés à la vie dans la nature et à la chasse. On y voit des collections de peintures, de trophées, d'objets indiens.

★★**Shelburne Railroad Station** – Représentative des gares victoriennes du 19ᵉ s., la gare de Shelburne a gardé son charme d'antan avec son vieux tableau d'horaires et ses affiches proposant des excursions pour Montréal à $ 3. Sur les rails, on peut admirer le wagon Grand Isle offert au gouverneur du Vermont. Aménagé en appartement, il surprend par le luxe des décorations : débauche de velours et d'acajou.

★★SS Ticonderoga – Après plus de 50 ans de navigation sur le lac Champlain, le Ticonderoga a été sauvé de la démolition par le musée de Shelburne. Il fut transporté sur des rails depuis le lac. Sa visite permet de voir le luxe de ce bateau du début du siècle avec son argenterie, ses services marqués à son nom, ses divans en velours.

★★Colchester Reef Lighthouse (le Phare de Colchester) – Ce phare en pleine terre se trouvait autrefois sur un rocher au Sud de Grand Isle dans le lac Champlain. Il contient du scrimshaw *(voir p. 29)*, des figures de proue et de très belles collections de marines et de peintures, évoquant la vie des grands voiliers et des baleiniers.

Prentis House – Maison typique du début du 18e s.

★Stencil House – Elle doit son nom à la décoration au pochoir *(voir p. 28)* de ses murs et de ses meubles.

★★Tuckaway General Store – Ce bâtiment était le lieu de rencontre des habitants de Shelburne. On y trouve toutes les denrées possibles et imaginables, de la farine aux colifichets. Au-dessus de l'épicerie, les officines du barbier, du dentiste et du docteur contiennent leurs instruments de travail qui nous paraissent souvent barbares.
Accolée à la General Store, la boutique de l'apothicaire est une vaste pharmacie avec ses flacons, ses fioles, ses pilons, ses bouteilles.

Charlotte Meeting House – Cette ravissante église en brique a été remeublée avec des bancs fermés et de beaux panneaux en bois peints en trompe-l'œil.

Vermont House – Meublée comme la demeure d'un marin, cette maison est décorée de très beaux papiers peints français représentant un port.

★★★Horseshoe Barn – Cette grange en forme de fer à cheval, d'où son nom, abrite la splendide collection de voitures à cheval et de traîneaux qui appartenait à la famille de Watson Webb (ce fut la passion de son père).
Plus de 140 voitures sont exposées dans la grange et son annexe. On remarque au 1er étage les phaétons, les vis-à-vis, une superbe **berline** à l'intérieur décoré de satin, une calèche française, des omnibus...
Dans l'annexe : les diligences de Concord voisinent avec les voitures des colporteurs et les chariots des pionniers (conestage).

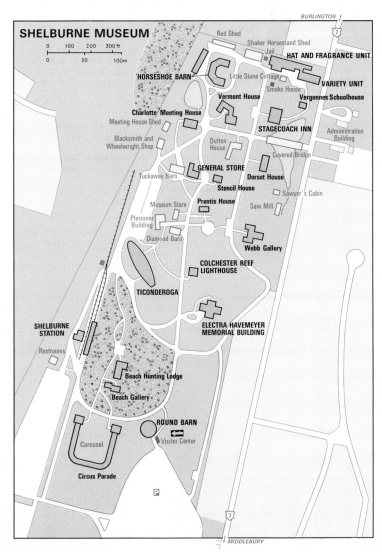

★★**Hat and Fragance Unit** – Dans cette grande maison sont présentées diverses collections dont la plus importante collection américaine de couvre-lits en patchwork ou brodés appelés quilts *(voir p. 28)*. Certains sont de véritables œuvres d'art.
Une belle série de robes du grand couturier parisien Worth, qui habillait les élégantes américaines du 19e s., voisine avec une pièce remplie de tapis à points noués aux dessins naïfs.

★★**Variety Unit** – C'est la seule maison qui se trouvait originellement sur le terrain du musée. Elle abrite des collections très diverses : étains, porcelaines, horloges, verres, une amusante série de pots à bière représentant des personnages. Au 1er étage, sont présentées des poupées de toutes sortes : en porcelaine, en bois, en papier mâché, en cire, en pommes séchées, en chiffons... ainsi que des automates et des boîtes à musique.

★**Vergennes Schoolhouse** – Cette petite école en brique datant de 1830 est inspirée du plan d'une église.
A l'intérieur, on a l'impression que les écoliers viennent tout juste de quitter leurs bancs.

★★**Stagecoach Inn** – Dans cette ancienne auberge-relais de poste est réunie une collection de sculptures en bois représentant des emblèmes ou des enseignes. On y voit de nombreux aigles, l'emblème américain, dont un immense provenant de la base marine de Portsmouth, des figures de proue, des Indiens de toutes tailles qui servaient d'enseignes aux débits de tabac, des girouettes. *(Pour plus de détails, voir p. 28.)*

★**Dorset House** – Plus de 1 000 appeaux en bois, bouchon, métal, sont exposés dans cette maison, ainsi que de beaux dessins d'Audubon. Certains de ces appeaux sont d'un réalisme admirable. Remarquer ceux de Elmer Crowell et de Joel Barber.

★**Webb Gallery** – Consacrée à la peinture américaine, cette galerie présente une grande diversité de styles : portraits primitifs de la période coloniale, naïfs (Grandma Moses), marines (Fitz Hugh Lane), tableaux de l'École de la Vallée d'Hudson.

★★**Electra Havemeyer Memorial Building** – Cette élégante maison dédiée à la fondatrice du musée fut construite en 1960 pour abriter l'intérieur de l'appartement new-yorkais des Webb. Sa visite permet d'apprécier leur goût. Admirer les boiseries georgiennes, les meubles français et la remarquable collection de peintures provenant des parents de Electra Webb dont deux portraits de Rembrandt, un de Goya et des tableaux de Manet, Degas, Corot, Monet et Mary Cassatt.

AUTRES CURIOSITÉS

Shelburne Farms – *Suivre Harbor Road, à l'Est du centre de Shelburne. Visite guidée (1 h 1/2) de Memorial Day à mi-octobre. $ 5.50 ☎ 802/985-8442. Le centre d'information est ouvert toute l'année.*
Ce domaine agricole appartint au riche financier **William Seward Webb** et à sa femme **Lila Vanderbilt Webb**, petite-fille du Commodore *(voir à Newport : les mansions)*.
Attirés par la beauté du site, ils acquirent le terrain et confièrent les travaux à l'architecte Robert Roberston et au paysagiste Frederic Law Olmsted. Bientôt les majestueux bâtiments de style Queen Anne s'élevèrent au milieu d'un superbe parc. Résidence familiale, cette propriété fut également une ferme modèle connue pour ses méthodes avancées en culture et en élevage.
Aujourd'hui, les principaux bâtiments, **Farm Barn** et **Coach Barn** abritent un centre expérimental. **Shelburne House**, vaste demeure de 110 pièces, avec **vues**★★ sur le lac Champlain et les Adirondacks, sert de cadre à des manifestations culturelles.

EXCURSION

Vermont Wildflower Farm – *Sur la route 7 à Charlotte. 15 miles au Sud. Visite de mai à octobre. $ 3. ♿ ☎ 802/425-3500. Spectacle audiovisuel (15 mn) sur les fleurs sauvages et les arbres.*
La visite de cette ferme permet de découvrir de nombreuses espèces de fleurs sauvages dont l'arum, l'aster, le rudbeckia et l'épervière orangée qui poussent ici en abondance. Des panneaux accompagnent chaque plante, expliquant leur histoire, leur utilisation, les légendes ou les anecdotes qui s'y rattachent.

GUIDES MICHELIN

Les guides Rouges (hôtels et restaurants) :
Benelux – Deutschland – España Portugal – main cities Europe – France – Great Britain and Ireland – Italia – Suisse.

Les guides Verts (paysages, monuments, routes touristiques) :
Allemagne – Autriche – Belgique Grand-Duché de Luxembourg – Canada – Espagne – France – Grande-Bretagne – Grèce – Hollande – Irlande – Italie – Londres – Maroc – New York – Nouvelle-Angleterre – Paris – Portugal – Le Québec – Rome – Suisse

... et la collection des guides régionaux sur la France.

Un village vermontois : Strafford

Quelques faits historiques

Sous ce chapitre en introduction, le tableau évoque les principaux événements de l'histoire de la Nouvelle-Angleterre.

★ STOWE — 3 433 h.

Niché au pied du Mt Mansfield, Stowe a gardé son allure de village vermontois avec ses maisons blanches et son clocher pointu. Cependant, les routes qui en partent, bordées d'un grand nombre d'hôtels, de motels, de restaurants, rappellent que Stowe est la plus célèbre station de ski de Nouvelle-Angleterre. Ses pistes sur les flancs du Mt Mansfield et de Spruce Peak reçoivent certains jours plus de 8 000 skieurs.
Stowe est un lieu de villégiature fort agréable. On peut y pratiquer de nombreux sports... ou se promener dans la région.

CURIOSITÉS *visite : 3 h*

Trapp Family Lodge – *Prendre la route 108 Nord pendant 2 miles puis tourner à gauche dans Trapp Family Road.*
Ce chalet tyrolien, construit par la famille Trapp rendue célèbre par plusieurs films dont *La mélodie du Bonheur* a brûlé en 1980. Il a été rebâti sur le même modèle.

★★**Mt Mansfield** – En raison de sa forme, il avait été surnommé par les Indiens « La montagne qui ressemble à une tête d'élan (original) ». De son sommet, le plus élevé du Vermont avec ses 1 339 m, on jouit, par temps clair, d'une **vue**★★ étendue sur la région : le lac Champlain et les Adirondacks à l'Ouest, Jay Peak et parfois Montréal au Nord, les White Mountains à l'Est.
Ses pentes sont sillonnées de pistes de ski et de sentiers de marche.
Pour accéder au sommet, il y a plusieurs possibilités :

Mount Mansfield Auto Road – *7 miles au Nord par la route 108.* A gauche s'embranche la route à péage qui monte au sommet (4,5 miles). *Ouverte de mi-mai à mi-octobre. $ 10 par voiture.* ♿ ✗ ☎ *802/253-3000.*

Mount Mansfield Gondola – *Ouvert de mi-mai à mi-octobre tous les jours ; le reste de l'année le week-end seulement. $ 9.50.* ☎ *802/253-3000.* Cette télécabine ne monte pas tout à fait au sommet qu'il faut gagner par un sentier court et difficile.

Pour les amateurs de marche, de nombreux sentiers de randonnées sillonnent les pentes de Mt Mansfield.

Bingham Falls – *Chemin à droite (difficile à trouver), 0,5 mile après l'Auto Road à droite.* C'est une succession de chutes à travers des chaos de rochers.

★★**Smugglers Notch** – *8 miles au Nord par la route 108.* La route entre Stowe et Jeffersonville monte soudain à travers un passage très étroit parsemé d'énormes blocs erratiques qu'elle contourne comme dans un jeu de quilles. Son nom signifie « le défilé des contrebandiers ». Lors de la guerre de 1812, tout un trafic d'alcool, de bétail, d'esclaves, du Canada aux États-Unis, empruntait ce passage.

WINDSOR
3 714 h.

Le Vermont fut baptisé dans ce petit village au bord du Connecticut en 1777. Son acte de baptême n'était autre que la constitution de cet État qui se déclarait alors République indépendante. Constitution d'avant-garde qui interdisait l'esclavage et prévoyait le suffrage universel.

Au 19ᵉ s., Windsor fut le berceau de plusieurs inventions comme la pompe hydraulique et le percolateur à café. Cette petite ville est aussi un centre de la machine-outil et l'**American Precision Museum** *(196 Main Street)* présente cette activité.

Dans Main Street se sont installés des galeries d'artisanat et quelques petits restaurants ; ce centre retrouve son aspect de petite ville vermontoise au fil des restaurations. Le **pont couvert de Windsor-Cornish,** le plus long (140 m) de Nouvelle-Angleterre, enjambe le Connecticut entre le Vermont et le New Hampshire.

Constitution House – *16 N Main Street. Visite de mi-mai à mi-octobre du mercredi au dimanche. $ 1.* & ☎ *802/672-3733.* En juillet 1777, les délégués se réunirent dans cette taverne et rédigèrent la constitution. Des collections d'objets, d'outils, d'artisanat évoquent l'histoire et les activités du Vermont.

★★ WOODSTOCK
3 212 h.

Une touche d'élégance citadine caractérise Woodstock depuis le 18ᵉ s., époque où elle fut choisie comme capitale du comté et siège d'un collège de médecine. Quelques fabriques artisanales s'y installèrent aussi et la prospérité des habitants leur permit de construire de beaux bâtiments publics et privés autour du green ovale et le long de Elm, Pleasant et Central Streets. Malgré la variété des matériaux utilisés : bois, brique, marbre, et la succession des styles, l'ensemble paraît homogène et harmonieux, mis en valeur par un beau cadre de collines boisées.

A la fin du 19ᵉ s., la découverte de sources minérales fit de Woodstock une station estivale. Puis en 1934, l'hiver prit le relais quand quelques skieurs eurent l'idée d'installer un câble tiré par un moteur de voiture sur les pentes de Suicide Six. On le baptisa pompeusement « le premier remonte-pente américain » ou moins respectueusement « le mange-mitaines ». Des équipements plus modernes desservent maintenant **Suicide Six.** En 1969, Lawrence Rockfeller inaugura la superbe **Woodstock Inn,** face au green, hôtel confortable qui fait de Woodstock un centre réputé de séminaires et de congrès. Très bien équipé au point de vue sportif, Woodstock est un remarquable lieu de séjour : possibilités de pratiquer golf, équitation, ski, tennis.

CURIOSITÉS *visite : 2 h*

Pour bien découvrir Woodstock, il faut se promener à pied le long de son green et de ses rues : Elm Street, Pleasant Street, traverser la rivière Ottaquechee par le nouveau pont couvert, flâner devant les boutiques et les galeries d'art de Central Street.

★**Green** – Étrange avec sa forme ovale, il est entouré de bâtiments de styles très variés dont la **Windsor County Courthouse** (style néo-classique) et la **Norman Williams Library** (style néo-roman).

★**Dana House Museum** – *26 Elm Street. Visite guidée (1 h). de mai à octobre. $ 3.50.* ☎ *802/457-1822.*
Construite par Charles Dana en 1807, cette maison fut occupée par ses descendants jusqu'en 1944. Elle contient de belles collections de meubles, d'horloges, de poupées et de robes de mariées (dont une de 1700).

★★**Bilings Farm and Museum** – *River Road. Suivre Elm Street, traverser le pont, puis 2 miles sur River Road. Visite de mai à octobre tous les jours de 10 h à 17 h ; De Thanksgiving Day au 1ᵉʳ janvier le week-end seulement, de 10 h à 16 h. $ 6.* & ☎ *802/457-2355.* Un montage audiovisuel (8 mn) est une bonne introduction à la vie paysanne dans le Vermont à la fin du 19ᵉ s.
Billings Farm est à la fois une ferme moderne et un musée retraçant la vie rurale dans le Vermont en 1890. La ferme fut créée en 1871 par un juriste, Frederic Billings, qui s'intéressait au reboisement de la région et à l'élevage de vaches jersiaises de pure race. Dans plusieurs granges restaurées, des outils, des instruments aratoires, du matériel agricole évoquent les travaux quotidiens.

EXCURSIONS

Quechee Gorge – *6 miles à l'Est sur la route 4.*
Du pont qui surplombe la rivière Ottaquechee, on a une vue impressionnante sur cette gorge étroite, profonde de 55 m.

Silver Lake State Park – *A Barnard. 10 miles au Nord par la route 12.*
Le parc possède une petite plage au bord du lac, une aire de pique-nique, et des terrains de camping agréablement situés dans une pinède.

Six **guides Verts Michelin** *sur l'Amérique du Nord :*
Canada
California *(en anglais)*
New York
Nouvelle-Angleterre
Le Québec
Washington *(en anglais)*

Renseignements
Pratiques

Androscoggin River, Gorham, NH

Photo by B. Grant

N.A.10

193

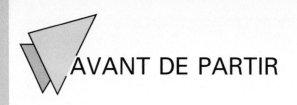

AVANT DE PARTIR

Pour organiser son voyage, rassembler la documentation nécessaire, vérifier certaines informations, s'adresser en premier lieu aux **Offices de Tourisme des États-Unis** :

Canada : Travel USA, PO Box 5000, Station B, Montréal, Québec H3B 4B5 – ☎ 514/861-5036. Renseignements, également, en composant le 1-900-451-4050.

France – Suisse : Office de Tourisme des États-Unis, BP 1 91167 Longjumeau Cedex 9 (uniquement par correspondance. Compter avec les délais d'acheminement).
En France, on pourra obtenir des renseignements ponctuels, par téléphone au (1) 42 60 57 15 du lundi au vendredi de 10 h à 17 h. Minitel : 3615 code USA.
En Suisse : Ambassade des États-Unis, Jubiläumstrasse 93, 3005 BERNE. ☎ 031/357 70 11 de 8 h 30 à 17 h 30.

Belgique : Office de Tourisme des États-Unis 350, Avenue Louise 1050 Bruxelles – ☎ 02/648 43 56.
Ambassade des États-Unis 27, boulevard du Régent 1000 Bruxelles – ☎ 02/513 38 30.

Adresse des Offices de Tourisme de Nouvelle-Angleterre :

Connecticut – State of Connecticut Department of Economic Development, 865 Brook St., Rocky Hill, CT 06067-3405 ☎ 800/282-6863.

Maine – Maine Publicity Bureau, 209 Maine Ave., Farmingdale, ME 04344 ☎ 800/533-9595.

Massachusetts – Massachusetts Office of Travel & Tourism, 100 Cambridge St., Boston, MA 02202 ☎ 800/447-6277.

New Hampshire – New Hampshire Office of Travel & Tourism Development, 172 Pembroke Rd., Box 856, Concord, NH 03302-0856 ☎ 603/271-2343.

Rhode Island – Rhode Island State Tourism Division, 7 Jackson Walkway, Providence, RI 02903 ☎ 800/556-2484, 2485.

Vermont – Vermont Department of Travel & Tourism, 134 State St., Montpelier, VT 05602 ☎ 802/828-3236.

LE VOYAGE

De France, Belgique, Suisse :

Heure locale – Le décalage horaire est de 6 heures (15 heures à Paris = 9 heures sur la côte Est. Ce décalage est de 7 heures en avril et 5 heures en octobre à cause des différents horaires d'été.

Avion – De très nombreuses compagnies desservent New York (La Guardia, JFK) et Boston (Logan International). Des lignes intérieures permettent ensuite de gagner les principaux aéroports de Nouvelle-Angleterre : Bradley International (Hartford, Connecticut), Bangor International (Bangor, Maine), Portland International (Portland, Maine) et T.F. Green State Airport (Providence, Rhode Island).
Se renseigner auprès de son agence de voyages afin de connaître les conditions en vigueur, les programmes de voyages organisés, les vols charters et d'une manière générale les vols à prix réduits.
La durée moyenne du vol, depuis Paris, est de 8 heures dans le sens France-Amérique et de 7 heures en sens inverse.

Bateau – La Cunard Line assure une liaison transatlantique. La traversée dure cinq jours à bord du merveilleux paquebot Queen Élisabeth 2. L'un des deux voyages peut s'effectuer en avion.
Pour les renseignements, s'adresser à la Cie Générale de Croisières, 2-4, rue Joseph-Sansbœuf 75008 Paris ☎ (1) 42 93 81 82. Fax : (1) 42 93 71 06.

Du Canada

Avion – Les aéroports canadiens sont reliés à Boston, Portland et Bangor. S'adresser auprès des agences de voyages.

Route – Une liaison autoroutière relie Montréal à l'État du Vermont via Rock Island. Une route (173) met Québec en liaison avec le Maine.
La plupart des villes de Nouvelle-Angleterre sont desservies par les lignes des grandes compagnies de bus : Greyhound, Bonanza et Peter Pan. Consulter la gare routière locale pour les horaires et tarifs.

Train – La compagnie de chemin de fer AMTRAK dessert Springfields et New Haven à partir de Montréal (Bureau dans la gare centrale de Montréal).

De New York

Avion – Une navette (Shuttle) décollant de La Gardia, dessert Boston toutes les heures.

Bus – Des bus (Greyhound, Bonanza) relient New York à la plupart des villes de Nouvelle-Angleterre : ils partent de Port Authority Building (8e Avenue, 41e Rue).

Train – AMTRAK dessert les villes le long de la côte entre New York et Boston ainsi que Montréal. A New York, les trains partent de Pennsylvania Station. Compter 4 heures de New York à Boston (400 km) par le train le plus rapide.

*Les **guides Verts Michelin** sont périodiquement révisés.*
L'édition la plus récente assure la réussite de vos vacances.

INFORMATIONS GÉNÉRALES

Formalités d'entrée – Les Canadiens doivent fournir une preuve de leur identité, passeport ou à défaut un certificat de naissance (le permis de conduire ne suffit pas). Les ressortissants français sont dispensés de visa à condition de présenter un billet aller-retour, un passeport en cours de validité et de ne pas prévoir un séjour de plus de 90 jours. Un formulaire de demande d'exemption de visa (I – 94 W), remis par la compagnie de transport, est à remplir.
Le visa est toujours nécessaire pour certaines catégories de voyageurs comme les étudiants. En cas de doute, se renseigner auprès de l'ambassade (4, avenue Gabriel, 75008 Paris) ou des consulats (Paris, Bordeaux, Marseille, Strasbourg).
Les ressortissants belges doivent, de même, présenter un passeport en cours de validité.

Douanes – Il est interdit d'introduire sur le territoire des États-Unis des produits alimentaires comme charcuterie, viande et fromages.
Certains médicaments contenant des narcotiques sont interdits (sauf sur ordonnance... à faire traduire en anglais avant le départ).
Pour les animaux domestiques (chiens) : vaccin antirabique de plus d'un mois et de moins d'un an.

Devises – Le dollar se divise en 100 cents. 5 cents = 1 nickel, 10 cents = 1 dime, 25 cents = 1 quarter. Il n'est pas nécessaire de circuler avec beaucoup d'argent liquide. Les **travellers chèques** en dollars sont très pratiques, en petites coupures (10, 20 ou 50 dollars). Ils s'utilisent comme des billets de banque. Les **cartes de crédit** (American Express, Diners Club, Carte Bleue Internationale VISA...) sont acceptées pratiquement partout.

Les assurances – Il est fortement conseillé de souscrire une assurance individuelle car les frais médicaux aux États-Unis sont très élevés.
Carte Santé U.S.A.-CANADA 26, rue de la Rochefoucauld – 75009 Paris ☎ 48 78 11 88.
Europ Assistance (États-Unis) 23, 25, rue Chaptal – 75445 Paris Cedex 09 ☎ 42 85 85 85.
Mondial Assistance 8, place de la Concorde – 75518 Paris Cedex 08 ☎ 42 57 12 22.

Jours fériés :

1er janvier : New Year's Day	2e lundi d'octobre : Columbus Day
3e lundi de février : Washington's Birthday	11 novembre : Veteran's Day
dernier lundi de mai : Memorial Day	4e jeudi de novembre : Thanksgiving Day
4 juillet : Independance Day (fête nationale)	25 décembre : Christmas Day
1er lundi de septembre : Labor Day	

Fêtes spéciales célébrées par certains États :

15 janvier : Martin Luther King Day (Conn.)	3e lundi d'avril : Patriot's Day (Massach.)
12 février : Lincoln's Birthday (Vermont)	dernier lundi d'avril : Fast Day (N.H.)

Fêtes traditionnelles – Deux fêtes sont particulièrement importantes aux États-Unis : **Thanksgiving,** la fête d'actions de grâces est l'occasion de se réunir en famille autour de la dinde farcie servie avec de la gelée de canneberge. **Halloween,** le 31 octobre, veille du jour de tous les saints, la fête des farces et des déguisements, s'accompagne de tout un folklore dont les fameuses jacs-o'-lanterns, citrouilles creusées et sculptées en forme de visage dans lesquelles on place une bougie. Ces traditions expliquent les étalages de citrouilles, de courges qui bordent les routes de Nouvelle-Angleterre en octobre.

Heures de visite – La plupart des visites sont guidées (en anglais). Les curiosités sont toujours fermées pour Thanksgiving, Noël et jour de l'An.

Heures d'ouverture

Banques : 9 h à 15 h	Centres commerciaux : 9 h à 21 h
Magasins : 9 h à 17 h ou 18 h	Postes : 8 h à 17 h (12 h le samedi)

Téléphone – Indicatifs pour les États de Nouvelle-Angleterre : Connecticut (203) ; Maine (207) ; Massachusetts Est (617), Ouest (413) ; New Hampshire (603) ; Rhode Island (401) ; Vermont (802). *Les numéros ayant pour indicatif 800 sont gratuits.*
France vers les États-Unis : 19 + 1 + Code ville + Numéro du correspondant.
États-Unis vers la France : 011 + 33 + Numéro du correspondant.

La voiture – Elle reste le meilleur moyen de découvrir la Nouvelle-Angleterre, la beauté de ses campagnes, ses forêts ou ses côtes.

Permis de conduire – Le permis de conduire national, de plus d'un an, est valable.

Location de voiture – Principales sociétés avec leur numéro de téléphone aux États-Unis :

Avis 800/331-1212	**Thrifty Rent-A-Car** 800/331-4200
Budget Rent-A-Car 800/527-0700	**National** 800/328-4567
Hertz 800/654-3131	

On peut, bien sûr, réserver une voiture depuis l'Europe. S'adresser à son agence de voyages.
Le gabarit moyen des voitures américaines est toujours supérieur à celui des voitures européennes, mais la différence s'est quelque peu atténuée au cours des dix dernières années.
Les voitures de location sont toutes automatiques. L'air conditionné est également de rigueur et ces voitures sont souvent équipées d'auto-radio et de lecteur de cassettes.

Ce qu'il faut savoir avant de louer une voiture :
- Il faut posséder une **carte de crédit** de type Visa, American Express ou MasterCard/Eurocard : elle sert en effet de caution.
- Les locations se font à la journée, à la semaine ou au mois. Le kilométrage est souvent illimité (unlimited mileage).
- Les prix varient énormément d'une compagnie à l'autre. Se renseigner avant de louer.
- Les visiteurs ayant l'intention de conduire leur voiture de location hors de l'État où s'est faite la location initiale *(out-of-state)* ou de sortir du pays (Canada) devront payer un supplément.
- Si on rend sa voiture dans une ville autre que celle d'origine il faudra payer une prime de rapatriement *(dropp-off-charge).*

– Attention : le prix de location ne couvre pas l'assurance collision. Prendre auprès de la compagnie une assurance tous risques.

– Seule la personne ayant signé le contrat de location est autorisée à conduire le véhicule. Si d'autres personnes sont amenées à le conduire, régler une prime journalière supplémentaire.

La circulation en automobile – On roule à droite et la réglementation est à peu près la même qu'en France à deux exceptions près :

– Il n'y a pas de priorité à droite.

– Les bus scolaires (les « schools buses » jaunes) ont toujours la priorité et l'on ne doit ni les dépasser, ni les croiser quand ils s'arrêtent pour déposer les enfants.

Les routes – La Nouvelle-Angleterre est parcourue par un réseau d'autoroutes, certaines fédérales, les **Interstates**, d'autres d'État comme Massachusetts Turnpike. Les **turnpikes et toll roads** sont à péage. Les routes sont désignées par un numéro et leur direction par une lettre : E pour Est, W pour Ouest, N pour Nord et S pour Sud. Les numéros pairs sont réservés aux routes Est-Ouest et les numéros impairs aux routes Nord-Sud. Les limitations de vitesse sont très strictes : 55 miles/h (88 km/h) sur les autoroutes, 20 à 55 miles/h (50 à 88 km/h) sur les autres routes. Les contrôles sont fréquents.

Attention à ne rien jeter à l'extérieur de votre véhcule. Les panneaux s'intitulant « Fine for litter » (amende pour dégradation) préviennent de la somme à payer en cas d'infraction.

L'essence – Moins chère qu'en Europe, son prix varie d'État à État. La moyenne nationale est d'environ $ 1-$ 1,20 le gallon (= 3,785 litres). L'essence sans plomb *(unleaded)* est obligatoire pour les véhicules de fabrication récente. Il en existe trois sortes : regular (la moins chère), midgrade, premium.

HÉBERGEMENT

Confort – Les chambres de motels et d'hôtels ont toujours une salle de bains et un téléviseur... Dans les auberges, on profite souvent plus du cachet que du confort.

Les Bed and Breakfast (B & B) – Chambres chez l'habitant. Elles sont surtout économiques dans les régions urbaines. Le prix varie de $ 50 à $ 200 pour une chambre double avec petit déjeuner, qui peut être très copieux. Pour avoir les adresses, se renseigner auprès de l'Office de Tourisme de l'État.

Les motels – C'est le type d'hébergement le plus courant. Ils sont installés aux abords des grandes villes, aux croisements des autoroutes et le long des routes touristiques. Certaines chaînes de motels se retrouvent dans toute la Nouvelle-Angleterre comme Susse Chalet (bon marché et propre) et Best Western. Les motels ne comprennent en général pas de restaurant.

Les hôtels – Les hôtels de style Hilton, Sheraton, Holiday Inn sont souvent situés au centre des villes. Confortables, ils offrent de nombreux services (teinturerie, billetterie...) mais leur prix est plus élevé.

Les auberges – Elles proposent un accueil chaleureux et une nourriture soignée. Elles sont installées dans des maisons anciennes décorées d'antiquités, situées dans de beaux villages. Les prix varient selon leur confort : de $ 50 à $ 150 par jour pour une chambre individuelle. Pendant les périodes touristiques, il faut réserver à l'avance.

Les systèmes de pension – **European Plan** : chambre seulement ; **American Plan** : pension complète ; **Modified American Plan** : demi-pension.

Réservations – Les réservations par téléphone garantissent la chambre jusqu'à 18 h. Si l'on n'est pas sûr d'arriver avant cette heure, il faut envoyer des arrhes (deposit) ou laisser le numéro de votre carte de crédit.

Resorts – Ce mot désigne des lieux de séjour, des stations de villégiature ou de ski, ou de très grands hôtels, qui offrent de nombreuses activités : spectacles et sports.

Campings – Le camping sauvage est interdit aux États-Unis, mais de nombreux terrains de camping sont très bien aménagés, notamment dans les parcs d'État.

Courant électrique – Il est en 110/115 volts et en 60 périodes. Un adaptateur est nécessaire pour utiliser des appareils européens.

Les taxes d'État

Aux États-Unis, la T.V.A. n'est pas comprise dans les prix étiquetés sauf pour les cigarettes et les alcools. Elle est ajoutée au moment de payer et varie selon les États.

État	Taux général	Chambres d'hôtels	Restaurants	Exemptions
Connecticut	6 %	12 %	6 %	Vêtements pour une valeur inférieure à $ 50. Nourriture
Maine	6 %	7 %	7 %	Nourriture
Massachusetts	5 %	5,7 %-9,7	5 %	Vêtements pour une valeur inférieure à $ 50. Nourriture
New Hampshire	–	8 %	8 %	–
Rhode Island	7 %	12 %	7 %	Vêtements et nourriture
Vermont	5 %	8 %	8 %	Nourriture

RESTAURATION

Les trois repas principaux :

Breakfast : Plus copieux que le petit déjeuner français. Traditionnellement composé de **jus de fruit** *(orange juice ou grapefruit juice)* ; œufs au bacon, brouillés *(scrambled)* ou au plat *(sunny-side up)* ; **saucisses** *(link sausages ou patty sausages)* ; céréales, servies chaudes *(catmeal)* ou froides *(corn flakes)*, mélangées à du lait froid (on y ajoute parfois des fruits secs ou frais) ; **pancakes,** crêpes épaisses arrosées de sirop d'érable *(maple syrup)*, gaufres *(waffles)* ; toast (tranche de pain de mie au beurre et/ou à la confiture) ou **French toast** (sorte de pain perdu arrosé de sirop d'érable) ; *hash browns* (galettes de pomme de terre) ; *English muffins* (petits pains rond et prêts servis chauds, que l'on tartine de beurre ou de confiture ou que l'on mange avec des œufs) ; *doughnuts* (beignets à la confiture, au chocolat ou nature) ; *bagels* petits pains en couronne grillés, souvent accompagnés de fromage à la crème et/ou de saumon fumé *(lox)* ou sur lesquels on étale du beurre et/ou de la confiture) ; thé ou café (très léger).

Lunch : Rapide et léger. Se prend chaud (hot-dog ou hamburger + frites, sandwich, croissant fourré ou combinaison quiche-soupe, par exemple) ou froid (sandwich, salade) ; souvent accompagné d'une boisson gazeuse *(soda)*.

Dinner : Repas le plus copieux de la journée. Se prend généralement plus tôt qu'en France (entre 5 et 7 heures).

Remarques : De plus en plus populaire, la formule *all-you-can-eat* (on se sert autant de fois qu'on le désire) – proposée dans beaucoup de restaurants familiaux – permet de faire un repas de midi ou du soir (ou même un petit déjeuner) généralement équilibré et relativement peu coûteux. Deux sortes : *all-you-can-eat buffets* (salade composée et/ou salade de fruits, soupe, viande, choix de légumes et dessert) ou simplement *salad bars* (formule végétarienne : salade composée et/ou salade de fruits et soupe à volonté). Les assaisonnements de salade *(salad dressings)* sont variés ; les plus courants : *Blue cheese* (au goût de Roquefort), *French* (sucré, à base de tomates), *Italian* (vinaigrette aux fines herbes), *Ranch* (à base de crème aigre) et *Thousand Islands* (mélange de mayonnaise épicée et de ketchup).

Les **sandwiches** américains sont assez élaborés. Ils se composent le plus souvent d'un mélange de viande (jambon, poulet, dinde, rosbif ou corned-beef, plus rarement poisson), fromage, crudités, moutarde ou mayonnaise, cornichons *(pickles)*, le tout servi entre deux tranches de *White bread* (pain de mie blanc), *wheat bread* (pain de froment), *rye bread* (pain de seigle), *pumpernickel* (pain de seigle noir) ou *Kaiser roll* (petit pain rond). Quant aux fameux *submarine sandwiches* ou *subs*, ils se composent d'un pain long et mince dont l'aspect rappelle les baguettes françaises.

Le dimanche, les Américains aiment parfois combiner petit déjeuner et déjeuner. Il s'agit alors du **Brunch** *(breakfast + lunch)*, repas « hybride » pris en fin de matinée (généralement au restaurant). Aux éléments traditionnels d'un petit déjeuner nord-américain (œufs et bacon par exemple) se mêlent des aliments que l'on servirait d'ordinaire à midi (salades, par exemple, ou même poisson).

Les Américains ont tendance à grignoter à longueur de journée. Omniprésents, les distributeurs automatiques *(vending machines)* proposent une grande variété de petits en-cas *(snacks)* dont la qualité nutritive laisse souvent à désirer : bretzels, chips *(potato chips ou tortilla chips, à base de maïs)*, barres de chocolat *(candy bars)*, gâteaux sucrés (les fameux *Twinkies*, biscuits de Savoie fourrés à la crème, en sont un « bon » exemple), pop-corn (les grains de maïs étant souvent caramélisés ou arrosés de beurre). Les plus soucieux de leur ligne préféreront croquer des morceaux de céleri ou de carotte, ou manger quelques fruits secs.

L'alimentation américaine :

Quelques mets particulièrement « typiques » (mis à part les hamburgers et les hot-dogs) :
– le **corn on the cob**, épis de maïs servi chaud, arrosé de beurre,
– le **T-bone steak**, double entrecôte le plus souvent énorme, volontiers accompagnée de pommes de terre au four. La viande de bœuf américaine est d'ailleurs excellente ; on la sert *rare* (saignante), *medium* (à point) ou *Well done* (bien cuite),
– les **barbecued spareribs,** côtelettes de porc (échine) cuites au barbecue et généralement servies avec des *baked beans* (haricots blancs à la sauce tomate, au goût assez sucré),
– le **poulet frit** *(fried chicken)*.
– le sandwich au beurre de cacahuète et à la confiture *(peanut butter and jelly sandwich)* ; cette étrange composition constitue le déjeuner de prédilection des écoliers,
– la **pizza** : le choix de *toppings* (garniture) est impressionnant,
– pour les plats typiques de Nouvelle-Angleterre (homard grillé au feu de bois, soupe de palourdes, etc.), se reporter au chapitre gastronomie en introduction.

Les Américains ont un goût prononcé du sucré *(sweet-tooth)*. Le sucre est donc présent (en quantités parfois effarantes) non seulement dans les boissons (une canette de Coca-Cola contient par example 39 g de sucre !) et les desserts, mais aussi dans les aliments salés comme le *cole-slaw* (sorte de salade de chou cru), la salade de pomme de terre *(potato salad)*, la *Waldorf salad* (mélange de pommes, de raisins secs et de raisins frais, de céleri, de noix et... de guimauves, le tout assaisonné de mayonnaise) ou les *pasta salads* (salades de pâtes).

Quelques desserts typiquement américains : *apple pie* (tarte aux pommes, servie chaude, parfois accompagnée de glace à la vanille ; il s'agit alors d'une tarte aux pommes *à la mode*), *cheesecake* (gâteau au fromage blanc), *pecan pie* (tarte aux noix), *jello* (gélatine colorée parfois servie avec une sorte de crème Chantilly), *chocolate chip cookies* (petits gâteaux secs aux perles de chocolat), *brownies* (gâteaux au chocolat et aux noix), *sundae* (coupe glacée Chantilly), *milk shake* (lait frappé parfumé) ou *ice-cream soda* (glace mélangée à une boisson gazeuse).

Quelques condiments : *ketchup* (les Américains trempent volontiers leurs frites dans cette sauce tomate) ; *yellow mustard* (moutarde jaune plutôt sucrée) ; mayonnaise (omniprésente) ; *steak sauce ; barbecue sauce ; hot sauce* (sauce forte) ; cornichons sucrés *(gherkins)* ou amers *(dills)*.

Quelques expressions à retenir : *junk food* (aliments vite prêts, sans valeur nutritive) ; *health food* (aliments naturels, produits diététiques) ; *diet food* (produits de régime) ; *TV dinners* (plateaux-repas combinant légumes, viande et dessert) ; *à la mode* (boule de glace à la vanille accompagnant un dessert).

Tendances actuelles : L'Amérique semble aujourd'hui s'être lancée à corps perdu dans la gastronomie et la célébration des *gourmet food*, c'est-à-dire des aliments bien préparés et de bonne qualité. Contrairement à beaucoup d'idées préconçues, les occasions de bien manger aux États-Unis ne manquent pas. Terre d'immigrants, l'Amérique offre en effet une *incroyable variété de spécialités* culinaires de plus en plus populaires : cuisine japonaise, italienne (du Nord), chinoise, indienne ou *Tex-Mex* (influences texanes et mexicaines), par exemple. On observe donc, depuis plusieurs années déjà, la prolifération de bons et parfois même d'excellents restaurants dans les grandes villes et principaux centres de villégiature.
– Préoccupations diététiques de plus en plus importantes (*eating light* = prendre un repas léger), d'où l'apparition sur les menus d'un choix de plus en plus varié de mets « basses calories » *(low-calorie)*.
– L'utilisation de plus en plus courante d'aliments ou ingrédients *sugar-free* (sans sucre), *low-fat* ou *fat-free* (sans matières grasses ou presque), ou de produits de remplacement.
– la popularité grandissante des salades composées et des menus végétariens.

Les boissons :

Boissons non alcoolisées : boissons gazeuses (*carbonated drink* ou *soda* ou *soft drink*) : les Américains en font une consommation impressionnante. Ces boissons, très sucrées, sont systématiquement servies avec des glaçons (beaucoup de glaçons !) et existent souvent en version *caffeine-free* (sans caféine). Quelques marques ayant la faveur du public : *Coca-Cola* (Coke), *Pepsi-Cola* (Pepsi), *Seven Up, Sprite, Dr Pepper, Fresca*. De nombreux parfums possibles : cola, lemon-lime (citron ou citron vert), *cherry* (cerise), *grape* (raisin), *orange*, etc. Noter aussi une boisson très particulière : la *root beer*, sorte de limonade à base d'extraits végétaux (plus précisément à base de salsepareille) ; quelques marques de root beer : *Hires, A & W, Barq, IBC*.

Autres : les *juices* (jus de fruits ou de légumes, comme par exemple le V8, à base de tomate et de céleri) ; le *Kool-Aid*, sorte de Grenadine aux couleurs (artificielles) les plus étranges (très appréciée des enfants) ; très courant : le thé glacé *(iced tea)*, sucré *(sweetened)* ou non *(unsweetened)* ; les eaux minérales *(mineral water)*, souvent importées.

Remarques : les restaurants servent souvent, en plus de la boisson de votre choix, un verre d'eau (du robinet) glacée pour accompagner votre repas. Mot à retenir : *straw* (paille).

Boissons alcoolisées :

Quelques bières américaines : *Budweiser, Busch, Coors, Michelob, Miller, Samuel Adams* (considérée par beaucoup comme la meilleure bière américaine).
Les bières américaines sont généralement plus légères et moins alcoolisées que les bières européennes. Une nouvelle sorte de bière, d'une teneur en alcool plus élevée, vient cependant de sortir : on la nomme *Ice Beer*.
Les bars et restaurants proposent également de la bière pression (*on tap* ou *draft*) servie dans un verre ou dans un *pitcher* (1,5 l environ). La bière se consomme *très froide*.

Quelques vins : La Californie produit sans aucun doute les meilleurs vins américains. Notons tout de même les vins moins connus de la région des Grands Lacs, le *Bully Hill*, de l'État de New York et les vins du Maine.

Les restaurants :

– les *fast-food* (restauration rapide, « prêt-à-manger ») : souvent identiques jusque dans les moindres détails. Produits bon marché. Consommation sur place *(for here)* ou à emporter *(to go)*. On peut même, dans certains cas, passer sa commande sans sortir de sa voiture (il s'agit alors des *drive-in*). Quelques noms : Arby's, Burger King, Church's Fried chicken, Dairy Queen, Hardee's, Kentucky Fried Chicken (KFC), McDonald's, Popeye's, Subway Sandwich, Taco Bell (spécialisé dans les plats mexicains), Wendy's,
– les *family restaurants* et les *steak houses* : chaînes de restaurants (régionales ou nationales) offfrant généralement un bon rapport qualité-prix. Quelques noms : Denny's, Howard Johnson's, International House of Pancakes (IHOP), Pizza Hut, Red Lobster, Ryan's, Shoney's,
– les *Delicatessen* ou *Delis* : sortes d'épiceries-fines traiteurs, où l'on peut parfois s'asseoir et consommer sur place. Les supermarchés ont souvent un rayon *deli* permettant d'acheter charcuterie et plats cuisinés de bonne qualité,
– les *dinners* : ces petits restaurants (reconnaissables à leurs banquettes de skaï et leurs comptoirs en formica) étaient surtout très populaires dans les années 50.
Remarques : il est pratiquement possible de manger à n'importe quelle heure aux États-Unis. Deux expressions utiles : *smoking section* (section fumeurs) ; *non smoking section* (section non fumeurs).
Il est recommandé de laisser un pourboire *(tip)* de 15 %.
Les portions servies dans les restaurants sont souvent copieuses. Il est donc tout à fait accepté (même dans les restaurants chics) de demander un *doggie-bag*, c'est-à-dire un petit sac pour emporter les restes.
Certains restaurants (restaurants chinois et pizzerias en particulier) livrent parfois à domicile *(home delivery)* ou même à l'hôtel où vous séjournez, sur simple commande par téléphone. Le paiement se fait alors à la livraison.

Sentiers pédestres *(Hiking trails)* – La Nouvelle-Angleterre est parcourue par des centaines de kilomètres de sentiers pédestres dont l'**Appalachian Trail,** qui traverse toute la Nouvelle-Angleterre avant de continuer jusqu'en Géorgie, et le **Long Trail** dans le Vermont. Dans ce guide, des promenades de 1 h à 4 h sont décrites dans les différentes régions (Berkshires, White Mountains, Housatonic, Acadia...).

Sports d'hiver *(Ski)* – L'hiver, les nombreuses stations de ski du Vermont, du New Hampshire et du Maine attirent des skieurs de toute la côte Est.

Navigation de plaisance *(Sailing ou cruising)* – Particulièrement développée sur les côtes du Rhode Island (Newport), du Massachusetts (Cape Cod, Marblehead) et du Maine (Boothbay Harbor, Camden, Acadia...), la navigation de plaisance trouve un cadre idéal dans cette région. De nombreuses goélettes à deux ou trois mâts ont été transformées en bateau-charter (windjammer), proposant des croisières de quelques jours.

Descentes de rapides *(raft trips)* – Dans le Maine, sur les rivières Penobscot et Kennebec, des descentes d'une journée sont proposées par Eastern River Expeditions, PO Box 1173, Greenville ME 04441 – ☎ 207/695-2411 et Northern Whitewater Expeditions, PO Box 100, The Forks ME 04985 – ☎ 207/663-2271.

Chasse, pêche, randonnée et camping, se renseigner auprès des adresses suivantes pour plus de renseignements :

Connecticut – Department of Environmental Protection, Communications Division, State Office Building, Hartford, CT 06106 ☎ 203/566-5599.

Maine – Department of Inland Fisheries and Wildlife, 284 State St., Augusta, ME 04333 ☎ 207/287-2871. Superintendent, Acadia National Park, PO Box 177, Bar Harbor, ME 04609 ☎ 207/288-3338.

Massachusetts – Division of Fisheries & Wildlife, 100 Cambridge St., Boston, MA 02202 ☎ 508/792-7270.

New Hampshire – Fish and Game Department, 2 Hazen Dr., Concord, NH 03301 ☎ 603/271-3421.

Rhode Island – Division of Fish and Wildlife, Government Center, Tower Hill Rd., Wakefield, RI 02879 ☎ 401/489-3094.

Vermont – Department of Fish and Wildlife, 103 S. Main St., 10 South Bldg, Waterbury, VT 05671-0501 ☎ 802/244-7331. Green Mountain National Forest Supervisor, GMNF, PO Box 519, Rutland, VT 05701 ☎ 802/773-0300. Agency of Natural Resources. Dept of Forests, Recreation and Parks, Division of Parks, Waterbury, VT 05676 ☎ 802/244-8711.

Appalachian Trail Conference – PO Box 807, Harpers Ferry, West Virginia 25425 ☎ 304/535-6331.

Appalachian Mountain Club – 5 Joy St., Boston, MA 02108 or Pinkham Notch Visitor Center, PO BOX 298, Gorham, NH 03581. ☎ 617/523-0636.

The Green Mountain Club – Route 100, RR 1 Box 650, Waterbury Center, VT 05677 ☎ 802/244-7037.

United States Forest Service – 719 Main St., PO Box 638, Laconia, NH 03247 ☎ 603/528-8721.

United States Geological Survey Map Distribution, Box 25286, Federal Center, Denver, Colorado 80225 ☎ 800/872-6277.

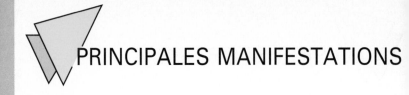

PRINCIPALES MANIFESTATIONS

Printemps

début mars	New England Spring Flower Show	*Boston (MA)*
3e lundi d'avril	The Boston Marathon	*Boston (MA)*
	Patriot's Day Celebrations	*Lexington & Concord (MA)*
mai-juin	Art of the Northeast	*New Canaan (CT)*
mi-mai, juillet et septembre	Brimfield Antique Flea Market	*Brimfield (MA)*
mi-mai	Dogwood Festival	*Fairfield (CT)*
fin mai-mi-juin	Gaspee Days Festival	*Cranston and Warwick (RI)*
début juin	Festival of Historic Houses	*Providence (RI)*

Été

mi-juin-août	Williamstown Theater Festival	*Williamstown (MA)*
2e quinzaine de juin	American CraftsFair	*West Springfield (MA)*
fin juin	St Peter's Fiesta-Blessing of the Fleet	*Gloucester (MA)*
	Block Island Race Week	*Block Island (RI)*
début juillet	Harborfest	*Boston (MA)*
	International Tennis Hall of Fame Grass Court Championships	*Newport (RI)*
juillet-août	Jacob's Pillow Dance Festival	*Becket (MA)*
début juillet	Riverfest	*Hartford (CT)*
chaque vendredi en juillet et août	Pilgrim Progress Procession	*Plymouth (MA)*
juillet-août	Tanglewood Music Festival	*Lenox (MA)*
mi-juillet à mi-août	Marlboro Music Festival	*Marlboro (VT)*
premier week-end qui suit le 4 juillet	Schooner Days	*Rockland (ME)*
mi-juillet	Historic Homes Tour	*Litchfield (CT)*
	Windjammer Days	*Boothbay Harbor (ME)*
	Newport Music Festival	*Newport (RI)*
2e quinzaine de juillet, début août	Mozart Festival	*Burlington (VT)*
mi-juillet	Vermont Quilt Festival	*Northfield (VT)*
fin juillet	Friendship Sloop Days	*Boothbay Harbor (ME)*
	Blessing of the Fleet	*Galilee (RI)*
fin juillet	Black Ships Festival	*Newport (RI)*
début août	Lobster Festival	*Rockland (ME)*
mi-août	Mystic Outdoor Art Festival	*Mystic (CT)*
	Retired Skipper's Race	*Castine (ME)*
fin août	Craftsmen's Fair	*Mt. Sunapee State Park (NH)*

Automne

Septembre	Rhode Island Tuna Tournament	*Galilee (RI)*
mi-septembre	Eastern States Exposition	*West Springfield (MA)*
mi-septembre à mi-octobre	Stratton Mountain Arts Festival	*Stratton (VT)*
fin septembre	Banjo Contest	*Craftsbury Common (VT)*
fin septembre-début octobre	Northeast Kingdom Fall Foliage Festival	*Northeast Kingdom (VT)*
mi-octobre	Fall Foliage Festival	*Warner (NH)*
semaine d'Halloween	Haunted Happenings	*Salem (MA)*
4e jeudi de novembre	Thanksgiving Day Celebration	*Plymouth (MA)*

Hiver

mi-janvier	Annual Winter Carnival	*Stowe (VT)*
Février	Dartmouth Winter Carnival	*Hanover (NH)*
1re quinzaine de février	World Championship Sled Dog Derby	*Laconia (NH)*

QUELQUES LIVRES

OUVRAGES SUR LES ÉTATS-UNIS

En français

Histoire des États-Unis par Robert Lacour-Gayet *(Fayard)*
Histoire des États-Unis par René Remond *(Que sais-je ? P.U.F.)*
La Littérature américaine par Jacques-Fernand Cahen *(Que sais-je ? P.U.F.)*

En anglais

A history of American Art par Daniel M. Mendelowitz *(Holt Rinchart and Winston Inc.)*
The Flowering of American Folk Art par Jean Lipman et Alice Winchester *(Penguin Books New York)*

OUVRAGES PROPRES A LA NOUVELLE-ANGLETERRE

En français

La Nouvelle-Angleterre – Collection des grandes étendues sauvages *(Éditions Time Life)*
Boston *(Éditions Autrement)*
Francos de Nouvelle-Angleterre *(Éditions Belles Lettres)*

Romans

Moby Dick par Herman Melville *(Folio, Gallimard)*
La Lettre écarlate par Nathaniel Hawthorne *(Gallimard)*
Les Quatre Filles du docteur March par Louisa May Alcott
Les Bostoniennes par Henry James

En anglais

Histoire – Art – Géographie – Économie

How New England Happened par Christina Tree *(Little Brown and Compagny, Boston)*
A guide to New England's Landscape par Neil Jorgensen *(Barre Publishing co. Inc., Barre, Mass.)*
The New England States par Neal R. Peirce *(W.W. Norton and Compagny Inc., New York)*

Guides pratiques

Hôtels et restaurants

Mobil Travel Guide Northeastern States *(Rand Mc Nally and company)*
American Automobile Association Tour Books

Auberges

A Guide to the Recommended Country Inns of New England par Suzy Chapin and Elizabeth Squier *(Globe Pequot Press Inc., Chester, Connecticut, 1987)*
Country Inns and Back Roads *(Berkshire Traveller Press)*
Bed and Breakfast in New England par Bernice Chester *(Globe Pequot Press, Inc., Chester, Connecticut 1987)*

Randonnées pédestres

Collection Fifty Hikes (par État) *(New Hampshire Publishing Company)*
Guides de l'Appalachian Mountain Club *(AMC guides)*

FILMS

Les Sorcières de Salem, d'après la pièce d'Arthur Miller
Les Européens et Les Bostoniennes de James Ivory d'après les romans de Henry James.

Librairies et bibliothèques spécialisées, à Paris

Attica : 34, rue des Écoles, 75005, ☎ 43 26 09 53
Shakespeare and Co : 37, rue de la Bûcherie, 75005
Galignani : 224, rue de Rivoli, 75001, ☎ 42 60 76 07
Brentano's : 37, avenue de l'Opéra, 75002, ☎ 42 61 52 50
L'Astrolabe : 46, rue de Provence, 75009, ☎ 42 85 42 95
Bibliothèque Américaine : 10, rue du Général-Camou, 75007, ☎ 45 51 46 82
Centre de documentation Benjamin Franklin : 2, rue St-Florentin, 75001, ☎ 42 96 33 10

LEXIQUE

Mots figurant dans le texte, les cartes et les plans

Airport	aéroport	Lighthouse	phare
Beach	plage	Lightboat ou lightship	bateau-phare
Bluffs	falaises	Mall	mail
Bridge	pont	Mansion	grande demeure
Burying ground	cimetière	Meetinghouse	église
Castle	château	Mill	moulin – fabrique
Cave	grotte	Mill town	ville manufacturière
Cemetery	cimetière	Mount – Mountain	mont – montagne
Church	église	Museum	musée
Cliff	falaise	Neck	cap – péninsule
City Hall	mairie	Notch	défilé
Common	espace communal	Office Building	bureaux
Country store	épicerie de village	Pond	étang
Courthouse	palais de justice	River	rivière – fleuve
Cove	baie-crique	School	école
Custom House	office des douanes	Ski resort	station de ski
Dam	barrage	Spring	fontaine
Depot	gare	State House	parlement
Floor	niveau, étage	Station	gare
Gaol	prison	Steeple	clocher
Garden	jardin	Street	rue
General store	bazar	Tavern	taverne – auberge
Gondola	téléphérique	Toll	péage
Green	pelouse	Tour	circuit – visite guidée
(= common)	communale	Tower	tour
Hill	colline	Town Hall	mairie
House	maison	Trail	sentier
Inn	auberge	Waterfalls ou falls	chutes
Island	île	Waterfront	front de mer (port)
Lake	lac	Wildlife refuge	réserve naturelle
Library	bibliothèque	Wharf	quai

Mots usuels

s'il vous plaît	please	ouvert, fermé	open, closed
merci	thank you	proche, loin	close, far
je vous en prie	you're welcome	cher, bon marché	expensive, cheap
bonjour	hi, good morning	plus, moins	more, less
bonne nuit	good night	grand, petit	big, small
au revoir	good bye	(grand) magasin	(department) store
à bientôt	see you soon	cinéma	movie theater
à tout à l'heure	see you later	où, quand	where, when
pardon	sorry	aller, venir	to go, to come
aujourd'hui	today	se rendre	to get
hier, demain	yesterday,	acheter	to buy
	tomorrow	billet	ticket
à gauche, à droite	left, right	toilettes	rest rooms
avant, après	before, after	vêtements	clothes

Restaurant

repas, plat	meal
petit déjeuner	breakfast
déjeuner	lunch
dîner	dinner
serveur, serveuse	waiter, waitress
eau	water
vin	wine
viande, poisson	meat, fish
puis-je avoir le menu ?	may I have the menu ?
l'addition s'il vous plaît	the check, please
pourboire	tip

Circulation

route (non goudronnée)	dirt (road)
autoroute	highway
sortie, péage	exit, toll
amende	fine
demi-tour interdit	no U turn
sens unique	one way
voiture	car
station-service	gas station
essence ordinaire, super	regular gas unleaded
le plein de super s'il vous plaît	fill it with unleaded, please

Courrier (mail)

poste	post office	téléphoner	to call
poste restante	general delivery	indicatif	area code
carte postale	post card	boîte aux lettres	mail box
timbre	stamp	code postal	zip code

Pour obtenir une estimation en kilomètres multiplier les miles par 1,6.

INDEX

V

W - Y

T - U

MANUFACTURE FRANÇAISE DES PNEUMATIQUES MICHELIN
Société en commandite par actions au capital de 2 000 000 000 de francs
Place des Carmes-Déchaux – 63 Clermont-Ferrand (France)
R.C.S. Clermont-Fd B 855 200 507
© Michelin et Cie, Propriétaires-Éditeurs 1994
Dépôt légal 11.94 - ISBN 2-06-056804-8 - ISSN 0293-9436

Printed in the EC 10.94.12
Photocomposition : EURONUMÉRIQUE, Sèvres – Impression et brochage: AUBIN Imprimeur, Ligugé, Poitiers

ALLEMAGNE
AUTRICHE
BELGIQUE
ESPAGNE
FRANCE
GRANDE BRETAGNE
GRECE

En Europe

HOLLANDE
IRLANDE
ITALIE
LONDRES
PORTUGAL
ROME
SUISSE

et
MAROC

Guide de Tourisme

MICHELIN

Italie